DU MÊME AUTEUR

Aux Éditions Gallimard

GOMORRA. Dans l'empire de la camorra, 2007 (Folio n° 4977)

EXTRA PURE. Voyage dans l'économie de la cocaïne, 2014 (Folio Actuel n° 165)

PIRANHAS, 2018 (Folio n° 6809)

BAISER FÉROCE, 2019 (Folio n° 6810)

EN MER, PAS DE TAXIS, 2021

LE CONTRAIRE DE LA MORT *suivi de* LA BAGUE. Scènes de la vie napolitaine (Folio n° 7153)

Aux Éditions Gallimard Jeunesse

JE SUIS TOUJOURS VIVANT, 2022

Aux Éditions Robert Laffont

LA BEAUTÉ ET L'ENFER. Écrits 2004-2009

LE COMBAT CONTINUE. Résister à la Mafia et à la corruption

CRIE-LE !

ROBERTO SAVIANO

CRIE-LE !

essai

Illustré
par Alessandro Baronciani

Traduit de l'italien
par Vincent Raynaud

nrf

GALLIMARD

Titre original :

GRIDALO

À G., perdu dans la nuit :
son cri m'a aidé à retrouver mon chemin.

Les cris de l'univers prouvent qu'il est vivant.
Et nous sommes l'un de ses cris.

RAY BRADBURY

CARTE

C'est à toi que je parle, comme si tu étais un autre moi. Toi qui es maintenant élève au lycée Diaz de Caserte, que j'ai également fréquenté. Toi qui cherches à présent les réponses que je cherchais alors.

Vois-tu, je me rends tous les jours devant la sortie de ton lycée. Je m'y rends malgré moi.

Quand la cloche s'apprête à sonner, je suis déjà là. Tu m'as sûrement aperçu, je suis toujours près du poteau, devant la grille, à attendre celui que j'ai été, jeune.

En m'approchant, je suis toujours anxieux. Je crains son regard. Tu sais pourquoi ? Parce que je crains son jugement. À mes yeux, ce garçon est devenu un étranger.

Si tu m'observes tandis que je l'attends, tu constateras que je suis nerveux.

Alors que la grille s'ouvre et que le bâtiment se vide, je vais à sa rencontre, je l'attrape par le pull-over et j'agite les mains pour attirer son attention, mais c'est comme si j'étais invisible.

Ça me désespère. Je sais bien que je devrais arrêter de venir ici tous les jours. Je devrais arrêter de l'attendre devant le lycée. Désormais, il n'y a rien que je puisse faire pour lui. Il ne peut pas m'entendre, ou peut-être qu'il ne veut pas. Peut-être qu'il me voit. Peut-être qu'il sait déjà ce que je voudrais lui dire et qu'il a peur que j'essaie de le dissuader.

Mais ce n'est pas vrai. Ou, plus précisément, ça l'est en partie, ce n'est pas toute la vérité. Je voudrais simplement lui donner une carte, lui communiquer ce que j'ai appris, lui indiquer les pièges, les impasses, lui montrer que le chemin le plus court n'est pas toujours le plus sûr, tandis que le chemin le plus long n'est pas forcément le meilleur. Bref, je voudrais lui remettre un plan, une boussole. Je voudrais le faire car je sais qu'il est difficile de trouver son chemin lorsqu'on grimpe avec le soleil de face qui consomme aussitôt l'air contenu dans le réservoir des poumons. On se perd de nombreuses fois, puis retrouver son chemin est presque impossible. Dès lors, bien connaître les routes peut se révéler utile.

Et donc, je m'adresse à toi qui es en train de me lire, comme si tu étais un autre moi. Tu as maintenant quinze, seize ou dix-huit ans. Mais peut-être en as-tu soixante-dix, qu'importe. Tu es un homme ou une femme, et cela aussi est en quelque sorte égal, dans tous les cas tu es toi, un autre moi, pour qui les choses ne collent pas et qui a sans cesse l'impression de vivre au revers de l'histoire, jamais à l'endroit.

Je veux te montrer ce qui est sous-jacent. Ce qui, dans mon cas, n'a pas fonctionné. Mais pas pour te dissuader de faire quoi que ce soit : au contraire, je veux donner plus d'assurance à tes pas.

À l'époque où j'allais encore en classe, j'écrivais de nombreuses lettres, c'était une vraie manie. L'écriture était ma façon d'exister dans le monde. «J'écris ce que je ne saurais dire à personne», expliquait Primo Levi. Pour certains, mes lettres étaient une source d'inquiétude. Ma mère, par exemple, aurait voulu que je sorte plus, que je voie du monde, que je remplisse ma vie d'autre chose que de mots. Souvent, quand je sortais, je sentais comme un vide. Mais le vide, c'est ce qu'on peut combler. C'est elle qui avait raison : un élastique toujours tendu ne sert à rien. Un élastique ne devient un formidable ressort que lorsqu'il alterne entre relâchement et tension.

Aujourd'hui, il est rare que j'écrive des lettres. Pas parce que j'ai cessé de chercher. Simplement, j'ai cessé de demander. Demander à ceux qui sont devant moi ce qu'il y a un peu plus loin, si cela vaut la peine de se battre et si on a une chance de réussir.

À présent, je sens une impulsion opposée : plutôt qu'interroger ceux qui sont devant moi, essayer de dire quelque chose à ceux qui sont derrière. Je veux être celui qui te dira ce que tu peux voir à ce point de ton parcours.

Je te le répète, je veux seulement te fournir une carte. Je veux seulement te mettre en garde.

C'est une vilaine expression, « mettre en garde ». La garde, c'est quand tu lèves le poing droit, que tu l'approches de ton menton et, si tu es droitier, que tu places le poing gauche devant ton nez, que tu te penches un peu en avant, sur la pointe des pieds, pour être prêt à donner ou à recevoir un coup. C'est pour cette raison que j'ai parlé d'une « vilaine expression », car si tu es sur tes gardes, tu sais déjà que tu vas soit donner, soit recevoir un coup de poing, il n'y a pas d'autre possibilité.

Pourtant, c'est exactement ce que je voudrais faire : te mettre en garde.

On dit que si chacun savait à l'avance ce qui va lui arriver, personne n'oserait plus rien faire. Je n'en suis pas persuadé. Je pense au contraire que savoir où on va peut nous aider à consacrer notre temps, le peu dont nous disposons, à mieux affronter le parcours. Mieux, c'est-à-dire en étant plus fort, en pressentant à chaque instant ce qui se prépare.

Si tu entres dans une forêt avec en main la carte des sentiers, le chemin n'est pas prédéterminé pour autant. La carte n'épargne pas l'effort de traverser le gué, elle ne protège pas du sous-bois touffu qu'il faudra souvent dégager et, surtout, aucune carte n'empêche de se perdre en chemin ; peut-être rend-elle le parcours plus sûr en te montrant où tu vas et sans doute évite-t-elle de perdre du temps sur des routes qui ne mènent nulle part.

La carte à la main – voilà ce que j'ai à cœur de te dire –, tu pourras repérer à l'avance le lieu de l'embuscade. Car elle se produira – je peux te le garantir. Dès que la clairière se referme et que les gorges descendent à pic vers le ravin survient l'embuscade. Tu dois t'y attendre. À ce moment-là de ton parcours, tu seras capturé. Puis la nuit tombera. Peut-être accompagnée par le doute et la peur.

Tandis que je te tends cette carte, une partie de moi est récalcitrante et songe que ce qui sépare un explorateur du simple timonier d'un navire est le non-respect des itinéraires, la méfiance à l'égard des cartes, car celles-ci ne montrent que ce qui est déjà identifié, la terre connue, et non les endroits sauvages. Or, c'est exactement là que tu dois aller. Mais écoute-moi : c'est l'endroit où je veux te conduire. Je veux t'emmener jusqu'au lieu où ce sera à toi de te perdre. En te remettant une carte, j'essaie seulement de te faire arriver au même point que moi, de sorte que tu puisses en repartir et aller plus loin que je n'ai su le faire, moi. Je ne veux pas te faire parcourir les sentiers battus et te garder sur un chemin balisé. Je ne veux pas t'enseigner la prudence, en revanche, je veux te conduire au point où la prudence doit devenir risque et la sagesse témérité, car peut-être est-ce seulement ainsi qu'on parvient à tracer une nouvelle voie.

Crois-moi : repérer le lieu où les parcours prennent forme et celui où ils meurent ne ralentira pas ton avancée, ça lui donnera seulement plus de détermination. La carte du déjà-connu n'efface pas les nouvelles terres restant à découvrir. Mais elle t'aidera quand tu seras au fond du trou, que tu seras persuadé qu'il n'y a plus rien à faire et que tu seras prêt à parier que c'est cuit.

Quand tu tomberas, balance-toi mais ne lâche pas prise. Danse dans le vide mais ne t'endors pas, sinon tu serviras de repas aux vautours.

Je t'ai indiqué les chemins, les clairières, j'ai signalé les points où l'eau est plus basse et où il est plus facile de traverser la rivière, justement pour te dire ceci : quand la route est plus difficile, ne recule pas. Au contraire, laisse-toi guider par ta boussole, celle qui continue à piloter le bateau quand il n'y a plus personne à la barre. Suis le champ magnétique. Ne renie pas l'horizon de justice et de bien qu'on t'a montré dans ton enfance. Cet horizon doit rester en toi, quoi qu'il arrive autour de toi. Quelles que soient tes erreurs. Peu importe si ce sont elles qui ont provoqué ta chute. Les erreurs, tu en feras, c'est certain. Les contradictions, tu en connaîtras, accepte-les. Tu changeras et tu ne te comporteras pas toujours bien, tu ne seras pas toujours celui que tu voudrais être.

Mais ne commets pas l'erreur de croire que cet horizon n'existe pas, qu'il ne doit pas être réaffirmé et défendu chaque jour, qu'il n'est plus gravé en toi au fer rouge. Ne cède pas à la tentation de prétendre que la vérité et la justice sont des contes de fées pour les âmes naïves ou des déguisements pour les « faux gentils ». Ne pense pas que la recherche de la vérité absolue soit un acte narcissique, que la volonté de survivre soit une aspiration bourgeoise et que gagner de l'argent avec son travail soit une tricherie intolérable. Vis. Reste debout, car un guerrier sur le flanc ne sert aucune cause. Préserve toutefois cet espace de justice que tu as découvert enfant : il doit continuer à exister même quand ta jeunesse sera passée. Ne cède pas, ne pense pas que seule la candeur de la jeunesse proclamait son existence.

Toi qui es ici devant moi, crois-tu vraiment que la vie se résume à arnaquer ou se faire arnaquer ? À la guerre de tous contre tous ? À dissimuler des informations à quelqu'un de peur qu'il n'en fasse mauvais usage, ou à les révéler afin de nuire à d'autres personnes ? N'encombre pas ton cœur avec ces saletés. N'écoute pas le chant de ces sirènes, dont la méthode consistera toujours à te faire douter de tout et de tous, à te convaincre qu'il n'y a pas de différence entre un cœur pur et un cœur pourri.

Connais-tu le psaume 24 ? Je l'aime beaucoup : « Qui pourra monter à la montagne de l'Éternel ? Qui s'élèvera jusqu'à son lieu saint ? Celui qui a les mains innocentes et le cœur pur. Celui qui ne livre pas son âme au mensonge[1]. » Il me plaît parce qu'il ne s'agit pas d'une simple déclaration. Ce n'est pas un aphorisme, une maxime ou une phrase banale. Il prend la peine d'expliquer ce qu'est un cœur pur : celui de quelqu'un qui ne livre pas son âme au mensonge. Pas le mensonge dont on se sert pour se protéger, ou pour ne pas blesser autrui : non, le vrai mensonge, celui qui sert à nuire à son prochain.

1. La Bible, par Louis Segond, 1910. Toutes les notes de bas de page sont du traducteur. Les notes et sources en fin d'ouvrage sont de l'auteur, adaptées par le traducteur (pour certaines références, l'édition italienne a été remplacée par l'édition française correspondante).

Essaie de prendre ton cœur entre tes mains, puis de le poser sur un des plateaux de la balance et, sur l'autre, mets une plume afin qu'elle serve de contrepoids : s'il ne pèse pas plus lourd que cette plume, cela signifie qu'il a suivi la voie de la vérité et de la justice, et qu'il est donc resté léger. Mais s'il pèse davantage, cela veut dire qu'il est plein, que quelque chose l'a rempli. Âmmout, la créature monstrueuse de la mythologie égyptienne, viendra alors le dévorer. Mais il n'y a là aucun jugement, tu t'es fait du mal tout seul. C'est ce que j'aime dans ce mythe : il montre que si tu compromets ton cœur, nulle prison, nul enfer ne t'attend. Aucune punition, sinon celle d'arriver à la porte de l'au-delà avec le centre de tes organes déjà pourri, la chair déjà moisie de l'intérieur. Tu te seras fait du mal tout seul ! Pas quand tu te seras trompé – car cela se produira inévitablement ; pas quand tu seras tombé – ce qui t'arrivera plus d'une fois ; pas quand tu te seras retrouvé empêtré dans les contradictions de la vie et que tu auras opté pour le moindre mal ; mais quand tu auras succombé à la tentation de croire que tout est corrompu, que tu auras laissé gagner l'instinct du « chacun pour soi ».

Chercher la vérité et s'efforcer de croire que la justice existe aide à conserver un cœur en bonne santé, remplissant la fonction qui lui est propre : guider tes actions. Ce sont les raisons du cœur qui font battre toute la vie. Et le cœur, tu le sais, bat indépendamment de la tête et de sa volonté. C'est ta boussole, celle qui te fera prendre des directions, des décisions que, souvent, ta raison ne comprendra pas. Tu croiras – à tort – y avoir été poussé par ton impulsivité ou par le hasard. Tu seras agacé par ces choix. Il t'arrivera de ne pas pouvoir expliquer pourquoi tu es allé à telle manifestation, pourquoi tu ne t'es pas présenté à tel entretien d'embauche ou à telle émission de télévision… Nombre de ces brusques changements de direction, tu les mettras sur le compte de la fatigue, d'un état de confusion passager, d'une faiblesse suspecte, alors que c'est ta boussole qui savait que tu ne te reconnaissais plus dans ces choix. Et comme il n'y avait plus personne à la barre, c'est elle qui s'est mise à te guider.

Du moment où nous naissons à celui où nous mourons, notre

cœur bat environ trois milliards de fois. J'ai appris à écouter ces trois milliards de battements qui nous sont échus, plus ou moins à tous. Voici la carte de ces battements. Des histoires, dont je veux qu'elles t'enseignent une méthode. Ce qui m'a manqué à moi, car j'avançais sans préparation, sans horizon. Je n'avais pas peur, je n'ai jamais eu peur – c'était le vrai problème –, mais je n'étais absolument pas préparé.

Si tu sais les lire, les histoires que je vais te raconter pourraient te servir de bouclier en cas de besoin. Et même de munitions, un type particulier de munitions qui, lorsqu'elles explosent, donnent la vie au lieu de la prendre. Considère cela comme le cadeau d'un ami, d'un vétéran, ou bien comme une sorte de phare.

Certaines histoires sont récentes, elles ont encore une odeur d'explosif. D'autres sont anciennes, je les ai sorties d'un étang qui n'était plus que de la boue compacte, presque impossible à fendre. J'en ai raconté certaines telles que je les ai prises à leur source, d'autres de façon qu'elles ressemblent à un adagio, une parabole, un modèle de vie.

Mais fais bien attention : tout est vrai. Rien n'est inventé. J'ai seulement fait ce que font les archéologues qui, à partir des fondations de l'enceinte d'un bâtiment, doivent faire appel à leur imagination pour décrire les murs tels qu'ils se dressèrent autrefois. Mais cette imagination est simplement une épreuve de vérité qui égrène les battements de ce mur.

Toutes les histoires que j'ai rassemblées ici, je les ai choisies avec soin. J'en ai ajouté et retiré de façon quasi compulsive. Je les ai dessinées et redessinées avec obstination, car je voulais que ce soient les bonnes, qu'il n'y en ait pas une en trop et pas une qui manque. Alors je t'en prie, ne te sers pas que de ta tête pour les comprendre. J'ai délibérément évité de les faire défiler par ordre chronologique, je ne voulais pas qu'elles suivent un chemin rationnel et apparaissent comme un manuel. Car ce que j'ai regroupé ici n'est pas une suite d'histoires, c'est une procession que forment les négatifs de ces histoires. Ce sont des anti-histoires. Et je serai ton anti-guide. Je ne veux pas te montrer ce qui est au-dessus, seulement ce qu'il y a en dessous : pas de constructions en hauteur, mais des tunnels, des sous-sols, des terriers, des égouts…

Quand j'étais enfant et que de la famille venait du nord de l'Italie nous rendre visite, je ne savais pas les guider dans les lieux touristiques de ma ville. Je leur montrais les carrefours où des soldats de la camorra avaient été abattus. Je les emmenais voir les pierres tombales, les silhouettes tracées à la craie, les édicules improvisés qui poussaient dans les ruelles de ma ville comme des champignons après une nuit de pluie. J'aimais leur montrer de loin la guerre que je vivais, les mères des victimes qui apportaient des fleurs dans ces lieux sordides, qui essuyaient les cadres des photos, versaient des larmes, déposaient des mots et quelques prières. Il fallait qu'ils voient chacune des taches de sang sur l'asphalte. Tout le monde devait voir ça. Il fallait qu'ils prennent en photo les impacts de mitraillette dans les rideaux métalliques, pour les montrer à leurs amis dès leur retour. De cette manière, j'avais l'impression de faire palpiter la vérité, car la vérité saigne, elle ne sèche pas.

Ma mère n'aimait pas ça. Peut-être aurait-elle préféré que je fasse voir la mer et le soleil, les places et les monuments. Je connaissais tous les monuments de ma ville, je connaissais la route qui mène à la mer, mais c'étaient des endroits qui pouvaient respirer sans moi. Le sang séché, lui, devait retourner dans les veines, s'oxygéner et trouver de nouvelles artères coronaires.

Pour moi, le soleil n'a pas de nom, la lumière n'a pas de nom lorsqu'elle masque l'ombre. Et l'ombre existe justement parce qu'il y a de la lumière : c'est ce que je voulais voir et faire voir.

Je suis certain que tu veux apprendre à connaître l'autre ville, toi. Celle qui respire sous nos pas. Je suis sûr que tu en as assez de la ville en carton-pâte, celle qui sourit en prenant la pose. Ce qui t'intéresse, c'est la véritable fibre du monde, sa périphérie la plus profonde, celle où nulle lumière directe ne parvient jamais, seulement une lumière transversale, en biais.

Mais là encore, je dois te mettre en garde : pour connaître la périphérie du monde, il faut un cœur qui voit. Et un cœur qui voit est un cœur pur.

La pureté du cœur n'est pas celle d'une pièce stérile, bonne pour isoler les virus et les bactéries, ni la pureté biologique, celle des pseudo-savants de la « race ». Ces gens-là nous ont volé ce mot que nous devons à présent nous réapproprier. Nous devons le soustraire à un passé sournois, fait de crânes qu'on mesure, de fémurs qu'on catalogue, de tailles de narines qu'on enregistre. La pureté n'est pas celle qui permet de donner un pedigree aux animaux, ni la pureté morale. C'est la pureté de ceux qui sont toujours vertueux, qui ne se souillent jamais, qui refusent de sombrer dans le vice, quand bien même ce dernier serait le seul moyen d'atteindre un plus haut degré de vertu, comme le fit le Christ, assis à la table des pires pécheurs, qui cria aux pharisiens scandalisés : « Je veux la miséricorde et non le sacrifice ! »

La pureté n'est pas davantage la pureté sexuelle. Celle de la virginité, de l'abstinence, de la chasteté, de la fidélité. De ceux qui maintiennent leur corps à l'écart des désirs et des instincts de la chair. La vision manichéenne du corps comme prison de l'esprit m'a toujours semblé punitive. Je préfère celle d'un corps qui, devant des pulsions contraires à celles de l'esprit, renie ce dernier et s'en remet au cœur comme garant.

Le cœur qui est toujours resté caché, protégé, qui a été préservé de l'erreur, qui n'a été contaminé par rien, qui n'a jamais été souillé, qui est encore propre, celui-là n'est pas pur. Au contraire, celui qui a vécu, qui a touché, qui a été contaminé, qui a traversé l'enfer avec les autres, ce cœur-là est pur. Car il est resté authentique. « Un torse sans défense peut résister même aux chars, si un cœur digne bat en son sein », a écrit Alexandre Soljenitsyne.

Le cœur pur, c'est celui qui n'a jamais misé que lui-même à la table de jeu.

Crie ses palpitations.

Crie-les fort !

CROIS-TU QUE SEULS LES AUTRES SONT FANATIQUES ? (P. 24)

QUELS ALIBIS AVANCENT CEUX QUI EXERCENT LE POUVOIR AUTOUR DE TOI ? (P. 32)

SAIS-TU RECONNAÎTRE LE MOMENT OÙ LE POISON DU MENSONGE COMMENCE À FAIRE EFFET ? (P. 44)

PEUX-TU SAISIR LE FIL ROUGE QUI RELIE LA VICTIME À SON BOURREAU ? (P. 60)

AS-TU CONSCIENCE DE DEVOIR PROTÉGER TA VIE PRIVÉE CHAQUE JOUR, À CHAQUE PAS, À CHAQUE CLIC ? (P. 74)

SAIS-TU QU'UN HOMME POLITIQUE QUI PORTE L'UNIFORME LE FAIT POUR TE FAIRE PEUR ? (P. 88)

SAIS-TU QUE PLUS ON A DE MOTS À SA DISPOSITION, PLUS ON EST LIBRE ? (P. 96)

SAIS-TU QUE LE SEUL MOYEN DE DÉFENDRE LA VÉRITÉ EST DE LA PARTAGER ? (P. 104)

CROIS-TU VRAIMENT ÊTRE PLUS INTELLIGENT QUE LES AUTRES PARCE QUE POUR TOI TOUT EST NUL ? (P. 118)

SAIS-TU QU'UNE FEMME QUI N'A POUR ARMES QUE SES MOTS FAIT PLUS PEUR QU'UN TYRAN ? (P. 136)

ES-TU PRÊT À CRIER, SEUL CONTRE TOUS ? (P. 148)

QUI A ÉCRIT LE SCÉNARIO QUE TU ES EN TRAIN DE LIRE ? (P. 162)

UNE IDÉE TE CONVAINC-T-ELLE PARCE QU'ELLE EST JUSTE OU PARCE QU'ELLE TE RASSURE ? (P. 170)

ET TOI, AS-TU CHOISI TON CAMP ? (P. 188)

ES-TU CAPABLE DE TE BATTRE MALGRÉ LA PEUR ? (P. 208)

SAIS-TU REPÉRER LES PIÈGES FAITS DE MOTS ? (P. 222)

Hypatie

1

HYPATIE ET LES TALIBANS

Ce ne sont que des mots !
Des mots ?
Et quand tu dis « Je t'aime », de quoi te sers-tu ?
De mots.
Quand tu fais du mal ?
De mots.
Quand tu essaies de protéger ?
De mots.
De te protéger ?
De mots.
Quand tu demandes du réconfort ?
De mots.
Quand tu réconfortes ?
De mots.
Même quand tu invoques Dieu, ne te sers-tu
pas de mots ?

Ça n'a jamais été seulement des mots. Sinon, on ne comprendrait pas pourquoi ils sont depuis toujours effacés, étouffés, cachés, déformés, déchirés, interdits, brûlés, persécutés, emprisonnés.

Ça n'a jamais été seulement des mots. Sinon, on ne comprendrait pas pourquoi ils sont depuis toujours redoutés à ce point. Les mots survivent à ceux qui les ont prononcés, ils survivent au fil des siècles à ceux qui les ont étranglés et suffoqués.

Ils font peur, les mots ! Ils traversent les siècles, ils transpercent les murs, s'installent dans les cœurs et habitent les consciences. Ils ne sont pas marginalisés par la discrimination, ne sont pas serrés par la corde, ils sont immunisés contre le feu et ne sont pas brisés si on les écartèle, ils ne sont pas touchés par les balles ni éventrés par la dynamite.

Faut-il les prononcer ou non, ces mots ? Telle est la question. Car chaque mot a un prix très élevé, un prix fait de contrariété, de rancœur, de dérision, de calomnie, de jalousie, de solitude, de menace, de torture, d'emprisonnement, de mort.

Qu'est-ce qui nous pousse à parler encore ? À croire encore qu'avec la parole l'homme a abandonné sa nature sauvage, la caverne qui le liait à ses besoins primaires, la chasse, la nourriture, le feu, la survie ; l'idole à laquelle il attribuait tous les pouvoirs. Avec la parole, l'homme a créé des routes, des connexions, des ponts ; avec la parole, il s'est lié aux autres, il s'est fait comprendre et a permis aux autres de se faire comprendre. Avec la parole, l'homme a formé un seul bloc, pour lutter, s'améliorer et conquérir de nouveaux espaces de pensée, de droit et de vie. Au moyen de la parole, l'homme est sorti de la Préhistoire et est entré dans l'Histoire, celle des sociétés complexes et sédentaires, des civilisations de l'écriture, du livre et de la lecture. Avec la parole, l'homme a dépassé les graffitis préhistoriques et choisi la réflexion, l'analyse, le témoignage et le droit.

La parole est pensée, et il n'y a pas de pensée hors de la parole.

Plus nous sommes capables de prononcer de mots, plus notre pensée s'étend et se renforce. Beaucoup de mots, c'est beaucoup de pensée ; peu de mots, et nous retournons à la caverne, aux superstitions, à la peur de l'ombre, au sentiment d'urgence incontrôlé que nous ne sommes pas en mesure d'apaiser.

Avec le temps, je me suis rendu compte que chacun envisage l'Histoire à sa façon. Ce que je veux dire, c'est que plus on s'éloigne des années de formation, plus on cesse de considérer l'Histoire comme une suite de dates-clés, de personnages célèbres et de guerres sanglantes. En d'autres termes, on commence tous à reconstituer l'Histoire en suivant notre propre fil rouge.

Chacun observe le passé de son propre point de vue, précis, partiel et intime. Ça m'est arrivé à moi aussi sans que je m'en aperçoive. Au fil du temps, les grandes batailles, celles que j'aimais enfant, avec l'infanterie et la cavalerie alignées dans les deux camps, ont disparu de mon imagination ; puis l'histoire des grandes explorations, des routes commerciales, des découvertes scientifiques, qui dans mon adolescence m'attirait tel un aimant vers l'encyclopédie, s'est effacée à son tour ; enfin l'histoire « 100 % économique » de mes vingt ans a subi le même sort. À présent, pour que les différentes zones de mon cerveau se connectent, il faut me parler de l'histoire de la *parole*. Aujourd'hui, pour moi, l'Histoire est celle de personnes qui se sont battues à l'aide des mots, qui ont construit et tenté de changer les choses à l'aide des mots. Ça fonctionne aussi dans l'autre sens : c'est l'histoire de ceux qui se sont opposés à ces mots, qui les ont persécutés et étouffés. C'est donc l'histoire des bûchers, des nœuds coulants, des billots, des menottes, des camps de rééducation, des hôpitaux psychiatriques, de l'huile de ricin ; l'histoire des mots confisqués, torturés, vilipendés, humiliés, mis à tremper dans des seaux remplis de merde afin que plus personne ne s'en approche… Des mots sanctionnés, menacés, poursuivis, baisés et abaissés, piratés, truqués. Des mots qu'on fait exploser avec une quantité absurde, disproportionnée, de dynamite, alors que la moitié de la moitié aurait suffi. Plus je les cherche, plus je les note, plus je les signale, plus je les publie, plus je les tweete, plus j'encourage à les suivre, et plus je suis convaincu que le phénomène s'aggrave au lieu de s'estomper.

Et pendant ce temps je ne vois rien d'autre : des étendues, des tas, des dépôts, des entrepôts, des forêts, des montagnes de mots. Mots de liberté, mots de changement, mots de réconfort, mots de convenance, mots de solidarité, mots de remerciement, mots de renoncement, mots de repentir, mots de séparation, mots d'intimidation, mots de menace, mots d'excommunication, partout et toujours des mots, rien que des mots.

Sais-tu par quoi débute mon histoire de la parole ? Elle saute par-dessus la Préhistoire. Je ne suis pas archéologue, la Préhistoire ne me dit rien. Pour être honnête, les idéogrammes balbutiants des Sumériens et les hiéroglyphes égyptiens ne me disent rien non plus. Quand j'étais jeune, j'aurais cru que seul un idiot pouvait voir les choses de cette manière, mais à présent je n'y peux rien : si on me demande d'évoquer l'Histoire depuis ses débuts, je pars de l'agora athénienne. C'est seulement quand j'entends le bruit de la foule, que je sens la pression physique des corps sur la place, l'odeur de sueur des gens qui se disputent, s'affrontent et cherchent des solutions, que mon sang se met à circuler avec vigueur.

Dans l'époque romaine, sais-tu ce que je vois ? Je vois les tribuns de la plèbe se lever pour défier le Sénat ; hausser le ton parce que c'est leur droit ; utiliser les mots pour donner une voix à ceux qui n'en ont pas eu jusqu'à présent.

À la fin de l'Antiquité, il n'y a qu'une femme. J'aime cette femme, et pas au sens figuré. Une femme généreuse de ses mots. Une femme qui a cru au pouvoir salvateur de la connaissance et qui cherchait par tous les moyens à la partager, à la rendre contagieuse. Une femme qui – entre autres choses – prouvait par son existence que, lorsqu'on leur permet de faire des études, les femmes sont comme les hommes. Est-ce une banalité ? Oui, mais crois-moi : il y a encore des gens qui en doutent. Je veux parler d'Hypatie, qui a créé seule sa propre école de philosophie à Alexandrie, à une époque où c'était exceptionnel pour une femme. Mais Hypatie était si déterminée que les hommes qui l'entouraient surmontèrent leurs préjugés et devinrent ses disciples. Hypatie était une philosophe au sens le plus large du terme, elle aimait la connaissance en général, et les mathématiques comme l'astronomie étaient florissantes dans son école. Ses disciples étaient prêts à tout pour elle, même à mourir, comme chaque élève pour son maître, si c'est un vrai maître.

Sais-tu ce que veut dire « taliban » ?

Taliban signifie « étudiant » et, par extension, « étudiant du Coran », en référence au groupe qui a imposé un régime fondamentaliste en Afghanistan entre 1996 et 2001 ; donc, toujours par extension, cela signifie « étudiant fondamentaliste » et aussi

« censeur et ennemi juré de la parole ». Mais comment se peut-il qu'un *étudiant* censure la parole ?

Les talibans admettent – ou, plus précisément, souhaitent – l'usage de la violence afin de punir ceux qui ne respectent pas leurs principes, tirés avec un évident parti pris du Coran. Qu'est-ce que cela a à voir avec Hypatie ? Eh bien, ce sont des « talibans » qui l'ont tuée.

Il est vrai qu'à cette époque l'islam n'était pas encore né, mais le fanatisme religieux si, et il se manifestait déjà de manière notable. Ce furent des étudiants fanatiques de la Bible, des chrétiens néophytes, qui déclarèrent la guerre aux mots libres et courageux d'Hypatie et, dans leur cas aussi, la violence qu'ils étaient prêts à employer pour arrêter sa parole n'avait aucune limite.

Ils kidnappèrent Hypatie. Ils l'emmenèrent dans une église et, après l'avoir déshabillée, ils la réduisirent en pièces. Puis ils la brûlèrent. De tous ces gestes, celui qui me fait le plus mal est qu'ils la déshabillèrent.

Tu me diras : vraiment, qu'ils l'aient déshabillée est ce qui te fait le plus mal ? Ils la réduisirent en pièces, ils la brûlèrent, et ce qui te fait vraiment le plus mal, c'est qu'ils lui aient d'abord retiré ses habits ? Oui, c'est exact, tu as bien compris. Je sais que cela peut sembler paradoxal, je sais que des trois, cela paraît le geste le moins violent. Mais sois patient, je t'expliquerai tout quand nous parlerons de Giordano Bruno. 1185 ans plus tard, on a fait la même chose avec lui.

Dans tous les domaines, à toutes les époques, j'ai distingué les personnes qui défendent et protègent la parole de celles qui la violent, qui la compromettent. Même si ce sont des idées contraires aux miennes, même si c'est dans des contextes violents et contradictoires, ceux qui défendent la parole appartiennent d'après moi à cette partie précieuse et souvent invisible du genre humain qui défend l'humanité.

CRIE-LE, QUAND ON TE FORCE À LA BANALITÉ DE LA SIMPLIFICATION.

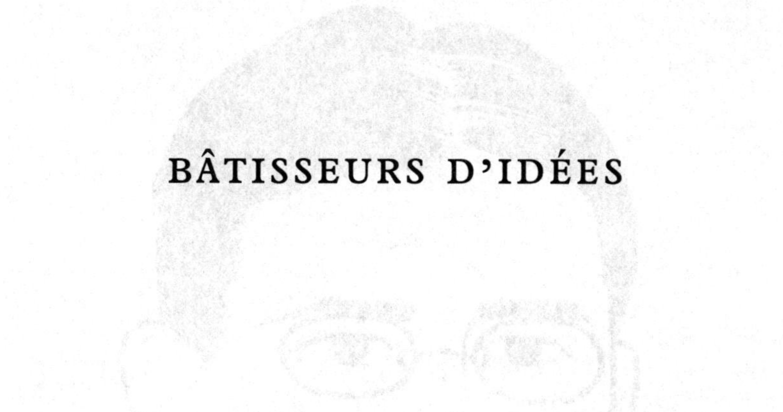

BÂTISSEURS D'IDÉES

Carl Schmitt

2

AMI-ENNEMI

> La situation d'exception a pour la jurisprudence la même signification que le miracle en théologie.
>
> CARL SCHMITT[1]

J'ai toujours aimé explorer des lieux que je connaissais mal, dans cette partie du monde où on m'apporte la contradiction. Pour chercher des chemins différents, je me suis souvent retrouvé en compagnie d'auteurs dont on me déconseillait la lecture, car ceux qui connaissaient l'harmonie de mes notes étaient certains que j'en percevrais les dissonances. Pourtant, ces livres m'ont permis d'arpenter d'autres routes et d'envisager d'autres horizons, les seuls qui produisent en moi du changement.

Mon rêve était de transmettre des histoires à des gens qui, si je leur avais demandé : « Ça t'intéresse qu'on te raconte l'histoire d'un écrivain dissident enfermé au goulag ? La mort d'un Afro-Américain gay battu à mort par la police ? Le meurtre d'une journaliste russe ? », m'auraient répondu : « Mais de quoi tu parles ? » C'est le genre de personnes que je voulais toucher.

La télévision m'a longtemps permis de le faire, car les

1. *La notion de politique. Théorie du partisan*, Calmann-Lévy, 1972.

téléspectateurs faisaient confiance à cet espace où, comme dans une promenade, on croise par hasard des gens très différents de nous.

Dans les années 1980, Raffaella Carrà animait l'émission *Pronto, Raffaella?* Le clou du spectacle était un questionnaire téléphonique, les téléspectateurs devaient deviner la quantité de haricots blancs contenue dans un énorme bocal en verre. Un jour, Jorge Luis Borges fut son invité. Nombre de ses lecteurs se montrèrent scandalisés de voir un intellectuel de cette trempe se mélanger avec les haricots de Raffaella Carrà. Mais, ce jour-là, une part de la population qui regardait l'émission découvrit Borges et peut-être même essaya de lire un de ses livres, quitte à renoncer au bout de quelques pages : ainsi, deux univers destinés à ne jamais se croiser purent dialoguer.

La rencontre de personnes différentes de nous, n'ayant peut-être rien en commun avec nous, voilà ce que les filtres appliqués par les plateformes en ligne empêchent aujourd'hui. Des entonnoirs créés à dessein pour nous pousser à lire des livres exposant des idées que nous avons déjà, à écouter des chansons semblables à celles que nous écoutons déjà, à partir en vacances dans des endroits similaires à ceux que nous avons déjà visités.

Ces filtres font également apparaître sur l'écran de notre smartphone des publicités et des informations voisines de celles que nous avons cherchées. D'une certaine façon, ce sont des nouvelles que nous connaissons et des idées qui sont les nôtres. Les plateformes exploitent ce qu'elles savent de nous. Elles ne se soucient pas de ce que nous aurions à apprendre, elles veulent juste que nous continuions à aimer ce que nous aimons. Que nous continuions à rencontrer des femmes semblables à celles que nous avons fréquentées. À pratiquer des sports proches de ceux que nous avons pratiqués. À regarder des films pareils à ceux que nous avons vus. Tu as remarqué ? Si une camarade de classe et toi faites une recherche sur Internet à partir de vos téléphones respectifs, vous obtiendrez des résultats différents, ou du moins pas classés dans le même ordre. La raison est banale : au fil des ans, vous avez cliqué sur des sites différents, vous avez posé des questions différentes, de sorte que les fenêtres pop-up, les publicités et les annonces qui s'ouvrent pour elle ne sont pas les mêmes que celles qui s'ouvrent pour toi. Les plateformes savent de toi que tu as une peur bleue de perdre tes cheveux, d'elle que cela ne l'intéresse pas d'avoir un petit ami mais plutôt une petite amie. Cela signifie que les plateformes en savent plus long sur elle et sur toi que vos mères respectives.

Les filtres nous condamnent à suivre des voies déjà tracées, comme si, dès la naissance, on nous avait attribué une profession et que notre mariage était d'emblée arrangé. Sans nous en rendre compte, nous vivons enfermés dans des poulaillers, chacun dans sa batterie, ne fréquentant que nos semblables. La contamination – qui est le véritable moteur du progrès et du changement – n'est plus possible. Ce ne sont pas les classes sociales qui nous séparent, mais les idées.

En fonction de tes idées, on te fait acheter et manger certaines choses, on te fait rencontrer certaines personnes. Ceux qui voudront te vendre quelque chose essaieront de découvrir sur les plateformes ce que tu aimes ; si tu es un fan de heavy metal, ils essaieront de te fourguer un blouson en cuir ; si tu regardes des films d'*interracial romance*, ils te proposeront d'acheter une biographie de Nelson Mandela ou de Martin Luther King. Un politicien qui veut gagner une élection à Montréal tentera de se présenter comme un passionné de musique country ou de hockey sur glace, car montrer qu'il partage les centres d'intérêt de ses électeurs est la seule véritable clé pour entrer à la mairie. Mais cette standardisation ne concerne pas que les consommateurs : les écrivains aussi sont condamnés à fabriquer toujours le même produit. Des auteurs comme Umberto Eco, qui parlait un jour de saint Thomas d'Aquin et, le lendemain, de Mike Bongiorno, n'existeront plus. Si tu es né auteur de romance, tu mourras auteur de romance ; si tu fais du polar, tu feras du polar ; et ça vaut pour l'*heroic fantasy*, la comédie, etc. Chaque écrivain, chaque réalisateur, chaque chanteur, chaque athlète, voire chaque militant ou politicien, se verra attribuer une étagère virtuelle sur laquelle sera apposée une étiquette. Malheur à ceux qui oseront mélanger les genres : interdiction de donner naissance à des hybrides !

Et tandis que les plateformes apprendront à nous cataloguer de plus en plus précisément, nous aurons de moins en moins d'éléments pour comprendre ce qui se passe autour de nous : tout sera conçu pour nous rendre aussi ordinaires que possible, car plus nous sommes ordinaires, plus il devient facile et rapide de nous faire acheter des marchandises.

Dans un tel monde, de quoi as-tu besoin ? Eh bien, il te faut un schéma simple : « ami-ennemi », en allemand *Freund-Feind*, en italien *amico-nemico*, en albanais *mik-armik*.

Carl Schmitt l'avait bien compris, comme je l'ai découvert en lisant *Théologie politique*, un livre publié en 1922. Tandis que je le lisais, tout le monde me disait : « Pourquoi tu perds ton temps avec ce nazi de merde ? »

Mais crois-moi, tu ne dois pas être prisonnier de tes certitudes. Au contraire, quand tu commenceras à te sentir trop à l'aise, pose quelques cailloux sur ta chaise : on a toujours besoin d'un peu d'inconfort pour changer d'horizon.

Lorsque les jeunes Spartiates devaient passer la nuit hors des portes de la ville pour mettre à l'épreuve leurs talents de guerriers, ils n'avaient droit à aucune couverture, seulement à un conseil : ne jamais couvrir de paille la couche qu'ils creuseraient certainement dans le sol après le crépuscule. Il valait mieux la remplir de ronces, car les épines transperceraient leur chair durant leur sommeil et ils sentiraient la chaleur du sang.

Les ronces servent à cela : partir à la rencontre de ce qui ne vous ressemble pas. Dans ce but, je me suis souvent retrouvé en compagnie de Louis-Ferdinand Céline, d'Ezra Pound, d'Ernst Jünger, de Julius Evola et même, oui, de ce nazi de Carl Schmitt, le philosophe qui a donné ses fondements théoriques à la construction du national-socialisme. Vois-tu, au fil des années, j'ai croisé des personnes qui, en suivant des chemins complètement différents du mien, sont arrivées aux mêmes conclusions. Il n'y a pas de route unique vers la vérité, il n'y a pas de chemin unique pour y parvenir. Je n'ai pas de préjugés. Mais j'ai un jugement : si aucun de ces écrivains ne fait partie de ma chair ou de mon ADN, tous ont contribué à ma formation. Ils n'ont pas été mon oxygène, mais mon dioxyde de carbone, ce qui est tout aussi fondamental.

Sais-tu pourquoi Carl Schmitt m'intéresse ? Parce que la radicalisation à laquelle nous assistons aujourd'hui dans la vie politique et dans le débat médiatique a un rapport avec lui.

Schmitt considère que ce n'est qu'avec la polarisation, l'affrontement et la simplification qu'on arrive à obtenir l'adhésion des foules. Voilà ce qu'il a découvert : c'est seulement s'il y a un ennemi – perfide, dangereux, menaçant – que le corps social se compacte.

Tu me diras : « Pourquoi le corps social doit-il se compacter ? »

Afin de permettre la naissance du chef.

« Il n'est pas nécessaire que l'ennemi politique soit moralement mauvais ou esthétiquement laid ; il n'a pas besoin de se présenter comme un concurrent économique et il peut même sembler avantageux de faire des affaires avec lui. Il est simplement l'autre, l'étranger, et il suffit à son essence qu'il soit ontologiquement autre et étranger, dans un sens particulièrement intense, pour que, dans le cas le plus extrême, soient possibles des conflits avec lui qui ne sauraient être tranchés ni par un système de règles établies ni par l'intervention d'un tiers "désengagé" et donc "impartial". »

Que nous dit Schmitt ? Que nous révèle-t-il ? Il nous dit que la seule façon de contrôler une personne est faire en sorte qu'elle se sente entourée d'ennemis. De nos jours, c'est ce que fait le marketing. Il veut que tu te sentes uniquement entouré de ce qui t'est familier et, dès lors, sans que tu t'en aperçoives, ce qui ne te ressemble pas commence à susciter ta méfiance, car un produit doit te ressembler, ou faire mine de te ressembler, pour te plaire. Tu éprouveras alors le besoin de plus en plus vif d'accorder ta confiance à ceux qui te disent que tu es très bien tel que tu es et que les autres, ou du moins une partie d'entre eux, sont les ennemis de ton identité. Ne cède pas à une telle tentation et mets également en garde ton entourage.

Sais-tu combien de fois le mot « ennemi » apparaît dans l'abominable *Mein Kampf* d'Adolf Hitler ? Plus de cent soixante-dix fois. Sais-tu ce que cela signifie ? Qu'Hitler avait retenu la leçon de Schmitt. Quand on essaie de te faire croire que ceux qui t'entourent sont tes ennemis, ne tombe pas dans le piège. Crie-le !

Schmitt avait compris qu'un homme politique qui a étudié pour apprendre à faire son métier et qui se « contente », une fois au gouvernement, de bien remplir ses fonctions, d'appliquer les lois et de respecter les institutions ne peut espérer avoir une véritable emprise sur les personnes. C'est ce qu'on veut nous faire croire aujourd'hui aussi : que la politique gagnante, celle qui suscite les passions, n'est pas celle du politicien calme et sérieux.

Nous pensions en avoir fini avec la liturgie du pouvoir, avec ses défilés chorégraphiques, ses rituels et ses fictions, mais nous y avons replongé.

Schmitt affirmait une autre chose qui me semble sinistrement pertinente aujourd'hui : il disait qu'un chef ne peut obtenir davantage d'adhésion que dans l'« état d'exception ». Selon lui, le pouvoir n'est perçu comme tel que lorsqu'il intervient pour indiquer comment sortir de l'état d'exception. C'est dans l'état d'exception que le chef devient chef, qu'il renforce la perception qu'on a de lui comme d'un être nécessaire et irremplaçable. Schmitt en était convaincu : l'état d'exception est comparable au miracle pour ceux qui croient en Dieu. Sais-tu ce qu'est l'état d'exception ? C'est comme en situation de pandémie. Tu connais bien ce mot, n'est-ce pas ? Tu as fait l'expérience de ce que signifie vivre au cœur d'un événement tel que les règles ordinaires sont insuffisantes, que l'ossature de la société s'effondre et que le système part en vrille.

Quand le danger me menace et que les événements deviennent indéchiffrables, je veux quelqu'un qui prenne des décisions. Je veux un chef au-dessus de moi. Dès lors, les garanties et les règles n'importent pas, je suis prêt à renoncer à ma liberté et à mes droits en échange de quelqu'un qui me rassure, me guide et, surtout, guide les autres, tous ceux qui, autour de moi, risquent de me bousculer. Schmitt aurait sans nul doute expliqué que le coronavirus permet de faire l'expérience directe de ce « système déficient » qui est le nôtre. Oui, le monde dans lequel tu vis est un système déficient, même aux yeux de Dieu. Dieu a créé le monde, il a dicté ses lois, mais cela ne suffit pas. Il doit constamment intervenir pour le rafistoler, réparer les failles qui s'ouvrent sans prévenir. Pour Schmitt, c'est ce que nous appelons un « miracle » : une intervention exceptionnelle et non planifiée de Dieu dans le monde. En raisonnant par analogie, Schmitt nous dit que les États dysfonctionnent eux aussi parfois, pour la même raison : ils se dotent de constitutions et se donnent des lois dans l'illusion de pouvoir tout contrôler, mais le filet a des mailles trop lâches et trop de trous. Il suffit d'un tremblement de terre, d'une tempête, d'une guerre, d'une crise financière ou d'une pandémie, et le système prend l'eau. État d'exception. Rupture momentanée de l'équilibre. C'est cette faille qui rend indispensable l'intervention d'un « chef » qui, sans suivre la voie ordinaire imposée par les lois, prend la situation en main et assume les décisions. Ce n'est qu'à ce moment-là, nous dit Schmitt, que les gens commencent à considérer le « chef » comme une étoile montante, une lumière brutale et aveuglante qui leur fait oublier des siècles de droits acquis et garder les yeux fixés dans cette direction, sur son visage radieux.

Je suppose que tu vois où Schmitt veut te conduire. Seul l'état d'exception peut produire un chef. Dans la répétition mécanique et ordinaire de la vie, personne ne veut de chef : les lois suffisent et chacun se débrouille seul. Mais quand des événements imprévus et terribles surviennent, on a besoin d'entendre la voix du « chef », de compter sur sa protection, sur ses décisions, qui sont un peu comme un antidouleur en cas de forte fièvre.

Quel est le corollaire ? C'est que quiconque voulant vraiment être considéré par ses « sujets » comme un chef, un *duce*, un *führer*, par-delà les lois, par-delà le bien et le mal, doit bénéficier d'un état d'exception. Il doit l'espérer, faire confiance à l'état d'exception et miser sur lui. Il doit prier pour que son mandat ne soit pas marqué par la prospérité et la bonne santé, mais par une ou plusieurs crises, car ce n'est que dans la crise qu'un dirigeant cesse d'être un corps corruptible et mortel, comme tout le monde, pour devenir un demi-dieu, tels les pharaons d'Égypte ou les empereurs de la Rome antique.

Alors je te le demande : que fait celui qui veut devenir un « chef » quand il n'y a pas d'état d'exception ? Il le crée. Il le stimule. Les chiffres de la délinquance et de la criminalité sont en baisse ? Non, regarde bien, ils ne le sont pas : tu seras bientôt victime d'un cambriolage ou d'un viol, on enlèvera tes enfants. L'afflux de migrants est sous contrôle, ses proportions normales ? C'est faux, il augmente de façon spectaculaire, c'est une véritable invasion !

Et cette « invasion » est un état d'exception !

Aucun système fonctionnel ne produit l'homme providentiel, le leader charismatique, l'homme fort, capable d'intervenir dans des circonstances exceptionnelles, de rétablir l'ordre, de sauver son peuple, de calmer l'enfant qui s'est réveillé en sursaut, en proie à un cauchemar.

Polarisation, radicalisation, « ami-ennemi » : en clair, l'état d'exception. Tout doit devenir état d'exception afin que tu ne comptes plus sur la loi ou que tu ne cherches plus à comprendre par toi-même, mais que tu attendes de quelqu'un d'autre qu'il prenne les décisions. Et comme il est plus facile, à la fin d'une journée fatigante, d'écouter le « chef » te dire comment vont les choses.

Mais quand ça arrive, quand tu t'en aperçois, crie-le haut et fort !

Au lycée, on occupait souvent les locaux. Est-ce encore le cas aujourd'hui, au lycée Diaz ? Je me revois, avec encore des cheveux, bondir sur l'estrade, et l'embarras d'être là, les pieds sur le bureau de l'enseignant. Pourtant, je me sens plus ridicule à présent d'avoir eu honte de ma mauvaise éducation, car c'était un geste de rébellion. Occupation : le sommet doit devenir la base et la base le sommet. Je suis là, je prends la parole et je sens que quelque chose change autour de moi : les gens se mettent à m'écouter, à me faire confiance, car l'autogestion est un état d'exception, c'est mon état d'exception, celui qui me permet de devenir un leader. Pourtant, le mécanisme commence déjà à s'enrayer, je me rends compte que les gens ont confiance en moi et non en ce que je dis. C'est risqué. Que se passe-t-il si je négocie avec la police ? Si les enseignants me persuadent de mettre fin à l'occupation des locaux ? Je comprends que je pourrais faire l'une et l'autre chose sans devoir me justifier, car maintenant les gens croient en moi. Mais ce n'est pas ce que je veux. C'est une chose d'être le porte-parole, d'entretenir le débat... Mes camarades, eux, ont versé en moi la coupe de leur rébellion, et je peux maintenant faire ce que je veux de ce breuvage... Je peux même le renverser par terre. Et je me dis à présent que ceux qui voudront s'opposer au mouvement et à ses principes n'auront qu'à me prendre en otage. J'entre dans les toilettes du lycée et je m'examine dans le miroir avec méfiance : je suis devenu un chef ! Un frisson me parcourt l'échine : « Attention, la fin de tout chef est de se transformer en petit chef. — Comment ça, en petit chef ? » Je proteste d'un ton mauvais, conscient que ce visage dans le miroir s'amuse à me provoquer. « Je ne suis pas un petit chef ! » je hurle, furieux. « Le pouvoir me fait gerber ! Ce n'est pas pour ça que j'ai posé les pieds sur ce bureau ! Tu m'écoutes, morceau de verre plombé ? Je me bats pour un principe, je défends l'école publique, je suis contre la privatisation... Pas *je*, en réalité, *nous* sommes contre la privatisation de l'école, *nous* sommes contre la ministre Iervolino : nous voulons garder une école vouée à l'inutile et non à l'utile... Nous sommes les adeptes d'une religion sans Dieu, nous professons l'inutilité de l'éthique et du savoir ! Nous ne voulons pas de sponsors, de proviseurs-managers ni de profits... Nous nous battons afin que les règles en vigueur à l'extérieur n'entrent pas à l'intérieur, et que celles qui sont à l'intérieur débordent à l'extérieur ! » Je me débats, je m'agite, je proteste, mais le salopard qui m'observe depuis le miroir ne m'écoute même pas, il se contente de rire et continue de se moquer de moi : « Petit chef ! Roberto est un petit chef ! »

Du reste, le proviseur m'a déjà appelé, il ne veut parler qu'à moi, il a compris que je suis la cruche, que mes camarades y ont versé leur vin et qu'il suffit donc de me mettre en pièces. Il ne le dit pas clairement, mais je le comprends tout de même : en traitant avec lui, j'ai tout à gagner. Et la cause est noble, c'est évident : maintenant que je suis un « leader », je dois avoir pour but d'entrer en politique, afin de changer les choses pour de bon... Merde. Je me maudis, car je suis venu jusqu'ici, dans le bureau du proviseur, sans boules Quies ! Je sens déjà que le navire que je pilote se dirige droit vers les rochers, qu'il va bientôt s'échouer et couler à pic. « Petit chef, Roberto est un petit chef ! » : cet air horrible martèle sans cesse dans ma tête. Je tourne le dos au proviseur, je me libère des mains de mes camarades qui s'accrochent à moi pour demander ce qui s'est passé, je repousse un type qui se prétend journaliste et veut me poser des questions... Je retourne dans les toilettes et je lance un direct du droit en plein miroir. Je saigne, mais je suis de nouveau libre.

CRIE QUE TU APPRENDS DE CEUX QUI SAVENT CE QUE TU NE SAIS PAS ENCORE.

Anna Politkovskaïa

3

LES APPARENCES SONT TROMPEUSES

> Je suis cette demeure hantée par un cri.
> La nuit, ça claque des ailes
> Et part, toutes griffes dehors, chercher de quoi aimer.
>
> SYLVIA PLATH[1]

Sais-tu quelle est la première chose qui suit la chute d'une dictature ? De n'importe quelle dictature ? Sais-tu quelle a été la première chose que les gens ont faite après la chute du régime communiste en République démocratique allemande, laquelle n'avait rien de démocratique ? Dans les bars où on pouvait encore prendre une bière pour quelques marks et où on pouvait rencontrer quelqu'un, un ami, un parent, sans être espionné, les gens ont commencé à vendre des cassettes vidéo pornographiques. Oui, à l'époque il y avait encore des cassettes vidéo, puis les magasins se sont mis à vendre des fuseaux, des talons aiguilles et des sacs à main couverts de paillettes, comme cela arrive chaque fois qu'une dictature tombe : la première chose qui change est toujours le libre accès au porno, comme si c'était une preuve certaine que toute surveillance militaire a bel et bien pris fin. S'il y a du porno, il ne peut pas y avoir d'ordre total. Le porno n'est la mesure de

1. « Les voix de l'orme », dans *Ariel*, Éditions Gallimard, 2009.

rien d'autre, droits ou justice, mais il est indiscutable que les dictatures ne le tolèrent pas, du moins pas publiquement. Ces régimes entendent réprimer la nature des individus de peur que la liberté, à commencer par la liberté sexuelle, ne se transforme en liberté totale. La consommation de pornographie était interdite en Union soviétique et, lorsque le régime soviétique est tombé, elle a continué à être non pas explicitement prohibée, mais fortement découragée en Russie. Même l'éducation sexuelle, qui n'a rien à voir avec la pornographie, est considérée comme une insulte aux valeurs de l'Église orthodoxe et à la morale laïque de l'État.

Mais cela n'avait jamais été un problème pour Boris. Car Boris, comme 147 millions de Russes, avait l'habitude de consommer de la pornographie sur le Web, où elle restait accessible malgré les tentatives répétées de censure menées par le Roskomnadzor, le service fédéral russe de supervision des médias.

Arrêté au feu rouge par un matin ordinaire à Moscou, Boris n'en croit pas ses yeux : une femme à moitié nue émerge du haut d'un panneau publicitaire. La pornographie a donc quitté le Web pour faire irruption sur les bâtiments et dans les rues. Peau blanche, yeux mi-clos, rouge à lèvres luisant, pubis caché, tétons visibles. Quatre bras masculins et une tête – également masculine – plongent sous la taille de cette femme plus très jeune, mais mince et séduisante. Détail intéressant – aux yeux de Boris : le contraste entre ce corps nu et ces hommes en uniforme. L'uniforme de l'armée russe.

« Pourquoi diable les femmes aiment-elles tant l'uniforme ? » s'interroge Boris, qui devrait plutôt se demander comment, dans la Russie de Poutine ennemie de la pornographie, ce panneau publicitaire a pu apparaître, comme si on était à Milan ou à New York… Si Boris lisait les quelques mots écrits au bas du panneau, il comprendrait qu'il ne s'agit pas de publicité ni de pornographie, mais de politique. Or Boris ne s'intéresse pas à la politique. Ce qui lui importe, c'est d'enregistrer avec satisfaction cette joyeuse anomalie. Malgré le froid, il baisse sa vitre, fait un clin d'œil à un jeune homme qui traverse la rue et lui demande : « Pourquoi diable les femmes aiment-elles tant l'uniforme ? »

Le jeune homme ne lui répond pas, le prenant visiblement pour un fou.

Boris démarre dès que le feu passe au vert, puis il se met à parler à voix haute, poursuivant le dialogue entamé avec le jeune homme un instant plus tôt : « L'uniforme, c'est l'ordre. Le sexe, c'est le désordre. L'uniforme est le carburant de l'éros, voilà la raison ! »

En arrivant chez lui, Boris appelle son ami le plus cher. Il ne peut s'empêcher de penser à cette affiche et lui demande s'il l'a vue. L'autre répond d'un ton las : « Tu t'attendais à quoi ? Elles sont toutes pareilles, ces journalistes.

— Qu'est-ce que les journalistes ont à voir avec ça ?

— Tu ne l'as pas reconnue ? C'est Anna Politkovskaïa ! Tu n'as pas lu ce qui est écrit ? Spécial Ogonëk : *Anna Politkovskaïa et les orgies avec des soldats russes.*

— Non, je n'y crois pas !

— Normal : tous ces articles pour dire au monde entier que les militaires russes sont des violeurs envoyés par l'État et elle se retrouve dans leur lit...

— Elle voulait les soldats pour elle toute seule !

— Exact... Elle était jalouse qu'ils violent les autres ! Les femmes sont comme ça, elles disent qu'elles ne veulent pas, mais elles veulent, crois-moi. »

Après avoir raccroché, Boris allume la télévision. Aux informations aussi, on parle de cette affiche, qui n'a rien à voir avec la libéralisation de la pornographie. Son ami a raison : la nouvelle, c'est bel et bien que la journaliste de la *Novaïa Gazeta*, qui a rapporté tous les crimes commis par les soldats russes en Tchétchénie, prend secrètement du bon temps avec eux quand ils sont stationnés là-bas.

Boris repense à un article en particulier, dans lequel cette journaliste, Anna Politkovskaïa, était particulièrement féroce avec eux : hystérique, comme le sont les femmes lorsqu'il s'agit de sexe. Elle racontait ce qui était arrivé à trois adolescentes dans la ville d'Argoun, en Tchétchénie. Des soldats les auraient exhibées sur une place, nues, avec une pancarte écrite en russe, à titre d'avertissement aux femmes qui passaient par là : « C'est ce qui vous attend toutes, salopes. On vous baisera toutes. » Là encore, les hommes étaient en uniforme et les filles complètement nues. C'est vraiment ça, le contraste intéressant, songe Boris. Les femmes plus âgées retiraient leur voile pour tenter d'en couvrir les jeunes filles, poursuivait l'article, mais les militaires les en empêchaient.

Il a fait son service militaire, Boris, et il sait que dans l'armée on voit les choses de cette façon. D'ailleurs, les femmes tchétchènes, on peut tranquillement les violer, car elles ne parlent pas, ne dénoncent jamais personne. Les Tchétchènes ont une mentalité à part. Leur colonel les avait prévenus : « Ne touchez pas aux femmes occidentales et surtout pas aux journalistes ou aux collaboratrices d'Amnesty International, car ces salopes risquent de rameuter leurs amis des médias ! Mais avec les musulmanes, aucun problème : elles ne peuvent rien raconter, sinon leurs hommes ne voudront plus d'elles. » Sergueï Kouznetsov, le colonel, disait que ça avait été pareil en Bosnie. Les femmes bosniaques ne parlaient pas. Pour que tout le monde sache qu'elles avaient été violées, les Serbes leur arrachaient une incisive. Elles rentraient à la maison, et leurs pères, leurs enfants, et même leurs maris à leur retour du front, apprenaient ce qui s'était passé. « Mais nous devons être plus prudents, leur disait le colonel, car ici ce n'est pas la Bosnie, dont tout le monde se fout. Ici, c'est la Russie, et Poutine s'énerve quand la presse étrangère rapporte certaines choses. Il craint surtout le jugement des Allemands, allez savoir pourquoi celui des Allemands plus que des autres... »

Le voilà, Poutine. Il vient d'apparaître à la télévision. Il semble contrarié par ces révélations sur le comportement peu orthodoxe de la journaliste. Il affirme que ces photos risquent de compromettre l'image de l'armée, il se dit désolé par ce battage et appelle les médias à plus de respect pour les familles des soldats et les proches de la journaliste.

Mais Boris se dit que Poutine a tout faux, car cette affiche ne salit absolument pas l'image de l'armée. Ces soldats n'ont pas violé Anna Politkovskaïa, c'est elle qui prend du bon temps avec eux ! Au fond, c'est une formidable publicité pour l'armée russe ! À tous les coups, les demandes d'engagement vont tripler…

Le téléphone sonne.

« Tu as vu ?

— C'est bon, j'ai vu. Tu avais raison, peut-être qu'elle voulait juste les interviewer, ah ah ah !

— Il faut se méfier des apparences !

— Ouais… Il faut s'en méfier. »

Un meurtre commis en Tchétchénie le 27 mars 2000 entre minuit et une heure du matin met le feu à toute la région.

À l'origine d'un règlement de comptes, il y a toujours un crime sanglant. Quelque chose qui marque au fer rouge la conscience de ceux qui sont de part et d'autre de la barricade, et dont dépend l'« infinie chaîne de deuils » qui s'ensuit.

Le massacre de Beslan, en Ossétie voisine, est sans doute lui aussi une conséquence de ce meurtre. Tu as vu les images de l'école de Beslan ? Quand les terroristes ont torturé les enfants en les privant d'eau ? Plus on tardait à satisfaire leurs exigences, plus ils privaient les enfants d'eau. Chaque heure qui passait était une heure sans eau. Et c'est comme si les images de ces enfants qui, pourtant, datent de quatre ans plus tard, avaient néanmoins un lien de cause à effet avec le meurtre commis en Tchétchénie le 27 mars 2000 entre minuit et une heure du matin.

Chaque terre a ses zones de conflit. Des lieux où les abus commis sont si graves qu'ils suscitent des rancunes ataviques lourdes comme des pierres. Le Royaume-Uni a l'Ulster, l'Espagne a le Pays basque, l'Inde a le Cachemire. Depuis la chute du communisme, la Russie se heurtait, parmi de nombreuses questions identitaires non résolues, à celle de la Tchétchénie.

À la fin du XVIIIe siècle, les Tchétchènes ont été vaincus et leurs territoires annexés à l'empire russe, la Russie des tsars. Depuis, afin d'obtenir leur indépendance, ils ont soutenu tous les ennemis du Kremlin, qu'ils soient bons ou mauvais, chaque fois que l'occasion se présentait. Ils ont même soutenu ceux qui arboraient une croix gammée car, aussi incroyable que cela puisse paraître, ils préféraient les nazis aux Russes. Pour les punir, Staline les a fait déporter en masse mais, en détruisant les corps, il a rendu les esprits encore plus indomptables.

En 1991, à l'éclatement de l'Union soviétique, entre les routes poussiéreuses de ces montagnes frontalières, les gens sont sortis faire la fête ! Les tantes embrassaient leurs nièces, les pères étreignaient leurs fils, les voisins se serraient la main avec émotion ! Mais sur les hauteurs du Caucase, les gestes d'ouverture de Gorbatchev et d'Eltsine sont restés lettre morte. Et c'est ainsi que les « seigneurs de la guerre » islamistes se sont glissés dans les brumes d'une énième déception et ont rendu les choses encore plus compliquées. Dès lors, c'était une compétition pour savoir qui frapperait le plus durement la population : les combattants tchétchènes s'en prenaient aux civils pour les dissuader de collaborer avec les Russes et les Russes s'en prenaient aux civils pour les dissuader de collaborer avec les combattants tchétchènes. La Russie l'a emporté dans les années 1990, après deux guerres sanglantes qui ont coûté la vie à cent mille civils et vingt-cinq mille militaires, ont rendu trente et un mille enfants tchétchènes invalides et ont dégénéré en une guérilla épuisante et extrêmement violente.

Exils, déportations, viols, traumatismes. Tu as étudié en classe les pratiques de ce type de conflits et tu les connais donc, n'est-ce pas ?

Tu entendras dire que des oléoducs et des gazoducs passent par la Tchétchénie, que la Russie ne pouvait donc pas se permettre de perdre ce territoire. Et aussi que la nomenklatura du parti a tiré les leçons de la guerre en Afghanistan : dans les zones islamisées, une fois les chars russes partis, ce n'est pas au retour de la démocratie qu'on assiste, mais à celui des talibans. Ce qu'omettent de préciser les tenants de ces positions, c'est que, comme en Syrie, les « talibans » arrivent parce que l'État frappe les civils, pas parce que les chars battent en retraite. Des jeunes gens sans droits, sans éducation, privés de toute dignité et de tout avenir vont grossir les rangs des groupes qui, les premiers, leur mettent une kalachnikov entre les mains.

Quand l'État renonce à son rôle et se change en bande armée, la moitié de la population civile se retrouve sous l'emprise des seigneurs de la guerre, et l'autre moitié s'attend à être égorgée et jetée dans une fosse commune. Si en plus vous êtes Vladimir Poutine et que vous avez grandi au sein du KGB, il vous est difficile, voire impossible, de ne pas envisager une vengeance d'État.

Voici le conseil que je te donne : quand tu n'arrives pas à faire la part des choses face à un conflit, tiens-t'en toujours au droit. Car, vois-tu, les gouvernements naissent et meurent, parfois ils sont bons, le plus souvent ils sont mauvais, mais les conquêtes du droit sont immuables. Les tribunaux internationaux existent dans ce but, pour affirmer qu'aucun état d'exception, où que ce soit dans le monde, sous quelque gouvernement que ce soit, ne peut légitimer la suspension totale ou partielle du droit.

À présent, je le sais déjà, tu vas penser que je viens de proférer une banalité. Car tu es persuadé de respecter le droit dans toutes tes actions. Et tu es également persuadé qu'attiser les flammes de sentiments tels que la haine et la vengeance ne fonctionne pas avec toi. La loi du talion, œil pour œil, dent pour dent, appartient au passé, tu serais prêt à en jurer. Mais si quelqu'un s'avisait de toucher à ton ami, à ton frère ou à ta copine, il se pourrait que tu prennes une kalachnikov et qu'alors tu ne t'arrêtes peut-être pas au simple œil pour œil, dent pour dent, mais que tu te mettes à raisonner en termes de représailles : tu me crèves un œil, j'en crève vingt, les tiens et ceux de tes proches. Puisque tu n'en as que deux, je choisirai neuf autres personnes au hasard et je les leur ferai crever à toutes.

Je sais. Les représailles sont ignobles. Tout comme la loi du talion. Il n'est pas nécessaire d'en débattre. Mais tu admettras que le concept de vengeance a une certaine emprise sur nous, il conserve une aura de grandeur.

Que ce sentiment, qui n'est pas toléré par la loi, couve secrètement dans nos cœurs, les meurtriers du monde entier, qui s'en revendiquent dans les salles d'audience à titre de défense, en fournissent la preuve. Les personnes accusées de meurtre justifient leurs actes en criant : « Vengeance ! », comme s'il s'agissait plus ou moins d'un geste contenu dans notre sang et indépendant de notre volonté. La vengeance nous met en branle, ce n'est pas nous qui la mettons en branle.

Voici donc ce que je te demande : sois mon juré dans le procès n° 14/00/0012-00, plus connu sous le nom d'« affaire Boudanov ». Un procès qui s'est déroulé en Russie entre 2000 et 2003, contre Iouri Dmitrievitch Boudanov, un colonel, affecté – à l'époque des faits – au district militaire du Caucase du Nord. Je voudrais que tu écoutes attentivement les deux versions présentées devant le tribunal et que tu me dises si, à ton avis, le meurtre est lié à un besoin de vengeance inacceptable – mais également noble, à sa manière.

Version de la défense

Le 26 mars 2000, le colonel Iouri Boudanov, deux fois décoré, qui était en garnison à la périphérie de Tangui-Tchou, un village de la province d'Ourous-Martan, en Tchétchénie, est informé que deux tireuses d'élite, une mère et une fille, vivent au numéro 7 de la rue Zaretchnaïa.

L'informateur du colonel, un civil tchétchène, lui montre une photo de la fille tenant un fusil. À la vue de la photo, le colonel Boudanov, qui a perdu plusieurs hommes un mois plus tôt lors d'une fusillade avec des combattants tchétchènes dans les gorges de l'Argoun, est pris d'une violente soif de vengeance. Les visages de ses camarades morts dans la poussière des hauteurs caucasiennes se bousculent dans son esprit encore sous le choc.

Torturé par la honte de n'avoir su défendre ses camarades, il planifie sa vengeance à la nuit tombée. Il forme un commando avec trois de ses hommes et, à bord d'un véhicule militaire BMP, armés de kalachnikov, ils quittent le camp puis se dirigent vers le village.

Il fait nuit noire et, dans la maison couleur blanc sale, ou bien en briques rouges – il ne se souvient plus très bien –, celle en tout cas qui lui a été indiquée par l'informateur, tout est calme.

La maison n'a pas l'électricité, tous les habitants sont donc couchés depuis la tombée de la nuit. Le père, qui dort seul car sa femme est en visite chez des parents, bondit de son lit en entendant le véhicule freiner et va réveiller sa fille aînée. Il lui ordonne d'habiller ses frères et sœurs puis de fuir, car un camion militaire s'est arrêté juste devant leur maison. Enfin il sort sans se montrer afin d'alerter son frère, qui vit juste à côté. À son retour, ses enfants l'attendent, sauf l'aînée, enlevée par les militaires.

Quand ils arrivent au camp, le colonel Boudanov donne l'ordre à ses hommes d'emmener la jeune fille dans ses quartiers et de monter la garde dehors, mais à une certaine distance, car il veut interroger la prisonnière seul.

Le colonel Iouri Boudanov, deux fois décoré, presse la jeune fille de questions sur sa mère : pourquoi n'est-elle pas à la maison ? De qui reçoit-elle ses ordres ? Où cache-t-elle les armes ? La jeune fille, Elza Visaevna Koungaïeva, lui répond qu'elle ne sait rien et que, même si elle savait quelque chose, elle ne dirait rien à un « porc russe ». Les Russes, elle les tue dès qu'elle a un fusil entre les mains et qu'elle les a dans son viseur.

Les insultes venimeuses de la jeune fille font bouillir le sang de Boudanov, qui lui flanque une gifle. La jeune fille crache du sang mais ne ravale pas son insolence. Elle le provoque de nouveau en accusant les militaires russes d'être des violeurs en série que les combattants tchétchènes écorcheront bientôt un à un dans les gorges du Caucase.

Le souvenir de ses compagnons d'armes tombés héroïquement dans ces montagnes, dont l'honneur est bafoué par les mensonges de la jeune fille, suscite une seconde bouffée de colère chez le colonel, qui lui passe les mains autour du cou.

Elle échappe à son emprise, mais il la rattrape. En la saisissant, il déchire – involontairement – son chemisier. Un combat rapproché s'engage, au cours duquel la bretelle du soutien-gorge beige de la jeune fille saute également. Alors que sa résistance semble vaincue, Elza s'empare du pistolet posé sur la table de chevet, à côté du lit de camp, et tente de tirer sur le colonel. Celui-ci réussit à la désarmer avant qu'elle n'appuie sur la détente, il passe les mains autour de son cou et, cette fois, serre jusqu'à l'étrangler.

Reprenant ses esprits, il se rend compte de son erreur. Il demande alors à ses hommes de transporter le corps dans les bois voisins et de lui donner une sépulture décente afin qu'elle repose en paix.

Le lendemain matin, encore secoué par les événements de la nuit, il reçoit un appel téléphonique de son commandant, Valeri Vassilievitch Guerassimov, qui lui ordonne de libérer immédiatement la jeune fille, dont tout le monde raconte qu'il l'a enlevée sans en avoir reçu l'ordre.

Version de l'accusation

Le 26 mars 2000, le colonel Iouri Boudanov fait irruption dans la maison en briques rouges du 7, rue Zaretchnaïa, dans le village tchétchène de Tangui-Tchou où vivent les Visa Koungaïev, une famille de paysans pauvres. Il fait nuit noire et, dans la maison, tout le monde dort déjà car il n'y a pas d'électricité.

Réveillé en sursaut par un camion militaire qui freine sur la place, le père – qui dort seul car sa femme rend visite à des parents – va dans la chambre de sa fille aînée et lui ordonne de vêtir ses frères et sœurs, puis de fuir. Dans le même temps, il sort alerter son frère, qui habite juste à côté. Les soldats envahissent la maison pendant que la fille habille les plus jeunes, et ils l'emmènent. La jeune fille – Elza, dix-huit ans – est dissimulée sous une couverture, mais les voisins voient quelques mèches de cheveux qui dépassent.

Elza est belle, tout juste un peu timide. Elle sort très peu, n'a pas d'amis et passe l'essentiel de son temps à s'occuper de ses frères et sœurs, car sa mère est souvent malade. Elle n'a jamais été photographiée avec un fusil à la main, ne sait pas tirer et ne fréquente aucun homme, encore moins les combattants. D'après ses voisins, il est impossible qu'elle ait insulté le colonel, car elle ne parle pas russe.

Selon les médecins présents lors de la découverte du corps, dans les bois à côté du camp militaire, il faut écarter la possibilité que les vêtements de la jeune fille aient été arrachés accidentellement.

Un pull en laine déchiré dans le dos, une jupe décousue sur le côté, un tee-shirt blanc et jaune également déchiré dans le dos et un soutien-gorge beige à la bretelle coupée ont été retrouvés près du corps et non sur elle.

Au cours du procès, aucun élément décisif n'est apparu : ni la photographie de la jeune fille armée qui a déclenché l'expédition punitive menée par le colonel, ni le nom de l'informateur tchétchène qui l'a renseigné.

Pour cette raison, l'accusation est convaincue que, le 26 mars 2000, le colonel Iouri Boudanov n'a pas demandé des informations sur une éventuelle tireuse d'élite à punir après la mort de ses camarades, mais sur une fille à violer après une soirée bien arrosée. Une jeune fille issue d'une famille traditionaliste, qui aurait honte de dénoncer les faits. Une belle fille issue d'un milieu pauvre, qui aurait du mal à se payer un avocat.

Le rapport rédigé par l'équipe médico-légale lors de l'exhumation du corps fait état – outre les coups portés sur tout le corps et en particulier, comme l'admet Boudanov, sur le côté gauche du visage – de lacérations dans la zone de l'anus et du vagin, produites par un corps rigide de la taille d'un pénis en érection.

Poutine n'aime pas qu'on évoque l'histoire que tu viens de lire. Mais Anna Politkovskaïa, la journaliste russe qui l'a reprise, la racontait tout le temps. Elle l'a même fait dans un livre : *Putin's Russia*, publié au Royaume-Uni en 2004. Vois-tu, Anna dérangeait Poutine, non seulement parce qu'elle a parlé de la guerre en Tchétchénie dans deux mille articles, mais aussi parce qu'elle savait raconter. Elle écrivait dans un russe clair, propre et évocateur qui ressemblait à celui de Gogol. Elle écrivait sans passer sous silence les fautes de quiconque, ni celles des terroristes indépendantistes ni celles du gouvernement de Moscou. Elle racontait tout : les attaques contre les marchés et les maternités, contre les femmes et les enfants. Puis elle rassemblait ses articles dans des livres afin que le nom des assassins, des violeurs, des kidnappeurs et des tortionnaires ne soit pas oublié, qu'il reste des preuves de leurs crimes. Elle ne s'est pas contentée de dénoncer ces exactions et ne sacrifiait pas tout à l'urgence d'informer. Si elle découvrait quelque chose qui, une fois révélé, risquait de mettre en danger la vie de quelqu'un, un civil ou un journaliste lui aussi, elle renonçait à divulguer l'information. Tu sais, quand tu as devant toi quelqu'un qui défend une cause sans chercher à en tirer bénéfice, qui s'expose uniquement pour défendre cette cause, tu finis par être convaincu. C'est ce qui est arrivé avec Anna : elle a gagné la confiance des civils tchétchènes. À son arrivée, la population l'observait avec méfiance, voyait en elle une Russe privilégiée, quelqu'un qui, après une poignée de questions et de photos, rentrerait directement à Moscou, alors qu'eux resteraient dans cet enfer, sous le joug de l'armée russe. Puis, en la voyant résister jour après jour, mois après mois, année après année dans ce même enfer, allant de maison en maison, offrant son aide, tissant des liens entre la population humiliée et les associations, les volontaires, les travailleurs sociaux, les ONG et les avocats qui assistaient gratuitement les familles sans ressources comme celle d'Elza Koungaïeva, ils se sont mis à prier pour elle. Chaque soir, quand elle rentrait, souvent à pied, vers son refuge, ils priaient pour que rien ne lui arrive sur ces routes mal éclairées. Chaque soir, les femmes, les plus âgées comme les plus jeunes, priaient pour elle, afin qu'Allah la protège jusqu'à son retour. Au début, elles priaient pour que les terroristes ne s'en prennent pas à elle, sachant que les combattants pouvaient porter des coups mortels aux Russes. Puis, au fil du temps, quand l'écho de ce qu'Anna écrivait dans *Novaïa Gazeta* au sujet de la brutalité, des manigances, des humiliations et du harcèlement auxquels l'armée russe les soumettait fut également parvenu à leurs oreilles, elles ont commencé à prier pour que Poutine ne lui fasse pas de mal. Enfin, quand les soldats russes stationnés en Tchétchénie ont commencé à leur tour à lui parler, lui confirmant que ce que la population civile dénonçait était vrai et que leurs camarades soldats avaient commis ces actes sous leurs yeux, le gouvernement de Moscou l'a fait expulser du pays et elle a dû y retourner en secret, encore plus seule et exposée, tandis que le FSB, le service fédéral de sécurité de la Fédération de Russie, la suivait dans ces collines lunaires comme s'il était son ombre.

Pendant les jours cruciaux du massacre de Beslan, en Ossétie voisine, les ravisseurs exigèrent qu'elle intervienne comme négociatrice, car ils n'avaient confiance en personne d'autre. Ils savaient que la partie honnête du peuple russe était de son côté et qu'elle était prête à offrir sa vie en garantie, comme elle l'avait déjà fait en 2002 quand le théâtre Doubrovka de Moscou avait été assiégé par les terroristes.

Son mari l'a suppliée de ne pas y aller, toute sa famille l'a suppliée, car le degré de risque de cette opération était impossible à mesurer. Mais Anna l'a fait. Elle a pris l'avion pour l'Ossétie, et pendant le vol elle a commencé à se sentir mal. Au début, elle a cru que les divisions auxquelles elle venait de faire face lui avaient brisé le cœur. Mais alors qu'elle était sur le point de perdre connaissance, elle a eu une révélation, presque une certitude : le thé que le steward lui avait servi était empoisonné.

Elle a été transportée d'urgence à l'hôpital de Rostov où elle s'est rétablie peu à peu, et son bulletin de santé évoquait simplement un malaise passager car, en Russie, dans les instructions que le Kremlin donne aux médecins – depuis l'époque de Brejnev –, les pneumonies doivent être de vulgaires rhumes et les agents Novitchok de simples digestifs.

Le 7 octobre 2006, Anna Politkovskaïa a été tuée devant la porte de l'ascenseur de l'immeuble moscovite où elle habitait, alors qu'elle rentrait du supermarché : quatre coups de feu ont été tirés par un inconnu. Dans les milieux journalistiques, on raconte pourtant qu'au départ il ne s'agissait ni de l'abattre ni de l'empoisonner, mais de la droguer, puis de la photographier en compagnie des militaires russes dont elle avait dénoncé les crimes contre la population tchétchène.

L'affiche dont tu as lu la description au début du chapitre n'a jamais existé, mais elle était sur le point de devenir réalité. Ils voulaient briser Anna comme je l'ai imaginé. Ils ne pouvaient pas la délégitimer, alors ils l'ont tuée.

Tu dois savoir que cette femme a vécu pendant des mois dans la terreur que cela arrive, avec la peur d'être droguée puis jetée dans une caserne d'où sortirait une histoire bien différente de la réalité. C'est ainsi qu'elle a vécu, au point de préférer la mort à cette torture, car la mort – Anna le savait – n'arrêterait pas ses lecteurs, tandis que la délégitimation les rendrait méfiants. Qui aurait cru que ces photos étaient fausses ? Ou plutôt vraies, certes, mais prises dans un décor savamment fabriqué ? Qui aurait cru, à commencer par ses amis, qu'elle ne passait pas vraiment ses nuits avec les soldats qu'elle dénonçait le jour ?

La délégitimation est plus destructrice que la mort, car elle insinue des cellules cancéreuses non pas chez les ennemis, mais chez les amis. C'est pourquoi la seule façon de la combattre, dès que tu sens qu'elle commence à diffuser son poison, est de le crier. Crie-le fort !

CRIE-LE : DÉNONCER, CE N'EST PAS DÉNIGRER SON PAYS !

Jamal Khashoggi

4
LE TRAÎTRE

> S'il est mort – et j'espère encore qu'il est toujours en vie –, des milliers d'autres Jamal viendront.
>
> HATICE CENGIZ[1]

En septembre 2017, le journaliste Jamal Khashoggi s'installe aux États-Unis pour fuir l'Arabie saoudite, où il est devenu la cible du régime. Dans les pages des quotidiens nationaux et sur Twitter, il a attaqué à plusieurs reprises les méthodes autoritaires et agressives du prince héritier de Riyad, Mohammed ben Salmane, et a sévèrement critiqué l'intervention militaire hasardeuse au Yémen.

Aux États-Unis, Khashoggi a recommencé à faire ce qu'il fait le mieux : raconter son pays. Tu sais, la vraie loyauté, le vrai geste de citoyenneté qui te lie à ton pays, c'est de perdre le sommeil quand il souffre, qu'il est victime des pires négligences et de la corruption. Ce qui fait de nous les citoyens d'un pays, ce n'est pas le passeport, mais la volonté de le changer. Et c'est ce que fait régulièrement Khashoggi dans les colonnes du *Washington Post*, le journal où il a trouvé refuge.

1. «My Fiancé Jamal Khashoggi Was a Lonely Patriot», *The New York Times*, 13 octobre 2018.

Article après article – même maintenant qu'il vit New York –, il persiste à mettre en question une image que le prince de Riyad veut en permanence rayonnante et joyeuse. L'image d'un pays qui devient de plus en plus ouvert et tolérant. Même envers les femmes qui, grâce à sa bénédiction, roulent désormais seules sur les routes asphaltées et rectilignes de sa «nouvelle Arabie».

Le gouvernement saoudien a les moyens et la détermination nécessaires pour que les médias nationaux ne diffusent que cette image, la même que l'on retrouve mise en avant sur le Net, trompeusement limpide et mensongère, entre exotisme touristique et Lawrence d'Arabie, grâce à une équipe de hackers – peut-être ceux, dirigés par l'avocat Saoud al-Qahtani, qui joueront un rôle crucial en espionnant Jamal. Mohammed ben Salmane ne manque pas d'argent ni d'autorité pour s'assurer que des collaborateurs de confiance surveillent chaque information qui sort des dunes du désert et va sur le Net. Si une photo prise par un de ses sujets ou un commentaire posté par un Saoudien ne le satisfont pas, il n'hésite pas à envoyer une armée de techniciens, de hackers et d'informaticiens compétents afin que cet élément soit supprimé. Et, par la suite, à faire en sorte que le coupable de cet acte irresponsable soit identifié et que le droit de vivre lui soit retiré. Quelqu'un qui possède une fortune de plusieurs dizaines de milliards d'euros n'a aucune difficulté à engager des personnes prêtes à reproduire chaque fois ce tour de passe-passe.

Si un jour tu vas en Arabie saoudite, je te conseille de ne pas taper avec trop d'insistance les dix-huit lettres qui composent le nom de Mohammed ben Salmane dans un moteur de recherche. Tes tentatives seraient interceptées et l'adresse IP de ton ordinateur identifiée.

Mohammed ben Salmane est jeune. Grand. Ses traits sont réguliers. Dans l'ensemble, il a fière allure. Surtout, il peut se permettre des dépenses quasi illimitées, car il gagne chaque jour cinquante millions d'euros, les revenus que le pétrole – mais pas seulement – continue de déverser en abondance dans les caisses du royaume. Que ferais-tu si tu avais chaque jour cinquante millions d'euros en plus sur ton compte bancaire ?

Comme tu le sais, de nombreuses légendes circulent en Occident sur les princes arabes. Mais il semble avéré, par exemple, que, dans sa résidence, un saphir indique le robinet d'eau froide et un rubis celui d'eau chaude. Que Mohammed ben Salmane distribue les diamants avec la même insouciance qu'on offrirait des fleurs sauvages. Car, dès son enfance, il a appris que les seizième et quarante-deuxième noms d'Allah sont, respectivement, Al-Wahhab et Al-Karim : le Munificent et le Généreux.

Il est donc injuste que, dans ses éditoriaux, Jamal Khashoggi refuse de mettre en avant les aspects positifs du personnage et persiste au contraire à souligner les aspects peu flatteurs, comme la férocité avec laquelle celui-ci persécute habituellement ses opposants politiques, en les faisant espionner par des hackers corrompus qui violent systématiquement leurs comptes Twitter ou Facebook.

Khashoggi sait qu'on lui fera payer. Au fond de lui, il est certain qu'il paiera, même si ses amis et ses proches lui disent que le prince héritier n'osera pas s'attaquer à lui en dehors des frontières de l'Arabie et que, tant qu'il est à l'extérieur, sa sécurité est assurée.

Mais en mai 2018 Khashoggi quitte New York pour assister à une conférence en Turquie. Il y rencontre une femme, Hatice Cengiz, une doctorante avec qui il se découvre de nombreuses affinités. C'est la façon dont Hatice voit le monde qui provoque l'étincelle chez Jamal. La courbe de ses jambes, le mouvement de ses doigts, l'arrondi de ses lèvres, la forme de ses seins, tout s'enflamme quand on sent qu'on pose le même regard sur le monde et qu'on a la même envie de le changer.

En septembre de la même année, Jamal décide d'épouser Hatice et se rend au consulat saoudien d'Istanbul pour obtenir les documents prouvant sa séparation d'avec sa précédente épouse. Au consulat, tout le monde est aimable et comprend son empressement : on lui promet que le certificat sera bientôt prêt et qu'il pourra le retirer le 2 octobre.

Une perception n'est pas une pensée complète et définitive. Au contraire, c'est une sensation qui flotte sans jamais parvenir à se concrétiser. Tel un état de somnolence ou de semi-conscience : des indices que le cerveau n'a pas encore enregistrés, mais qui l'ont placé en état d'alerte. Jamal Khashoggi sent une gêne imperceptible – peut-être une peur – dans la voix de l'employé qui fixe le rendez-vous. Et cette gêne imperceptible, cette anxiété qu'il a perçues l'agitent, même s'il rassure sa fiancée en lui disant que tout va bien.

Le jour où il doit retirer le certificat, dans la lumière du début de l'après-midi, Jamal et Hatice sont de retour devant le consulat. Seule une grille sépare le bâtiment de la rue, mais de ce côté-ci Khashoggi est dans le pays de sa fiancée, la Turquie, de l'autre il sera plongé dans un autre pays, celui où on a juré sa mort, l'Arabie saoudite. Un pas en avant et il est à Riyad, un pas en arrière et il est à Istanbul. L'embarras de l'employé tourne dans son ventre depuis plusieurs jours, dévorant ses entrailles sans toutefois atteindre le cerveau.

Étrange que les hommes fassent à ce point confiance à la raison et si peu à l'instinct. En réalité, l'instinct capte souvent des vibrations que la raison ne perçoit pas encore.

Fuis, Jamal, ne joue pas les durs. Fais comme les enfants : ils sont intelligents et sentent le danger qui approche.

N'entre pas, Jamal, retourne aux États-Unis. Sauve ta peau avant qu'il ne soit trop tard…

Fais demi-tour, Jamal, et va-t'en.

En attendant que la grille se referme derrière lui, Jamal jette un dernier regard complice à Hatice. Qui signifie : « À tout à l'heure. » Mais il pressent que c'est un adieu. Sinon, pourquoi ajoute-t-il : « Si tu n'as pas de nouvelles rapidement, appelle à l'aide » ? Car c'est exactement ce qu'il lui dit. « Stop ! Que vas-tu faire là-dedans ? Le mariage est-il si important ? Stop ! N'y va pas… », aurait pu répondre Hatice à une telle consigne. Mais elle ne l'a pas fait. Tôt ou tard, ceux et celles qui vivent aux côtés de personnes menacées de mort doivent apprendre à faire abstraction de leurs mauvais pressentiments ; car il y en a trop et on finit par ne plus y prêter attention sans quoi on empêcherait la personne menacée de vivre sa vie puisque, autour d'elle, tout parle de mort, tout est risque et piège, et on commence alors à lâcher prise. Et quand l'air est vif et les parfums intenses comme ce jour-là, le danger de mort ne peut pas vraiment être mesuré, il nous apparaît telle une chose confuse et irréelle.

Alors qu'à l'extérieur du consulat saoudien Hatice Cengiz passait en revue les raisons pour lesquelles rien de mal ne pouvait arriver – du moins pas ce jour-là ni à la veille de leur mariage –, derrière la grille Jamal avait entamé sa partie d'échecs avec la mort.

Contre qui jouait-il ? Pas contre l'employé avec qui il avait parlé quelques jours plus tôt. Non, car ce jour-là ce dernier n'était pas en service. Aucun membre du corps diplomatique n'était en service. Ils avaient tous bénéficié d'un congé exceptionnel. À leur place, quinze hommes en noir des services secrets saoudiens étaient arrivés de Riyad par un vol privé le matin même.

Parmi eux, Jamal a reconnu l'une de ses vieilles connaissances, Maher Abdulaziz Mutreb, peut-être un garde du corps de Mohammed ben Salmane, ainsi qu'un deuxième homme proche du trône, Salah Mohammed al-Tubaigy, un médecin légiste qui avait prêté le serment d'Hippocrate mais s'était ensuite spécialisé dans l'élimination des cadavres.

Tu sais, contrairement à ce que tu imagines, le travail du Dr Salah est extrêmement difficile. On a tort de croire que les criminels travaillent peu et dans des conditions privilégiées. Il n'existe aucune protection sociale dans le secteur du crime, pas de primes pour les heures supplémentaires ni les jours fériés, seulement des plages de travail longues et harassantes.

Le travail de Salah pourrait même être considéré comme pénible, car le bruit de la tronçonneuse entraîne une importante perte auditive et de fréquents états d'anxiété. C'est peut-être pour cette raison que Salah a appris à travailler avec des écouteurs sur les oreilles et la musique à plein volume. Pour tenir, il boit aussi beaucoup de café, en particulier si le corps dont il s'occupe est dans un état de semi-conscience.

Personne ne veut se charger des corps encore chauds, quand la rigidité cadavérique ne s'est pas encore installée, que les muscles sont mous et les tissus humides. Au contact de la lame, la chair grésille et a tendance à jaillir en tous sens. Mais il n'y a pas de bons ni de mauvais boulots, le Dr Salah le sait. Le travail est bon par définition. Au fond, quand l'effort devient plus intense et la sensation d'étouffement plus forte, il s'agit juste de penser à autre chose.

Jamal n'est nullement surpris de tomber sur le Dr Salah.

Quand on a rendez-vous avec la mort, on n'est jamais surpris de la trouver devant soi, bien au contraire. C'est comme retirer un pansement ou se faire arracher une dent : il faut en finir une bonne fois pour toutes. Un coup sec et c'est réglé.

Oui, mais Hatice ? Ce n'est pas qu'il ne pensait pas à Hatice, mais vois-tu, son rendez-vous avec la mort passait avant elle. Il lui avait sans doute dit qu'il n'était plus un homme libre. Que la mort était déjà présente dans sa vie. Et la mort surveille dès lors chaque pas qu'on fait, essayant de l'entraver par tous les moyens. Dès qu'elle était tombée amoureuse de Jamal, Hatice avait accepté de vivre avec la mort à ses côtés. Elle avait probablement espéré, jusqu'à la fin, pouvoir s'interposer entre eux et la faire fuir.

Jamal était condamné à mort et il le savait, comme nous le savons tous, même si cela nous fait horreur de l'admettre. Le seul problème des services secrets saoudiens était de savoir comment présenter cette disparition au monde. Ses assassins ont décidé d'en parler directement avec lui, même si – tu as raison sur ce point – on ne devrait jamais évoquer avec son chien le projet qu'on a de l'abandonner. Mais Jamal n'était pas un chien, il était suffisamment expérimenté pour savoir qu'il n'y avait rien de personnel dans la décision de l'éliminer, que ces hommes ne faisaient qu'obéir aux ordres du prince.

Ils lui ont demandé d'envoyer un message. Un simple texto à son fils pour brouiller les pistes concernant ses dernières heures de vie. Ils le lui ont demandé poliment, car les agents secrets du monde entier ne manquent jamais de bonnes manières : « Allez, monsieur Jamal, aidez-nous afin que nous puissions vous aider. Asseyez-vous et écrivez ce message. Puis nous vous ramènerons en

Arabie saoudite… Si vous ne nous aidez pas, vous savez ce qu'il risque d'arriver. »

Mais Jamal ne voulait pas s'asseoir. Si on doit mourir, mieux vaut que ce soit debout. Comme si rester debout aidait à se sentir davantage soi-même. Et dans tous les cas, pour répondre à l'appel on tient à rester debout, comme devant un peloton d'exécution. Présent. Sur ses deux jambes. Je ne me défile pas. Les fascistes ne supportaient pas que les résistants les regardent droit dans les yeux lorsqu'ils devaient les exécuter. Au moment d'appuyer sur la détente et de le faire avec détermination, le secret de la réussite consiste à étouffer le bruit de fond qui résonne dans votre conscience et les doutes dans votre tête. Mais si celui qui va mourir vous fixe droit dans les yeux, s'il vous dit qu'il est plus effrayant de vivre sous le joug d'un tyran que de mourir pour la liberté, alors le fragile château de cartes de la propagande risque de s'écrouler. Les fascistes forçaient donc leurs ennemis à se tenir dos au peloton et à s'asseoir. Un homme debout met du temps à mourir, et un homme qui met du temps à mourir ouvre des brèches d'incertitude dans le ventre de ceux qui restent.

« Monsieur Khashoggi, veuillez vous asseoir. Une note d'Interpol nous ordonne de vous rapatrier à Riyad. Nous sommes ici pour l'appliquer. »

Jamal s'obstinait à rester debout. Il a même dit que de telles choses ne pouvaient pas se produire à l'intérieur d'un consulat et que quelqu'un l'attendait dehors, prêt à témoigner s'il lui arrivait quelque chose : « Il n'y a aucun mandat contre moi. Et ma fiancée m'attend dehors. »

Mais les hommes du renseignement le savaient déjà. Ils savaient bien qu'Hatice l'attendait, ils savaient qui était Hatice et aussi avec quelle marque de dentifrice elle se brossait les dents. Mais quel poids peut bien avoir le témoignage d'une femme, étrangère de surcroît, pour quelqu'un qui a grandi en Arabie saoudite ? Aucun. Son témoignage n'a aucun poids.

Ils ne se préoccupaient pas de cette femme, mais de quatre hommes, des Saoudiens comme eux : les fils de Jamal, qui n'étaient plus des enfants. Ils devaient s'inquiéter de leur réaction aux événements à venir. Tu sais, un futur roi doit garder certaines choses à l'esprit s'il veut être considéré comme un père par ses sujets. Ils ont donc insisté : «Envoyez un message à votre fils, Jamal, dites-lui de ne pas s'inquiéter s'il n'arrive pas à vous joindre.»

Pourquoi ce message? Jamal le sait : on veut qu'il fasse comprendre à ses enfants qu'une fois leur père disparu il leur faudra se taire pour mériter le droit de vivre. Le droit d'avoir une vie normale qu'en Arabie saoudite seul Ben Salmane peut accorder ou refuser. Là-bas, ce droit a un prix : le silence. Jamal sait que, s'il n'envoie pas ce message, il met en danger la vie de ses fils. Mais il sait aussi que, s'il ne l'envoie pas, il leur fait don de la vérité. La vérité, pas la sécurité : il les protège d'une autre manière, en leur suggérant l'identité de l'ennemi à surveiller et en soulignant que cet homme ne recule devant rien. Jamal les protège en leur disant la vérité, car à long terme le mensonge rend fou. Je suis sûr que ces pensées ont circulé entre ses tempes – mais peut-être devrais-je dire dans son cœur – durant ces minutes.

Jamal refusait de s'asseoir. Il ne voulait pas aider à couvrir son propre meurtre. Car l'issue était proche, il en avait la certitude, sinon la présence de l'embaumeur n'aurait eu aucun sens : «Je n'écrirai rien du tout.»

Et de nouveau ils l'ont prié avec un paternalisme aimable : «Allez, monsieur Jamal, aidez-nous.»

Mais Jamal ne voulait toujours pas s'asseoir, si bien que les hommes ont dû agir sans plus se soucier des apparences. Ils lui ont mis un sac en plastique sur la tête et ont commencé à l'étouffer. Un mouchard turc dissimulé dans les murs du consulat – comme il est d'usage d'en placer afin de surveiller ce que font chez vous ceux qui arborent un autre drapeau que le vôtre – a capté à l'insu des envoyés du prince saoudien les dernières paroles de Jamal Khashoggi. Il a enregistré les bruits que faisait son corps, car lorsqu'on suffoque, chaque centimètre de notre corps se bat pour trouver de l'oxygène : les ongles, les doigts, les bras, les jambes, les pieds, les épaules, tout travaille pour chercher de l'air, de même que chaque partie du corps se bat pour connaître la vérité.

Khashoggi est mort étouffé : « J'ai de l'asthme. Ne faites pas ça ! Vous m'étouffez… »

Il a fallu une bonne demi-heure au Dr Salah pour découper le corps de Jamal en plusieurs morceaux. Une fois le travail terminé, les hommes ont nettoyé la table et soigneusement placé les membres de Jamal dans des sacs en plastique qu'ils ont rangés dans des valises. Quand les bagages ont été prêts, ils les ont chargés dans une camionnette garée à l'arrière du bâtiment.

Hatice n'a pas senti l'odeur du sang de son fiancé, n'a perçu aucune vibration, aucun cri. Sais-tu comment je le sais ? Parce que, contre toute évidence, Hatice a persisté à chercher l'endroit où les Saoudiens avaient conduit Jamal. Un mécanisme de défense typique de ceux qui aiment : tant qu'on n'a aucune preuve tangible – que le regard ne se pose pas sur un corps –, on ne croit pas à la mort. Tu le sais, l'espoir est enfant du désespoir.

Quelques mois plus tard, les selfies sexy de Jeff Bezos, le fondateur d'Amazon, ont fait sensation dans la presse et sur le Net. Ils étaient destinés à Lauren Sánchez, sa maîtresse à l'époque.

Ne m'accuse pas de cynisme parce que je rapporte des ragots érotiques avec encore le goût de la mort dans la bouche. Aussi tordu que cela puisse paraître, les membres coupés qui sont passés sous le regard peu méfiant de Hatice Cengiz ont quelque chose à voir avec les selfies érotiques de Jeff Bezos.

Suis-moi bien le temps de quelques lignes. La puissante société américaine AMI, propriétaire de l'hebdomadaire people *National Enquirer*, est entrée en possession de selfies et de messages érotiques prouvant la liaison extraconjugale de Bezos avec Lauren Sánchez. Elle en a publié certains et a décidé de le faire chanter en se servant des plus intimes.

Une fois digéré le choc initial – savoir que des morceaux de son intimité étaient les otages d'individus sans scrupules –, le patron d'Amazon a engagé une équipe d'avocats et de détectives pour découvrir par quelle faille de sa vie privée ces selfies avaient filtré.

Au même moment, Jeff Bezos a publié les courriers électroniques d'intimidation que la société AMI lui avait envoyés.

C'est la vérité, tu as bien lu : Bezos a fait lui-même ce qu'AMI menaçait de faire. Une chose inhabituelle. Comme de mettre le feu à sa propre maison avant que d'autres ne le fassent. Non, ce n'est pas du masochisme, c'est soustraire son corps au chantage. Désamorcer la bombe des menaces. Soustraire le butin d'entre les mains des maîtres-chanteurs.

« Si, dans ma position, je ne peux pas faire face à ce genre de chantage, combien de gens le peuvent ? De nombreuses personnes ont contacté notre équipe d'enquêteurs pour rapporter une expérience similaire avec AMI et se plaindre d'avoir dû céder parce qu'elles risquaient, entre autres, de perdre leur gagne-pain. »

C'est ce qu'a écrit Bezos. Il veut donner une leçon exemplaire au « journalisme poubelle ». Je pense qu'il espère obtenir un verdict historique car, tu vois, l'Histoire est de plus en plus souvent le produit des décisions de justice. Selon Bezos, un jugement peut briser la logique du chantage au scandale. C'est une sorte de manifeste programmatique : ceux qui ont de l'argent et des avocats pour se défendre doivent le faire. Lutter pour les autres qui, chaque jour, cèdent au chantage parce qu'ils ne peuvent pas se payer de bons avocats, qu'ils ont des enfants en bas âge, qu'ils n'ont pas le temps, sont menacés de conséquences plus graves et risquent de perdre leur emploi sans être en mesure d'en trouver un autre.

Oui, cette façon de raisonner me plaît et, d'après moi, c'est la seule possible.

Mais ce n'est pas tout. L'histoire des selfies de Bezos a un rapport avec Jamal Khashoggi et le régime impitoyable qui l'a tué. Ce que je n'arrive pas à avaler, c'est que ce régime s'en sorte toujours. Il parvient à ne pas payer pour ses crimes tout en maintenant le pays sous son joug.

Mais quel rapport entre le meurtre de Khashoggi et le chantage exercé sur Jeff Bezos ? Je sais que tu te le demandes.

Apparemment, c'est le frère de Lauren – avec ou sans son accord, je ne sais pas – qui a transmis les selfies sexy de Bezos à AMI. Mais je sais que ce frère voulait rendre service à un ami proche. Un ami très important. Son héros politique : Donald Trump.

Or, comme tu le sais, je pense, Trump n'aime pas Bezos – pas à cause des salaires insuffisants qu'il verse aux employés d'Amazon ou du travail exténuant que ceux-ci doivent faire dans ses entrepôts : Trump se fiche de tout ça ! –, mais parce que Bezos possède *The Washington Post*, le quotidien pour lequel Khashoggi travaillait.

Tu vois à présent le lien ? Il y a un fil rouge entre Trump, Bezos et Khashoggi. Celui qui détient ces selfies sexy n'est ni un voyeur ni une personne intéressée par l'argent. C'est quelqu'un qui veut faire taire les journalistes du *Washington Post*. Tu sais pourquoi. Tu sais ce que pense Trump, n'est-ce pas ? Que les journalistes sont des privilégiés, qu'ils ont un esprit de caste, qu'ils sont toujours en train de se défendre les uns les autres. Mais ce n'est pas seulement sa vision des choses, car beaucoup de gens aiment s'en prendre aux journalistes puis ironiser : « Oh, dès qu'on touche à un des leurs, ils poussent de hauts cris ! » Car, tu l'as bien vu, il n'y a rien de pire que quelqu'un qui persiste à vouloir faire la lumière là où on lui a gentiment demandé de tout laisser dans le noir ! Et le geste de faire la lumière est perçu par beaucoup, dont tous ceux qui aiment la pénombre, comme un débordement inacceptable. Si tu veux être journaliste, on te le pardonne tant que tu te contentes d'écrire. Mais si tu te mets à enquêter ou à suggérer des pistes, alors on te traite de Sherlock Holmes, on dit que tu n'as pas renoncé à ta manie de reconstituer des puzzles, comme quand tu étais enfant. En un sens, ils ont raison : j'aime encore les puzzles… En l'occurrence, sais-tu ce qu'il y a au centre de celui-ci ? Trump et la famille royale saoudienne, qui s'échangent des invitations, des amabilités et des faveurs. Il ne faut donc pas s'étonner si Trump fait pression sur *The Washington Post* afin que ces faveurs ne soient pas rendues publiques. Mais d'où vient ce besoin d'amitié entre une démocratie laïque et une théocratie islamiste, à présent que les alliances sur l'échiquier mondial ne reposent plus sur le pétrole comme autrefois ? Maintenant qu'un monde interconnecté permet de changer rapidement de source d'approvisionnement et que le marché mondial permet de trouver facilement un nouveau fournisseur ? Si tu as suivi un tant soit peu Trump sur les réseaux sociaux et que tu as vu, même distraitement, des films ou des séries tournés en Amérique ces dernières années, tu sais que les Saoudiens achètent maintenant à l'Amérique ce que Trump est le plus désireux de leur vendre : des armes. Pour expliquer la relation entre deux pays apparemment éloignés, il faut savoir que les Saoudiens se sont engagés à dépenser entre 2017 et 2021 pas moins de cinquante milliards de dollars en armes américaines, auxquels s'ajoutent cent milliards de dollars d'investissements dans les chantiers américains.

Mais malgré une amitié solide entre les Saoudiens et Trump, une amitié qui repose sur l'intérêt, ce dernier a déclaré vouloir enquêter sur le meurtre de Jamal Khashoggi. Il est scandalisé : pas question qu'un acte aussi grave reste impuni ! Trump a demandé à Mohammed ben Salmane de prendre toutes les mesures nécessaires afin de faire la lumière sur la disparition du journaliste saoudien et – ne ris pas, s'il te plaît – Ben Salmane lui-même a répondu qu'il était le premier à vouloir punir les responsables de ce qu'il a décrit comme un crime honteux contre la liberté d'expression.

Oui, je sais : après l'assassinat du leader socialiste Matteotti, Mussolini aussi a répondu à l'opinion publique en ébullition qu'il exigerait que toute la lumière soit faite. Qu'il allait découvrir les responsables du meurtre. Qu'il punirait ces responsables avec une dureté exemplaire. Puis il s'est ravisé. Au Parlement, il a dit quelque chose qui ressemblait plus ou moins à ceci : « Et même si c'était moi qui avais tué Matteotti, qu'est-ce que vous feriez, hein ? »

CRIE-LE, QUAND LA CERTITUDE QUE RIEN NE CHANGERA – MÊME EN TOI – EST SUR LE POINT DE GAGNER.

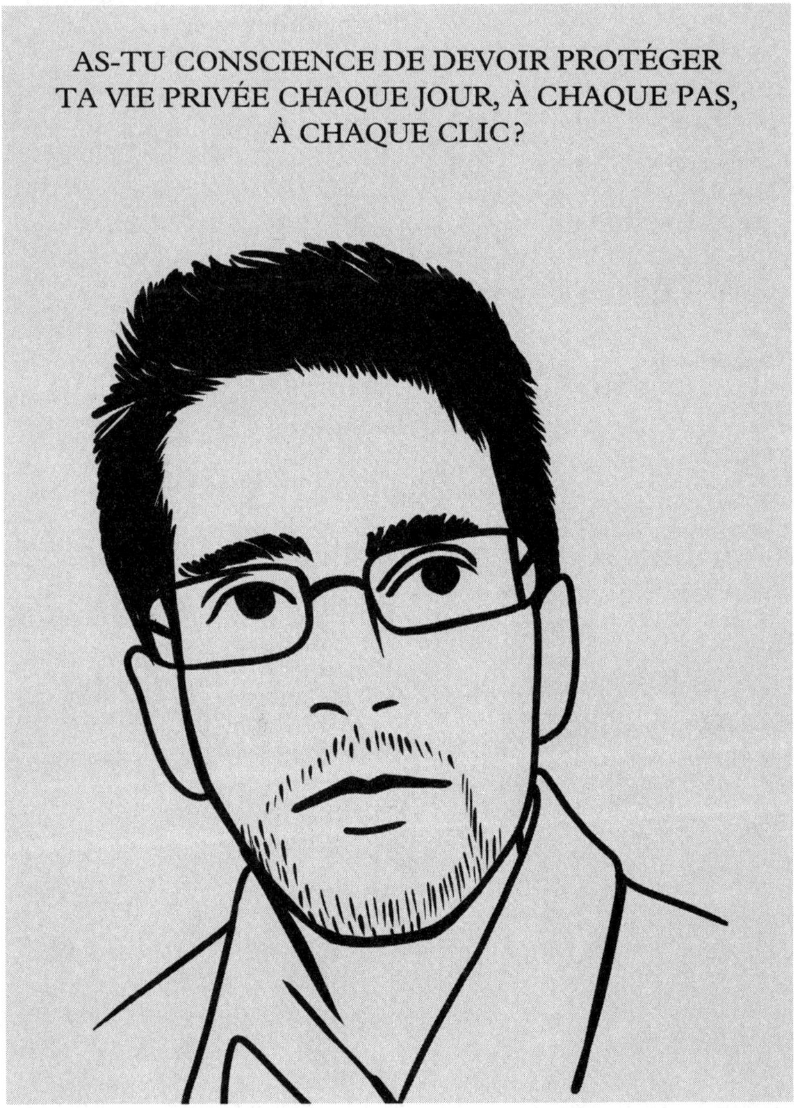

Edward Snowden

5

TROIS CENT MILLE *UN*LIKES

> J'ai besoin d'un langage naïf comme celui des amants [...]
> J'ai besoin d'un hululement, d'un cri.
>
> VIRGINIA WOOLF[1]

Imagine que tu allumes ton smartphone un matin et que, sur l'écran d'accueil, tu tombes sur tous les souvenirs de ta vie en ordre dispersé, même ceux que tu ne voulais pas conserver : le premier baiser, le premier vomi, la fois où tu as répondu à ta mère, la fois où tu ne t'es pas arrêté au stop, la première dispute, la fois où tu as trompé ta petite amie ou ton petit ami, les messages audio que tu as envoyés sur WhatsApp, la liste des films pornos que tu as vus, chaque commentaire stupide, sexiste ou vulgaire que tu as fait avec ton meilleur ami, quelques selfies nu... Maintenant, imagine que ce que tu es en train de regarder, n'importe qui puisse le voir. Que rien de tout cela ne puisse être effacé de ton smartphone ou du Net. Que chaque fois que tu allumes ton mobile ou ton ordinateur, tu sois condamné à revivre les émotions négatives et positives que tu as connues, de ta naissance à aujourd'hui. Toutes à la fois : les joies et les peines simultanément mises à jour sur un

1. *Les Vagues*, traduction de Michel Cusin revue par Adolphe Haberer dans *Romans, essais*, Éditions Gallimard, Quarto, 2014.

bureau virtuel auquel n'importe qui a accès. Même si tu n'es plus l'homme de ton premier baiser ou celui de la gueule de bois qui s'est terminée par des vomissements ; même si tu t'arrêtes à présent aux stops et que tu réponds gentiment à ta mère, sur le Net les gens continuent à donner un flot de likes à tes bêtises passées, dont ils pensent qu'elles ne peuvent que se répéter pendant le restant de tes jours. Un autre toi se balade sur le Net sans ton consentement, sorte de zombie qui fait rire tout le monde. Sauf toi.

Peut-être as-tu déjà envisagé un tel scénario. Mais je ne sais pas si tu en mesures pleinement la portée : dès que tu as fait tes premières recherches sur le Net, tu as remis aux plateformes la clé de ton âme. Tu as révélé tes désirs secrets, ce dont tu as peur, ce que tu aimerais changer dans ta vie.

Penses-y. Es-tu sûr de n'avoir jamais informé les plateformes – Facebook, Twitter, Amazon, ThisCrush, TikTok – que tu étais tenté de tromper ton ou ta partenaire ou, en plaisantant avec tes amis, que si on t'offrait de l'argent, beaucoup d'argent, tu serais prêt à transporter un kilo de coke de Dakar à Milan ? Peut-être que tes discussions resteront à jamais privées et que tes recherches ne seront jamais rendues publiques. Je te le souhaite. Toutefois, les boutiques où tu as fait des achats en ligne ne se dispenseront de transmettre tes données à des tiers que si tu ne deviens pas célèbre, que tu ne t'engages pas en politique, que tu ne gagnes pas au loto, que tu n'as pas d'accident de voiture spectaculaire, que tu ne divorces pas tumultueusement, que tu ne participes pas à un mouvement de protestation, que tu ne te bats pas, que tu n'es pas poursuivi en justice ou que tu ne subis pas un contrôle de police fouillé. Car dans ces cas-là, n'en doute pas, des informations sur ton comportement circuleront. Pourquoi ? Parce que les plateformes ne les ont jamais supprimées. Elles les conservent, prêtes à les vendre au plus offrant. Je vois bien que tu retiens ton souffle en essayant de te souvenir de tout ce que tu as semé sur le Web. Ne t'emballe pas : il n'y a rien à faire. Désormais, il est trop tard. C'est irréversible. Et même si tu as passé une adolescence digne d'un moine trappiste, quelque chose que tu n'as pas envie de te remémorer réapparaîtra toujours. Il n'est pas nécessaire qu'il s'agisse d'un délit, la normalité de tes conversations privées suffit : confidences à des amis, désirs formulés, déclarations d'amour, photos, vidéos, goûts personnels, toute contradiction – même la plus stupide –, erreurs et passions dont tu ne devrais avoir à répondre qu'à toi-même. Ou tout au plus aux personnes avec lesquelles tu as choisi de les partager. Pourtant, à un certain moment de ta vie, tu comprends que ces informations appartiennent aux plateformes, qu'elles peuvent se retrouver entre les mains de n'importe qui et surtout entre celles d'un «journaliste» stipendié, sur un site de ragots, dans un profil bidon sur les réseaux sociaux, à la merci de pirates informatiques déterminés à détruire ton image.

Ne t'inquiète pas, je ne veux pas diaboliser le Web. Je crois moi aussi à la «première loi de la technologie» de Melvin Kranzberg :

La technologie n'est ni bonne ni mauvaise.

Oui, c'est vrai. Le Web n'est pas bon. Mais il n'est pas mauvais non plus. Il n'est pas mauvais car il nous permet de nous exprimer et, en nous exprimant, nous prenons conscience de nos désirs, de nos goûts, de nos aspirations. Il nous a reliés les uns aux autres, alors que nous étions séparés par des milliers de kilomètres. Le Web n'est pas mauvais, car aujourd'hui, en Afrique, il existe des applications qui aident les femmes à accoucher. Des femmes qui vivent loin des hôpitaux et qui n'ont pas les moyens de se payer un accouchement assisté. Le Web n'est pas mauvais, car les maris de ces femmes – apprentis, charpentiers ou maçons – apprennent un métier grâce aux tutoriels postés sur le Web. Le Web n'est pas mauvais parce qu'il enseigne un même alphabet à des millions de personnes, tout comme en Italie, dans les années 1970, la télévision enseignait l'italien à des populations qui ne parlaient que le dialecte. Le Web n'est pas mauvais car il a permis à des armées d'adolescents qui ont échoué sans appel à l'école de montrer sur TikTok ce qu'ils savent faire : danser, faire rire, se déguiser, chanter, plaisanter… Le Web n'est pas mauvais parce qu'il a permis à une humanité dispersée et isolée de rester unie en pleine pandémie, parce qu'il permet à des jeunes qui n'ont pas de voix – par choix ou non – de hurler en jouant à la PlayStation sur le Net avec des inconnus aussi solitaires qu'eux. Le Web n'est pas mauvais car il nous permet de nous confronter et de nous mobiliser afin de descendre dans la rue et de manifester. Le Web n'est pas mauvais car il permet d'organiser des mouvements de protestation sans le moindre coût. Mais attention, la première loi de Melvin Kranzberg ne se termine pas comme je l'ai écrit plus haut. Elle se termine par un ajout important :

La technologie n'est ni bonne ni mauvaise, mais elle n'est pas neutre non plus.

Les plateformes prétendent l'être. Elles affirment qu'elles ne nous ont jamais rien volé, qu'elles ne cherchent même pas à influencer notre comportement. Elles rétorquent que nous avons de nous-mêmes semé des profils en nous arrêtant à ses hubs, en nageant dans ses flux, en parcourant ses rayons. Nous avons volontairement accepté chaque clause avec désinvolture et impatience : OK OK OK OK J'ACCEPTE J'ACCEPTE J'ACCEPTE. Alors que nous essayions de comprendre le Web, il avait déjà tout découvert de nous.

Nous ne nous en sommes rendu compte que tardivement, en rallumant nos téléphones et en trouvant des dizaines de notifications liées à ce que nous avions déjà cherché. Car c'est l'avantage du Web : il pense à nous même quand nous ne pensons pas à lui. Il continue à associer des morceaux de notre vie même lorsque nous avons l'illusion d'être déconnectés. Alors que nous nous lamentions que personne ne nous écoutait, il nous a accordé son attention, il a pris soin de nous, nous a permis d'être en vitrine, de donner une large exposition à nos idées, de montrer nos talents. Pendant que nous regardions ailleurs, il nous observait – même lorsque notre téléphone était éteint, que notre ordinateur était déconnecté. Pendant que nous dormions, que nous nous embrassions sous les couvertures, le Web continuait à nous «respirer», telle une ventilation silencieuse toujours en marche.

Non, ne me dis pas toi aussi que je suis le seul à tout voir sous un jour angoissant ; car un hacker du nom d'Edward Snowden a apporté les preuves de ce que je dis. Snowden avait à peu près ton âge lorsque, au début des années 2000, il a été recruté comme technicien informatique par les services de renseignement américains. Il n'avait pas de licence ni de doctorat, en réalité il n'avait pas le moindre diplôme et n'en décrocherait un que plus tard. Ce qui a fait la différence pour Edward, c'est qu'il était le meilleur de son groupe. La CIA l'a remarqué et l'a engagé comme ingénieur informatique. C'est ainsi qu'à seulement vingt-trois ans Snowden s'est retrouvé avec un pouvoir immense entre les mains : il faisait partie des quelques individus qui pouvaient faire arrêter, transférer, tuer des gens, et même, à la limite, déclencher des guerres. Comment l'ont-ils compris ? À mesure qu'ils transmettaient aux services de renseignement les informations qu'on leur avait demandé de pirater, ils ont constaté que le mariage des personnes qu'ils espionnaient prenait fin, que leurs amis étaient relogés à des milliers de kilomètres de là, que les entreprises qu'elles possédaient faisaient faillite. Car c'est ce qui arrive quand on commence à vous espionner : votre vie s'effondre. Que vous soyez un chef d'État ou un ouvrier, peu importe : votre vie reste inchangée aussi longtemps que vous arrivez à la protéger et qu'elle vous appartient, pas plus. Dès que quelqu'un scrute vos moindres faiblesses, vos moindres incohérences, votre liberté prend fin et, avec elle, le droit au bonheur.

Au début, Snowden a surmonté le sentiment de culpabilité qui accompagnait ces incursions quotidiennes dans la vie privée d'autrui, car ses supérieurs lui répétaient qu'il s'agissait d'informations nécessaires à la défense de son pays, les États-Unis d'Amérique. Il faut se rappeler qu'on était au lendemain de l'attaque des Tours jumelles. Il était facile de susciter un certain type d'émotions dans le cœur d'un jeune Américain.

En peu de temps, Snowden a obtenu travail, argent et reconnaissance. Pourtant, malgré cela, il a décidé de tout envoyer valser. Pourquoi l'a-t-il fait ?

Vois-tu, Snowden était doué en arithmétique. Additions et soustractions. Et, malheureusement, la politique n'est souvent qu'une affaire d'additions et de soustractions. En faisant ses calculs, Snowden a compris qu'il était impossible d'éviter des attaques terroristes en espionnant les gens : ses compatriotes représentent à eux seuls 320 millions d'individus, comment les espionner tous ? L'idée de surveiller la planète entière était risible.

Snowden en a donc déduit que ce qui intéressait ses supérieurs n'était pas le terrorisme, mais la vie de quelques personnes : chefs d'État, juges, hommes d'affaires, activistes. Il a compris que le piratage informatique était un pouvoir : c'est même le nouveau pouvoir qui gouverne le monde. Grâce aux données collectées par les pirates informatiques, il est possible de prévoir l'issue d'une élection présidentielle. Imagine qu'aujourd'hui, ici en Italie, Facebook décide de vendre les données de ses profils. Ce n'est pas un mystère : savoir ce que certaines personnes veulent, quels films elles aiment, quels livres elles préfèrent, permettrait à un nouveau parti de construire sa future campagne électorale afin de capter leurs voix.

Ainsi Snowden a compris que ce mécanisme pouvait avoir des conséquences dangereuses en politique et causer de graves dommages dans la sphère privée. Il suffit de se retrouver dans le collimateur de la communauté du renseignement pour que sa vie s'écroule. Tu sais, on dit souvent qu'il est terrible de se sentir aimé pour ce que l'on a et non pour ce que l'on est, mais on ne pense jamais vraiment à cette autre situation : celle où on se demande si ceux qui nous aiment cessent de le faire parce que quelqu'un manipule ce que nous sommes.

Imagine que ce ne soit pas une tromperie ou un moment de crise normal qui détruise ta vie de couple. Non. Tu m'as bien compris. Ton ou ta partenaire n'a rencontré personne. Il ou elle n'est pas fatigué(e) par tes défauts. Il ou elle ne t'accuse pas de ne pas lui accorder assez de temps et éprouve encore du désir pour toi.

Mais quelqu'un vous observe. Quelqu'un espionne vos échanges privés, vos conversations, et a commencé à transmettre ces données à des tiers. Des gens qui ont le pouvoir de faire transférer ton ou ta partenaire dans une autre ville. De lui faire perdre son travail. De l'approcher, de le ou la faire boire puis monter en voiture, et risquer un accident. Ou bien ils peuvent décider d'envoyer sur son smartphone une photo de toi en train d'enlacer innocemment quelqu'un ou celle d'un baiser coupable, arrivé par erreur.

Il existe de nombreuses façons de briser ta vie, il suffit que les personnes qui sélectionnent les informations te concernant aient une liste de priorités différente de la tienne. Les exemples que j'ai cités, la photo d'un baiser ou le fait d'inciter quelqu'un à boire, sont des événements réels rapportés par Snowden. Ce n'est pas un fantasme.

L'existence de chacun devrait pouvoir suivre sa trajectoire naturelle. La vie ne vaudrait pas la peine d'être vécue si les disputes avec notre mère ou notre petite amie n'étaient pas le fruit de nos comportements, mais le fait de quelqu'un – au-dessus de nous – qui a le pouvoir de les provoquer. Penses-y. Il n'en faut pas beaucoup pour nous faire craquer émotionnellement. Il suffit que notre voiture tombe en panne, que nous soyons licenciés, que notre compte bancaire soit gelé, que la police nous arrête cinq fois de suite. À la fin d'une journée au cours de laquelle ne serait-ce qu'un seul de ces événements s'est produit, n'importe qui peut réagir de manière agressive à un incident mineur ou tomber dans le piège tendu par des personnes payées pour l'approcher… Il faut peu de choses, crois-moi, pour faire dérailler quelqu'un de bien.

En comprenant que les informations qu'il transmettait aux services de renseignement américains avaient ce type d'effets sur la vie des personnes, Snowden a pris ses distances. Il a estimé qu'aucune fin ne pouvait justifier le recours à de tels moyens. Il a jugé qu'un dieu ordinaire ne pouvait et ne devait pas devenir le génie de nos vies.

Snowden a appelé les journalistes et vidé son sac. Il vit à présent en Russie. C'est paradoxal, tu ne trouves pas ? Il a renoncé à une vie confortable pour défendre un principe de liberté et, ce faisant, il a perdu à jamais sa liberté. Traqué par les services secrets américains, il a dû se retirer dans l'un des pays les moins libres du monde. C'est la preuve qu'aucun espoir de liberté n'est possible quand les services secrets vous surveillent.

Parmi ses nombreux cris d'alarme, voici celui que je préfère : « Affirmer que la vie privée ne nous intéresse pas parce que nous n'avons rien à cacher, c'est un peu comme de dire que la liberté d'expression ne nous intéresse pas parce que nous n'avons rien à dire. Que la liberté de la presse ne nous intéresse pas parce que nous n'aimons pas lire. Que la liberté de culte ne nous intéresse pas parce que nous ne croyons pas en Dieu. »

C'est ce qui s'est passé : le Web nous a attirés dans ses sables mouvants en nous faisant croire qu'il était démocratique, indifférent aux classes sociales, aux idéologies et aux croyances religieuses. Mais son estomac est vorace, il nous mastique puis digère tout et tous. Et nous ne savons pas ce que nous deviendrons quand il nous recrachera, après nous avoir laissés si longtemps macérer dans ses sucs gastriques.

Tout ce que nous savons pour le moment, c'est qu'il a nos identités entre ses mains. Et ce n'est pas le profilage de masse à des fins commerciales qui est effrayant, mais le fait qu'après les marchands ce sont les autocrates qui s'en serviront. Ils le font déjà. Ils auront un fichier avec nos profils, que les plateformes ont collectés sans demander la moindre autorisation à la justice, à la police ou aux services secrets, alors nous entrerons tous dans la danse, comme nous prévient Snowden : « Une fois les données collectées et stockées de manière permanente, un gouvernement peut faire de n'importe quelle personne un bouc émissaire : il lui suffit de la sélectionner et de chercher dans ses données les preuves de crime les plus commodes. »

Autrefois, le pouvoir utilisait les services de renseignement tels que la Gestapo ou la Stasi pour espionner, en incitant les membres de la famille, les voisins, les enseignants et les amis à dénoncer toute personne qui s'affranchissait des règles. Aujourd'hui, le pouvoir espionne tout le monde sans distinction et sans avoir besoin d'une police secrète ou de pousser à la délation. Il fut un temps où la Stasi menaçait : «Espionne ton mari, sinon on lui fera perdre son emploi. Comment feras-tu pour nourrir tes enfants ?»

La Stasi plaçait les gens devant une alternative : mari ou enfants ? Logement ou travail ? Santé ou sécurité ? Désormais, il n'y a plus lieu de menacer, c'est nous qui fournissons les données sur nos vies. Avant, pour atténuer les effets de la délation, les membres de la famille et les voisins de ceux qui étaient dans le collimateur de la police secrète apprenaient, lorsqu'on les interrogeait, à omettre quelque chose, à dissimuler le plus possible, afin de ne jamais tout dire. Aujourd'hui, le Net n'omet rien, tout y est, chaque pas que nous faisons est tracé. Et il est vrai que ce type d'informations cause un plus grand préjudice aux personnes célèbres, car il est plus facile de générer de l'attention à leur sujet. Le paradoxe est que cela fait tout de même plus de mal aux gens ordinaires, qui se retrouvent souvent seuls et mal préparés à défendre leur vie privée, au sein d'une communauté composée non pas d'utilisateurs des réseaux sociaux anonymes et inconnus – aussi féroces soient-ils –, mais de personnes réelles et proches. Très proches.

Tu parais sceptique. «Mais je n'ai rien fait ! Je n'ai rien à cacher ! Ils n'ont qu'à espionner mes messages, aucun problème !» Tu sais, je suis sûr que c'est vrai, les détails de ta vie ne signifient rien tant qu'ils restent entre tes mains. Mais s'ils deviennent publics, s'ils circulent sur les réseaux sociaux, sur le smartphone de tes amis, de ton père ou de ta tante, il deviendra extrêmement compliqué pour toi de justifier chacune de tes affirmations, chacun de tes choix, chacune de tes actions, même la plus anodine. Chacun de nous a le droit de vivre dans un angle mort, de faire des choses sans qu'elles soient connues de tout le monde, non parce qu'il s'agit de gestes illicites ou immoraux, mais parce que toute vie a besoin d'un espace d'intimité.

C'est beau de découvrir l'intimité des personnes, mais pas de fouiller dans leur vie privée. L'intimité, c'est la valeur profonde, ce sont les choix personnels, les sentiments soustraits à la lumière publique et confiés uniquement à ceux qui le méritent. La sphère privée, c'est le quotidien, les chaussures qu'on retire, une assiette à la table du dîner, un baiser à l'abri des regards, les tromperies et les séductions : suivre ces traces, c'est comme passer vulgairement la tête par une fenêtre mal fermée. Même les héros souffrent quand on viole leur vie privée. Gandhi n'est plus Gandhi si on le montre assis sur la cuvette des toilettes sur les télévisions du monde entier; Mandela n'est plus Mandela si on révèle qu'il se masturbait dans sa cellule de Robben Island. Tu sais, peut-être que pour nous y habituer dès le plus jeune âge nous devrions décorer nos manuels d'Histoire non pas d'images patinées de héros et de chefs d'État mais de photographies de présidents en train de se laver, de généraux pliés en deux par un accès de colite ou d'activistes examinant leurs boutons d'acné dans un miroir de salle de bains ou d'ascenseur. Oui, peut-être devrions-nous apprendre à nous familiariser une fois pour toutes avec les aspects les plus intimes et fragiles de notre humanité, afin de ne pas être traumatisés, plus tard, quand quelqu'un s'en emparera et les livrera en pâture au Net. Certains analystes prédisent que les prochaines générations trouveront ça normal. Et même que chaque personne qui aura un rôle public, comme un chef d'État, saura qu'elle doit tout partager en ligne : le premier baiser, la première fête stupide pendant laquelle elle est sortie nue dans la neige… Les frontières de la vie privée sont déjà en train de bouger. Les journalistes qui ont pour mission la violation systématique des espaces privés et les journaux qui se prêtent à cette violation afin de toucher plus de lecteurs se servent d'une astuce pour se justifier, ils disent que si c'est vrai, si tu t'es bel et bien mis les doigts dans le nez, alors c'est une information et il faut donc la publier! Mais c'est comme quand, à l'école, on a un mot de l'enseignant pour s'être moqué d'un camarade : le mot reste, même si on fait remarquer que Silvia vit bel et bien dans une famille d'accueil, que la mère de Marco est réellement en prison, que Jashan sent sérieusement le kebab et que le père de Mirko est en effet au chômage!

Nous devrons donc nous battre pour que les règles qui s'appliquent à l'intérieur de l'école s'étendent à l'extérieur, dans le monde. Car le problème est le suivant : si, tandis que tu te bats pour une cause importante, quelqu'un ouvre d'un coup la porte des toilettes, prend une photo et la poste sur un site Web spécialisé en ragots, ce que tu diras ou écriras par la suite aura du mal à être entendu, les gens auront du mal à se concentrer sur le sens de ton propos, on ne te verra plus que le pantalon baissé, un rouleau de papier dans la main.

Quelqu'un a dit que le journalisme est un concentré de littérature. Je dis, moi, que le journalisme à sensation est un concentré de vie. Quand la vie d'une personne – une construction délicate – est privée de son intégrité, de sa complexité, elle est réduite à des détails embarrassants : la repousse de cheveux, un rire qui sonne faux, un sms stupide, un maillot qui laisse apparaître une raie des fesses au cours d'un bain de mer, une bouche grande ouverte alors qu'on avale une olive, des yeux mi-clos quand on bâille, un air ahuri.

Et donc, lorsque quelqu'un s'empare de certains éléments de notre intimité et les expose sur la place publique, nous devrions tous convenir qu'il s'agit d'un braquage, d'un vol à main armée, d'une violence et d'un abus qu'il faut à tout prix punir comme tel. Au lieu de cela, nous allons dans la direction opposée ; nous faisons profil bas, nous laissons filer les choses et nous y prenons plaisir, car la violation de l'intimité d'autrui est bonne pour tout le monde : c'est une redoutable arme d'intimidation et de chantage qui peut être utilisée contre des voisins, des juges encombrants, des journalistes gênants. Dans le monde de tous contre tous, la calomnie est désormais la règle et non plus l'exception. Ce n'est plus l'affaire des services secrets déviants, ce n'est plus le moyen d'intimidation et de chantage d'organisations criminelles puissantes ou de régimes violents et corrompus ; c'est le vertige dans lequel nous sommes tous tombés, celui qui prétend : « Au fond, on est tous pareils » ou : « On est tous des monstres. » Si ce discours permettait d'admettre la fragilité inhérente à chacun de nous, il me plairait et j'y souscrirais pleinement ; mais il fonctionne en sens inverse. C'est une débandade générale, car le jeu n'a plus aucune règle. C'est le stade ultime du désengagement.

Ce qui m'inquiète dans ce moratoire international sur la vie privée, c'est que la liberté d'expression est aujourd'hui sérieusement menacée par le Far West médiatique. Si quelqu'un critique le pouvoir, il est transformé en monstre grâce à ces techniques de violation systématique de la vie privée auxquelles le Web contribue largement. Par le passé, les fascistes utilisaient l'huile de ricin pour punir leurs opposants, les maoïstes les camps de rééducation, les hommes de Videla les avions de la mort, les Soviétiques le goulag. Aujourd'hui, les dictatures du monde entier s'emparent des détails de la vie privée de ceux qui leur résistent et les mettent sur le Net, fomentant la haine, les ragots, la honte et l'isolement. Trois cent mille *un*likes et cinq mille menaces de mort peuvent transformer une rescapée des camps de concentration en mème ridicule, sans poids ni autorité.

CRIE-LE : CHACUN A LE DROIT D'AVOIR SON ANGLE MORT !

SAIS-TU QU'UN HOMME POLITIQUE
QUI PORTE L'UNIFORME
LE FAIT POUR TE FAIRE PEUR?

6

L'ÉTERNELLE SENTINELLE

> Le prix de la lâcheté est toujours le mal.
>
> ALEXANDRE SOLJENITSYNE[1]

Si tu veux savoir jusqu'où ceux qui nous gouvernent sont prêts à aller pour malmener le droit et rompre le fragile équilibre de la démocratie, tu dois mesurer le taux de liturgie en suspension dans l'air. Par exemple, la façon de s'habiller lors des apparitions publiques fait partie de la liturgie que le pouvoir vaporise dans l'air. Ceux qui veulent vraiment se mettre au service de leur rôle public ne le personnalisent jamais, ils n'arborent aucune tenue inhabituelle et portent les mêmes vêtements qu'avant. L'homme politique qui veut au contraire profiter de son pouvoir pour l'accroître choisit soigneusement les habits dans lesquels il se présentera aux foules. Mais attention, quelqu'un qui laisse sa façon de se vêtir s'exprimer pour lui a de toute évidence choisi de ne pas faire confiance aux mots, au débat démocratique, à des idées, et s'il le faisait, son message serait pris pour ce qu'il est : du vide. À ses yeux, il est donc préférable de communiquer à travers des gestes, des symboles, des index pointés vers la caméra, des clins d'œil, des menaces, des insultes et, bien sûr, des tenues de scène.

1. Discours de Stockholm dans *Les droits de l'écrivain*, Éditions du Seuil, 1972.

Cela devrait nous inquiéter, car chaque fois qu'un tel phénomène s'est produit au cours de l'Histoire, rien de bon n'en est sorti, surtout quand ladite tenue de scène était un uniforme.

Quiconque porte un uniforme en dehors de ses heures de travail et sans lien avec sa fonction réelle veut te suggérer quelque chose : il évolue à un niveau bien différent des autres. Il veut te dire qu'il est l'éternel gendarme, l'éternelle sentinelle qui veille sur ses braves sujets. «Dors, je m'occupe de tes nuits. Mais, en échange de ce sommeil protégé, tu dois m'abandonner tes journées.»

Et qui veillera sur les «mauvais» sujets? Sur ceux qui sont en désaccord? Ceux qui irritent les gouvernants? Ceux qui critiquent? Peuvent-ils eux aussi dormir sur leurs deux oreilles? Ou cet uniforme sert-il à leur rappeler que s'ils sont en désaccord, s'ils s'opposent, ils auront des ennuis?

On te dira : qu'y a-t-il de mal? Il porte simplement un uniforme, tu es contre la police? D'ailleurs, tous les chefs d'État l'ont déjà fait! Oui, mais ils l'ont fait dans des circonstances exceptionnelles : pendant quelques heures, un jour ou pour une occasion particulière, un président endosse l'uniforme et se change en policier. Mais si un dirigeant ou un ministre se change en policier ou en soldat, c'est une autre affaire.

On te dira : c'est un hommage aux forces de l'ordre, qu'y a-t-il de mal? Or, la démocratie repose sur la séparation des pouvoirs et l'état de droit. La police ne doit pas avoir d'objectifs politiques et l'uniforme ne peut être un moyen de pression. Autre élément important : en démocratie, on enfile l'uniforme quand le pays est en guerre et que le représentant du peuple a aussi le rôle de général – mais dans ce cas aussi, c'est périlleux.

Tu sais, l'uniforme sert à ça : à distinguer, à permettre à l'œil, au regard, de reconnaître immédiatement la fonction de celui qui le porte. L'uniforme est une garantie pour ceux qui le trouvent face à eux. L'uniforme du médecin ou de l'infirmière, comme la soutane du prêtre, indique qu'il ou elle est à la disposition de ceux qui ne portent pas cet uniforme, il permet d'identifier un référent sans besoin de médiation. En revanche, lorsqu'un homme politique porte un uniforme, il donne à voir une certaine partie de lui-même, voilà pourquoi ce geste est sinistre. L'infirmier enfile des chaussures blanches et une blouse pour mieux exercer son activité, pour préserver ses vêtements, pour des raisons d'hygiène, mais aussi pour être facilement reconnaissable par le patient. Mais pourquoi un politicien devrait-il se rendre reconnaissable ?

L'équilibre des démocraties est délicat, pour le préserver les forces de l'ordre et les forces politiques devraient toujours rester à bonne distance les unes des autres. Au contraire, dans les dictatures, les tyrans portent toujours un uniforme, précisément pour dire que cette distance a été abolie et qu'ils sont désormais responsables de la police et autres milices. Au fond, il s'agit de faire comprendre que l'armée leur répond à eux et à personne d'autre. Fidel Castro a porté l'uniforme pendant des décennies lors de ses apparitions publiques. La logique était la même que dans tous les pays du socialisme réel : l'armée est le peuple, je suis le chef de l'armée, donc je suis le chef du peuple. Par conséquent, attaquer Fidel Castro signifiait avoir les forces de l'ordre contre soi. Dans de très rares cas, Fidel Castro remisait son uniforme militaire : lorsqu'il a rencontré Jean-Paul II en 1998, par exemple, et ce n'est pas un hasard si, à la suite de cette rencontre, de nombreux prisonniers politiques ont été libérés. Cette absence d'uniforme était une façon de dire au souverain pontife : « Je viens en paix ! » Le revêtir revient alors à dire à un civil : « Je suis prêt à faire la guerre. » Mais contre qui ?

Kadhafi portait l'uniforme militaire pour montrer clairement que son pouvoir était militaire, conquis par les armes ; il voulait dire à ses sujets : « Je gouverne d'une main de fer. » Il n'est donc pas étonnant que, sous son règne, la Libye soit devenue sa caserne.

C'est vrai, même dans les démocraties on a porté l'uniforme, me diras-tu. Winston Churchill, par exemple. Oui, mais l'Angleterre était officiellement en guerre, ce qui signifiait que Churchill était à la tête des forces armées uniquement le temps de l'effort, « les larmes et le sang », qu'il demandait à son pays pour résister à Hitler. À Yalta, face à Staline dans son uniforme de « généralissime de l'Union soviétique », Roosevelt se distinguait par une tenue civile qui affirmait silencieusement : « Dans mon pays, l'uniforme est le privilège du seul Eisenhower ! »

Rappelle-toi que le port de l'uniforme par un dirigeant n'est jamais une simple théâtralisation du pouvoir : l'uniforme renvoie toujours à l'idée que les armes sont à portée de main et que le pouvoir peut s'en servir. Tôt ou tard, celui qui porte un uniforme sera également représenté avec une arme à la main : l'armée et moi, la police et moi, ensemble, fusionnels, une même identité. Ou peut-être que, en portant un uniforme qui ne leur appartient pas, ces hommes veulent signaler un état d'alerte ? Quelque chose que tu ignores, mais qu'ils savent, eux, car ils sont les chefs. Ils savent tout mais ne te disent rien, car ils pensent pour toi, ils veillent sur leurs sujets, leurs enfants.

Mais toi, crie-le haut et fort : tu n'es pas un enfant. Crie que tu ne veux pas que ces gens se sacrifient nuit et jour, dans leur uniforme, pour assurer ta sécurité. Car s'ils le font, cela signifie que toute critique de leurs actions sera considérée comme un problème de sécurité.

Prêtes-y attention, quand on pense aux pires dictatures du monde, il est toujours question d'hommes en uniforme : Hitler, Staline, Mussolini, Kadhafi, Fidel Castro, Pinochet, Omar el-Béchir, Mobutu. Des hommes autoritaires qui veulent faire croire que leur corps n'est pas un simple corps, mais l'incarnation d'une fonction métahistorique.

L'uniforme du chef est la marque de son autorité. Un leader en uniforme n'est plus le résultat du libre choix des électeurs, mais d'un « charisme », d'une « désignation » venue d'en haut.

Crie-le ! Ne te laisse pas berner par cette liturgie silencieuse, tourne les yeux vers ceux qui respectent les règles et les mandats démocratiques. Rappelle-toi qu'un vote n'est pas un like donné en fonction d'une adhésion instinctive, mais après avoir réfléchi, examiné et comparé des données. Si on te dit que frotter deux bâtons l'un contre l'autre déclenche une combustion, exige que l'expérience soit faite sous tes yeux... Peu importe si on méprise ta foi dans la science.

Et peu importe ce dont les hommes politiques veulent te convaincre : demande-leur de ne plus sortir de lapin de leur chapeau. Ils ne doivent pas charmer ni divertir, ils ne doivent pas étonner, ils doivent juste montrer qu'ils sont compétents : quand le moteur de ta voiture est en panne, tu la confies à un mécanicien, pas à un coiffeur.

Le geste muet, l'uniforme, la théâtralité sans paroles et la liturgie subliminale ne devraient pas t'enchanter.

Mais je le sais, ça ne marche pas sur toi. Rien de tout ça n'a la moindre prise.

CRIE-LE : TU NE VEUX PAS ÊTRE TRANSFORMÉ EN SIMPLE SOLDAT DANS QUELQUE GUERRE QUE CE SOIT.

QUE DES MOTS

SAIS-TU QUE PLUS ON A DE MOTS
À SA DISPOSITION, PLUS ON EST LIBRE?

7

SABOT

> Je suis écrivain.
> Je ne suis ni là où je suis ni là où je ne suis pas.
> Vous pouvez me jeter en prison, vous ne m'enfermerez jamais.
> Car comme tous les écrivains, j'ai un pouvoir magique : je passe sans encombre les murailles.
>
> AHMET ALTAN[1]

Tu sais ce que je n'aime pas dans les biographies ? C'est qu'à force de condenser des vies, elles finissent par les rendre toutes pareilles. Des vies en série qui ne disent plus rien, parce qu'elles ont été réduites à quelques données, quelques événements qui semblent tous avoir le même poids : naissance, mariages, œuvre, difficultés, mort. Mais si tu penses à la tienne, de vie, tu comprends qu'une année ne vaut pas l'autre, que pour savoir qui tu es vraiment il faudrait passer les trois ou quatre cents pages de ta biographie à parler d'un seul événement, celui qui compte, celui qui t'a marqué, le seul qu'il est indispensable d'interroger, le reste n'étant qu'un commentaire à la marge.

1. *Je ne reverrai plus le monde. Textes de prison*, traduction de Julien Lapeyre de Cabanes, Actes Sud, 2019.

Or, tu as sans doute étudié comme moi des biographies circonscrites, réduites à leur squelette, dans lesquelles la joie et la douleur s'équivalent. Où la lutte, même si elle est racontée, est résumée à quelques actes et donc disparaît. Où elle se résume à quelques procès et condamnations.

Prends la littérature, par exemple. Tu as croisé une série d'écrivains l'un après l'autre dans un manuel, avec un morceau d'anthologie qui les accompagnait dans le meilleur des cas ; ou bien tu as parcouru des biographies en ligne : l'idée que tu t'es faite, c'est que les écrivains sont des gens inoffensifs. Que leurs armes sont émoussées. Qu'ils ne blessent personne, n'arrêtent personne, ne tuent personne. Tu es convaincu que les mots ne peuvent ni abattre des murs ni écarter des barreaux. « Ce ne sont que des mots ! » N'est-ce pas ce qu'on dit ?

Y as-tu déjà pensé ? Pour lire, il faut se retirer du monde, il faut avoir une relation intime avec les livres. Et cette relation intime avec les livres a toujours été perçue comme dangereuse. Je peux voir ce que tu fais dans la rue, je peux le contrôler, je peux l'attaquer, le surveiller, l'exposer à la vindicte populaire, mais ce que tu penses et fais en privé m'est insupportable, parce que je ne peux pas le contrôler et que je ne peux pas en prévoir les conséquences. Dans le secret de rideaux tirés, le livre soustrait le lecteur au patient travail de séduction du démagogue.

La parole authentique a cet effet : elle interrompt l'hypnose, empêche le transfert, désamorce la transe que le démagogue-séducteur tente par tous les moyens de créer avec la foule. La parole entend agir comme une force d'interposition, en créant une perturbation, tel le sabot en bois que l'ouvrier glisse pour bloquer le mécanisme sur la chaîne de montage. Sais-tu quel mot dérive de « sabot » ? Sabotage. C'est ce qu'on reproche à la parole. Et je sais que vouloir empêcher le transfert n'est pas un crime en soi, mais dans les faits on le punit presque partout dans le monde. J'en veux pour preuve le nombre de journalistes, d'écrivains, de philosophes, d'artistes et d'intellectuels que le pouvoir prend soin – directement ou indirectement – de salir, de railler, d'humilier, de mettre à l'amende et de sanctionner chaque jour. As-tu conscience que ce nombre est bien supérieur à celui des criminels et des meurtriers avec lesquels le pouvoir est en conflit ouvert ? Un meurtrier tue une personne, on le poursuit et on le condamne. Un braqueur commet un vol, on le poursuit et on le condamne. On punit le crime, on saisit le butin, on protège les banques, on empêche le criminel de tuer à nouveau. Mais comment emprisonner la parole ? Comment la briser ?

Puis, tu comprends que le pouvoir se méfie de ceux qui écrivent, car au fond il se méfie de ceux qui lisent. En eux-mêmes, ceux qui écrivent ne sont pas dangereux, car si personne ne les lit ils ont simplement perdu leur temps. Le problème, ce sont les lecteurs. Ceux qui ont du mal à lire se contentent de slogans, de phrases toutes faites, d'icônes et de symboles. Le lecteur est un chercheur solitaire, mais celui qui cherche creuse et, à force de creuser, tôt ou tard il trouve.

Ce n'est pas le livre qui manipule le lecteur, souviens-t'en, c'est le lecteur qui manipule le livre. Le livre est un instrument que le lecteur utilise pour s'exprimer, sortir du rang, penser et exister. Bien sûr, j'ai écrit ces pages, mais elles n'ont de substance que si elles vont chercher ce qui était tout au fond, ce que tu gardes en toi et qu'ensemble nous sommes en train de faire sortir. D'une certaine manière, je suis celui qui écrit tes mots. Ça ne vaut pas pour tous les lecteurs ni bien sûr pour tous les écrivains. Certes, il y a l'écriture de divertissement, celle qui t'entraîne dans une sorte de fête. Est-elle moins importante ? Absolument pas. Mais elle est beaucoup moins risquée. Elle est acceptée sous toutes les latitudes et à toutes les époques. Amuse ! Récite des poèmes inoffensifs !

Tu sais, je fréquente des gens du spectacle, et je mesure la différence entre eux et ceux qui tentent de se battre au moyen de la parole. Ceux qui, à cause de leur parole, ont été persécutés plus systématiquement que de dangereux criminels. Et toi, quel lecteur veux-tu être ? Un lecteur inoffensif? Dans ce cas, tu dois te contenter d'écrivains inoffensifs. Ne lis pas *La Divine Comédie*, par exemple, car dans ce livre coule le sang de l'exil que connut Dante ! Et ne me dis pas que tu as déjà lu *L'insoutenable légèreté de l'être*. Car les mots de Milan Kundera ne sont pas légers eux non plus. Au contraire, ils sont très lourds. Si lourds qu'après avoir été chassé deux fois du parti communiste tchécoslovaque, leur auteur fut accusé d'être un informateur, justement au service de ce même parti ! C'est ça, tu as bien compris, Kundera, un informateur ! Un homme qui a expédié un ami de jeunesse dans les mines, condamné aux travaux forcés ! Et ne me dis pas : « Mais ce sont des choses qu'on croyait à l'époque du communisme ! » Tu as tort de penser que c'est un air ancien. On a récemment découvert un document qui l'incriminerait : un court extrait d'un prétendu rapport de police indiquant que Milan Kundera, alors étudiant, n'aurait pas hésité à dénoncer un jeune pilote, le condamnant ainsi à passer des années dans un camp d'internement.

Qui peut le croire ? Beaucoup y ont cru. Des gens qui ont fait des études, pas des ignorants. Des gens qui disent : « Mais ce document est authentique ! » Oui, il a vraiment été rédigé dans les années 1950, et par la police de Prague, en effet ! Mais quelle coïncidence : un document authentique, rédigé durant les années mêmes où Kundera fut exclu du parti communiste, et qui est aujourd'hui rendu public dans un article plein d'ambiguïtés et d'inexactitudes… Mais il est authentique ! Et toi, crie que la condamnation de Dante au bûcher figure elle aussi dans un livre authentique ! Le fameux *Libro del chiodo*, le livre de l'exil où étaient consignées les condamnations des familles florentines « rebelles » et donc exclues de la vie de la Commune. Un vrai livre du XIVe siècle, enregistrant les vrais jugements d'un vrai tribunal.

Dès lors, qu'est-ce qui est faux ? L'accusation. On a fait de Kundera un informateur et de Dante un ennemi de sa ville. Et l'auteur du *Docteur Jivago* ? Toi aussi, tu as aimé ce roman ? Alors tu ne te contentes pas non plus d'écrivains inoffensifs ! Pasternak a été accusé d'être « oisif » et « dégénéré » à cause de ce livre. « Écriture intimiste » : telle était l'étiquette apposée à l'époque sur les livres qui ne faisaient pas l'éloge de Staline. Varlam Chalamov, lui, a écrit les *Récits de la Kolyma* après avoir passé des années au goulag. Et les écrits de Liu Xiaobo sont quant à eux interdits en Chine. Je pourrais continuer comme ça encore longtemps…

C'est le lecteur qui fait trembler la dictature soviétique en lisant les histoires de Chalamov. C'est le lecteur qui écarte les barreaux derrière lesquels Liu Xiaobo est enfermé dans une prison chinoise !

C'est ton pouvoir, lecteur : le pouvoir le plus grand qu'on ne t'ait jamais donné ! Le pouvoir de lire et d'entrer dans ces pages, dans ces vies. Celui de défendre ces vies. De faire partie d'une communauté qui lutte, qui crie et ne se laisse pas réduire au silence. On utilise souvent le terme *community* à la légère, mais il désigne ici un groupe de personnes liées par une profonde solidarité, au service d'une idée, d'une vision de la justice et de la lutte, d'un écrivain, d'un homme politique, d'un militant. C'est ce que certains appellent avec mépris un « troupeau » et qu'il nous faut plutôt appeler une communauté. Nous devons apprendre à nous sentir telle une communauté, car seule la communauté peut tenir, seule la communauté peut espérer faire avancer les choses. Et donc nous devons nous compter, nous devons compter combien de gens appartiennent à notre troupeau.

Il fut un temps où j'employais moi aussi ce mot sans en comprendre le sens. Je l'employais pour indiquer les partisans obtus et crédules d'idées que je ne partageais pas. Quand j'employais le mot « troupeau » au lycée, je pensais à ceux qui avaient débranché leur cerveau pour se contenter de la propagande, j'appelais « troupeau » les Allemands qui avaient acclamé les discours extrémistes et décousus d'Hitler, et je ne pensais pas qu'il y avait aussi l'autre troupeau, celui qui soutenait Martin Luther King ou Nelson Mandela. Un troupeau sans lequel ces hommes n'auraient pas réussi. Aucun d'entre eux n'aurait réussi sans ceux qui, lorsqu'ils se faisaient cracher dessus, recevaient avec eux ces crachats, sans ceux qui, chaque fois qu'ils se faisaient bousculer, se rassemblaient autour d'eux pour encaisser les coups de pied, les coups de poing, les insultes. Rester proches et échanger des regards pour se soutenir mutuellement dans la peur, se passer des lanternes pour éclairer un peu le chemin, pour le réchauffer, pour tempérer l'incertitude, pour relever chacun à son tour ceux qui tombent, même quand il n'y a pas d'horizon de gloire devant soi, même quand marcher ensemble ne signifie que cela : des coups, des insultes et des épreuves. Même lorsque marcher ensemble signifie subir le même sort. Le troupeau, ce sont les apôtres qui se portent témoins de la crucifixion de Jésus, conscients que leurs noms seront enregistrés par les autorités romaines, qui ne tarderont pas à le leur faire payer. Le troupeau, ce sont ceux qui crient chaque fois que tout est fait pour présenter les hommes de bonne volonté – quiconque se lève chaque matin dans le seul but de réparer le monde – comme des imposteurs, des profiteurs, des dégénérés, des ennemis de la patrie, des déviants, des violents, des égocentriques, des paranoïaques, des déséquilibrés, des manipulateurs, des menteurs, des fous, des inutiles, des idiots et des profiteurs.

Sous le fascisme, les gardiens s'étonnaient de voir arriver dans les prisons un nouveau type de détenus : bien habillés, courtois et reconnaissants envers ceux qui leur fournissaient des livres ou du papier pour écrire. Mais bientôt, ces regards presbytes, ces corps décharnés, ces dos voûtés, ces costumes élégants, ces bras inoffensifs et ces jambes maigres qui franchissaient le seuil des prisons fascistes sont devenus la norme. Journalistes, écrivains, intellectuels, artistes et poètes ont rempli les prisons italiennes. Gaetano Salvemini les appelait «les bêtes traquées». Et sais-tu pourquoi, aujourd'hui encore, les écrivains italiens ne peuvent s'empêcher de penser au fascisme ? Parce que le fascisme nous a volé la parole, plus que tout autre mouvement politique ou toute autre période historique. Et c'est ce qu'on peut faire de pire à un écrivain : le priver de mots.

Le fascisme m'a pris beaucoup de mots à moi aussi. Des mots que j'évite souvent d'employer ou que j'essaie de sortir du sac dans lequel le fascisme les a jetés ; une opération délicate et complexe, sans garantie de succès. Oui, je sais. Ce n'est pas la faute des mots eux-mêmes. Ce ne sont pas eux qui sont asservis, ce sont des victimes et je devrais les plaindre, mais c'est comme s'ils étaient irrémédiablement contaminés.

POING, MATRAQUE, HUILE DE RICIN, BAVE, COUP DE PIED, MANIPULE, PATRIE, MARCHE, RACE, EMPIRE,

HONNEUR, PEUPLE ITALIEN, ARDEUR, CAMARADE ; et les adjectifs GAILLARD, MÂLE, VIRIL, SAIN, HARDI, FÉMININ, EFFÉMINÉ ; puis les verbes GAGNER, OBÉIR, COMBATTRE, BONDIR, OSER, SAUTER, SOUMETTRE, BRISER ; et les impératifs : TAIS-TOI ! LA FERME !, et la première personne du verbe « s'en foutre » : JE M'EN FOUS !

J'essaie de ne pas les utiliser, ces mots ; et quand je les utilise, je les surveille et je me surprends à réciter à la suite leur antonyme, telle une litanie, une invocation, une prière désespérée : je ne veux pas oser, je ne veux pas être hardi, je ne veux pas « obéir et combattre », je veux douter. Je ne veux pas prendre la matraque, je ne veux pas marcher, je ne veux pas donner de coups de pied. Et je ne m'en fous pas, je m'en soucie, je prends en charge. Surtout, je ne me tais pas. Et j'aimerais que tu décides de ne jamais te taire toi non plus. Alors crie-le : tu ne te tairas pas !

CRIE QUE LES MOTS NE SONT JAMAIS SEULEMENT DES MOTS.

Giordano Bruno

8

LE PLAGIAIRE

La vérité est la nourriture de l'âme.

GIORDANO BRUNO[1]

Le 17 février 1600, un homme est conduit sur le Campo de' Fiori à Rome, déshabillé en place publique puis brûlé vif sur un tas de bois. Là où cet homme a été immolé se dresse aujourd'hui une statue de bronze qui nous fixe sévèrement, même lorsque nous essayons de l'ignorer.

Je lève les yeux et elle me parle : «Tu vois ce qui arrive à ceux qui s'expriment!»

Cet homme qui brûle sur le bûcher a un peu plus de cinquante ans, mais d'après les religieux qui l'ont accompagné dans ses derniers instants, il ne les fait pas : signe extérieur de sa combativité. Car la chair qui se consume sur la place est celle d'un philosophe, le genre d'homme habitué à lutter.

Le brasier qui s'élève presque jusqu'au toit des bicoques qui ceinturent la scène a quelque chose de paradoxal. L'Église qui punit Giordano Bruno – c'est le nom du coupable – lui a procuré l'arme de son crime. L'Église l'a formé et lui a appris tout ce

1. *Œuvres complètes,* tome IV : *De l'infini, de l'univers et des mondes,* Les Belles Lettres, 2006.

qu'il sait. Elle lui a montré comment fracturer le coffre-fort du savoir, comment mettre la main sur la doctrine, comment piller les vieilles théories dont il est encore possible d'extraire de nouvelles idées. Elle lui a montré où trouver l'arsenal de la parole et comment s'en servir en cas de besoin, une parole qui vaut cher sur le marché ou des mots ordinaires pour lesquels on ne donnerait pas un trou dans sa soutane.

Mais après ses premiers butins, Giordano Bruno en a eu assez de fourguer la même marchandise et a commencé à produire la sienne.

L'Église de Bruno est une adepte de la pensée unique. Elle ne veut pas renoncer au savoir, elle n'encourage pas l'ignorance, mais le produit qu'elle vend doit rester inchangé. Rien de personnel, donc, quand elle interdit la liberté de pensée, c'est simplement une question de stratégie. Aujourd'hui encore, la pensée unique est la loi du marché : ne jamais diversifier l'offre, mais uniformiser la demande. C'est la loi fondamentale du capitalisme et, qu'il s'agisse de produits manufacturés ou d'idées, les règles sont les mêmes. Il est plus facile de standardiser la demande, c'est-à-dire d'encourager la consommation d'un seul produit, que de diversifier l'offre. On dirait qu'il y a beaucoup de chansons différentes, beaucoup de chaussures différentes, beaucoup de chemises différentes, de vestes différentes et d'idées différentes, mais en réalité c'est toujours le même produit : on essaie simplement de nous uniformiser, nous.

Car diversifier signifie prendre des risques et peut-être mettre à genoux tout le système de production. Le renouvellement d'un seul secteur peut provoquer des tremblements de terre aux effets imprévisibles. Redessiner le marché signifie apprendre une nouvelle géographie de la production. Il est donc préférable de ne pas innover, de tout laisser en l'état, en évitant les chocs douloureux et les possibles chutes.

Mais derrière cet homme qui brûle se cache un autre paradoxe. Dans sa jeunesse, il a porté l'habit d'un ordre religieux qui jugeait la pensée dissidente : cathares, hérétiques, apostats, paupéristes, libres penseurs. Les dominicains avaient pour mission de les identifier et Giordano Bruno était dominicain.

Une dizaine d'années après avoir endossé l'habit, il avait déjà tourné le dos à son ordre. Cela lui valut d'être excommunié et accusé d'apostasie. Au début, il eut simplement des ennuis : c'était déplaisant, mais inoffensif. Puis, craignant que la machine inquisitoriale ne se mette en marche pour de bon, Bruno préféra quitter l'Italie et partir pour un long exil volontaire.

Dans les pays passés à la Réforme, sa pensée se heurta encore au dogmatisme des calvinistes et des luthériens. Là aussi, ses détracteurs l'accusèrent et le persécutèrent. Et là aussi, ils firent preuve d'un remarquable sens de l'humour : ils l'accusèrent de plagiat et de pensée déviante, c'est-à-dire de copier et d'innover en même temps.

En effet, pour miner la partie de sa pensée qui ne pouvait être démentie, on a accusé Bruno de plagiat : « Ça a déjà été dit ! », « Ça n'a rien de nouveau… », « Marsile Ficin en a déjà parlé… » En revanche, la partie radicalement nouvelle, celle qui porte sur l'infinité des mondes, a été ignorée.

C'est une stratégie que tu dois avoir à l'esprit. Ceux qui délégitiment autrui opèrent toujours sur un double niveau : ils sauvent une partie et condamnent le reste. Cette méthode permet de prouver que le travail de l'auteur a bien été examiné dans sa totalité, que ce ne sont pas des attaques personnelles, car il faut montrer qu'on est objectif et de bonne foi, qu'on agit au nom de la science et de la vérité, mû par un devoir moral et une véritable éthique professionnelle. « Une moitié est bonne, l'autre est copiée », disait-on à Giordano Bruno à propos de sa pensée. « Moitié bonne, moitié dangereuse. » « Moitié édifiante, moitié immorale ! » Et non pas : « Entièrement immorale ! », « Entièrement hérétique ! » ou « Entièrement copiée ! » Moitié-moitié. Souviens-t'en.

Bruno est donc méprisé par les protestants, qui l'accusent d'être un simple catholique hypocrite, mais aussi par les catholiques, qui l'accusent de s'être laissé séduire par les mensonges de Luther et, plus généralement, d'être un hérétique, c'est-à-dire quelqu'un qui accepte n'importe quelle doctrine, quelle que soit la bouche qui la formule.

Penser n'est pas un crime, me diras-tu. Tu dis cela car tu n'as pas peur de ceux qui pensent, mais éventuellement de ceux qui agissent. Tu as peur de te faire agresser dans la rue, de sauter sur une bombe pendant que tu fais la queue à l'enregistrement dans un aéroport ou à la caisse d'un marché de Noël, tu as peur d'être volé. Mais ce n'est pas le cas du pouvoir. Le pouvoir ne craint pas la violence physique, car il peut s'en défendre, il peut même l'utiliser, la manipuler. Au contraire, il craint la parole, qui est une fibre immatérielle : la parole enjambe, la parole se faufile, elle se glisse, se plie et se déploie. Quand tu essaies de l'attraper, elle te coule entre les doigts telle de l'eau. Cette lutte entre le pouvoir et la parole est atavique : le pouvoir n'aime pas être discuté et le moindre doute peut dégonfler son autorité, comme un ballon crevé.

Mais attention : l'idée que le pouvoir se plaît à tuer ceux qui parlent n'est qu'une légende urbaine, pas une réalité. L'élimination physique n'est que l'*extrema ratio*. Au début, tu le sais, le pouvoir essaie de te pousser à reconnaître tes erreurs, il fait en sorte que tu te taises et que tu changes d'avis. C'est ce qui s'est passé avec Bruno. L'Église a temporisé pendant huit ans avant de l'exhiber en place publique pour le dernier acte. Huit ans se sont écoulés entre le mois de mai 1592 – date à laquelle son procès débuta à Venise – et le verdict prononcé à Rome en février 1600. Huit ans d'accusations, de procès-verbaux, d'interrogatoires, de dépositions, mais aussi de tentatives visant à le ramener à la raison, à l'obliger à se rétracter, à abjurer, avec un recours modéré à la torture, mais toujours dans l'idée de ne pas devoir le livrer à un bûcher absurde. Ils essayèrent tout.

Pourquoi était-il rentré en Italie? me demanderas-tu. Tu sais, je n'ai jamais trouvé la réponse à cette question! Bien sûr, il aurait eu la vie sauve en restant en exil. Mais cette vie d'errance durait depuis seize ans. Il espérait peut-être que la situation se serait apaisée. Peut-être que l'exil avait commencé à miner son équilibre, alors, quand cette lettre est arrivée, il a voulu croire que l'invitation qu'elle contenait était une bénédiction.

Quelle lettre ? Tout a donc commencé par une lettre. Bruno était à l'étranger, ses textes avaient été confisqués, les éditeurs ne les imprimaient plus, mais dans le même temps on admirait son savoir : toutes les cours d'Europe faisaient appel à lui, il avait le soutien des rois, des princes et des nobles. Son nom était sur toutes les lèvres, ses livres passaient de main en main ; on voulait assister à l'une de ses conférences ; on voulait voir ce petit homme et sa *nolana filosofia*, la philosophie de Nola, sa ville natale, près de Naples.

Il reçut donc une lettre d'un admirateur qui jurait vouloir l'aider, assurant être son ami et lire ses livres en secret. Un admirateur riche et puissant, prêt à lui ouvrir les portes de son palais vénitien. Tout ce qu'il demandait en échange, c'était l'honneur de sa présence. Bruno lui fit confiance. Sans doute avait-il envie de lui faire confiance, car une vie faite de circonspection et de suspicion n'est pas une vie. Il ne demandait rien d'autre que de se fier à quelqu'un.

Quand Giovanni Mocenigo – c'était le nom de son admirateur – le reçut dans sa maison, ses bonnes intentions s'envolèrent. Mocenigo comprit qu'il avait désiré l'impossible : il voulait devenir comme Giordano Bruno ! Et plus il fréquenta son idole, plus sa frustration et son malheur augmentèrent. Mocenigo voulait apprendre de Bruno comment avoir une mémoire aussi prodigieuse que la sienne, un discours aussi harmonieux, la même capacité de résistance, le même pouvoir de séduction. Mocenigo voulait tout savoir, il voulait devenir comme lui. Bruno sentit le malaise de son hôte et décida de regagner son exil.

Mais en voyant Giordano Bruno se préparer au départ, Mocenigo perdit son sang-froid : il ne pouvait pas devenir comme lui, mais il pouvait au moins le garder à ses côtés, comme une sorte d'appendice !

Il employa d'abord la méthode douce et lui expliqua qu'il était inquiet pour sa sécurité une fois qu'il aurait franchi les portes du palais. Mais Bruno savait lire entre les lignes. Alors qu'il terminait les préparatifs du voyage, il se retrouva encerclé par six prétendus serviteurs (de solides gondoliers, en réalité) qui avaient reçu l'ordre de le jeter dans la soupente du palais, dont la porte ne se rouvrit que pour laisser entrer deux officiers prêts à l'escorter vers les prisons du Saint-Office.

De quoi on l'accusait – à tort et à raison –, Bruno pouvait l'imaginer sans peine. Il était resté trop longtemps chez son hôte, plusieurs semaines d'affilée, pendant lesquelles il avait formulé des idées sincères et donc irresponsables, de ces conversations typiques entre hommes, quand on se retrouve devant un bock de bière ou un verre de vin et qu'il devient difficile de retenir ses mots du bon côté de la barrière. Des choses qu'on ferait mieux de garder pour soi ou qu'on pourrait tout au plus confier à un ami, si on en a un. Bruno, lui, les a lâchées devant son admirateur, et ce dernier les a glissées dans sa poche, peut-être déjà décidé à les vendre.

Giordano Bruno lui avait confié qu'il aimait beaucoup les femmes. Qu'il en avait fréquenté et qu'il espérait en rencontrer d'autres. Mais s'il s'était contenté de cette confession, on ne lui aurait fait aucun mal. L'Église catholique était dans l'absolu l'institution la plus susceptible de pardonner un certain type de péchés. Tu le sais, un bon confesseur est toujours prêt à accorder l'absolution pour des actes impurs, commis en secret mais aussi en bonne compagnie.

Le problème, c'est que Bruno, comme tous les philosophes, ne s'est pas contenté de vouloir la liberté pour lui, il voulait la liberté pour tous. Pire encore, il voulait tirer des lois universelles de ce qu'il observait. Il l'avait dit à Mocenigo : il n'y a rien de sale dans le sexe et le sexe n'est pas un péché.

Circonstance aggravante, il ajoutait au plan moral le plan doctrinal. Il affirmait ne pas croire aux miracles, estimant que Moïse et Jésus n'en avaient sans doute jamais accompli, que le culte des reliques était du fétichisme et non une pratique pieuse, qu'une vierge ne pouvait pas mettre un enfant au monde, que l'enfer n'existait pas, qu'aucun Dieu ne pouvait désirer la damnation éternelle même pour le pire de ses enfants, et il répétait que l'habitude engendre l'ignorance et l'ignorance les monstres. Il avait lancé ces vérités haut et fort, sans se soucier de son interlocuteur, car il voulait simplement les dire, il voulait créer un espace de liberté.

Interrogé au cours du procès, Bruno réaffirma d'abord ce qu'il avait laissé échapper devant Mocenigo. Il démontra que ses convictions n'étaient pas en contradiction avec la Bible. Se défendre et défendre ses idées signifiait non seulement combattre Mocenigo, mais aussi diffuser sa vision du monde, aller au bout de sa nature : il n'était pas seulement un philosophe, il était Mercure, un messager chargé de détourner les hommes des miroirs déformants dans lesquels ils scrutaient la vie.

Quand, au bout de quelques années, il comprit que le mur d'insensibilité qu'on lui opposait était trop haut pour être franchi, il cessa de tenter l'impossible et déclara – une fois pour toutes – qu'on ne pouvait pas arrêter de penser ce que l'on pense !

Mais ses juges persistèrent à dire que c'était tout à fait possible.

Car toutes les dictatures du monde naissent de la même conviction : elles peuvent changer la façon de penser des gens par l'endoctrinement et une surveillance constante des procédures par lesquelles ils pensent, l'*arrêtducrime*, comme l'appelle Orwell dans *1984* : « L'*arrêtducrime*, c'est la faculté de s'arrêter net, comme par instinct, au seuil d'une pensée dangereuse. [...] *Arrêtducrime*, en résumé, signifie stupidité protectrice. Mais la stupidité ne suffit pas. Au contraire, l'orthodoxie, dans son sens plein, exige de chacun un contrôle de ses processus mentaux aussi complet que celui d'un acrobate sur son corps. »

C'est comme quand on a commencé à faire faire à son corps des pompes et des tours de terrain. La pratique, l'entraînement permettent d'apprendre à bloquer les pensées. Ce type d'entraînement, les puissants continuent à vouloir l'imposer dans le monde entier pour corriger les pensées non conformes.

La pensée conforme est une garantie de stabilité et de progrès, tandis que la pensée non conforme provoque des tensions et des crises au sein de la société, elle affaiblit la bonne réputation des villes et des gouvernements, des partis politiques et des nations.

Quoi qu'il en soit – les inquisiteurs avaient raison sur ce point –, Giordano Bruno n'essaya pas de se former à l'*arrêtducrime*. Car il avait consacré tant de forces à l'étude, il était allé si loin sur la voie de la libération des préjugés et des lieux communs qu'on pouvait tout lui demander, sauf de revenir en arrière. Il ne voulait pas non plus être un martyr, pas du tout. Pour Bruno, la vie était primordiale. Il tenta donc de négocier, d'expliquer. Dans la prison où il était incarcéré, il remplit des pages et des pages de notes qu'il adressa à ses juges et à ses détracteurs. Il voulait leur donner la possibilité d'épargner sa vie sans la priver de ce qui en faisait le prix : la pensée. Il choisit la voie de la conciliation, il était prêt à s'excuser pour certaines de ses positions, à en revoir d'autres, il était déterminé à se sauver. Mais lorsqu'il se rendit compte que ce n'était pas ce que ses juges lui demandaient, qu'ils lui demandaient de changer de nature, de parler comme eux, de croire en ce qu'ils croyaient, eux – l'autorité, la censure, la torture, le formalisme, le dogme –, il mit fin à toute tentative et marcha droit vers son destin. En les regardant en face, il dit : « Vous tremblez plus en prononçant ce verdict que moi en l'écoutant. » Manifestement, il ne restait plus qu'à l'éliminer, par le feu.

Tu sais, quand j'étais étudiant en philosophie à Naples, je regrettais de ne pas pouvoir aller plus souvent à Rome. J'aurais aimé le faire une fois par mois, le temps de quelques heures. J'éprouvais le besoin de marcher jusqu'au Campo de' Fiori et de m'arrêter à l'endroit où il fut brûlé. À présent que je vis à Rome plusieurs mois par an, paradoxalement je ne peux pas y aller, parce que les voitures ne passent pas par là et que de toute façon derrière une vitre blindée ce ne serait pas pareil. Mais si tu y vas, toi, un jour de marché ou non, sache qu'il t'arrivera quelque chose d'étrange. Tu entendras, comme le 17 février 1600, le crépitement des flammes qui brûlent devant la foule silencieuse.

Sais-tu ce qu'ils lui font quand ils viennent le chercher à la prison de Tor di Nona, où il est enfermé ? Ils lui demandent de tirer la langue et lui plantent un clou dans la bouche. Ainsi, « bouche clouée », il ne peut plus parler, le clou l'en empêche. Il ravale le sang qui coule, et de la bave glisse sur son menton. Oui, on craignait à ce point qu'il puisse parler, que ses paroles parviennent aux oreilles des personnes massées le long des quelques mètres qui séparent la prison du lieu du bûcher.

À l'aube, ils le conduisent au Campo de' Fiori. Une fois là-bas, ils le font déshabiller et l'attachent au poteau. Quel besoin y a-t-il de dénuder un homme dont le feu dévorera bientôt la peau ? Comme les mots, les vêtements nous protègent, ils nous donnent de la dignité. Tu te souviens de ce que subit Hypatie ? Avant de la démembrer et de la brûler, on la déshabilla. Celui qui vous déshabille de force veut effacer votre dignité. La foule stupéfaite contemple le spectacle de cet homme rabaissé au plus bas degré de ce qui est supportable. Nu dans le froid de février, brûlé sur le bûcher alors que la lumière du jour peine à dissiper l'obscurité. La foule assiste avec effroi à l'élimination féroce de ses paroles torturées et assassinées. Elle les voit quitter la place une à une, désormais les paroles d'ouverture, de liberté et d'égalité se perdent dans le ciel assombri de Rome. Quand la combustion prend fin, l'air se dégage lentement. La foule pousse un soupir de soulagement : le supplice est terminé. Elle le sait. Elle sait parfaitement que ce spectacle macabre n'a pas été mis en scène pour écraser un homme. La foule est muette, mais elle n'est pas stupide ! Elle sait que ce spectacle lui était destiné ; c'est pourquoi on a pris soin de donner le maximum de résonance à l'événement, de l'annoncer par des « avis » dans tout Rome. Il fallait attirer le public :

Campo de' Fiori, 17 février de l'an 1600.

Puis, sur la place, on a veillé à ce que personne ne soit distrait, à ce que tout le monde observe bien le châtiment infligé à un homme qui pensait, parlait et écrivait en liberté.

Triomphe total : la foule muette a été rééduquée. On lui a fait comprendre que tout lui serait pardonné – l'envie, la malice, la fornication, la lâcheté, la cupidité, l'avarice, la médisance, l'indifférence – mais pas la libre parole.

C'est ta faute, Giordano Bruno. C'est ta fichue obstination qui, chaque fois que je suis venu sur le Campo de' Fiori, m'a forcé à respirer la puanteur de ta chair qui fond, à entendre la voix de ta pensée qui se dissout.

Pourquoi ne l'as-tu pas fait ? Pourquoi n'as-tu pas retiré tes paroles ? Pourquoi n'as-tu pas menti, pourquoi n'as-tu pas trompé tes juges comme le fit Galilée ? Pourquoi n'as-tu pas admis toi aussi que la Terre est immobile et que le Soleil tourne autour d'elle ?

Galilée était un scientifique, voilà la réponse que j'ai cherchée depuis des années et à laquelle je viens seulement de parvenir. Un scientifique peut abjurer. Car même si Galilée affirme que la Terre est plate, tout le monde continuera de voir que l'horizon est courbe. Qu'on les défende ou non, les vérités empiriques finissent nécessairement par triompher. Même si on ne croit pas à la gravité, la pomme continuera de tomber au sol et ne s'élèvera pas soudain dans le ciel. Pour les vérités de la pensée, en revanche, c'est différent car – songes-y – avec quel télescope ultra sophistiqué pourras-tu prouver que la foi du juif est la même que celle du chrétien ? À travers quel microscope de précision pourras-tu certifier que les droits de l'enfant sont aussi importants que ceux de l'adulte ? Avec quels rayons X montreras-tu que les femmes et les hommes sont égaux ? Quel algorithme démontrera que l'exploitation de l'homme par l'homme est un crime ? Quelle balance permettra de dire que la valeur d'un homme est indépendante de la classe sociale à laquelle il appartient et des biens qu'il possède ?

C'est impossible.

On ne peut pas expliquer la liberté avec une formule, on peut seulement essayer de la partager. Car plus on observe les hommes et les femmes, plus on se rend compte que la pensée n'est pas quelque chose qu'on peut simplement inoculer, ce n'est pas une lentille de contact qu'on pose sur un œil pour corriger la myopie ni un vaccin contre la variole qu'on injecte : la pensée a besoin de routes, de sédimentation, de temps, elle n'est pas immédiate et ne peut être démontrée une fois pour toutes. On peut s'efforcer de prouver sa validité mais, lorsqu'il s'agit de pensée, il n'y aura jamais de loi vérifiable comme celle selon laquelle deux corps massifs s'attirent mutuellement proportionnellement à leurs masses, suivant une force dirigée de l'un vers l'autre le long de la ligne joignant leurs centres de gravité, et en proportion inverse du carré de la distance qui les sépare. Le fait est qu'il y a des vérités qui ne peuvent être que défendues, pas démontrées.

Giordano Bruno a dû faire face à ce genre de vérités. Bruno pensait que tous étaient égaux, femmes, hommes, enfants, juifs, musulmans, chrétiens, Blancs, Noirs, philosophes, scientifiques, domestiques, teinturiers, chefs d'État. Tous faits d'une seule et même substance. La substance infinie dont – selon Bruno – est constitué le monde. Une argile unique dans laquelle ont été modelés les hommes, les arbres, les fleurs, la musique, la pensée. Ce qui fait qu'on les perçoit comme distincts, c'est uniquement la répartition différente de ce matériau, la quantité d'argile utilisée. La quantité, pas la qualité. Aucun homme n'est meilleur qu'un autre, il s'agit seulement de déterminer comment se répartit cette quantité pour la comprendre, dans la souris comme dans l'arbre : voilà ce qu'est l'infinité des mondes.

Les mondes infinis sont la grande intuition de Bruno. Il avait compris ce qu'est l'univers, dont nous ne sommes qu'une toute petite partie – une grappe de raisin, dans laquelle chaque grain est un univers qui contient à son tour d'autres grappes de raisin, dont les grains sont des univers qui contiennent d'autres grappes de raisin, etc. C'est un monde de fractales et c'est exactement ce que nous sommes : des mondes infinis ! Et nous devons tous trouver notre place dans cette infinie diversité et ces infinies possibilités de changement. Imagine cette merveilleuse symphonie de liberté et la peur qu'elle engendre chez n'importe quel pouvoir qui veut centraliser, contrôler, fixer les frontières du raisonnement et enfermer le territoire de ton être derrière des murs.

Ces mondes infinis – éthiques, politiques, sociaux, humains – sont des vérités qui meurent dès qu'on cesse de les défendre, tout comme le droit et la liberté meurent si on cesse de les défendre.

Galilée pouvait abjurer, car tandis qu'il abjurait, la Terre continuait de tourner autour du Soleil.

Les vérités de Giordano Bruno, elles, se seraient éteintes s'il les avait niées, elles se seraient arrêtées. Et donc, tout ce qu'il pouvait faire, c'était de mourir pour les affirmer.

Cette mort est un cri qui proclame l'infinie liberté de la pensée et la possibilité que, grâce à elle, des mondes infinis existent. Désormais, ce cri t'appartient, c'est le tien.

CRIE-LE : LA PAROLE RÉSISTE AUX FLAMMES.

CROIS-TU VRAIMENT ÊTRE PLUS INTELLIGENT QUE LES AUTRES PARCE QUE POUR TOI TOUT EST NUL?

Robert Capa

9

FAIRE LE POINT

> Quand il ne reste rien d'autre, il faut hurler. Le silence est un véritable crime contre l'espèce humaine.
>
> NADEJDA MANDELSTAM[1]

Tu l'as vu, toi aussi ? Il vient d'entrer chez le marchand de journaux. Il n'a que quelques pièces en poche, l'argent que son père lui donne chaque matin. C'est un moment précieux, quand son père le conduit en classe, car c'est leur moment, peut-être le seul. Il sort de la voiture et entre, il veut acheter le journal avant d'aller au lycée. Il prend toujours le même. À présent, regarde bien, quand il réapparaîtra tu assisteras à un rituel : il le roule et le glisse dans la poche arrière de son jean. Il feint la désinvolture, mais en réalité il fait en sorte que le nom du journal soit bien visible pour ceux qui marchent quelques mètres derrière lui. Il le met exprès dans sa poche, même si cela semble être par simple commodité, afin d'avoir les mains libres. Il achète toujours le même journal car c'est en lisant celui-ci qu'il s'est forgé ses opinions ; il se reconnaît dans ses positions. Ainsi, afficher ce journal revient à afficher ses idées.

1. *Contre tout espoir. Souvenirs*, tome I, traduction de Maya Minoustchine, Éditions Gallimard, Tel, 2012.

Celui que tu vois, c'est moi à l'âge de seize ans, quand je voulais devenir journaliste d'investigation. Mais ce que je viens d'écrire est inexact : je voulais effectivement enquêter sur la réalité et cherchais cependant un autre moyen que la méthode journalistique. Je voulais devenir écrivain d'investigation : enquêter et écrire en même temps, découvrir et dénoncer. Cette idée m'enthousiasmait. Je pensais qu'on ne pouvait pas désirer mieux que crier, crier la vérité, mais pas n'importe quelle vérité, pas celle que n'importe qui pourrait montrer. Non, une vérité qu'on découvre seul, qu'on sent sous son nez, qu'on peut toucher du bout des doigts, dont on perçoit les relents et qu'on n'atteint pas sans transpirer. Une vérité prisonnière de la boue.

Connais-tu Robert Capa ? Capa m'a appris à ne jamais faire de *mise au point* sur ma vie, à toujours la laisser un peu floue. C'est Capa qui m'a appris à écrire. Comment ça, écrire ? me demanderas-tu. N'est-ce pas un photographe ? Oui, mais lorsqu'il s'agit de recueillir la vérité, tu le découvriras, tous les points de vue se rejoignent et sont le fruit d'un même levain, car lorsqu'il s'agit de la vérité, toutes les voies se ressemblent. Chaque route est la tienne.

Capa n'était pas son vrai nom : sur ce sujet non plus il ne fallait pas de mise au point trop nette. Sa petite amie le lui avait changé, d'Endre Ernő Friedmann en Robert Capa, qui sonnait mieux, plus musical. Elle aussi portait un nom qu'elle avait choisi, Gerda Taro. Gerda avait expliqué à Endre qu'avec ce nouveau nom ses photos, qui étaient son obsession, se vendraient plus facilement. Tu sais, le nom de famille « Capa » faisait penser à celui d'un réalisateur de films des années 1930 très célèbre aux États-Unis, Frank Capra. Comme Endre Ernő Friedmann, Capra était un immigrant qui attendait de l'Amérique que ses rêves s'y réalisent – car à l'époque, vus d'Europe, les États-Unis semblaient être le monde, le monde entier. Donne-moi les moyens de raconter la vérité ! exigeait-il. Mets à ma disposition les nombreux mégaphones dont dispose ta société, car je veux stimuler l'ouïe de ceux qui écouteront, je veux enrichir le regard de ceux qui verront.

Eh bien, Capa disait que, quand on prend une photo, on ne doit jamais parfaitement faire la mise au point. Tu sais pourquoi ? Car si ta vie n'est pas parfaitement nette, cela signifie que tu es près des choses, que tu les vois et que tu les comprends. Si tu as besoin de faire une mise au point, cela signifie que tu restes à distance. La distance que les enseignants encouragent, celle qui permet de rédiger des textes scientifiques. Mais si tu restes à distance, c'est que tu ne veux pas arriver là où je veux arriver, moi. Je te parle de vérité, pas de connaissance. Pour trouver la vérité, il faut se transformer en ce qu'on cherche, il faut être proche du crime si on veut le comprendre, il faut connaître le fonctionnement d'un conseil municipal pour découvrir comment on truque les marchés publics : pour parvenir à attraper le tigre, il faut être un tigre. Sinon on ne l'attrape pas, c'est lui qui nous attrape.

Comme le fit Jim Corbett. Jim était un chasseur si doué qu'un jour on l'a contacté pour traquer un léopard qui se nourrissait de chair humaine en Inde, dans l'Himalaya. Le temps qu'ils appellent Jim, le prédateur avait dévoré plus d'une centaine de personnes. Nul ne savait où il se cachait. Il apparaissait soudain devant ses victimes, si imprévisible que les gens ont commencé à croire qu'il ne s'agissait même pas d'une bête, mais d'un démon. Ils avaient tout tenté pour l'attraper, mais il apparaissait et disparaissait comme le font les esprits, sans laisser de traces. Sais-tu pourquoi Jim a fini par réussir à le capturer ? Parce qu'il fut le seul à comprendre qu'en se comportant comme un chasseur il ne l'attraperait jamais. Pour attraper une bête sauvage, il faut devenir une bête sauvage. Jim a cessé de penser comme un homme, de s'habiller comme un homme, de désirer comme un homme, et il est devenu un léopard.

Alors, me diras-tu, pour capturer la mort, faut-il devenir la mort ? Il faut la rencontrer, puis c'est elle qui décidera si elle te prend ou te laisse vivre. C'est ce que fait Robert Capa. Il se rend en Espagne en pleine guerre civile pour photographier les miliciens, il va en Sicile et débarque avec les Anglo-Américains, il va en Normandie et attend que les soldats pleuvent du ciel. Il sait que la vérité doit être traquée et gardée auprès de soi. Capa perd la plupart des photos du Débarquement car il impressionne la pellicule trop rapidement, mais la technique dont il se sert depuis la guerre d'Espagne lui permet de réaliser des chefs-d'œuvre. L'un des plus extraordinaires montre un soldat espagnol à l'instant même où une balle le frappe : sur la photo, il est encore vivant, on entend son souffle, mais la vie le quitte. La photo est si incroyable que Capa est aussitôt accusé de l'avoir mise en scène, d'avoir payé un figurant pour jouer le rôle du soldat blessé qui écarte les bras, capitulant devant la mort.

Prépare-toi, ne pense jamais que trouver la vérité revienne à démontrer un théorème. Ce n'est pas comme gagner le cent-mètres. Quand on gagne le cent-mètres, on se dit : « Personne ne peut plus contester ! C'est sûr ! Je ne suis pas dopé, vous avez fait toutes les analyses ! Il y a la photo finish, la caméra m'a filmé, c'est bon : j'ai gagné. » Non, avec la vérité ça ne marche pas comme ça, car très souvent la vérité est une chose que personne ne veut entendre, la vérité est ce qu'il y a de plus difficile à accepter, elle te met en crise, elle t'oblige à changer, et le changement fait peur à tout le monde, si bien que le premier réflexe est de protester : « Ce n'est pas vrai ! Il y a une ruse quelque part ! » Pourtant, Capa avait bel et bien pris cette photo sur le champ de bataille, et l'homme qu'il a immortalisé était vraiment en train de mourir. Capa était descendu dans un trou, ne laissant que son appareil dépasser. Il le tenait à bout de bras et l'appareil se déclenchait automatiquement, il choisissait avec son propre œil, n'obéissant à aucun regard humain. Personne pour lui dire ce qu'il devait photographier. À un moment donné, l'œil a vu ceci : un homme qui court et qui est rejeté en arrière, un homme dont le centre de gravité est encore vers l'avant et qui recule. Un homme qui se bat encore tandis que la vie est déjà partie. Pour prendre une photo, disait Capa, il n'y a pas besoin de trucs, il n'est pas nécessaire de faire poser les choses ou les gens. Les photos sont déjà là, il suffit d'aller les chercher, car la meilleure photo est la réalité. Mais la réalité est une chose étrange, que beaucoup nient même lorsqu'ils l'ont sous les yeux.

Jason Russell, par exemple : sais-tu qui c'est ? Un activiste américain qui a grandi dans une famille aux solides valeurs chrétiennes. Son père et sa mère avaient fondé une compagnie de théâtre associative destinée aux enfants et aux adolescents, en se disant que, lorsqu'on a suivi un cours de théâtre dans son enfance, on ne devient pas un criminel, on n'empoigne pas une arme pour tuer, car le théâtre apprend à voir sa propre vie de l'extérieur, avec distanciation. En jouant, on extrait sa vie des dynamiques du bien et du mal et, désormais à distance, on se distingue de ce qu'on vit, on peut commencer à comprendre les choses. Pour tous, c'est ça, le théâtre, comme le cinéma, la littérature, l'opéra, la poésie et l'art : observer la vie pour la comprendre et essayer de la changer. Observer, c'est déjà comprendre, et comprendre est une prise de conscience, une façon d'assumer ses responsabilités.

Dès l'enfance, Jason considère que le bonheur ne peut pas être une préoccupation strictement personnelle, qu'on doit se soucier de celui des autres. Personne ne s'étonne donc quand, à l'âge de vingt ans, au début des années 2000, il part pour l'Ouganda avec deux amis. En Ouganda, Jason rencontre Jacob et, à partir du moment où la souffrance et l'injustice s'incarnent en la personne de Jacob, le ton de sa voix et sa façon de pleurer ne quittent plus l'esprit de Jason. Tant que la douleur reste un mot abstrait, nous pouvons vivre avec elle comme si elle n'était pas la nôtre, mais quand son cri devient celui d'une personne en chair et en os, nous ne pouvons plus l'ignorer.

Jacob est un adolescent que les bandes de rebelles du commandant Joseph Kony ont poussé à fuir son village. Ils surgissent la nuit et enlèvent des enfants qu'ils enrôlent comme soldats. Au cours d'un de ces raids, ils ont tué le frère aîné de Jacob et, à présent, comme les autres garçons du village, Jacob dort chaque nuit dans un endroit différent, des lieux de fortune, pour éviter d'être capturé.

De retour aux États-Unis, Jason décide de consacrer toute son énergie à aider Jacob et les autres enfants comme lui. Il cherche parmi ses compétences laquelle peut le mieux servir la cause de

Jacob. Que sait faire Jason ? En quoi est-il bon ? Depuis qu'il est enfant, il joue la comédie, il a appris à le faire dans la compagnie de ses parents, ce qui signifie qu'il connaît l'art de la communication. C'est ce talent qu'il pense mettre à profit, car ce qui compte ce n'est pas seulement l'histoire qu'il veut raconter – celle de Jacob –, mais aussi la façon dont il la racontera : il en va de la possibilité d'obtenir de l'aide pour les enfants ougandais. Il commence donc à tourner des films et fonde une association appelée Invisible Children, dans le but de rendre visible, présent dans la conscience de tous, le sort de ces enfants et de leur pays. En 2012, le documentaire qui raconte au monde l'histoire de Jacob et dénonce les horreurs commises par la Lord's Resistance Army de Kony a été vu par cent millions de personnes sur Internet en seulement six jours ! Pas seulement par des anonymes, mais aussi par des musiciens, des chanteurs, des hommes politiques et des journalistes, qui ont regardé le film et décidé de soutenir le combat de Jason pour sauver Jacob et les garçons de l'Ouganda.

« Super ! me diras-tu. Enfin une histoire qui finit bien ! » Hélas non. Car, après l'importante visibilité dont bénéficie le documentaire de Jason, pleuvent sur lui – en deux semaines seulement – de nombreux témoignages d'estime mais aussi les pires manifestations de mépris. Tu sais, quand on réalise un spot publicitaire pour une cause, le sens de ce qu'on dit est important. Un spot n'est pas un texte scientifique ni un article de loi. L'objectif de la vidéo tournée par Jason est évident : en Ouganda, des enfants sont contraints de vivre sans maison ni famille car des bandes de rebelles détruisent leur quotidien. Jason demande que les rebelles menés par Kony soient arrêtés et qu'on mette tout en œuvre pour récupérer ces enfants.

Mais malgré le succès du documentaire, on ne parle pas de l'appel pressant qu'il lance, on se demande si le commandant rebelle est toujours Joseph Kony, si Jason ne le confond pas avec un autre homme qui a occupé cette place quelques années plus tôt en Ouganda et qui s'est désormais installé au Congo. Des objections sont soulevées, y compris par les forces gouvernementales ougandaises, sur la nature des violences décrites dans le film : on explique que Jason parle de blessures à l'arme blanche, alors qu'il s'agit sans doute de brûlures causées par des armes à feu; et, dans tous les cas, le nombre d'enfants enrôlés n'est pas celui qui est rapporté dans le film, certaines des photos utilisées n'ont pas été prises dans le nord mais dans le sud du pays, et ainsi de suite.

Dès lors, une véritable campagne de diffamation démarre sans faire dans le détail : Jason s'est servi de Jacob pour devenir célèbre, son but était forcément de devenir riche! Même ses amis, ceux qui avaient fondé l'association Invisible Children avec lui, ont été atteints par cette boue. Que puis-je te dire? Peut-être ses amis étaient-ils plus «costauds», peut-être que le sort de Jacob comptait un peu moins à leurs yeux ou qu'ils étaient moins exposés à la vindicte médiatique, aux attaques des haters et autres manipulateurs, je ne sais pas : ce que je sais, c'est que ses amis ont su faire face, tandis que Jason a sombré dans la dépression. Tu sais, il faut se rappeler que Jason avait été le genre d'enfant à qui ses enseignants répétaient sans cesse : «Quel brave garçon!», à qui ses parents disaient : «Quel bon fils!» C'était donc l'image qu'il avait de lui-même, celle de quelqu'un de bon, d'honnête, avec des principes. Et dis-toi qu'il avait dû se battre pour être à la hauteur de cette image. À l'âge adulte, après avoir rencontré sa femme et eu deux enfants, il aurait pu être satisfait, ne penser qu'au bonheur de sa famille. Pourtant, il a choisi de ne pas le faire : il a décidé de se battre pour le bonheur des autres, sans lequel son propre bonheur ne serait pas possible.

Maintenant tu comprends pourquoi Jason s'est effondré?

Jason s'est effondré parce qu'il n'était pas préparé à tout ça. Il n'imaginait pas qu'on l'attaquerait sur un terrain, celui de l'honnêteté, où il n'aurait jamais dû avoir à se défendre.

Il ne s'attendait pas à recevoir en même temps que les likes une quantité d'insultes telle qu'il s'est mis à douter de lui-même et de la sincérité de ses actes. Pourquoi collectait-il de l'argent? avait-il commencé à se demander avec une angoisse persistante. Il devait se répéter mille fois la même réponse : il le faisait parce que, sans argent, il ne pouvait pas aider Jacob. Oui, mais pourquoi s'était-il versé un salaire à lui, ainsi qu'à ses amis, avec cet argent ? Pour se rassurer, il devait se répondre cent fois par jour que sans salaire il ne pourrait pas faire fonctionner l'association, il n'y aurait donc aucun espoir d'aider Jacob, d'arrêter Kony et de sauver le plus d'enfants possible. D'accord, mais pourquoi dépenser autant d'argent en spots publicitaires que Jacob ne verrait jamais ? Pour sensibiliser, chercher des soutiens, créer un mouvement autour de son initiative, donner de la force à son idée et la transformer en action : non pas l'action isolée de trois jeunes gens, mais l'action conjointe de centaines de milliers de personnes. Quelque chose qui soit en mesure de faire pression sur les gouvernements, de réorienter une fois pour toutes les politiques de coopération et de soutien à l'Afrique.

Il avait beau se poser et se reposer les mêmes questions, se donner mille fois les mêmes réponses censées le rassurer et lui rappeler le sens du combat qu'il menait, Jason finissait invariablement par douter de lui-même. Car c'est une loi de la nature : on a toujours du mal à croire un compliment, mais on ne doute jamais d'une insulte.

C'est à cela que je veux te faire réfléchir : la manière dont fonctionne le complotisme, l'autre face du populisme, qui prétend dévoiler les desseins secrets cachés derrière chaque action.

Derrière telle bataille environnementale, se cache… Derrière telle marche de protestation, il y a… Derrière telle action humanitaire, on trouve… Tu entendras toujours un complotiste annoncer : « Maintenant, je vais te montrer comment les choses fonctionnent vraiment, je vais t'expliquer comment va le monde… Ne sois pas naïf, réveille-toi ! »

En regardant les choses sous cet angle, on se sent aussitôt plus intelligent que les autres ; on nous expliquera tout, nous seuls comprendrons la vie et ses pièges, tandis que les idiots resteront à la traîne. Et devine à quelle conclusion arrivent les tenants acharnés de la conspiration internationale, ces analystes raffinés à l'estomac solide et à la pensée claire ? Que nous sommes tous pareils, tous corrompus, tous intéressés, tous sales !

Demande-toi toujours : pourquoi persistent-ils à nous faire entonner le même air atroce ? Car si les choses sont ainsi, si nous sommes tous irrémédiablement corrompus, alors il n'y a plus rien à apprendre, rien qui vaille la peine de se battre, rien qui mérite qu'on résiste, rien à améliorer ni à crier... Et si tu n'es pas d'accord avec cette vision des choses, toi ? Si tu veux continuer à crier ? Alors ils te traiteront de crétin.

Comme dans le conte d'Andersen, si tu ne vois pas les habits neufs de l'Empereur, c'est que tu es idiot ! N'est-ce pas ce que les faux tailleurs répètent à l'Empereur ? Les habits qu'ils cousent sont coupés dans une étoffe très particulière, dont seules les personnes intelligentes peuvent reconnaître la trame, alors que les idiots, eux, ne voient rien !

Mais toi, crie-le, crie que le roi est nu !

C'est ce qu'ils veulent t'inculquer, que le monde n'est peuplé que d'une seule espèce, les prédateurs-arnaqueurs. Et cette espèce se partage en deux sous-espèces : les sincères et les hypocrites. Les sincères sont ceux qui admettent que nous sommes tous des arnaqueurs ; les hypocrites, eux, le nient. C'est ce que, dans ma région, les organisations criminelles ont toujours affirmé : il n'y a aucune possibilité de changement, plus vite on l'accepte et plus vite on s'adapte, en arnaquant à son tour les autres.

Mais voici un exemple qui montre à quel point cette vision est fausse. Yvan Sagnet est un jeune homme originaire du Cameroun venu en Italie avec une bourse pour étudier à l'École polytechnique de Turin, mais la bourse ne lui suffit pas pour vivre et il est obligé de travailler comme cueilleur de tomates dans les Pouilles. Bientôt Yvan constate comment vivent les milliers de saisonniers qui travaillent dans les campagnes italiennes. Personne ne se soucie de leur fournir un logement comme le stipule la convention collective des saisonniers, de sorte que des ghettos entiers se forment, aux conditions d'hygiène précaires. Bien entendu, le travail s'effectue loin des routes principales et des centres habités, de sorte que les travailleurs sont obligés de payer eux-mêmes leurs déplacements et leur nourriture, ce qui réduit d'autant leur maigre salaire quotidien. Toute rébellion semble impossible, car les trafiquants qui servent d'intermédiaires entre l'offre et la demande de travail sont redoutables, car le statut juridique de chaque migrant est fragile et parce que ce mode de gestion de la main-d'œuvre agricole plonge ses racines dans un passé lointain, quand les Italiens eux-mêmes subissaient pareil traitement, avant de devenir ouvriers ou employés et de laisser la place à ces nouveaux esclaves. Yvan pourrait se taire, se dire que tout est pourri, que « c'est la vie » et serrer les dents le temps d'un été, avant de retourner à ses études. Et pourtant non : il choisit de relever la tête, de hausser le ton et de créer un réseau. En août 2011, il parvient à organiser la première grève des ouvriers étrangers contre les patrons dans les campagnes des Pouilles.

Se savoir unis et crier tous ensemble : non seulement c'est efficace, mais cela permet avant tout de retrouver sa dignité. Cela aide à croire qu'on peut revendiquer des droits. Et ce n'est pas tout, puisque la mobilisation lancée par Sagnet a conduit à la création du délit d'intermédiation illégale et d'exploitation du travail : en d'autres termes, de *caporalato*. Son action a joué un rôle fondamental.

Ne ricane pas quand on t'explique que « le plus propre a la gale[1] », car il n'y a aucune vérité profonde cachée dans pareille idiotie. Et le pessimisme n'est pas une vertu, mais un vice. C'est le vice des paresseux, de ceux qui ne veulent pas changer, ceux qui ne cherchent qu'un alibi pour rester immobiles et se désintéresser du monde… Mais tôt ou tard le monde s'intéressera à eux. Ce qui leur arrivera est ce qui nous arrive à tous : l'environnement que nous avons négligé devient étouffant parce qu'il n'y a plus d'air en réserve ; les forêts que nous avons laissées brûler se vengent en crachant sur nous des virus inconnus, chassés de leurs habitats ; des pays auxquels nous n'avons laissé aucune chance de développement explosent, avant de nous faire exploser à notre tour. Peut-être que ce serait bien – peut-être que ce serait libérateur – de

1. Expression employée à Naples et à Rome : « O cchiù pulit ten' a rogn » – « Er più pulito c'ha la rogna », qui équivaut à « On voit la paille dans l'œil de son voisin, mais pas la poutre dans le sien. »

tout envoyer au diable, mais le fait est que rien ni personne ne te laissera tranquille tant que tu seras sur cette planète. Fais donc ce que tu fais chez toi : si le robinet goutte, répare-le avant que tout ne soit inondé ; si la conduite de gaz fuit, répare-la avant que tout n'explose. Et crois-moi, c'est sans fin : chaque fois que tu recules, tu ne fais que perdre du terrain… chaque fois que tu recules, le désastre avance ; et tôt ou tard il frappera à ta porte, tôt ou tard il te présentera l'addition.

C'est facile et ça allège la conscience de conclure que Jason Russell est un individu avide, un tricheur qui se sert des enfants ougandais pour faire de l'argent. Il est plus difficile de comprendre comment soutenir sa cause et y contribuer. Il est réconfortant de croire que nos problèmes sont trop graves pour que nous puissions aussi penser aux enfants ougandais. C'est une chose de ne pas avoir la force d'embrasser sa cause, c'en est une autre de renoncer à tout combat et de dénigrer ceux qui luttent.

Je veux aussi te dire ceci, jeune élève du lycée Diaz : la gloire et le succès ne sont pas des rêves à cultiver mais seulement des sources d'emmerdements, une chose très douloureuse à laquelle tu dois échapper quand il en est encore temps. Tu penses que la célébrité te vaudra l'approbation des autres, mais pour chaque « bravo ! » que tu recevras, tu auras droit à deux « crève ! » : c'est ce qui est arrivé à Jason Russell. Tu penses que la célébrité t'apportera l'admiration de tes proches, mais ce seront les premiers à être accablés. Et quand tout le monde les arrêtera dans la rue, qu'on leur demandera chaque jour des nouvelles, que beaucoup de gens exigeront des faveurs, ils seront les premiers à se plaindre : « Ça ne peut plus durer ! » Tu espères qu'avec la célébrité viendront l'affection et la proximité, mais tu seras entouré d'un tel nombre de requins, intéressés et avides, que tu renonceras pour toujours à désirer la chaleur. Tu penses que le succès te permettra de soigner ton image, mais les pressions que tu subiras seront si fortes qu'elles éteindront toute lumière dans tes yeux, au point que tu cesseras de te regarder dans un miroir. Tu penses que la célébrité t'apportera de l'argent, beaucoup d'argent, mais ce sont autant de sommes que tu devras dépenser pour te protéger, pour répondre aux actions en justice intentées contre toi. Tu penses que la célébrité t'aidera à avoir plus d'amis, mais ces amis s'éloigneront, car chaque jour de ta vie sera un enfer, il te manquera toujours cette légèreté qui constitue le seul terrain sur lequel l'amitié peut pousser.

Le succès pour le succès n'est rien. Le succès pour le succès ne vaut pas le pire moment d'une vie normale. Le succès n'a de valeur que si ton projet le mérite, si ta cause est juste, si elle concerne tout le monde, si c'est un rêve qui peut être partagé, encore et toujours, s'il peut améliorer des vies, sauver des âmes. Peu importe comment, que ce soit par la musique, la politique, le sport, la danse, l'enseignement, l'assistance aux autres... Si et seulement si c'est un rêve collectif, qui accroît les droits et les chances de tous, tu peux vouloir le succès, car ce ne sera plus ton objectif, mais le moyen par lequel un troupeau – c'est-à-dire une communauté – se formera, aussi déterminé que toi à mener le combat.

Tu seras vraiment cool quand tu feras partie d'une communauté qui veut construire le monde, pas quand on essaiera de te persuader qu'en faisant avaler du poison aux autres ton sort s'améliorera. Rien ne fonctionne comme ça : en faisant avaler du poison aux autres, tu tueras seulement ceux qui auraient pu t'aider à réparer le monde.

On n'a besoin d'aucun courage pour crier l'évidence et proclamer que tout est nul. En revanche, on est cool quand on prend un risque et qu'on fait entendre sa voix, comme l'a fait Sophie Scholl, une jeune Allemande qui, sous les hurlements survoltés de l'Allemagne nazie, cria qu'il fallait se réveiller et mesurer ce qu'il y avait de monstrueux dans ces slogans. Ce cri, elle le paya de sa vie. Tu les distingueras chemin faisant, ceux qui crient vraiment et ceux qui font semblant de crier. Ceux qui, en criant, jettent de l'eau sur le feu et ceux qui y versent de l'huile. Exerce ton regard, car il existe de nombreux pièges et des labyrinthes infinis dans lesquels tu risques de te perdre, mais tu ne seras intelligent, malin et cool que si tu emploies ton temps et ta raison à le voir.

Je crois que c'est tout ce qu'on peut souhaiter : élever la voix, crier la vérité au monde. C'est pour cela que je veux que tu te prépares, car ce n'est pas un chemin facile : si tu fouilles, si tu refuses de ne te mêler que de tes affaires, si tu veux comprendre, si tu aimes suffisamment la vie pour en scruter les ombres, alors tu auras envie de crier. Et, si tu racontes ce que tu vois, tu risques d'être condamné à mourir en vie. Et crois-moi, la mort en vie est pire que la vraie mort.

Tu sais, Épicure disait que la mort physique est le moment où nous sommes plus là, une pensée qui m'aidait à me sentir en sécurité. Eh bien, la mort en vie est un moment où nous sommes vraiment là. C'est une sorte de punition qu'on subit lentement, qu'on ressent tous les jours dans sa chair, trois cent soixante-cinq jours par an, quatre semaines par mois, vingt-quatre heures sur vingt-quatre. Toi et les rares personnes qui te sont encore proches.

Au fil des ans, j'ai observé les trois stades à travers lesquels on inflige ce type de peine, ils sont désormais parfaitement clairs pour moi.

Le premier stade est privé. Le but est de rompre ton équilibre domestique. Chacun de nous a des liens affectifs, un réseau, étendu ou restreint, qui assure la cohésion de notre vie. Couper ces liens, c'est comme retirer son gilet de sauvetage à une personne qui nage en pleine mer, et c'est très facile à faire. On met sous pression les gens qui t'entourent en scrutant impitoyablement leur vie et leurs fréquentations, on prend en photo leurs moments les plus intimes, on les publie avec leur numéro de téléphone et leur adresse; on surveille leur heure d'arrivée au travail et leur heure de départ, on diffuse des informations sur le vol qu'ils vont prendre, la classe de train qu'ils choisissent; on les suit, on les traque, on leur souffle dans le cou, on les garde sous sa coupe. On fait en sorte qu'ils passent leur temps à penser aux amendes reçues à scooter, aux baisers qu'ils ont donnés, aux joints qu'ils ont fumés. On décrit chaque maison où ils vivent comme un palais, leurs vacances comme un luxe. L'astuce, c'est de faire en sorte qu'ils se sentent perpétuellement jugés par le tribunal de la conscience le plus exigeant qui soit, afin que chaque petite erreur humaine qu'ils ont commise devienne énorme à leurs propres yeux. À ce stade, reste sur tes gardes, car chaque femme que tu rencontreras sera présentée comme ta maîtresse et chaque homme à qui tu serreras la main sera dépeint comme un criminel… Tout sera entaché de suspicion, tout sera présenté sous le plus mauvais jour, tout sera irrémédiablement sali.

Dès lors, à la maison l'atmosphère deviendra tendue. Les pâtes cuiront trop longtemps sur le feu. À la salle de bains, les joints céderont et, comme tu ne pourras pas appeler le plombier – car il pourrait lui aussi être un ennemi, capable d'inventer que tu vis dans une villa de luxe, que tu étais au lit avec deux personnes, que tu frappais le chat –, le robinet de la salle de bains, c'est toi qui t'en occuperas à coups de marteau. C'est le moment que choisira la personne qui vit avec toi pour faire ses bagages et s'en aller. Qui voudrait vivre en résidence surveillée sans avoir jamais commis le moindre crime ?

Le deuxième stade est économique. On t'accable d'amendes, on gèle tes comptes bancaires, on t'attaque en justice pour des choses qui ne trouveront aucune issue devant un tribunal, comme ça, juste pour te faire danser, on fait courir le bruit que tu fraudes le fisc histoire de te maintenir sous pression.

Le troisième stade consiste à vider ton image publique. À la vider de toute crédibilité, de toute dignité. On sème le doute, les indiscrétions, le mensonge. Si tu es un homme, on te dépeindra comme un amateur de prostituées, un pervers, un impuissant, un cocu, un fraudeur, un mythomane, un drogué, un minable, un escroc, un malade, un psychopathe ; si tu es une femme, on dira que tu es une sorcière, une idiote, une hystérique, une accro à la chirurgie esthétique, une frigide, une momie, une nonne, une romantique, une lesbienne, une putain.

Tes moindres imperfections, tes moindres fragilités, tes moindres contradictions seront exagérées, déformées et jetées en pâture à la presse et aux sites de ragots orduriers. Ton mari lira que pour être en couverture tu t'es tapé toute la rédaction d'un magazine, ta mère recevra un message lui disant que tu as couché avec ta cousine pendant que son mari filmait la scène. Il n'y a aucune preuve. Pas besoin de preuve, le doute et l'embarras suffisent. Ta mère sait que ce n'est pas vrai, mais elle voudrait quand même disparaître de la surface de la Terre. Ta tante, qui a mis en place une alerte Google avec ton nom parce qu'elle veut rester informée, recevra un lien vers un article non signé insinuant que tu es peut-être être parmi les associés de sociétés offshore qui pèsent plusieurs millions d'euros. Personne n'en est sûr, personne n'a encore vérifié, mais en attendant la rumeur commence à circuler. Le smartphone de ta petite amie se remplira de photos de toi en pleine danse latina avec une autre femme sur une terrasse de Dubai. Pleurs, cris, disputes, même si tu sais bien que tu n'es jamais allé à Dubai et que tu ne sais pas danser, ça ne servira à rien de te défendre. Car à ce stade, ta vie continuera à s'écrouler, les robinets continueront à fuir, les pâtes à trop cuire, les tribunaux à te juger et le nombre de fausses nouvelles sur le Net et dans les journaux à augmenter de façon exponentielle. Ça ne vaudra même pas le coup de les réfuter toutes.

Il suffit de peu de choses pour briser ta vie. Et si, après un crime, on purge sa peine puis on retrouve la liberté, une fois qu'on t'a cousu un masque déformant sur le visage tu es obligé de faire avec ce masque pour le reste de ta vie.

Il te hantera même quand les autres l'auront oublié. Car tu penseras toujours que quand quelqu'un te regarde ou te parle, c'est ce masque qu'il a devant lui. Et donc, plus rien de ce que tu feras ne sera naturel, tout se produira toujours et uniquement en référence à ce masque.

Mais ce n'est pas tout. Notre cerveau aussi a droit à l'oubli, car s'il n'élimine pas une partie de ce qui est arrivé, rien de nouveau ne peut suivre. Si on garde en soi la douleur d'une vieille histoire qui s'est mal terminée, on n'a pas de place pour une nouvelle qui doit commencer. C'est à cela que sert la phase de sommeil paradoxal, à élaguer les souvenirs nuisibles et consolider ceux qui sont nécessaires. Maintenir artificiellement en vie chaque détail de ton existence t'oblige à être perpétuellement penché sur ton nombril, tes histoires passées, tes défaites et tes contradictions.

La délégitimation, la diffamation, les ragots et les légendes urbaines sont devenus bien plus destructeurs avec l'avènement du Net et sa capacité à relier des millions de personnes. Le monde dans lequel tu vis aujourd'hui n'est pas pire que celui dans lequel je vivais à ton âge, mais interpréter la réalité est plus compliqué en raison de la vitesse auparavant inimaginable de la communication numérique. C'est pourquoi tu devras redoubler de vigilance et posséder une extraordinaire capacité à détecter les fake news. Chaque nouvelle lâchée sur le Net prend des proportions qu'elle ne pourrait jamais avoir dans le monde réel, pour de simples raisons d'espace. Le Web a le pouvoir d'augmenter et de fausser ces proportions, de sorte qu'il devient bien plus difficile de considérer ce que nous lisons de manière équilibrée. Avant, ce qu'on publiait dans les journaux devait être prouvé, soumis à l'examen des correcteurs et des rédacteurs en chef. Et les encyclopédies dans lesquelles on puisait étaient dirigées par des comités scientifiques qui vérifiaient les données et les sources. Désormais, la multiplication infinie des contenus sur le Net rend très difficile le contrôle de leur validité, et il devient aisé de faire passer pour digne de foi et prouvé ce qui ne l'est pas. Autrefois, quand on s'abonnait à un journal poubelle, on était seul à recevoir ses nouvelles ordurières ; à présent, elles arrivent aussi à ceux qui n'en veulent pas. Aujourd'hui, les informations te parviennent gratuitement sur ton téléphone portable, tu ne choisis plus, ça ne t'intéresse pas de savoir d'où elles viennent ni qui les a écrites. Si tu devais payer pour ces nouvelles, tu te préoccuperais sans doute de savoir d'où elles viennent avant d'y prêter attention. Mais l'immédiateté d'un clic est telle qu'on n'a pas le temps de sélectionner, de choisir, de séparer les bonnes informations des mauvaises.

Tu arriveras donc toujours à un point où tu seras seul à décider, à faire le tri entre ce qui est vrai et ce qui est faux, ce qui est bien et ce qui est mal. Naturellement, tu peux trouver une méthode pour te sortir de ce pétrin, mais il y aura toujours un moment où tu devras être en mesure de déterminer si les voix que tu entends ne sont que des voix enregistrées. Et tu n'auras pas le temps de suivre toutes les pistes : avec une seule vie à ta disposition, tu ne pourras en suivre qu'une.

CRIE-LE, QUAND ON SE SERT D'ASTUCES SOPHISTIQUÉES POUR ÉTEINDRE LA LUMIÈRE DE LA VÉRITÉ.

Anna Akhmatova

10

MI-NONNE MI-PUTAIN

Nous savons ce qui maintenant est en balance
Et ce qui maintenant s'accomplit.
Nos horloges sonnent l'heure du courage,
Et le courage ne nous accompagne pas.
Il n'est pas terrible de tomber sous les balles,
Il n'est pas amer de rester sans toit,
Et nous te gardons, langue russe,
Immense parole russe.
Nous te porterons, libre et pure,
Nous te transmettrons à nos descendants,
Et nous te sauverons de la captivité,
À jamais.

ANNA AKHMATOVA[1]

Sous le régime de Staline, la censure était appelée – sans équivoque – « répression culturelle ». Je sais : cela semble paradoxal, comme si on parlait aujourd'hui de « répression des parcs et jardins ». Mais tu dois t'y faire : la moitié de l'humanité se bat pour apporter des livres et un peu de culture aux quatre coins du monde, l'autre moitié pour les effacer comme s'il s'agissait

1. « Courage », 23 février 1942, Tachkent, extrait du recueil *Impair*, dans l'anthologie *Requiem. Poème sans héros et autres poèmes*, traduction de Jean-Louis Backès, *Poésie*/Gallimard, Éditions Gallimard, 2007.

d'une menace. Mais à présent tu le sais, la parole est synonyme de liberté et, quand on veut étouffer la liberté d'un peuple, on doit d'abord étouffer sa parole.

Avant la révolution d'Octobre, Anna Akhmatova était considérée comme la plus grande poétesse russe vivante. Puis elle décida de ne plus écrire, pour ne pas subir la répression stalinienne.

Ses poèmes écrits avant la révolution parlent de brise, d'arbres argentés, de neige fondue et des petites tiédeurs de l'âme : pour cette raison, le régime soviétique ne put l'accuser ni la condamner comme il le fit pour d'autres poètes. Pendant vingt ans, Anna se contenta d'apprendre par cœur ses propres vers. Quand quelqu'un lui demandait de les écrire et de les lui offrir – de l'encre sur du papier –, elle s'y refusait. Elle essayait même de ne jamais poser une plume sur la page, et si elle le faisait, elle la brûlait immédiatement dans un cendrier. Elle savait que cela pouvait l'envoyer au goulag et coûter la vie à son fils unique, Lev. Mais certains silences sont particulièrement bruyants. Son silence criait. Et ce cri hantait la nomenklatura soviétique autant que l'opposition au régime, que chaque mot écrit en Russie et chaque article paru dans la presse étrangère. Tu vois, cette sensation, quand tu as la certitude que le regard de quelqu'un te juge sans pitié, même si ses lèvres restent scellées ? Et puis, tu l'as sûrement étudié en classe, les « tribunaux de la conscience » ne se satisfont jamais du mutisme. Ils sont faits pour passer aux rayons X la moindre de tes pensées intimes et tu ne pourras pas les persuader que tu es d'accord avec eux si, au fond de toi, tu ne l'es pas. Ces gens-là sont des professionnels, ils le comprennent, quand tu fais oui de la tête mais que ton cœur dit non ; le régime est un amant jaloux, il exige une adhésion totale et une reddition inconditionnelle.

Mais dans les mots qu'Akhmatova n'écrivait pas, on percevait l'écho de ce qui ne pouvait être dit. Comme lorsqu'on écoute de la musique et que les notes non jouées y sont tout de même. Il n'y a pas d'absence, mais une double présence. Les poèmes qui parlent de douceur, de sentiments, de désir de vivre nous portent inévitablement à sentir et à vouloir la vie, le bonheur, c'est-à-dire la liberté.

Les régimes autoritaires savent que c'est seulement quand on t'aura privé de la moindre chance de bonheur que tu te résigneras à marcher au pas. Pour vivre sans liberté, il faut des esprits las, des cœurs éteints et des horizons muets.

En Corée du Nord, par exemple, comment crois-tu qu'on parvienne à faire défiler tous ces gens ? C'est simple : on éteint tout le reste, la liberté, le jeu, l'information, Internet.

Dès lors, seule la musique du régime peut résonner. Et, aussi déprimante et monotone puisse-t-elle être, si c'est tout ce qu'on a, on se met à marcher au pas.

Ainsi, à cause de ces notes qui ne sont pas jouées mais qui sont tout de même là, Anna Akhmatova est devenue une cible privilégiée de la police soviétique : il fallait trouver un moyen de la débusquer et de l'envoyer en « rééducation » au goulag.

Tu dois également garder à l'esprit que ses poèmes étaient marqués par une autre absence : nul éloge de Staline et de la révolution n'y figurait. On n'y trouvait pas les applaudissements nourris sous lesquels – comme le dit la mère de Luke Skywalker – la liberté meurt toujours.

Après la révolution, nombre de ses collègues s'étaient empressés de demander un visa pour quitter la Russie, mais Anna Akhmatova souffrait d'un mal que je connais bien : elle aimait son pays et voulait partager son destin, si misérable fût-il. Tu sais, c'est une sorte de loi de la nature, plus on essaie de te jeter hors de ton pays, plus tu y restes coincé :

J'entendis une voix qui m'appelait,
Consolante, elle disait : « Viens ici,
Abandonne ce pays terne de pécheurs,
Abandonne à jamais la Russie.

Je laverai le sang sur tes mains,
J'arracherai de ton cœur la noire honte,
Je couvrirai d'un nouveau nom
La douleur des défaites et des offenses. »

Tranquillement, sans me fâcher,
Je me suis bouché les oreilles,
Pour que ce discours indigne
Ne souille pas mon esprit affligé.

Mais l'appareil d'État soviétique ne se laissa pas amadouer par les bons sentiments. Il ne se montra pas davantage touché par un si noble attachement à sa terre. Au contraire, il s'acharna pour la transformer en enfer.

C'est la même chose aujourd'hui. Si tu contestes, si tu n'adhères pas à la ligne du parti, tu deviens un ennemi, un traître, un étranger. Et ta patrie n'est plus la tienne.

Mais on avait beau considérer Anna Akhmatova comme une traîtresse, elle demeura toujours aussi fière et résignée. Pour autant, on parvint à lui faire oublier qu'elle avait été la plus grande poétesse russe, en s'arrangeant pour que le sort de son fils la préoccupe sans cesse.

Tu sais, pour punir une femme, il ne faut pas la torturer ou la tuer, mais torturer ou tuer l'un de ses enfants. C'est ce que m'a expliqué Maurizio Prestieri, le bras droit de Paolo Di Lauro, le parrain de Scampia. Un jour, afin de punir une femme de la camorra, ses hommes ont exécuté son fils sous ses yeux mais n'ont pas touché un seul de ses cheveux à elle : « On l'a laissée vivre, m'a-t-il raconté. Parce qu'une fois qu'on a tué son fils, on rendrait service à une mère en l'abattant ! »

Un jour, Anna Akhmatova attendait devant le pénitencier de Leningrad, elle avait un paquet à remettre aux gardes pour son fils. Des dizaines d'autres femmes se trouvaient avec elle. Il fallait parfois douze heures, parfois vingt-quatre ou même quarante-huit heures d'attente pour remettre un colis vide. Oui, car le paquet était vide : si les gardes le prenaient, cela signifiait que son fils était vivant ; s'ils le refusaient, cela signifiait qu'il était mort. C'était le seul moyen de le découvrir. Comme tu peux l'imaginer, les mères commençaient donc à faire la queue dès l'aube. Elles restaient debout dans la neige, sous la pluie, sous un soleil aveuglant. Le problème n'était pas de faire la queue, elles avaient l'habitude. Le problème était l'angoisse de récupérer le colis. Quand les gardes le leur rendaient, elles entamaient une lutte désespérée pour ne pas l'accepter : ils pouvaient les battre, les violer, mais ils ne devaient en aucun cas leur restituer le paquet.

Un jour, une femme reconnut Anna Akhmatova et lui demanda : «Vous pouvez raconter tout ça ?»

Elle l'a fait :

Et si, je ne sais quand, dans ce pays,
On songe à me dresser une statue,

Je donne mon accord pour la cérémonie,
Mais j'y mets une condition : qu'on la place

Non pas près de la mer qui m'a vue naître
(Avec la mer tous les liens sont rompus),

Non dans le parc des souverains, près de la souche
Où me cherche une ombre inconsolable,

Mais ici, où j'ai attendu trois cents heures
Sans que pour moi s'ouvrent les verrous.

C'est que j'ai peur, dans la mort bienheureuse,
D'oublier quel bruit faisaient les fourgons noirs,

D'oublier la porte qu'on claquait affreusement,
Et la vieille qui hurlait comme une bête blessée.

Je me suis souvent demandé pourquoi la douleur tenait tant à être racontée. Jamais quelqu'un d'heureux ne m'a demandé de raconter son bonheur. Mais le malheur, tout le monde m'a supplié d'en parler. «Le malheur veut être dit», expliquerait Corrado Alvaro.

Je suis également impressionné par la façon dont Alexandre Soljenitsyne a raconté le goulag, qu'il a connu dans les années où

Anna Akhmatova faisait la queue devant la prison de son fils. Son écriture ne trahit aucun souci de forme, de style ou d'organisation des chapitres : seulement l'urgence d'enregistrer, de rapporter, de transmettre. Comme si témoigner était tout ce qui compte, comme si consigner la vérité à l'Histoire était ce qui donne de la valeur à l'écriture. Ce n'est pas un hasard si son livre le plus important, *L'archipel du Goulag*, s'ouvre sur ces mots :

Dédié à tous ceux à qui la vie a manqué
pour raconter ces choses.
Et qu'ils me pardonnent
de n'avoir pas tout vu,
de ne m'être pas tout rappelé,
de n'avoir pas tout deviné.

Tu te rappelles certainement qu'au cours de la Seconde Guerre mondiale Staline changea de stratégie afin de galvaniser les soldats russes au combat. La propagande bolchevique se colora alors de nationalisme, allant jusqu'à récupérer le passé tsariste. Dans le but de lutter contre les nazis, certes, car ceux avec qui on avait signé des pactes peu de temps auparavant étaient devenus de perfides envahisseurs. Il fallait donc un nouveau récit, national cette fois, voire nationaliste. C'est dans ce nouveau contexte qu'il faut lire l'autorisation donnée de façon inattendue à Anna Akhmatova de publier un recueil de poèmes.

Malheureusement, elle se heurta à l'un des problèmes les plus difficiles qu'un écrivain puisse rencontrer quand ses paroles dérangent une partie, voire la totalité, de l'appareil d'État : avoir trop de lecteurs.

Bravant les rigueurs de l'hiver russe, la pénurie de roubles et la surveillance fébrile de la police soviétique, les lecteurs d'Anna Akhmatova descendirent dans les rues pour faire la queue devant les librairies en attendant la parution de son recueil.

Je l'ai dit à maintes reprises : écrire n'est pas en soi un acte subversif. C'est le fait d'être lu qui rend ce qu'on écrit extrêmement dangereux.

Le régime s'empressa de saisir les volumes.

La foule utilisait Anna Akhmatova comme prétexte; faire la queue signifiait : «Nous résistons.» Pliés, punis, privés de liberté, nous résistons.

À présent il est clair qu'il fallait la sanctionner pour avoir causé, certes involontairement, cet incident. Pour avoir ridiculisé le régime en l'obligeant à cette spectaculaire marche arrière : de plus, saisir son livre signifiait reconnaître que ses paroles avaient du poids. Ça n'avait servi à rien d'étouffer son existence pendant toutes ces années. Même l'emprisonnement et l'élimination physique auraient été inutiles à ce stade, elle avait trop d'admirateurs et était devenue un symbole. On ne pouvait pas l'effacer, car beaucoup de gens avaient appris ses poèmes par cœur. Quelles pages pouvait-on brûler à ce stade, quels livres pouvait-on confisquer, quelles lunettes pouvait-on briser pour empêcher la lecture de ses vers? Il fallait entrer dans la tête des gens. Les services secrets du monde entier s'y sont essayés, mais c'est encore assez compliqué si on n'a pas les clés pour y accéder. Il ne fallait pas faire d'Anna Akhmatova une martyre du peuple russe! Il ne faut jamais faire d'un écrivain un martyr, car ensuite on n'arrive plus à s'en débarrasser, on ne peut plus l'enterrer.

Souviens-toi de l'Empire romain : dès que les persécutions ont commencé, les chrétiens ont fait corps autour de chaque ongle, de chaque cheveu, de chaque os de leurs martyrs. Aujourd'hui encore, si on touche à une seule phalange de saint Pierre, à une seule goutte du sang de saint Janvier, c'est l'émeute assurée.

Il fallait quelque chose de plus subtil, il fallait discréditer la poétesse, la rendre inoffensive par une campagne de dénigrement. Pour remplir cette mission, on fit appel à ce que le régime pouvait offrir de mieux : Andreï Jdanov, l'ombre de Staline, l'un des responsables des purges et idéologue de la «répression culturelle» en Union soviétique.

Il faut imaginer Jdanov comme un typique bureaucrate du parti : terne, gris, zélé. Le genre d'homme qui, n'étant pas capable de se reprendre en main – il souffrait d'une incurable dépendance à l'alcool –, tente de remettre de l'ordre dans la société.

Staline l'avait désigné comme son successeur tant il appréciait son volontarisme. À l'évidence, quelqu'un qui plaisait à ce point à Staline ne pouvait qu'inspirer du dégoût à Anna Akhmatova. Et cela fut une raison de plus pour s'en prendre à elle. Jdanov déclara qu'Anna Akhmatova était « moitié nonne et moitié putain », ce que les journaux zélés ne manquèrent pas de rapporter.

Je me suis souvent demandé ce que Jdanov avait voulu dire par ces mots, « nonne et putain », une évidente contradiction dans les termes. « Putain » ne m'étonne pas car, depuis des siècles, cette insulte sert à dénigrer les femmes qui se rebellent et dérangent par leur action. Une façon aisée de rabaisser Anna, de salir sa beauté, en suggérant que celle-ci est une monnaie d'échange, qu'elle est à vendre. Une façon de diminuer la valeur infinie et non monnayable de ses cheveux très noirs qui contrastaient avec son teint laiteux ; de sa posture altière, un peu hiératique, digne d'une ancienne impératrice de Byzance ; de ses gestes lents et de ses traits géométriques, souvent décrits par les peintres qui la rencontrèrent.

Naturellement, tu as raison d'imaginer que le but de Jdanov n'était pas seulement de rabaisser sa grâce physique, mais aussi de discréditer sa protestation silencieuse, qui fut présentée à tous comme le reflet d'une mauvaise conduite : prête à se vendre, ambiguë, malhonnête, opportuniste, voilà ce que Jdanov voulait insinuer par cette insulte. Mais pourquoi associer « putain » à « nonne », pourquoi joindre les extrêmes ? Eh bien, la propagande soviétique se vantait d'avoir libéré les femmes, d'en avoir fait des travailleuses, de les avoir enrôlées comme tireuses d'élite dans la guerre contre les nazis. Jdanov était donc embarrassé d'employer le terme « putain », qui rappelait le vieux monde patriarcal et machiste que la révolution d'Octobre était fière d'avoir chassé. Il s'est alors corrigé en ajoutant « nonne », qui ne démentait pas la première accusation, celle qu'elle était une femme prête à se vendre, mais insinuait qu'en outre elle n'adoptait pas la nouvelle façon d'être une femme en Russie : libre tout en restant fidèle au parti. Si Anna Akhmatova n'essayait même pas de l'être, c'est qu'elle était manifestement fermée, bigote, religieuse, en un mot : antisoviétique !

Mais je dois te dire que Jdanov se rebellerait contre cette lecture des choses. Il affirmerait avoir traité Akhmatova de « putain » nullement dans un sens idéologique ou métaphorique, affirmant que, pour lui, c'en était vraiment une, comme le prouvaient ses maris et amants successifs, que le régime prit soin d'éliminer ou de jeter en prison.

Entre les années 1920 et le début des années 1950, comme tu l'as certainement appris, sept cent mille personnes ont été fusillées en Russie. Parmi elles figurait le premier mari d'Anna, le poète Nikolaï Goumilev, accusé d'activités antisoviétiques. Son troisième compagnon, Nikolaï Pounine, fut interné pour les mêmes motifs et mourut dans un goulag du nord de la Russie.

Mais surtout, j'en suis sûr, Jdanov ferait valoir la nuit passée par Akhmatova avec le grand philosophe britannique d'origine juive Isaiah Berlin.

Pourquoi Berlin passa-t-il une nuit avec Anna Akhmatova ?

Elle était fort appréciée en Europe. On savait que les choses allaient très mal pour les intellectuels russes depuis la révolution. On avait entendu parler des purges et des camps de rééducation par le travail, des exécutions sommaires et des emprisonnements arbitraires. Berlin essaya probablement d'entrer en contact avec Anna pour s'assurer qu'elle était encore en vie et savoir ce qu'elle avait subi. Je suis sûr que Berlin voulait la rencontrer pour la même raison que nous voulons tous rencontrer les écrivains qui nous inspirent. Une raison simple : leurs paroles nous sont adressées, elles parlent de nous, elles expriment notre condition. Quand nous réalisons que quelqu'un nous voit, que quelqu'un nous comprend, au point de pouvoir dire nos vibrations les plus intimes, alors c'est scientifique, l'amour naît.

Les vers d'une poétesse et les mots d'une écrivaine ne sont jamais seulement des mots, mais le produit d'un million d'autres mots. Des mots qui ont grandi tout au long d'une vie : lus, étudiés, analysés, intériorisés, cultivés lentement au fond de soi. Chacun d'eux est le reflet de mille autres. Chacun d'eux est le résultat de stratifications complexes. Chacun d'eux est un mélange de pensée et de vie, de haut et de bas, de théorie et de pratique, de moments passés à lire et d'autres à vivre. De files d'attente devant un théâtre et à la caisse d'un supermarché.

Le mécanisme même par lequel un mot trouve sa place dans un vers ou dans une phrase en prose est la conséquence de tous ceux qui ont été pensés, sélectionnés, accueillis, retravaillés, mâchés, vécus et digérés. Et derrière chaque mot, il y a une pensée, un livre qu'on a lu, un geste qu'on a accompli, un choix qu'on a fait, un renoncement qu'on a accepté, un combat qu'on a entrepris. Berlin le savait et c'est ce qu'il cherchait : il voulait croiser le regard qui avait sélectionné les mots qu'il avait lus, entendre le timbre de la voix qui les avait prononcés, absorber le sourire qui les avait accompagnés. Il voulait être séduit une seconde fois, définitivement, par la personne qui l'avait sidéré par la *seule* force des mots.

Pour cela, il défia les lois de la Russie soviétique, il risqua sa vie et celle d'Anna Akhmatova.

Arrivé à Leningrad en novembre 1945 en tant que diplomate britannique – et donc en tant qu'espion, aux yeux des Soviétiques –, il chercha désespérément des informations sur elle. Quand il apprit qu'elle était encore en vie, il exigea qu'on lui donne son adresse. Puis, fou et irréfléchi, il alla frapper à sa porte.

C'était alors un inconnu. Un homme ordinaire. Elle était la plus grande poétesse russe vivante.

À l'époque, Akhmatova vivait dans ce qui avait été un palais aristocratique, par la suite réquisitionné et partagé entre plusieurs familles.

Dans la maigre, très maigre, intimité de cette maison, comme on le rapporta plus tard à Jdanov, «le Juif et la putain» passèrent une nuit ensemble.

Que firent-ils? Je l'ignore. C'est la question qui rendait Jdanov fou : il y avait encore des choses en Russie que le régime ne pouvait pas empêcher. Malgré les efforts zélés de la bureaucratie du parti, la poésie de la vie résonnait toujours.

Mais s'il n'avait pu empêcher cette rencontre – qui avait eu lieu par surprise, sur un coup de tête du philosophe obstiné –, il pouvait au moins punir Akhmatova de l'avoir acceptée et fait durer si longtemps.

Sa carte alimentaire fut confisquée et, quelques années plus tard, son fils fut de nouveau arrêté. Cette fois, on l'envoya au goulag, condamné à dix ans de travaux forcés. Personne ne revenait d'une si longue déportation en Sibérie. C'est alors qu'Anna Akhmatova rompit toute relation avec Berlin – qui la contactait régulièrement – et composa un recueil de poèmes en l'honneur de Staline.

C'est le prix qu'elle dut payer pour que son fils survive dans la Russie soviétique.

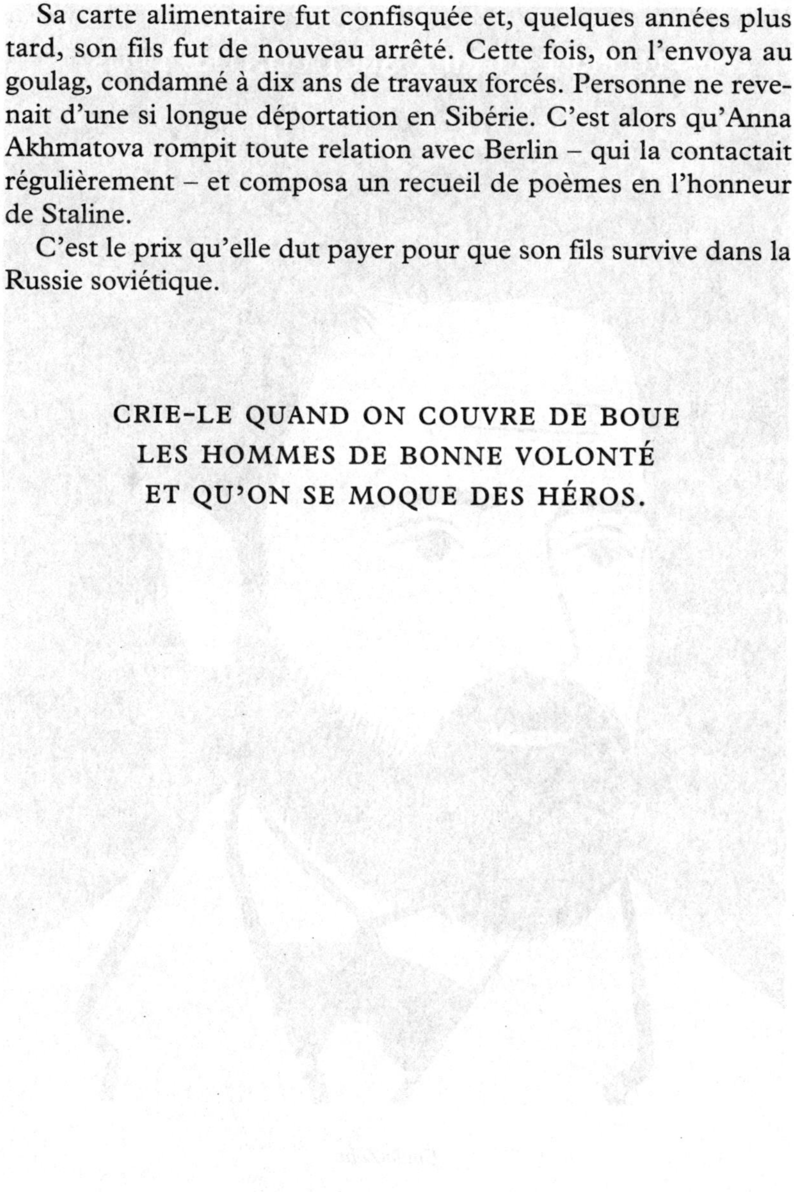

CRIE-LE QUAND ON COUVRE DE BOUE
LES HOMMES DE BONNE VOLONTÉ
ET QU'ON SE MOQUE DES HÉROS.

Émile Zola

11

JE VOUS VOIS

> Je suis vexé de tous côtés ; c'est la destinée des gens de lettres. Ce sont des oiseaux que chacun tire en volant, et qui ont bien de la peine à regagner leur trou avec l'aile cassée.
>
> VOLTAIRE[1]

À la fin du XIXe siècle, les immeubles parisiens aux toits d'ardoise avaient été morcelés et partagés en une myriade d'unités de plus en plus exiguës et sordides. Divisés et subdivisés, pour former deux, puis quatre, huit et enfin seize logements ; et les greniers remplis de toilettes communes et surpeuplées, destinées à une foule de locataires qui, de seize étaient devenus trente-deux, soixante-quatre, puis cent vingt-huit… Annexes, chambres-dortoirs pleines non seulement d'êtres humains de tous âges, mais aussi de rats, de punaises, de puces, de poux, de cafards, de vapeurs, de fumées et d'humidité. Sans parler du froid, le froid des hivers rigoureux de la fin du XIXe siècle.

Quand le froid t'agresse, impossible de résister. Tu serais prêt à brûler n'importe quoi pour assister au miracle de la combustion. Tu prends un bidon, une bassine, une casserole, peut-être

1. Lettre au duc d'Argental du 14 octobre 1767, dans *Œuvres complètes*, vol. XII, Éditions Furne, 1837.

déformée ou trouée, ce qui compte c'est qu'elle soit en métal, puis tu l'alimentes avec tout ce que tu trouves afin qu'elle te donne un peu de chaleur, ne serait-ce qu'un vague début, quelque chose qui te distraie du froid glacial.

Les Romains le faisaient déjà et déjà ils mouraient à cause des fumées.

Car le feu doit être manipulé avec précaution. Ne dit-on pas qu'il est dangereux de « jouer avec le feu » pour souligner que c'est plus un ennemi qu'un ami ? Le feu t'enveloppe de sa chaleur et, dans le même temps, tente de t'asphyxier au monoxyde de carbone pour te mettre à l'épreuve, voir si tu résistes aux deux faces de son tempérament.

Monoxyde de carbone. Quand il sature l'air, tu ne te réveilles plus.

Mourir à cause d'un feu de cheminée ou d'un poêle n'est pas rare aujourd'hui non plus. Pour comprendre où la pauvreté règne, il suffit de repérer les lieux où les poêles et les feux improvisés sont partout, censés apaiser une misère qui ne se réchauffe jamais.

À la fin du XIXe siècle, les pauvres, dont parle Émile Zola dans ses romans, meurent asphyxiés dans les mansardes parisiennes. Oui, Zola voulait que ses livres parlent des pauvres.

Maintenant, regarde cette pièce au 21 bis de la rue de Bruxelles.

Je vais te donner un indice. Nous sommes le 29 septembre 1902.

Que vois-tu ?

Un écrivain, Émile Zola, mort asphyxié par la fumée et la suie.

Si c'est ce que tu vois, alors ça veut dire que tu ne te concentres pas assez.

Regarde mieux.

En effet, il n'est pas mort par asphyxie. Il est mort d'isolement.

De nos jours, tu l'étudies en classe, c'est le grand maître de la littérature naturaliste française. Mais de son vivant, amis et ennemis se joignirent pour lui expliquer qu'il n'était pas un homme de lettres : ni grand ni même médiocre. L'écrivain Léon Bloy le qualifiait de « colossal imbécile », de « profanateur des âmes » ; Jules Claretie, alors administrateur général de la Comédie-Française, écrivit que «ses livres sent[ai]ent la boue», qu'«une odeur de bestialité se dégage[ait] de toutes ses œuvres»; le critique de théâtre Francisque Sarcey le qualifia de «mauvais homme de lettres»; l'écrivain et journaliste Louis Ulbach déclara que son *Thérèse Raquin* était «putride»; on a également affirmé qu'il écrivait pour gagner de l'argent et non pour faire de l'art. On a dit qu'il était le «roi des bas-fonds» et qualifié sa littérature de «poisseuse».

Tu le sais, Zola croyait au pouvoir des mots. Il pensait que si on décrit une réalité infâme, cette réalité commence à changer du simple fait d'en avoir parlé, car on l'a tirée de l'obscurité et, d'une certaine manière, la lumière apporte déjà le changement. C'est la raison pour laquelle, dans ses romans, on ne trouve pas d'histoires de dames raffinées, de malentendus entre pères et fils, de nostalgie de l'enfance, d'amours trahies ni de voyages exotiques. Non, dans ses romans, il n'y a que la misère. L'injustice sociale et la pauvreté. Toujours plus de pauvreté. Une misère et une injustice sociale criantes.

Rien que des histoires de misérables qui ont pour seul espoir une survie chancelante et qui finissent invariablement par trébucher, par se retrouver au sol sans pouvoir se relever.

Les quartiers ouvriers étaient son terrain d'exploration et son obsession. Les bas-fonds sinistres où on préfère mourir que de mettre les pieds si on n'y est pas né. Pour y faire quoi, d'ailleurs? Assister au spectacle des quasi-putains qui traînent là toute la journée, tandis que leurs bâtards rampent parmi les rats et les punaises? Se démoraliser en regardant des hommes estropiés, hideusement déformés, vaincus par l'alcool et à moitié hébétés sur des montagnes de crasse? De nos jours, on parle d'accidents du travail, qui vous brisent le corps et vous empêchent de travailler. Mais à l'époque, il n'y avait pas d'assurance en cas d'accident du travail – tu as raison : aujourd'hui non plus, dans bien des cas – et, pour ces «exclus» de la société, le travail se présentait au jour le jour, quand ils avaient de la chance.

Le soir, même quand on avait touché sa paie, on comprenait qu'elle ne suffirait pas à s'offrir un repas décent ou un toit pour la nuit. Alors autant la boire. Une bouteille d'eau-de-vie frelatée et on s'échappait pour une heure de sa propre vie. Quelque chose qui vous brûlait vite, qui vous rongeait les tripes et, avec un peu de chance, vous expédiait dans un monde meilleur.

Zola, lui, se rendait sans cesse dans ces quartiers pour assister au spectacle infâme de la vie : il étudiait les visages, notait les noms, écrivait leurs histoires. Dix, cent, mille histoires. Plus il en recueillait, plus il en cherchait. Classer, cataloguer, collecter, documenter, témoigner. Pour Zola, c'était la seule chose qui avait un sens. Un écrivain devait être un reporter de l'abîme, il devait photographier les profondeurs. Puis, une fois tout au fond, envoyer l'image à la surface. Sans commentaire à cette photo, seulement le portrait des choses telles qu'elles sont, comme un cri, sans la moindre consolation, pas même celle des grands discours, de l'indignation ou de la solidarité.

Au début, cette matière eut du mal à susciter l'intérêt. Les éditeurs lui répondirent que les gens voulaient de l'évasion et du divertissement, des personnages auxquels s'identifier, qui menaient des vies semblables à la leur. Mais bientôt son écriture devint contagieuse. Le nombre de personnes qui voulaient examiner l'intérieur de ces blessures et comprendre comment les guérir commença à croître de façon exponentielle. Plus étonnant encore, les gens se reconnurent dans ces blessures. Ils sentaient que, même s'ils n'appartenaient pas à ce monde, ces histoires étaient les leurs, ils savaient qu'ils effleuraient chaque jour cette réalité et contribuaient à l'alimenter. Et s'ils n'en venaient pas, ils craignaient d'y sombrer.

À présent, suis-moi : nous allons quitter les quartiers ouvriers de la banlieue parisienne pour nous diriger vers les coins huppés du centre-ville. Ici, on trouvait des parterres de fleurs bien entretenus et, dans les vitrines des pâtisseries, il y avait déjà *macarons**[1] et *crèmes brûlées**. Les enfants étaient bien habillés et ne jouaient pas pieds nus dans la rue.

1. Les termes en italique suivis d'un astérisque sont en français dans l'édition originale.

Eh bien, surprise : à un moment donné, le regard de Zola se tourne vers ces quartiers.

Car, dans l'une de ces avenues élégantes et propres du Paris haussmannien, vit un officier d'état-major qui se retrouve au centre de la plus sensationnelle affaire politique et judiciaire que connaît la France à la fin du XIXe siècle : Alfred Dreyfus.

Dreyfus est un officier français, un capitaine d'artillerie méthodique et consciencieux, d'un zèle et d'un patriotisme presque obtus. Il est militaire par passion, car sa famille est si riche qu'il n'a pas besoin de travailler.

Tu dois songer – sans doute le sais-tu – que la France de cette fin de siècle est un pays un peu cabossé, incapable de se défaire d'un vif sentiment de honte après la défaite de Sedan infligée par l'Allemagne en 1870. Une défaite qui a entraîné la chute du Second Empire et, au fil des ans, alimenté le nationalisme, l'hostilité et le désir de vengeance. Dans ce climat d'humiliation et de malaise, on découvre qu'un espion allemand se cache dans les rangs de l'armée. Imagine ce que signifie, dans un pays à genoux, attiser la flamme du ressentiment et reprendre la rengaine du traître qui transmet des informations confidentielles et vitales aux ennemis de la nation.

En 1894, les autorités entrent en possession d'un document troublant. Une lettre non signée et non datée, trouvée dans la corbeille à papier d'une annexe de l'ambassade d'Allemagne à Paris. On comprend à la première lecture que son auteur est un officier français, qui propose de remettre au destinataire, de toute évidence allemand, des documents militaires d'une certaine importance pour la sécurité nationale.

Des indices poussent à soupçonner un petit nombre d'officiers. L'un d'eux est juif. C'est le capitaine dont je viens de te parler. L'écriture qui a éveillé les soupçons est, dit-on, très similaire à la sienne. À présent il est clair que c'est une trahison et qu'il est forcément l'espion. Car les Juifs ne sont ni français, ni allemands, ni italiens. Ils sont juifs et c'est tout.

Si Dreyfus a l'illusion d'être français, c'est uniquement parce qu'il a une perception déformée de la réalité. Pour la plupart des

Français, les Juifs restent dans tous les cas des étrangers, et un étranger – tu le sais – est toujours un traître potentiel.

Une campagne de diffamation est lancée dans la presse française. La Ligue des patriotes, un mouvement fondé quelques années plus tôt puis dissous par le tribunal correctionnel de la Seine, mais dont les membres continuent à œuvrer dans l'ombre pour attiser les peurs des Français, est en première ligne. Ces peurs, ils les alimentent afin de se présenter comme le parti politique qui sauvera la nation. On prête toutes sortes de fautes au capitaine «israélite». Dreyfus est une mauviette, un conspirateur, un factieux, un homme avide, un richard, un ami des puissants, un profiteur, un sadique, un spéculateur, un cynique, un traître et un espion.

Par un froid matin d'hiver, dans la cour de l'École militaire, Alfred Dreyfus est dégradé : on arrache ses galons et on brise en deux son sabre d'ordonnance.

Tu sais ce qu'il fait ? Il crie : «Vive la France !»

Soyons clairs. Je ne veux pas te faire réfléchir au traumatisme que peut causer une mauvaise intégration. Je veux te parler d'Émile Zola. Zola qui s'est dressé. Zola qui a lancé : «J'accuse !», c'est-à-dire : «Je vois.» Je sais qu'il ne dit pas : «Je vois», mais crois-moi, ça signifie : «Je vois bien que les choses ne sont pas comme vous le prétendez, je vois bien que Dreyfus n'est pas un espion, je vois bien que vous êtes volontairement complices d'une farce, je vois bien que vous ne savez vous battre qu'à cent contre un.»

Maintenant tu comprends pourquoi on laisse Zola mourir seul ? Il suffit d'un homme révolté pour que le pouvoir tremble, que le mensonge se mette à grincer et que l'arbitraire recule.

«J'accuse», le long appel d'Émile Zola au président de la République française en défense d'Alfred Dreyfus, fut publié dans le journal *L'Aurore* et lu par des millions de Français. Et cela fit son effet. Dreyfus fut innocenté et, quelques années plus tard, réintégré dans l'armée.

Bien sûr, je n'oublie pas qu'il fallut un temps infini pour en arriver là : douze ans, pendant lesquels Dreyfus fut au cœur d'un scandale au retentissement mondial, pour une faute qu'il n'avait pas commise. Non, je ne veux pas non plus passer sous silence sa condamnation à la « déportation perpétuelle dans une enceinte fortifiée », ni ses cinq années de travaux forcés au bagne de l'île du Diable, la colonie pénitentiaire de Guyane française, qui était alors une région reculée du monde. Tu peux l'imaginer, n'est-ce pas ? Les geôliers qui prenaient plaisir à le torturer en le harcelant constamment, pour s'assurer que l'île portait bien son nom. Imagine également ce qui arriva à sa famille à Paris : elle perdit sa situation et sa réputation, et dut se battre pour savoir ce qu'il subissait de l'autre côté de l'océan. Mais qui se soucie de la dignité d'un homme emprisonné à des milliers de kilomètres de chez lui, soustrait au regard de ses amis et caché à l'opinion publique, qui pourrait faire pression sur le gouvernement ? Ne penses-tu pas que c'est pour cela qu'on l'a envoyé si loin, pour ne plus l'avoir sur la conscience ? Pour éviter que les remugles de cette colossale injustice, de ce procès honteux, n'imprègnent les muqueuses des Français dès le matin, tandis qu'ils sont assis au café, en train de lire le journal et de manger un croissant ? Finalement, quand on eut la preuve que les accusations portées contre lui étaient infondées, on proposa à Dreyfus de demander la grâce… Oui, la grâce, c'est-à-dire le *pardon* ! Sens-tu dans ton ventre ce qu'Alfred Dreyfus dut éprouver quand son avocat l'invita à signer la demande de grâce ?

Pourtant, la blessure de Dreyfus que je ressens le plus dans ma chair te paraîtra peut-être la moins grave : c'est la façon dont il fut réintégré dans l'armée.

Après la révision du procès, à l'issue de laquelle sa condamnation fut effacée, on fixa la date de la cérémonie, conformément aux règles. Imagines-tu ce que dut vivre Dreyfus ce jour-là ? Parviens-tu à voir cet homme, emporté par la tempête à l'âge de trente-cinq ans, qui en a maintenant quarante-sept mais en fait dix de plus ? Un homme qui porte sur le corps les cicatrices de ce qu'il a été : il marche mal, son dos n'est pas droit, il parle par saccades, son regard est vitreux. Eh bien, cet homme va enfin vivre le jour de son rachat ! Ce jour est pour lui celui de la pleine réhabilitation aux yeux du monde, c'est le moment de crier son innocence, de faire savoir que ceux qui l'ont piégé l'ont fait par malveillance, pour couvrir leur corruption et leurs trahisons. C'était le jour de la reddition finale, celui où tout le monde se rassemblerait autour de lui pour lui serrer la main et s'excuser ! Beaucoup baisseraient les yeux, n'osant avouer qu'ils avaient douté de lui, poussés par les mensonges de la mauvaise presse. Mais on décida de ne pas jouer la scène de son triomphe à l'endroit où tout avait commencé, dans la grande cour de l'École militaire, la cour Morland, où douze ans plus tôt on avait arraché ses galons et brisé son sabre, tandis que les journalistes se pressaient derrière la grille. Non, la scène finale, celle qui aurait dû recouvrir et annuler la scène initiale, eut lieu dans la cour intérieure, petite et exclusive, comme s'il fallait cacher un cadavre. Dreyfus ne résista pas longtemps à cette réintégration « avec déshonneur ». Un an plus tard, il quitta l'armée. Désormais, sa vie était définitivement bouleversée. Quelques années plus tard, quand la France, qui avait tenté de l'annihiler, le mobilisa au début de la Première Guerre mondiale, il revint et fit ce qu'il avait à faire pour ce pays qu'il considérait malgré tout comme le sien.

Et Zola ? Qu'arriva-t-il à Zola, qui l'avait défendu avec tant de force ? Zola mourut asphyxié par la fumée d'un feu de cheminée en 1902, dans sa chambre du 21 bis, rue de Bruxelles, avant d'avoir pu assister à la réhabilitation complète de Dreyfus. Il vivait ostracisé depuis des années. Ce n'était plus le Zola de *Germinal*, de l'époque où ses romans dominaient le marché du livre et où ses articles influençaient l'opinion publique. Défendre Dreyfus lui avait valu deux condamnations, une en première instance et une en appel, pour outrage aux forces armées.

En définitive, il fut gracié, c'est-à-dire « pardonné », mais pas innocenté. Qui doutait de lui ? Le procès Dreyfus fut très long et le capitaine fut condamné à de longues années de détention. Les artifices permettant de dissimuler la vérité, de faire croire à l'opinion publique que Dreyfus était bien le traître, l'homme qui avait transmis des informations confidentielles à l'armée prussienne, furent nombreux. Bien des articles de journaux expliquèrent que Zola était un dégénéré, un débauché, quelqu'un qui avait défendu Dreyfus pour se faire de la publicité, être sous les feux de la rampe et vendre davantage de ses livres. Pourquoi, un débauché ? Parce que, vois-tu, ceux qui vivent en déformant la vérité n'ont pas d'arguments pour la contrer : tu dis blanc, alors je dis noir. Seuls ceux qui respectent les règles le font. Mais ceux qui veulent simplement gagner la partie n'essaient pas de contrer ton idée avec la leur, ta proposition avec la leur, ta vision du monde avec la leur. Trop risqué ! Ces gens ne répondent jamais en opposant un théorème à un autre théorème, une date à une autre date… Ils tentent seulement de détruire leur adversaire au moyen d'une attaque personnelle. Et puis un triste mécanisme prévaut souvent : quand, dans une affaire judiciaire, la déformation de la vérité devient systématique, personne ne veut plus en entendre parler. Tu es trop jeune pour t'en souvenir, mais c'est ce qui s'est passé en Italie dans les années 1980 : un animateur de télévision très populaire, Enzo Tortora, a été accusé par un repenti, et le procès qui a suivi a été si long qu'il s'est transformé en match entre les partisans de sa culpabilité et ceux de son innocence. À la fin, tout le monde avait choisi un camp, sans plus se soucier de la vérité. Savoir s'il était coupable ou innocent n'intéressait plus personne, et on n'accepterait plus jamais de voir son visage apparaître le vendredi soir à la télévision. Le son de sa voix et les traits de son visage étaient désormais indissolublement liés à cette « affaire » douloureuse et controversée. Enzo Tortora a eu le temps de voir son nom lavé une fois pour toutes, il est revenu à la télévision, mais cet événement l'a marqué à jamais. Il est mort deux ans plus tard, avant d'avoir soixante ans.

Quant à Émile Zola, personne ne semblait plus se rappeler qu'il avait été l'écrivain le plus novateur de France. Tout le monde associait son nom à l'affaire Dreyfus et à ce qu'elle signifiait sur le plan politique. Ses vieux amis prirent leurs distances pour ne pas être emportés avec lui. Condamné, comme je te l'ai dit, pour avoir porté atteinte à l'honneur des forces armées, il fut contraint de fuir en Angleterre et, à son retour en France, le sort ne lui permit pas même de participer à la petite cérémonie de réintégration dont bénéficia Dreyfus : par ce froid mois de septembre 1902, les fumées émises par les braises de sa cheminée arrêtèrent définitivement sa plume.

Plusieurs hypothèses furent avancées quant aux causes du décès. Mais les doutes furent rapidement balayés. Henri Buronfosse, fumiste de profession, membre de la Ligue des patriotes, le groupe antisémite et nationaliste, confia à un ami qu'il avait obstrué la bouche d'aération dans la chambre de l'écrivain.

On n'a aucune preuve ! me diras-tu. Peu importe. Je ne suis pas inspecteur de police. Je sais qu'ils ont tué Zola. Et ce ne sont pas seulement les antisémites de la Ligue des patriotes qui l'ont tué. Zola a été tué par ses confrères, tous ceux qui ne l'ont pas soutenu. Par les politiciens qui ne l'ont pas protégé. Par les journalistes qui ont accepté de publier des commentaires tels que ceux que j'ai mentionnés.

Quand le monoxyde de carbone produit par les braises de sa cheminée a cherché une issue, il a rencontré le bouchon posé par la Ligue des patriotes. Il s'est fait une raison, il est descendu et s'est posé sur le lit de Zola. Le lendemain matin, Buronfosse et ses acolytes trinquèrent à la nouvelle de sa mort, comme la famille Corleone, dans la prison de l'Ucciardone, trinqua en apprenant que Giovanni Falcone n'avait pas survécu après l'attentat.

Rappelle-toi de cela avant d'isoler quelqu'un qui se bat pour les droits de tous, car si tu fais ça, c'est comme si tu l'avais poussé toi-même dans un coin d'ombre. Et ce coin d'ombre sera exploité par ses ennemis.

Tu te rappelles les listes de proscrits à l'époque romaine ? En ajoutant ton nom sur la liste des proscrits, l'État ne se chargeait pas matériellement de ta mise à mort, il l'appelait sur toi. C'était comme de dire à un meurtrier en puissance : « Vas-y, car cet homme ne vaut plus rien », « Vas-y, car personne ne te punira pour sa mort », « Vas-y, car je vais m'écarter afin que tu voies mieux ta cible. » Les listes de proscrits étaient un moyen d'éliminer quelqu'un sans en assumer la responsabilité.

CRIE-LE, QUAND ON ASSASSINE LES POÈTES.

EXPÉRIENCES

Les frères Grimm

12
LES MOTS DU PEUPLE

> Vous vous êtes assez tus. Vous ne devez plus vous taire !
>
> Criez avec cent mille langues. Je vois que le monde est pourri à cause du silence.
>
> CATHERINE DE SIENNE[1]

Je suppose que toi aussi tu as appris en classe, dans les manuels de littérature du lycée, que les histoires de l'*Iliade* et de l'*Odyssée* furent créées par l'âme du peuple grec puis transmises oralement, pendant des siècles, de génération en génération, jusqu'à ce qu'elles soient enfermées par Homère dans un texte écrit, et c'est alors que la tradition orale prit fin.

Et je suis sûr que, comme à moi, quand tu étais enfant, on t'a raconté les contes des frères Grimm, *Hansel et Gretel* ou *Les Messagers de la Mort*.

Quel est le rapport entre les frères Grimm et Homère ?

Ces deux exemples littéraires, apparemment éloignés dans l'espace et le temps, se rencontrent en un point insolite. Dans le cas d'Homère, c'est la paternité d'une œuvre qu'on nie : on affirme qu'il ne l'a pas créée et qu'il a simplement rapporté les

1. *Le livre des dialogues* suivi de *Lettres*, préfacé et traduit par Jean-Paul Guigues, Éditions du Seuil, 1953.

hauts faits mythiques nés de l'âme populaire grecque. Et, dans le cas des frères Grimm, cette paternité est rejetée par les auteurs eux-mêmes. Ils n'ont rien créé, nous expliquent-ils, ils ont seulement écouté la voix du peuple puis rapporté des traditions et des récits encore vivants.

Comme tu le vois, en plus d'être des écrivains exceptionnels, les frères Grimm étaient également ethnologues. Car ils passaient plus de temps à recueillir des mots dans l'odeur des étables et la saleté des maisons qu'à écrire dans l'intimité de leur chambre. Ils arpentèrent la Forêt-Noire en tous sens, soulevant chaque pierre et observant chaque montagne. Ils enregistrèrent la quasi-totalité du paysage humain qui habitait ces villages tourmentés par la faim et le dur labeur. Des visages défaits, informes, sauvages. De vrais loups, féroces et cruels, qui semblaient tout droit sortis de leurs contes.

Pour recueillir les mots du peuple, ils retournèrent de vieux matelas moisis et des chaises branlantes, ils les dénichèrent sous des tapis infestés de puces, ils les trouvèrent dans des couvertures pleines de tiques. Des mots primitifs, qu'ils rapportèrent chez eux et sur lesquels ils se mirent à travailler. Mais plus ils y travaillaient, plus ils avaient le sentiment de trahir la matière vivante qu'ils avaient rassemblée avec tant d'efforts. Chaque tache d'encre sur le papier était une blessure infligée à un bloc de marbre pur, qui changeait de peau à chaque coup et perdait un peu de sa chair à chaque intervention. C'était une impardonnable trahison de l'âme populaire. Ils ne se pardonnaient pas d'avoir altéré la parole du peuple, la seule qui comptait à leurs yeux, la seule en laquelle ils croyaient. Ils se justifièrent alors en expliquant que leur intervention n'était pas une falsification, mais leur méthode. Une méthode qui entendait rendre à ces mots leur souffle le plus profond, leur vérité la mieux enfouie et leur force primitive. Ils ne dénaturaient pas la parole du peuple, ils la taillaient simplement pour la rendre respirable.

Mais personne ne les crut. Au contraire, on leur objecta qu'en se mêlant au peuple ils avaient dans le meilleur des cas saisi des balbutiements, des murmures et des ébauches, mais que la matière de ces récits était la leur. Ils avaient tiré quelques mots du *Volk*, le peuple, mais ils étaient les véritables créateurs de ces histoires. Ils devaient cesser de le nier : ils avaient créé. Mais pour les frères Grimm, c'était inacceptable, car la matière, l'art, la parole, la pensée et la vérité appartenaient au peuple et au peuple seul. C'est ce qu'on affirme aujourd'hui encore : la vérité appartient au peuple. Seul le peuple a des idées saines, car les idées du peuple sont vraies.

Plusieurs décennies après leur mort, dans les années 1940, un professeur de l'université de Venise estima que si les frères Grimm avaient raison, si seul le peuple créait, alors tout le monde pouvait en faire l'expérience. Il réunit une équipe d'interprètes, de philologues et d'anthropologues, puis ils se rendirent sur les plateaux intérieurs des Balkans : des terres arides, avares, hostiles, sans voies de communication et restées fermées pendant des siècles. S'il existait encore en Europe des enclaves non contaminées qui avaient conservé la pureté de leur peuple, elles étaient là.

Pendant des mois, les membres de l'équipe mangèrent avec ces habitants, ils rirent et s'émurent avec eux. Mais ils ne dormirent pas avec eux. Ils ne dormirent pas du tout, en réalité, car ils restèrent tout le temps en alerte, vifs comme des vautours, prêts à capturer chaque mot qui sortait de leur bouche : verbes, substantifs, mais surtout adjectifs. Car c'est dans les adjectifs, tu le sais, que résident le jugement et donc la pensée.

Rassemblés au fond de leurs besaces, les mots collectés se retrouvèrent sur une terre vouée au bitume et à l'acier. Vidés sur les paillasses du laboratoire, ils furent analysés, observés au microscope et soumis à des substances réactives, jusqu'à ce qu'ils révèlent leur véritable composition : 90 % ce cette matière avait déjà existé sous une autre forme, homérique ou biblique, ou dans *Les Mille et Une Nuits*, et seuls les 10 % restants étaient des mots nouveaux, purs, non « coupés ».

Tu vois, ce qui est populaire n'est pas ce que le peuple produit : c'est ce que le peuple recueille. Ce qui se diffuse parmi les gens, s'installe, devient mode, archétype, structure, catégorie. Le peuple créateur n'existe pas, pour la bonne raison que le peuple n'existe pas. « Peuple » est un mot abstrait, un nom collectif qui désigne un ensemble d'individus que, pour la commodité du propos, nous considérons comme un tout.

Mille esprits peuvent écouter simultanément une histoire, mais mille esprits ne peuvent simultanément lui donner naissance. Nous ne sommes pas capables de penser une idée tous ensemble ; nos idées sont nécessairement pensées seules, puis partagées, postées, transmises, répandues. Cela implique des responsabilités. Cela signifie que lorsque toi ou moi exprimons des idées ou postons des phrases, nous sommes responsables des mots que nous utilisons et qui pourraient être repris puis devenir viraux. Cela signifie qu'à l'origine de tout processus de construction de la parole nous devons toujours et dans tous les cas imaginer un guide, quelqu'un qui tire les ficelles, un metteur en scène caché qui initie tout le processus. Celui qui conçoit le décor, qui écrit le scénario et distribue les rôles. Celui qui joue avec les mots comme s'ils n'avaient aucun poids, comme s'ils étaient incapables de mettre le feu aux poudres, de tout faire sauter et de tuer des gens.

Si tu joues avec les mots, quand le tsunami s'annonce, ne recule pas, ne dis pas que ce n'est pas ta faute, que c'est la faute du « peuple », que le peuple est bestial, qu'il est vulgaire et féroce, car ce n'est pas le peuple qui est bestial, c'est toi. Ce n'est pas le peuple qui crée et les écrivains qui rapportent, mais les écrivains qui créent et le peuple qui rapporte : et, vois-tu, le fait que le processus soit l'inverse de ce que les frères Grimm avaient imaginé est un phénomène qu'on peut observer aujourd'hui notamment sur le Web. Contrairement à ce que j'entends un peu partout, le Web n'est pas la personnification du peuple. Les populistes veulent nous le faire croire. Ils veulent nous faire croire qu'ils expriment la volonté du peuple. Et peut-être font-ils en sorte qu'un robot attribue des milliers de likes à des idées qu'ils veulent faire passer pour « populaires », mais qui ne sont que leurs idées à eux. Des idées qu'ils jurent avoir captées dans les bars et les bus que le peuple fréquente, mais qu'ils lui ont en fait eux-mêmes livrées, en les criant lors des rassemblements et en les postant sur les réseaux sociaux.

Mais nous finissons tous par tomber dans le panneau. Nous nous laissons tous persuader que « le peuple » pense ce que les populistes pensent et veut ce qu'ils veulent.

Ne le crois jamais.

Si le peuple existait – et, je le répète, ce n'est qu'un artifice rhétorique, une abstraction –, il se comporterait comme chacun de nous le ferait s'il ne trouvait au supermarché qu'une seule marque de lessive disponible : il l'achèterait même si elle lave mal et qu'elle laisse une mauvaise odeur sur les vêtements.

Sais-tu pourquoi je suis certain qu'aujourd'hui le Web n'incarne absolument pas l'esprit du « peuple » ? Parce qu'à l'origine le Web était différent. Il n'était pas dominé par des dynamiques de polarisation, de banalisation, de manichéisme : noir contre blanc. Lorsqu'on se connectait, on aspirait à fournir de l'aide et à en recevoir. On voulait naviguer, découvrir, partager des expériences. On voulait permettre à l'une de ses identités – peut-être la plus vraie, certainement la mieux cachée – de s'exprimer en toute liberté. L'anonymat derrière lequel on dissimulait souvent son identité en entrant sur le Net n'était pas une fausse identité, mais une parmi d'autres. L'une des « cent mille » qui cohabitent en nous. Il permettait à cette partie de nous qui, par timidité, honte ou conformisme, est presque toujours forcée à rester dans l'ombre de s'exprimer librement. Paradoxalement, il nous permettait d'être plus authentiques. Il avait la même fonction que les masques de carnaval au XVIe siècle : le temps d'un jour ou d'une nuit, on pouvait dire et faire ce qu'on voulait. *Semel in anno licet insanire*. Ça aussi, tu l'as appris, n'est-ce pas ? Un jour par an, on pouvait donner libre cours à ses désirs les plus profonds et à la moindre contradiction : le Web permettait à ce jour de ne jamais se terminer.

Quand Internet est né, c'était encore une terre verdoyante. Les prairies étaient en fleurs et l'eau cristalline. Le vent qui le balayait était une brise légère, celle de la curiosité et même de la solidarité. Nous nous connections au Net pour nous informer, savoir ce que faisaient nos amis, nos parents ou des inconnus qui voyaient le monde comme le voyions nous aussi. Puis cet esprit de partage et de solidarité a été attaqué. Dans les mailles du réseau ont vu le jour des formes d'agrégation qui misaient sur d'énormes possibilités de profit, un peu comme les promoteurs immobiliers au début des années 1960, qui examinaient chaque parcelle d'herbe verte dans notre péninsule : des mètres carrés sur lesquels construire un gratte-ciel, un centre commercial, une rangée de maisons mitoyennes. Ils violèrent donc la terre et construisirent bientôt les cellules d'une ruche, puis les êtres humains furent rassemblés dans ces cellules sans autre but que de faire du profit. Des poules en batterie dont on ramasse les œufs chaque matin.

Dès lors, quel rapport y a-t-il entre le Web d'une part, Homère et les frères Grimm d'autre part ? Je vais te le dire. Ce n'est pas l'arrivée du « peuple » – un peuple violent et barbare, avec ses pulsions primaires qui cherchent un exutoire – qui a dévoyé le Web, mais plutôt celle d'auteurs cachés, toujours discrets et inconnus, œuvrant inlassablement sur des plateformes prêtes à canaliser chaque émotion, chaque désir naïvement exprimé sur le Net, vers un courant où ils veulent le pousser par commodité. La haine, les fake news, le lynchage, la diffamation, le cyberharcèlement et le piratage des données personnelles ne sont pas apparus à cause de la « bestialité instinctive du peuple », mais parce que les plateformes ont commencé à offrir à chaque utilisateur une expression plus aboutie de ses pires instincts. Car, à l'ère des réseaux sociaux et de la guerre des données, la même règle s'applique : quand nous sommes en colère, quand nous nous sentons attaqués, exclus, acculés, nous dépensons de plus en plus frénétiquement. Il y a plus de profit à tirer de la colère que de la réflexion.

N'oublie pas : chaque scénario a un auteur, même s'il se cache bien. C'est de la solitude et de la force visionnaire des auteurs que naissent les œuvres littéraires qui ont forgé notre imagination, des univers entiers faits de personnages et de dieux. Mais peuvent naître aussi des villes entourées de barbelés, destinées à faire proliférer nos fantasmes les plus médiocres. Derrière une histoire qui nous concerne tous, il y a toujours un auteur : enfant, je le savais déjà quand j'écoutais les contes de Grimm, puis adolescent en lisant Homère, et aujourd'hui en naviguant sur le Net.

CRIE-LE : TU CHERCHERAS LA SOURCE DE CHAQUE INFORMATION.

George Soros

13

LE COMPLOT

> Le méchant prépare le mal, il conçoit la misère et il accouche de la fausseté.
>
> Psaumes, 7,15[1]

On dit que les idées qui nous viennent quand on est en haut d'un immeuble sont meilleures que celles qui viennent dans les étages inférieurs. La hauteur, c'est la luminosité, l'ouverture, elle permet au cerveau de travailler mieux, de former des pensées plus amples et constructives. C'est pourquoi les consultants politiques – ceux qui doivent élaborer les stratégies – se réunissent souvent dans les étages supérieurs.

Arthur a un bureau tout en haut d'un gratte-ciel de Manhattan. Il est septuagénaire et a une longue expérience dans le domaine du conseil politique. Il a fait ses premières armes avec des personnages du calibre de Richard Nixon et Ronald Reagan. Arthur est de droite, mais c'est secondaire, car pour un consultant politique, peu importe ce qu'on vend : ce qui compte, c'est la façon dont on le vend.

Il a atteint le sommet de sa carrière avec Benyamin Netanyahou, l'homme politique israélien soutenu par les ultraorthodoxes, le Premier ministre qui a encouragé le développement des colonies

1. La Bible, par Louis Segond, 1910.

dans les territoires occupés. En réalité, Netanyahou se soucie peu de l'identité juive : ce qui l'intéresse, c'est de gagner les élections, comme il a réussi à le faire plusieurs fois grâce à des conseillers experts comme Arthur.

Ce qui peut sembler paradoxal – mais qui ne l'est pas –, c'est que Netanyahou est l'ami de dirigeants européens qui soutiennent des idées néonazies. Et les néonazis, on le sait, n'ont jamais cessé de haïr les Juifs. En d'autres termes, alors qu'en Europe on en appelle à des nazis pour nettoyer les villes et les campagnes des musulmans, en Israël Netanyahou accuse les musulmans d'être des nazis, en soulignant qu'il ne s'agit pas d'une utilisation maladroite du terme, mais d'une accusation précise contre les Palestiniens, considérés comme des antisémites assoiffés de sang. Leur antisémitisme a des racines historiques qui remontent à la rencontre de 1941 à Berlin entre le grand mufti de Jérusalem, Mohammed Amin al-Husseini, et Adolf Hitler, rappelle Netanyahou. Au cours de cette rencontre, les deux dirigeants décidèrent d'exporter le plan d'extermination d'Hitler au Moyen-Orient, une fois que la «question juive» serait résolue en Europe. Mais le point important, c'est que Netanyahou inverse la relation de cause à effet à tel point que, dans ses discours de campagne, c'est le grand mufti qui suggère la solution finale à Hitler, et non la solution finale déjà en place qui donne au grand mufti l'idée de l'importer.

L'objectif de Netanyahou, on le sait, n'est pas de respecter une quelconque cohérence politique, mais d'obtenir le soutien des forces d'extrême droite, qu'il juge moins dangereuses pour sa sécurité. Et donc, en Europe, Netanyahou serre des mains antisémites sans se soucier de leur antisémitisme, tandis qu'en Israël il traite de nazi quiconque s'oppose à lui.

D'ailleurs, très souvent, pour ceux qui veulent gagner les élections, la vérité n'est pas une priorité. La vérité n'influence pas la campagne électorale, elle ne compte ni avant ni après l'élection. C'est la «nouvelle politique», dans laquelle on ne s'allie pas sur la base d'objectifs, mais sur celle de styles de vie. Il s'agit de choisir parmi vos partenaires potentiels ceux avec lesquels il vous déplairait le moins d'aller boire un verre. Quand je vais boire un verre, j'aime me détendre, pense l'électeur postmoderne, j'aime me laisser aller, je ne veux pas être contraint de soupeser chaque mot que je prononce. Une fois que l'alcool circule dans mon organisme, je veux des gens comme moi assis à ma table, des gens à qui je peux parler sans mâcher mes mots car, en politique, les choses sont extrêmement simples : il y a les méchants, qui aiment taper sur les gens, et il y a les foutus gentils, qui vous disent sans cesse : fais pas ci, fais pas ça. Et moi, je ne trinque pas avec ces gens-là.

Revenons à Arthur. Netanyahou prête sa « putain », son *spin doctor* chevronné, à son ami européen, Viktor Orbán, un populiste ultracatholique et antisémite.

On l'a dit, pour ce genre d'homme politique rien n'est jamais affaire de convictions. Car les convictions n'ont pas de chair, pas de substance, elles sont si légères qu'elles peuvent être enfilées à l'envers, telle une veste, par n'importe qui.

Je vais te donner l'exemple de Michele Greco. Greco était un parrain de la mafia palermitaine, qui fut arrêté en 1986 et qui figurait parmi les quatre cent soixante-quinze accusés du maxiprocès de Palerme voulu par Giovanni Falcone. Il était à l'origine de quelque quatre-vingt-dix meurtres, dont celui de Piersanti Mattarella. Mais, lors du procès, il se décrivit comme un homme à la moralité inattaquable et aux solides valeurs chrétiennes. Ne t'emballe pas. Si tu t'emballes, tu entres dans son jeu. Face à sa sainteté autoproclamée, beaucoup ont fait ce que tu aimerais faire à présent : ils crièrent au scandale, expliquèrent que Greco voulait passer pour un bon chrétien afin de tromper le tribunal. Comment un homme aux solides valeurs chrétiennes aurait-il pu commettre les abominations dont il était accusé ? Massacrer des dizaines de personnes ? D'autres prétendirent qu'il avait changé depuis qu'il était en prison et que ses paroles traduisaient un rejet total des crimes qu'il avait commis. N'écoute pas ces bêtises. Les déclarations de Greco étaient bel et bien conformes à ses anciennes convictions.

Ce que Michele Greco disait aux juges et à sa communauté – tous ceux qui l'écoutaient derrière les murs du bunker – avec lucidité et détermination, c'est qu'il ne reconnaissait pas l'autorité des hommes qui le jugeaient. À ses yeux, leurs tribunaux étaient risibles. Ce n'était pas la loi. Et celui qui s'incline devant eux n'est pas un homme, car il n'est pas viril de s'agenouiller devant un autre homme. Lui était né homme d'honneur et mourrait homme d'honneur, fidèle à sa seule loi. Ceux qui l'accusaient étaient des domestiques et, en tant que tels, des perdants destinés à mourir.

Dans la pyramide du pouvoir, il faisait partie des prêtres qui ne s'agenouillent que devant Dieu. Tous les autres étaient en bas, parmi les bêtes de somme qui courbent l'échine.

Dans la logique du pouvoir, s'agenouiller devant Dieu ne signifie pas être croyant – tu l'as bien compris –, cela signifie simplement ne pas reconnaître d'autre autorité au-dessus de soi. Cela veut dire : sur cette terre, c'est moi qui fais la loi, c'est moi qui la dicte, et ce que vaut ma vie, c'est moi seul qui en décide.

Ne crois pas qu'un tel raisonnement vaille uniquement dans les salles d'audience et les cellules de prison. Les mafiosi savent qu'on n'est jamais jugé dans l'absolu pour son comportement : ce qui compte vraiment, c'est le comportement par rapport à sa famille, à sa terre. Tu as tué ? Tu as fait tuer ? Ça n'a pas d'importance si tu ne nous as pas touchés, moi et les miens. Suivant cette logique, Greco avait effectivement agi conformément à l'honneur et à la justice.

Au fur et à mesure, tu t'apercevras que cette façon de penser est très répandue, même au-delà du crime organisé. À une époque où chaque opinion est manipulée, altérée puis distillée, souvent par des personnages influents, le mètre de jugement tend à devenir cette question : que m'a-t-on fait ? Comment s'est-on comporté avec moi ? Par conséquent, le vieux code d'honneur des mafias se diffuse ; l'étalon qui juge uniquement sur la base des rapports personnels, de ce qui s'est produit dans le pacte exclusif entre deux personnes ou groupes de personnes devient un usage commun. L'interdiction faite par les parrains à leurs affiliés de s'informer, d'essayer de comprendre, de juger selon leur conscience au-delà de la loi du clan devient aujourd'hui une pratique collective, qui jauge les personnes et les actions selon le seul critère du bénéfice : qu'a-t-on fait pour moi ?

Une personne peut avoir fait le plus grand mal à d'autres, si elle a été juste envers moi ça doit me suffire. Qu'est-ce qu'elle m'a fait ? Qu'est-ce qu'elle m'a rapporté ? Quels avantages et quelle sécurité pour ma famille ? S'il y a un avantage, cela justifie mon silence, nécessaire pour protéger des actes dont je tire profit. La logique qui consiste à ne pas s'agenouiller devant la loi des hommes signifie ceci : tu seras jugé non pas en fonction de ton respect de la loi, mais du bénéfice que tu auras procuré à une personne, à une famille ou à une communauté : argent, protection, appartenance.

Mais revenons à Arthur. Netanyahou avait donc présenté son consultant politique à Viktor Orbán. Arthur a déjà travaillé avec succès pour ce dernier, qui sollicite à présent une aide particulière, alors qu'il est une nouvelle fois en lice pour les élections. Arthur convoque alors George, son collaborateur de longue date, pour partager la mission avec lui.

Il l'attend le lendemain dans son bureau de New York.

Quand George arrive – en avance, car les consultants politiques sont toujours en avance –, il demande à la réception si Arthur est déjà là et l'hôtesse lui répond qu'il l'attend.

Tandis que l'ascenseur s'élève dans les étages du gratte-ciel par à-coups, tel un bus à l'heure de pointe, George a le sentiment de se déplacer dans un monde irréel, de participer à une émission de télé-réalité dans laquelle il doit interpréter le rôle du cannibale cynique et déterminé.

Depuis quelques mois, George a des doutes sur son travail, mais il sait qu'il doit les garder à distance. Si Arthur sentait une nouvelle conscience s'agiter en lui, il le chasserait sans ménagement de l'armée des consultants politiques. George connaît bien Arthur. Il sait qu'au premier signe de faiblesse il le mettrait sur la touche. Il le lui a entendu dire à de nombreuses reprises : le bien et le mal sont une belle histoire qu'on raconte aux enfants le soir au moment du coucher. Les adultes, eux, savent que seule compte la distinction entre ce qui fonctionne et ce qui ne fonctionne pas. Chacun son métier : tu es climatologue, prêtre, militant ? Alors tu dois jouer les chiens de secourisme. Prédire un avenir sombre. Parler des gens qui meurent en mer. Dénoncer la destruction de la planète. Protester contre le libéralisme sauvage qui dévore les choses et les personnes. Mais George et Arthur n'appartiennent pas à cette humanité-là. Ils sont consultants politiques, ce qui signifie que, pour eux, le futur n'existe pas, car le temps d'un homme coïncide avec les quelques mois d'une campagne électorale. Si tu gagnes, tu as droit à une vie supplémentaire et la partie continue. Sinon, c'est *game over*.

Une campagne électorale et la période immédiatement consécutive durent très peu. Cela signifie que leurs clients ne seront jamais confrontés à des problèmes aussi éloignés dans l'espace et le temps que la fonte des glaces ou la contamination irréversible des sols.

George sort enfin de l'ascenseur et, en observant la ville à travers les vitres, il chasse les pensées qu'il vient d'avoir comme si elles n'avaient jamais existé. D'ailleurs, il n'éveille aucun soupçon chez Arthur, qui le salue, pas du tout étonné de constater qu'il est en avance. Puis il se met à lui exposer les termes de sa nouvelle mission : il s'agit de la réélection d'un candidat en Europe de l'Est, une vieille connaissance…

Au mot « réélection », George sursaute. Son instinct lui dit de se retirer. Un consultant qui possède un minimum d'expérience sait que lorsqu'on est vierge en politique on peut faire croire n'importe quoi, car ce qui est nouveau paraît toujours mieux. Et donc, si on sait promettre, il est relativement facile de conquérir beaucoup de voix. Mais quand on a déjà gouverné, on doit d'abord faire oublier qui on est, ce qui est beaucoup plus difficile.

En entendant la proposition d'Arthur, George fait mine de s'en aller : le risque d'échec est élevé, avec son CV il peut trouver mieux. Mais Arthur sait comment le retenir. Il le prévient, le menace : la politique change, aucun homme de pouvoir n'accepte plus de céder sa place. Presque partout, ceux qui exercent les plus hautes responsabilités tentent de s'y accrocher, de transformer des fonctions électives en positions héréditaires. Si George veut continuer son travail de consultant, il doit se résigner à favoriser ce type de réélection.

George se montre plus coopératif. Il répète la théorie éculée selon laquelle il faut toujours doper l'ennemi, lui faire avaler tellement d'œstrogènes qu'il se transforme en un poulet géant aux traits monstrueux. George n'a pas besoin de rappeler à Arthur ce qu'il lui a lui-même appris, c'est seulement une façon de lui faire savoir que, malgré ses hésitations initiales, il accepte.

Tous deux commencent à esquisser un plan sur un vieux bloc-notes, car Arthur affirme que ce n'est que lorsque la pointe de graphite pénètre les pores du papier que les pensées prennent forme. Et donc, pas de tablette, car sur un écran les mots rebondissent telle une balle contre une vitre.

Arthur le prévient que, cette fois, ils devront trouver un ennemi puissant, qui représente une menace pour tout le monde, de l'ouvrier de Kiev à celui de Coblence, de l'étudiante de Cadix à celle de York, du médecin de Stockholm à celui de Split. Ils ne peuvent pas puiser parmi les adversaires politiques habituels d'Orbán. Un adversaire politique aux manières mesurées, qui respecte les règles, ne fonctionnerait pas. Les hommes mesurés ne fonctionnent jamais en politique, ni comme Premiers ministres potentiels ni comme ennemis potentiels. On a besoin de quelque chose de fort. De gigantesque. De quelqu'un qui, en lui-même, soit déjà démesuré. Quelqu'un qui soit capable de susciter des rumeurs, car on ne crée pas de ragots au sujet d'un individu quelconque. Et il faut quelqu'un qui possède déjà un capital social à investir dans leur campagne électorale.

Dans la vie, on n'est pas toujours maître de ses choix. Quand vous êtes enrôlé à votre insu dans une campagne électorale, vous vous retrouvez impliqué sans préavis et sans compensation. Il faut alors se résigner à ne pas pouvoir négocier les termes de cet engagement – certaines choses oui, d'autres non. Et plus on est célèbre, plus on risque d'être ainsi enrôlé malgré soi.

C'est une loi du marché : la stature de votre adversaire se reflète toujours sur vous. Si votre adversaire est faible, vous êtes faible. Mais si votre adversaire est fort, vous aussi paraîtrez fort. C'est comme en boxe : on n'accepte jamais d'affronter un boxeur faible, sinon les gens pensent qu'on est également faible.

En réalité, Arthur a déjà sa petite idée en tête, mais il veut que George la formule lui aussi, de son propre chef, afin d'être conforté dans sa démarche. Il nous faut quelqu'un qui symbolise tout ce que redoutent les Hongrois, suggère Arthur, quelqu'un qui puisse incarner dans l'imaginaire collectif le personnage de l'escroc international, de l'infâme tortionnaire, du spéculateur cynique, mais surtout du grand corrupteur de la race. Quelqu'un qui puisse apparaître comme le commanditaire de ce qui est aujourd'hui la menace par excellence en Europe : «l'invasion islamique». Il faut donc quelqu'un qui soit hongrois de naissance, mais avec d'autres origines; qui participe aux affaires du pays, mais qu'on soupçonne de soutenir ses pires ennemis.

«Comment vais-je trouver un tel personnage? demande Arthur – une question rhétorique à l'attention de George. Il nous faudrait un Juif», souligne le consultant. Car l'Histoire le lui a appris : avec les Juifs, ça marche à tous les coups! Depuis combien de temps jouent-ils ce rôle de corps étranger dans les pays européens? «Ne sont-ils pas des kystes dans la chair saine de nos pays?» ajoute-t-il, sarcastique. Avec la satisfaction de celui qui vient de trouver la solution à un problème de maths, Arthur trace quelques lettres sur le papier avec son crayon. S, O, R, O, S. «Soros», lit George, et il sourit.

George Soros est hongrois de naissance, comme leur client. Il est colossalement riche et influent, et il est l'objet d'un certain discrédit, du moins en Europe, où il est mal vu à cause d'opérations spéculatives contre la livre sterling et la lire italienne dans les années 1990. Mais surtout, Soros est juif. Il s'agit donc d'attiser les braises d'une méfiance préexistante. De transformer Soros le spéculateur en Soros le Juif conspirateur. Et pour opérer cette transformation, Arthur a déjà une idée : faire de lui l'héritier et le continuateur du plan Kalergi.

De mère japonaise et de père autrichien, Richard Nikolaus de Coudenhove-Kalergi était philosophe et, dans les années 1920, il avait énergiquement défendu la nécessité d'un « métissage universel », d'un mélange ethnique visant à renforcer les esprits et à ramener la paix dans une Europe secouée par les grands conflits mondiaux. Il fit valoir qu'il ne pouvait y avoir de paix là où les peuples étaient séparés, physiquement et émotionnellement, et que cette union des corps devait s'accompagner d'une exploitation conjointe des ressources. Le charbon allemand devait s'unir à l'acier français, créant ainsi un marché commun.

Kalergi eut la malchance – mais sans doute n'était-ce pas le fruit du hasard – de voir ses théories commencer à circuler à l'époque même où l'idée de séparation en « races » se diffusait. À grands coups de données publiées dans des revues spécialisées, il s'agissait de décourager le mélange des « races naturellement belles » avec les « races naturellement laides » et de fournir à de nombreux Blancs sans qualités l'illusion d'appartenir à une race supérieure. L'idée défendue par Kalergi que le sang – même le sang « aryen » – avait au contraire soif de mélange interethnique devait donc être combattue.

Or, tu le sais sans doute, pour combattre une idée, il ne faut pas l'attaquer, au risque d'être ridiculisé, comme ce fut le cas des hommes qui jugèrent Galilée. Il ne faut surtout pas se mêler de science, car tu connais la méthode scientifique : à force d'expériences et de vérifications, la Terre finit par tourner autour du Soleil juste pour te prouver que tu as tort ! La seule méthode qui vaille, c'est de discréditer l'auteur de la thèse qu'on combat. Qui était donc ce Kalergi ? Pourquoi voulait-il mélanger le sang des peuples ? Quels lobbies le finançaient ?

Telles étaient les questions qu'il fallait se poser. Surtout, il fallait souligner que ses observations n'étaient pas scientifiques, qu'elles n'avaient pas pour but le progrès pour tous, mais qu'il s'agissait du plan caché et machiavélique d'un scientifique de mauvaise foi pour affaiblir la « race » européenne.

George a ricané : la théorie du complot Kalergi était un vestige du passé, elle ne fonctionnerait plus aujourd'hui. Arthur lui a répondu qu'elle fonctionnait au contraire parfaitement et qu'elle avait déjà été reprise par un intellectuel français, Renaud Camus, qui donnait des interviews pour mettre en garde contre le « grand remplacement », toujours aussi actif et dangereux, d'après lui !

Deux consultants astucieux comme Arthur et George savent qu'il faut confier des tâches simples à leurs clients. Orbán serait bien inspiré de dire ceci lors d'un meeting : « Regardez autour de vous : vous ne voyez pas que l'invasion des villes européennes a déjà commencé ? Il y a des immigrés partout ! » C'était une observation efficace, fondée sur une perception répandue. Il suffisait d'ajouter que Soros était responsable de l'invasion et qu'il était l'héritier du complot attribué à Kalergi.

Arthur a prononcé le mot « complot » d'une voix basse et caverneuse, comme l'aurait fait le présentateur d'un programme télévisé au sujet des mystères non résolus de l'Histoire. George a ri, montrant qu'il prenait ses propos pour une blague, et il a ajouté d'une voix tout aussi grave : « Tout le monde sait que Soros finance des activités suspectes en Asie et en Afrique !

— Bien sûr ! » a approuvé Arthur, cette fois-ci sérieux et un peu contrarié, comme pour montrer qu'il ne plaisantait absolument pas. Durant la campagne électorale, Orbán affirmerait que le but ultime du projet Soros – seulement connu de quelques adeptes de son « organisation maçonnique » – était le métissage universel !

George a sursauté, tenaillé par le sentiment qu'on avait fait appel à lui pour partager non pas les honneurs mais la honte de cette mission. Il ne pouvait plus cacher son embarras, plus cacher à Arthur qu'il ne croyait pas du tout au plan Kalergi. Il a donc exprimé son opinion : quelle malchance, pour Kalergi, de vivre à une époque où on commençait en Europe à planifier les Lebensborn, ces « cliniques » spéciales où les pères et les mères de vraie « race aryenne » donneraient naissance à des enfants de la race la plus pure. Et pour renforcer son propos, il a ajouté un commentaire vulgaire, plutôt inhabituel de sa part : il a décrit les Lebensborn comme des bordels imaginés par Himmler pour permettre aux SS de se défouler gratuitement ! Allongées sur des brancards aseptiques, de grandes filles blondes – aveuglées par l'eugénisme nazi – attendaient docilement la visite des jeunes Aryens. Les nazis étaient certains qu'à force de répandre la semence allemande dans des trompes germaniques, en 1980, l'Europe ne serait peuplée que d'« aryens » : corps minces et blancs, iris de glace. Finis les torses velus, les cheveux crépus et les nez aquilins, les barbes hirsutes et les petites tailles !

Arthur allait dans une direction que George n'aimait pas du tout. Quelques années plus tôt, pour soutenir Netanyahou et son parti, les deux consultants avaient utilisé une arme non conventionnelle qu'il faut s'habituer à reconnaître, car c'est l'une des plus dangereuses : le bobard. Oui, ils avaient répandu la rumeur selon laquelle le candidat rival de Netanyahou, Shimon Peres, le Premier ministre de l'époque, envisageait le partage de Jérusalem : une moitié aux Palestiniens, l'autre aux Israéliens. Quoi de plus probable qu'un leader de gauche – comme Peres – souhaitant partager Jérusalem ? Tout le monde pouvait y croire, malgré les démentis de Peres. Ce bobard était d'autant plus dangereux qu'il ne faisait qu'exposer un courant de pensée réel, bien que guère présentable durant une campagne électorale. Oui, a pensé George, c'était une chose de faire ça, c'en était une autre de dépoussiérer des théories fausses et délirantes comme Arthur semblait à présent vouloir le faire.

Arthur n'a pas deviné les pensées de George, il n'a pas pris conscience de son conflit intérieur. Il a donc poursuivi son monologue, ajoutant qu'il fallait attribuer à Soros un second complot, celui des Sages de Sion. Une théorie qui remontait à la Russie tsariste. À l'époque, les Juifs étaient les seuls « étrangers » en Europe, et donc les seuls à pouvoir servir de boucs émissaires en cas de graves problèmes dans la société. La Russie était un pays arriéré, dépourvu d'infrastructures et doté d'un système agricole digne de l'âge de bronze. Des millions de Russes étaient affamés. Et donc, tu sais ce que c'est, les tsars ont pensé faire porter aux Juifs la responsabilité de leur immobilisme politique et social. C'était facile, tu sais pourquoi ? Parce qu'aux yeux de beaucoup, les Juifs paraissaient suspects – tellement enfermés dans leurs traditions. Beaucoup de gens se demandaient par exemple pourquoi ils apprenaient à leurs enfants à lire et à écrire, alors qu'ils étaient entassés dans des sous-sols moisis à la périphérie des grandes villes ou qu'ils vivaient tant bien que mal dans des masures éparpillées aux quatre coins de la steppe. Pourquoi ce caprice élitiste ? se demandait-on.

La police tsariste expliqua que ce n'était pas un caprice : c'était un complot.

Lire et écrire permettait de transmettre à leurs enfants un plan diabolique : l'anéantissement des chrétiens et l'avènement d'un gouvernement juif mondial. Le nom même donné par la police à ce plan était ingénieux et très évocateur, il faut le reconnaître : le « protocole ». Un protocole est un document qui scelle un accord international. Tu imagines le nombre de personnes qui mordirent à l'hameçon ? On insinua qu'il s'agissait d'un accord entre des États invisibles, tous les États juifs qui vivaient coincés à l'intérieur des nations hôtes, tels des arthropodes suceurs de sang ! Même le nom donné aux signataires de ce pacte fut choisi parce qu'il avait une résonance sinistre : les « Sages ». Les sages ne sont-ils pas des savants ? Et les savants ne sont-ils pas ceux qui en savent trop – beaucoup trop – et qui cachent peut-être des choses aux gens, profitant de leur ignorance ? C'étaient des questions qu'il fallait de nouveau se poser, d'ailleurs cela faisait des siècles que les Européens s'interrogeaient, fascinés par le mode de vie de ces communautés quelque peu mystérieuses. Et, tu le sais, lorsqu'ils rencontrent la peur, les fantasmes donnent naissance à des monstres.

Ensemble, ces mots – « Protocole-des-Sages-de-Sion » – étaient en mesure de déclencher une danse macabre d'histoires tristement vraies et de mensonges grotesquement faux. Il fallait remettre en circulation les aveux arrachés aux Juifs par les tribunaux de l'Inquisition et laisser entendre, par exemple, que lors de la réunion fondatrice de ce pacte les Juifs avaient fait couler du sang chrétien. Depuis des siècles, une rumeur circulait en Europe selon laquelle les Juifs tuaient des enfants chrétiens et en tiraient le sang nécessaire pour accompagner le pain azyme. Peut-être qu'à la fin de la réunion, après avoir mangé ces *matzoth* de cannibales, ils avaient également craché sur l'hostie chrétienne et insulté la Vierge. Les Juifs ont toujours fait cela, disait-on, ils ont toujours traité la Vierge de putain. Il n'était pas à exclure qu'à la fin de la réunion certains aient dirigé leurs flatulences vers le crucifix, insultant une fois de plus l'homme que leurs ancêtres avaient laissé pendant des jours sur la croix, seul avec les vautours.

Arthur a jeté un regard complice à George : c'était un plan parfait à mettre sur le dos de Soros. Justement parce que Soros aussi était juif !

George était incrédule. Non seulement Arthur avait l'intention de raviver les folles théories antisémites qui avaient coûté la vie à des millions de personnes dans la Russie tsariste et l'Allemagne nazie, mais il avait prononcé ces mots, « Soros aussi est juif ! », avec un mélange de compassion et d'indifférence, comme seul un goy, un non-Juif, pouvait le faire. Comme s'ils n'étaient pas juifs eux aussi ! Pourquoi devraient-ils se mettre aujourd'hui à attiser les braises de ces délires conspirationnistes, a protesté George, eux qui comptaient des parents et des grands-parents parmi les rescapés des camps d'extermination nazis ? C'était hors de question. Il n'avait pas travaillé si dur pour devenir un charlatan. Personne ne savait aussi bien qu'eux que les Juifs ne crachaient pas sur les hosties, qu'ils ne pétaient pas sur les crucifix et que la crucifixion était un châtiment exclusivement romain... Mais au fond, mentionner qu'ils étaient eux aussi juifs n'avait guère de sens. La religion n'avait assurément eu que peu d'influence sur leur vie, pour la bonne raison que Dieu n'existait pas et que, s'il avait existé, il aurait été consultant politique comme eux : celui qui crée et détruit les États, quelle que soit leur couleur.

Non, au bout de tout cela, il y avait le fait que, s'ils mettaient ce genre d'absurdités dans la bouche de leur candidat, ils lui feraient perdre l'élection et perdraient avec lui. Qui croirait que Soros – lequel distribuait de sa poche des bourses d'études à des étudiants du monde entier, sans jamais leur demander s'ils étaient croyants ni à quel dieu s'adressaient leurs prières – œuvrait ensuite à un complot antichrétien ? Qui croirait un tel bobard ?! S'ils voulaient attaquer Soros, il fallait accuser sa générosité d'être intéressée, expliquer qu'il voulait payer moins d'impôts ou racheter son passé de spéculateur ! Transformer Soros en Sage de Sion n'était pas un projet malfaisant, c'était un projet stupide ! Un récit puéril.

Tandis que George parlait, pour la première fois il a regardé Arthur comme on regarde un vieillard. Quelqu'un qui est déconnecté du monde et qui essaie d'écrire au stylo à bille sur WhatsApp.

Arthur n'a pas perdu son calme. Au contraire, il s'est mis à son tour à regarder George avec compassion : ce dernier avait vingt ans de moins que lui, mais il ne sentait pas le pouls du monde dans lequel il vivait. Il ne comprenait pas que l'époque de la vraisemblance, du bon sens et du politiquement correct était à jamais morte et enterrée. Il ne se rendait pas compte que l'ère où la politique devait essayer de *convaincre* était à présent révolue et, avec elle, celle de la cohérence et de la logique.

George jugeait sa stratégie puérile ? Mais les électeurs n'étaient-ils pas des enfants ? Qui ne demandent qu'à s'amuser et veulent que leur mère les laisse tout faire ? Toujours des droits et jamais de devoirs ! Quel idiot dirait aujourd'hui à ses électeurs, comme le fit Kennedy : « Ne demandez pas ce que votre pays peut faire pour vous, demandez ce que vous pouvez faire pour votre pays » ?

Ce sont eux – les enfants-électeurs – qui attendent qu'on leur répète sans cesse : tu as raison et les autres ont tort. Dès lors, qu'importe si une théorie est ancienne ou nouvelle ? Si elle est honnête ou partiale ? Si elle s'en prend à l'une ou l'autre « race » ? L'important est qu'elle soit adaptée à ce jardin d'enfants global, ce monde polarisé, simplifié, coupé en deux telle une pomme : noir ou blanc, bon ou mauvais, riche ou pauvre, honnête ou malhonnête, populaire ou élitiste ; pas de nuances, de dialogues, de complexité. Tout si simple, enfin !

Il ne reste plus qu'à diffuser une théorie sur le Net et à observer ce qui se passe dans les vingt-quatre heures suivantes. Si ça ne marche pas, on la jette et on recommence. Mais si elle reste à flot, si les vagues commencent à la porter, alors peu importe qu'elle soit vraie ou fausse. Le Web est un formidable laboratoire où on peut réaliser toutes sortes d'expériences sans demander la permission à personne, surtout pas à son cobaye. On peut lui injecter toutes sortes de poisons sous la peau et chercher le bon dosage. Puis on observe : le cobaye devient-il fou? A-t-il du mal à respirer? Perd-il la vue? Survit-il?

Ensuite, il faut profiter des quelques mois qui s'écoulent généralement entre l'apparition d'un mensonge et celle d'un démenti argumenté. Un temps suffisamment long pour mener une campagne électorale à bon port.

Mais si la situation était vraiment telle qu'Arthur la décrivait, si la vérité ne comptait plus, s'il n'y avait que des «récits» forgés spécialement pour des enfants-électeurs, pourquoi ne pas essayer d'inverser le signe de ces récits? demanda George. Pourquoi ne pas répandre sur le Net des idées constructives, des théories scientifiques, une parole authentique? Pourquoi, au lieu de parler de conspirations et de mensonges, ne pas s'attaquer aux problèmes et proposer des solutions? Si la vérité et le mensonge étaient désormais équivalents, pourquoi ne pas utiliser la vérité au lieu du mensonge? Si on ne pouvait plus utiliser que des slogans et des phrases toutes faites, pourquoi ne pas recourir à des exemples qui pousseraient les gouvernements à s'attaquer à la question de l'exploitation équitable des ressources sur des continents comme l'Afrique? Pourquoi ne pas lancer des slogans positifs : «Conférence sur l'Afrique maintenant!», «Plan Marshall pour l'Afrique maintenant!», «Accords commerciaux équitables et solidaires maintenant!», «Réécrire les règles commerciales en Afrique maintenant!», a insisté George. Si, comme l'affirmait Arthur, les gens ne se souciaient plus du contenu, si plus rien ne faisait de réelle différence, si tout avait la même valeur et était broyé de la même façon, alors on pourrait aussi bien penser l'inverse et diffuser sur le Web des idées saines, des théories intelligentes, des photos et des images véridiques. Par exemple, dessiner une villa avec piscine entourée d'un bidonville et ajouter en dessous les mots : «Dresser un mur ne servira à rien!» ou «Si tu veux que ta maison soit en sécurité, aide ton voisin à réparer la sienne!»

Arthur ne savait pas quoi répondre à ces questions. Il a pourtant essayé, comme toujours, de dire quelque chose, de contrer. Il a expliqué à George que le cerveau était un organe extrêmement paresseux et craintif : il trace ses routes habituelles dès l'enfance et ne cesse de les suivre par la suite… Il n'essaie jamais d'en changer, même quand il serait utile de le faire. Même lorsqu'il sait qu'il devrait en expérimenter de nouveaux.

Peut-être qu'à l'avenir, avec d'autres mentalités – des cerveaux habitués très tôt à ces nouveaux parcours –, on pourrait tenter l'expérience proposée par George. Mais le capital humain sur lequel ils devaient travailler était désormais entamé et certains réflexes trop enracinés : « Sauve qui peut ! », « Moi d'abord ! », « Je défends ce qui est à moi ! », « Se méfier ! », « Craindre ! », « Rejeter ! », « On est chez nous ! », « Mon intérêt ! »

Arthur et lui raisonnaient eux aussi de cette manière, George devait l'admettre. Au cours de leurs études de sciences politiques, on leur avait appris à s'en tenir aux mêmes schémas : l'ennemi à inventer, la peur à répandre, les électeurs à manipuler. C'étaient des schémas préhistoriques, mais le cerveau les connaissait et leur faisait confiance.

Lorsque, enfant, on commence à comprendre que rien ne sera facile, voire que tout sera difficile, on s'enferme, effrayé, dans un minuscule coin de son cerveau, déterminé à ne plus jamais rien expérimenter de nouveau. George proposait de changer de stratégie, de mettre en mouvement de nouvelles architectures synaptiques, de miser sur l'inconnu : il proposait de prendre des risques, voilà ce qu'il faisait !

Mais Arthur n'a pris aucun risque, il s'est retiré dans l'habituel recoin sombre de son cerveau, celui qu'il s'était créé enfant pour se protéger du monde et qui, si étroit soit-il, était au moins familier et rassurant. Il n'a même pas répondu. Il a fixé ses mains en silence pendant un long moment, puis il s'est tourné pour regarder à travers la vitre. Dehors il faisait nuit, il ne voyait plus la ville, seulement son propre reflet terne.

Au cours des mois suivants, Arthur et George ont semé à plusieurs reprises leurs théories concernant Soros sur le Web.

Chaque fois – pendant les vingt-quatre heures suivantes –, ils ont observé ce qui se passait.

Et chaque fois, leurs fabrications sont devenues virales.

On dit que les idées qui nous viennent quand on est en haut d'un immeuble sont meilleures que celles qui viennent en bas. Mais ce n'est pas vrai.

CRIE-LE : TU N'ÉPOUSERAS PAS UNE IDÉE INJUSTE SIMPLEMENT PARCE QU'ELLE TE RASSURE.

Martin Luther King

14

MOTEL

> Dieu est le silence de l'univers
> et l'homme le cri qui donne du sens à ce silence.
>
> JOSÉ SARAMAGO[1]

Quand je suis dans une chambre de motel, je n'arrive jamais à relier ce lieu à des images agréables d'évasion clandestine ou d'aventures furtives, séduisantes même si elles ont pour décor ce cadre sordide. Non : le simple fait de prononcer le terme «motel» me rend triste. Je l'associe à des images de poussière, de désolation, d'isolement, à une autoroute et à d'horribles meubles en aggloméré. Une bible dans la table de chevet, de lourds rideaux tirés sur des vitres sales, une savonnette bon marché posée sur le lavabo, une baignoire tachée de calcaire, des rayons de soleil agonisants qui me frappent à l'oblique et, surtout, la certitude que je ne suis pas seul.

Des colonies de micro-organismes s'agitent sous mes pieds : ils attendent quelque chose de moi, une pellicule, un cheveu, un bout d'ongle. Cette promiscuité est répugnante.

Mais dans les chambres de motel, le pire, c'est la sensation paranoïaque d'être surveillé : il fut un temps où, quand je me trouvais dans l'une de ces chambres, j'inspectais chaque centimètre carré

1. *Le cahier*, traduction de Marie Hautbergue, Le Cherche Midi, 2010.

de plafond, je fouillais dans la corbeille à papier, dans l'armoire de toilette, derrière la table de nuit, sous les lampes et dans les bouches d'aération ; je passais un doigt sur le cadre des horribles tableaux accrochés aux murs, j'essayais de déplacer la télévision. Rien. J'étais seulement paranoïaque.

Peut-être que le danger venait de l'extérieur. Derrière la vitre, il y avait sûrement quelqu'un, prêt à me prendre en photo. Je restais donc habillé, allongé sur le couvre-lit sans bouger, mes chaussures aux pieds, respirant à peine, comme si j'étais dans une niche. Je ne dormais pas, je sommeillais à peine, luttant contre les démons qui tourbillonnaient autour de moi, agressifs et décidés à m'arracher mes derniers restes d'intimité. « Ils ne m'auront pas », me disais-je.

Tu sais, cela fait maintenant longtemps que je prends de telles précautions.

Une chambre d'hôtel n'est rien d'autre pour moi qu'une cellule d'isolement, et la sensation paranoïaque d'être observé creuse mon cerveau.

Mais tu dois imaginer que, dans les années 1960, ce genre de choses commençaient à peine à se développer. Ce que je veux dire, c'est que les systèmes de surveillance n'étaient pas aussi sophistiqués qu'aujourd'hui. Il n'était pas encore question de regards indiscrets, seulement d'oreilles.

À l'époque, les caméras étaient grosses comme le poing, mais aujourd'hui on peut en cacher une dans l'œil d'un personnage Lego au visage souriant, un jouet inoffensif qui vous espionne. À l'époque, les regards ne pouvaient vous atteindre que dans la rue, mais dans un motel, si vous entriez comme un fantôme, veillant à ne pas être observé, vous aviez l'illusion de vous être échappé, d'avoir protégé votre vie privée, d'avoir gagné une heure de liberté. C'est ce que Martin Luther King dut penser, j'imagine, durant l'un de ces après-midi passés dans un motel de la banlieue d'Atlanta, lorsqu'il commit l'imprudence de se déshabiller pour enlacer le corps de sa maîtresse.

Les mouchards dissimulés un peu partout dans la pièce captèrent les échos de son orgasme – quand vint le moment –, mais ils ne purent détecter s'il s'agissait du corps d'une femme blanche ou noire.

Quelle importance, me diras-tu, si elle était blanche ou noire ? Tu dis ça *aujourd'hui*, toi. Il faut les imaginer à l'époque, les bras d'un homme noir serrant ceux d'une femme blanche, tel un coup de poing dans la face d'un connard du Ku Klux Klan. Mais pas seulement : c'était un coup de poing dans la face de toute personne bien-pensante, qu'elle soit démocrate ou républicaine, catholique ou protestante, qui acceptait qu'une femme noire aille avec un homme blanc, mais qui avait beaucoup plus de mal à accepter qu'une femme blanche aille avec un homme noir.

Si tu avais vécu un certain temps aux États-Unis, tu saurais que les rapports sexuels entre Noirs et Blancs sont fréquents, mais qu'aujourd'hui encore il vaut mieux garder ça secret. Je ne parle pas de ce qui se passe sur les campus universitaires, où la vie est comme suspendue, protégée, organisée. Je parle de la vie dans certains quartiers, le Queens ou Bensonhurst à New York, ou encore le South Side à Chicago. Dans ces quartiers-là, l'accouplement interethnique n'est pas encore socialement accepté. Dans ces quartiers, on bouleverse des siècles d'Histoire, on plonge les mains dans la boue épaisse du ségrégationnisme, de l'exploitation de l'homme par l'homme et du suprémacisme blanc. En tout cas, tu as raison sur ce point : aujourd'hui, cela ne fait aucune différence pour nous que la peau de la femme qui avait rejoint le révérend King dans ce motel de la banlieue d'Atlanta ait été blanche ou noire. Aussi parce que nous savons avec certitude que parmi les maîtresses du révérend il y avait effectivement des femmes blanches. Et c'est un détail que j'ai relevé non pour le plaisir de fouiller dans cette chambre de motel, mais parce que pour le FBI raciste dirigé par J. Edgar Hoover – dont les agents avaient mis la chambre sur écoute –, le fait que King ait aussi eu des maîtresses blanches était une circonstance aggravante.

Peut-être n'es-tu pas en mesure d'imaginer ce que le FBI fit de cet orgasme enregistré. Je vais te le raconter. Ils appelèrent au téléphone le domicile de King, attendirent que la voix d'une femme adulte réponde, puis ils lui firent écouter l'enregistrement.

Coretta, la femme de Martin, écouta les gémissements de son mari à l'autre bout du fil. En ces circonstances-là aussi, peut-être le docteur King avait-il crié : « Ce soir, je ne suis pas un nègre ! », une phrase que certaines de ses maîtresses jurèrent l'avoir entendu prononcer dans ces instants-clés. Nous ne le saurons jamais, car ces bandes ont disparu des archives du FBI.

Mais ce coup de téléphone n'eut aucune conséquence. À la surprise du FBI, Coretta Scott resta aux côtés de son mari jusqu'à la fin, elle essaya de le protéger du mieux qu'elle put et, une fois veuve, fit tout ce qui était en son pouvoir pour empêcher qu'on salisse sa mémoire.

À cette période, le FBI avait entrepris de développer de nouvelles méthodes destinées à briser la résistance de ceux qu'il considérait comme des « ennemis de l'Amérique ». Tu t'en souviens ? Pour te dissuader, on s'attaque à la sérénité de ton foyer. Chez toi, il faut que les disputes se multiplient, que tes enfants te regardent avec mépris, que tu ne quittes plus ton lit. Il faut que tu erres chez tes amis : de maison en maison, de pièce en pièce, de canapé en canapé. Il faut faire circuler des rumeurs insinuant que tu maltraites ta femme, que tu la trompes, que tu la négliges. C'est une première étape visant à te rendre vulnérable. Mais en l'occurrence, ça ne se produisit pas.

Le FBI n'avait pas prévu que, pour une femme qui s'attend à tout moment à entendre le téléphone sonner, puis une voix annoncer que l'homme qu'elle aime a été assassiné, apprendre qu'il est vivant et qu'il respire est, en définitive, une libération. Quand on décide de s'engager, de militer pour les droits civiques, on sait qu'on n'aura pas une vie de femme comme les autres. Quand on décide de partager son existence avec une personne qui a les mêmes idéaux, qui veut s'engager dans les mêmes combats, on sait que cette relation ne comptera pas beaucoup d'excursions en forêt ni de promenades à la belle étoile. Et, bientôt, on commence à se dire que ce n'est qu'une question de temps avant de savoir qui du Ku Klux Klan ou des sbires du gouverneur de l'Alabama le tuera ; ou peut-être un militant comme lui, jaloux de son succès ; ou encore un fou en quête de notoriété.

Ces choses-là, Coretta y était préparée. En revanche, elle n'était pas préparée à la campagne de diffamation que son pauvre mari subirait avant d'être tué.

Comprendre que ce mort qui marchait écoperait de cette peine supplémentaire la plongea dans un état de prostration.

La raison pour laquelle, au lieu de s'occuper de dangereux criminels, de parrains mafieux, de racistes violents, d'encagoulés sadiques et de poseurs de bombes en série, le FBI consacrait autant de moyens et d'énergie à monter un dossier contre le révérend King lui échappait. D'ailleurs, aujourd'hui encore, les historiens sont partagés quant aux raisons pour lesquelles le FBI espionna Martin Luther King, ne recueillant sur lui que des informations vaguement compromettantes ou présentées comme telles.

J'ai une réponse claire, moi, mais je sais que tu vas sans doute m'accuser d'être obsédé par les complots. Je suis certain que, pour le gouverneur de l'Alabama et les dirigeants du pays, les hommes du Ku Klux Klan, qui agissaient masqués, étaient finalement moins gênants que cet homme qui révélait – à visage découvert – la vermine cachée dans les champs sans fin des comtés du Sud. Pour Robert Kennedy, il était essentiel de savoir si, oui ou non, comme Hoover le lui avait dit, King était vraiment un espion des Soviétiques, et il ordonna donc une enquête sur lui, de sorte que les tensions sourdes de la guerre froide aboutirent aux tristes faits dont je te parle. Tu sais, c'est toujours de cette manière que les choses commencent : on met le téléphone de quelqu'un sur écoute pour obtenir les preuves d'un crime et, à défaut, on saccage sa vie. C'était une chose d'avoir affaire à quelques dizaines de meurtriers racistes prêts à jeter leurs victimes dans un fossé poussiéreux et c'en était une autre de contrôler ce pasteur « nègre » qui expliquait au pays que ces meurtriers n'étaient pas seulement le problème du fichu Sud, mais qu'ils infestaient en réalité tous les États de l'Union, du Maine au Mississippi, de la Californie au Kentucky.

En entendant les paroles du révérend King, on ne pouvait plus voir dans les faits divers liés au Ku Klux Klan un simple phénomène de sous-développement limité au Sud ! Car il les décrivait plutôt comme un cancer parcourant toute l'épine dorsale du pays, une maladie qui touchait tout le monde, dont les tentacules s'étendaient partout, qui déversait ses poisons dans le jardin de chacun d'entre nous, qui contaminait le sang et devait donc être affrontée par tous, avant que nous ne soyons dépassés.

À Washington, on voyait les choses comme toujours dans ces cas-là : « Encore un militant qui n'a pas la moindre idée de la façon dont ça se passe dans le monde réel ! », « Encore un qui ne comprend pas qu'en agissant ainsi il rend service à nos ennemis ! » Rappelle-toi : quand quelqu'un te parle du « monde réel », c'est toujours parce qu'il aime beaucoup ce « monde réel », qu'il y vit bien et ne veut pas le changer. Tu sais, les organisations criminelles de l'époque contrôlaient une partie importante du pays, mais elles n'étaient pas surveillées comme le révérend King. Pourquoi ? C'est simple : les mafias ne mettaient pas vraiment le pouvoir en danger. Certes, elles prenaient parfois des libertés avec la loi, elles se substituaient à l'État, multipliaient les menaces, commettaient des injustices et exploitaient la pauvreté, elles étaient détestées de tous, mais tout de même tolérées, par peur ou par commodité. On pouvait à tout moment agir contre elles sans craindre que l'opinion publique ne se retourne. Au contraire, leur existence était la garantie pour l'État que les citoyens jugeraient nécessaires les institutions qui les protégeaient contre ces forces violentes et perturbatrices. En somme, la mafia ne nous empêche pas de continuer à suivre les règles, tant qu'on lui permet de suivre les siennes. La mafia ne cherche presque jamais la confrontation ouverte avec l'État, elle préfère les pactes de non-agression. En revanche, les paroles de Martin Luther King dessinaient une nouvelle manière de trouver sa place dans le monde. Il ne s'agissait pas seulement d'accorder davantage de droits, mais de laisser respirer tous ceux qui en avaient été privés jusqu'alors : et ça, oui, ça faisait peur.

Bien sûr, la question de l'équilibre du pays était mal engagée depuis le début, dès le jour où la guerre de Sécession avait pris fin. Cela faisait cent ans que le gouvernement fédéral avait accordé aux États du Sud une très grande autonomie : ils pouvaient faire ce qu'ils voulaient, tant que le pays n'était pas de nouveau divisé. Pour le reste, les citoyens du Nord continuaient à vivre dans la certitude d'appartenir à une humanité supérieure, libérée des monstres du ségrégationnisme, par rapport à ceux du Sud, qui vivaient dans la boue.

Cela faisait trop longtemps que les choses fonctionnaient de cette manière aux États-Unis : les États du Nord ne voulaient pas se salir les mains avec les cow-boys racistes et demeurés de Géorgie, de l'Alabama ou du Mississippi. Mais à présent, ce «nègre», Martin Luther King, croyait pouvoir expliquer au pays que le linge sale de tous les États-Unis provenait d'un seul et même panier.

Tu comprends à présent pourquoi le FBI montait un dossier contre Martin Luther King? Ils devaient le garder sous pression, le menacer, le coincer dans les cordes afin qu'il se taise, car Martin affirmait qu'il fallait changer tout le système. Mais ce qu'il fallait, c'était qu'il arrête de miner cet équilibre (ou ce non-équilibre, un problème dont les fédéraux ne semblaient toutefois guère se soucier) entre une partie, émancipée et développée, du pays, et une autre, pauvre et arriérée.

Mais le FBI n'avait pas tenu compte d'un détail : le «nègre» ne se laissait pas faire. Face aux menaces de rendre publics les enregistrements de ses rendez-vous clandestins, King comprit que ses jours étaient comptés, et il multiplia donc les marches, les rassemblements, les proclamations et les appels.

Il continua à tenir exactement les mêmes discours, sur le même ton et avec la même force qu'auparavant. Le FBI n'avait plus le choix.

Ne proteste pas, je sais bien que personne n'a la preuve qu'ils l'ont tué. D'ailleurs, je n'ai pas dit que le FBI l'avait fait. J'ai simplement dit qu'ils avaient préparé le terrain pour qu'on commette ce meurtre.

Et je t'en prie, ne me dis pas que si le révérend King avait eu une moralité irréprochable les hommes du FBI n'auraient rien trouvé à utiliser contre lui, car ça voudrait dire que tu ne comprends pas comment on monte un dossier.

La question n'est pas de savoir s'il y a ou non quelque chose à cacher dans la vie privée d'une personne : la question est toujours de savoir ce qu'on cherche sur elle. C'est exactement comme lorsqu'on décide de se faire caricaturer : même si on n'est pas chauve ou qu'on n'a pas un gros nez, on ne repart pas les mains vides. Chacun de nos traits, même les plus fins et les plus réguliers, sera exagéré, souligné et ridiculisé par la main d'un bon caricaturiste.

Le FBI n'avait donc que l'embarras du choix : où planter ses crocs dans la chair du révérend ? King le communiste ? King l'homme à femmes ? King le faux prophète ? King l'opportuniste ? King le fraudeur ? King usant de sa célébrité pour se remplir les poches ? Rappelle-toi qu'un dossier – comme une biographie – épouse toujours le point de vue du lecteur. Et tu sais qui enquêtait sur King à l'époque ? J. Edgar Hoover, le premier et très puissant directeur du FBI, un homme paranoïaque, narcissique et obsédé sexuel qui aimait attribuer à ses victimes les comportements qui peuplaient ses propres fantasmes. Il se passionnait en particulier pour les couples mixtes. Dans l'imagination de Hoover, les relations de King avec des femmes blanches étaient bien plus intéressantes et terribles que les actes infâmes commis par le Ku Klux Klan, car c'étaient des symptômes clairs de la perversion du révérend. N'oublie pas non plus que le terme « perversion » a un sens très large et qu'il est donc facilement manipulable : ce seul mot recouvre une gamme très large de comportements, allant de la manie de faire l'amour en gardant ses chaussettes à des pratiques bien plus inquiétantes.

Pour comprendre ce que signifie un mot, il faut remonter à la personne qui l'a écrit, découvrir où et comment ce mot a été choisi. C'est la raison pour laquelle aucune information recueillie en montant un dossier contre quelqu'un ne peut être considérée comme une source historiquement fiable ni même comme une demi-vérité : il est essentiel de s'en souvenir, si on ne veut pas cautionner le jeu que le FBI joua avec Martin Luther King.

Balcony est un mot anglais d'origine italienne qui signifie comme en italien : « scène », « balcon », « construction en saillie ». Une structure qui dépasse du corps principal d'un bâtiment.

Se tenir debout sur un balcon est aussi dangereux que s'appuyer sur une étagère, car la balustrade qui l'entoure ne protège que la moitié du corps. Ouvrir la porte-fenêtre d'une chambre de motel et sortir sur le balcon est une chose que je ne ferais jamais. Je préfère rester immobile, éveillé sur le lit, à fixer le plafond et affronter mes démons, en résistant aux assauts des acariens. Mais King sortit et se tint debout – bien visible – sur le balcon de son dernier motel : le Lorraine Motel à Memphis, Tennessee.

Naturellement, quelqu'un le surveillait depuis l'appartement d'en face. Les jumelles de cet espion furent retrouvées plus tard.

Oui, tu as raison, on l'aurait abattu de toute façon, même s'il n'était pas sorti sur le balcon. Mais là, c'était comme jouer au tir à la carabine.

Non, sa femme n'était pas avec lui. En général, elle ne le suivait pas dans les longs déplacements. Peut-être qu'au moment où la balle jaillit du fusil du fanatique raciste et frappa le révérend King à la tête elle était en train de faire la vaisselle ou de ranger la maison. Peut-être qu'elle nouait les lacets des chaussures de l'un de ses quatre enfants. Peut-être qu'elle imaginait une autre vie qu'elle aurait voulu vivre. Ou peut-être, au contraire, se reprochait-elle de ne pas avoir assez de foi pour continuer à vivre en enfer et à élever ses enfants seule.

Oui, elle s'en est sans doute voulu de ne pas réussir à aimer cette existence faite de procès, de tribunaux, de visites en prison, d'insultes sournoises et de menaces. Tu sais, dans un film, ça dure à peine deux heures. Voire moins, car un film laisse généralement de la place non seulement à l'ombre mais aussi à la lumière : les gros titres des journaux, les marches de protestation qui se sont déroulées sans heurts, les prix reçus, les gestes de solidarité, les baisers, les embrassades, les poignées de main. Mais nous ne sommes pas capables d'imaginer ce que c'est que d'endurer l'enfer chaque jour, soit vingt-quatre heures, mille quatre cent quarante minutes, quatre-vingt-six mille quatre cents interminables secondes. Dans la chaleur ou le froid, avec des maux de tête, des angoisses, au milieu des pleurs des enfants, quand la fièvre monte et que personne ne fait les courses pour vous. Et c'est à ce moment précis que vous recevez un appel téléphonique vous informant que votre mari a de nouveau été arrêté et qu'une bombe artisanale s'écrase contre la vitre de la chambre des enfants, vous obligeant à raccrocher. Puis, une fois les enfants en sécurité chez leurs grands-parents, il faut décider en quelques secondes : rester auprès d'eux ou courir auprès de votre mari en prison.

Au milieu de ces sombres pensées, il arrivait parfois à Coretta King de se dire que son mari ne serait finalement pas abattu. Après tout, cela faisait des années qu'elle craignait un événement qui ne se produisait pas. Combien de fois avait-elle répondu à la sonnerie du téléphone avec la certitude de recevoir cette nouvelle ? Pourtant, chaque fois on lui avait dit autre chose. Si cette nouvelle n'était pas encore arrivée, cela signifiait probablement qu'elle n'arriverait jamais.

C'est ce qu'on appelle le processus de refoulement, celui qui intervient – comme une prière – quand notre cerveau n'en peut plus de jouer aux échecs avec la mort. Peut-être Coretta espérait-elle simplement qu'il ne serait pas tué cette fois-là, un jour de printemps où le ciel était si chaud et plein de vie qu'un tel cauchemar ne pouvait pas devenir réalité. Mais tandis que ce ciel bien réel s'étendait sur le monde, à Memphis une balle non moins réelle fendit l'air pour se ficher dans la tête de son mari.

Le téléphone sonna.

« Coretta, le docteur s'est fait tirer dessus. Vous feriez bien d'allumer une cigarette avant d'entendre la suite. »

L'appel qu'elle redoutait était arrivé.

Plus tard, l'enquête permit à Coretta d'apprendre le nom du tireur : James Earl Ray. Par la suite, elle a toujours affirmé que ce n'était pas lui. Beaucoup de gens ne comprenaient pas pourquoi elle continuait à nier l'évidence. Les empreintes de Ray étaient partout. Mais ce que Coretta voulait dire, c'est que le vrai coupable n'était pas l'homme qui avait appuyé sur la détente. Ray avait une tête de voleur de voitures, pas d'extrémiste politique. Son mari avait été tué non par Ray, mais par la haine, la haine semée contre lui. La haine du FBI et la haine des suprémacistes blancs du Sud, car l'immense pouvoir de persuasion que détenait le révérend King menaçait l'équilibre des États-Unis et permettait aux Noirs d'espérer se libérer un jour des chaînes du ségrégationnisme.

Coretta avait reçu une lettre anonyme adressée à Martin Luther King dans laquelle on l'invitait au suicide. Pourquoi? Parce qu'ils n'avaient pas pu l'arrêter avec la traque et les écoutes, avec la diffamation, les procès, les amendes et les arrestations, ils tentèrent donc de le pousser à mettre fin à ses jours. Non, ce n'était pas un plan absurde : au contraire, je suis sûr que King y a sérieusement pensé en lisant cette lettre, par exaspération, parce que la coupe était pleine. Dans cette lettre, on lui disait que, quelque part, quelqu'un «savait». Savait quoi? Rien, en réalité.

«King, regarde au fond de ton cœur. Tu sais que tu n'es qu'une vaste arnaque pour tous les Noirs. Tous les Américains, tous ceux que tu as aidés – protestants, catholiques ou juifs – doivent savoir que tu es le diable, tu es une bête monstrueuse. Tu es fini. Il ne te reste qu'une chose à faire, tu sais laquelle.»

Ce genre de menaces avaient une prise énorme sur Martin Luther King. Sa femme expliqua que, contrairement à ce que pensait le FBI de Hoover, Martin n'avait pas peur des scandales sexuels, alors qu'il était terrifié à l'idée de paraître malhonnête, d'être considéré comme un profiteur, quelqu'un qui aimait le luxe, qui aimait l'argent en général. Nombreux furent ceux qui se privèrent pour soutenir son mouvement, nombreux furent ceux qui perdirent leur emploi, qui furent battus, qui firent la grève des transports en commun comme il le demandait. Il craignait donc qu'en le diffamant si radicalement on humilie et offense tous ceux à qui il avait toujours demandé de grands sacrifices pour la cause des droits civiques. Il obligea ainsi Coretta et leurs enfants à vivre dans la précarité, afin que ceux qui fréquentaient leur maison puissent confirmer que sa vie était aussi frugale que celle de ses partisans. C'est pourquoi on soupçonne la fameuse «lettre du suicide», attribuée au FBI et déposée anonymement quelques semaines avant qu'il ne reçoive le prix Nobel, d'avoir en réalité été écrite par un proche de Martin. Seul quelqu'un qui connaissait son immense peur de décevoir sa famille pouvait croire que cette lettre avait des chances de le pousser à une telle extrémité.

Quoi qu'il en soit, Martin résista aussi à la tentation de mettre fin à ses jours. Ray s'en chargea.

Mais la main de Ray ne fut pas armée par le seul FBI. Comme je l'ai dit, il régnait un climat de peur diffuse, car on craignait que les «nègres» ne s'émancipent. Une peur qui, dans le Sud des États-Unis, avait été fomentée par le gouverneur de l'Alabama – dont Ray était un fervent admirateur – au point que trop de gens en avaient l'esprit saturé. Il fut donc facile pour Ray de mettre l'expérience qu'il avait acquise, après des années de vols et de braquages, au service de cette haine.

Au début de sa carrière politique, George Wallace, le gouverneur de l'Alabama – pour moi, c'est lui, l'assassin de King, et ne me dis pas que je n'ai pas de preuves, car je peux t'en donner autant que nécessaire, et sans faire appel à la police scientifique –, avait essayé de parler d'égalité entre Blancs et Noirs. Mais il avait vite dû renoncer : il s'était rendu compte qu'en Alabama, lutter contre le ségrégationnisme était comme remonter un fleuve à contre-courant. Alors il se mit à ruminer des slogans racistes et aussitôt les électeurs le suivirent.

Les journalistes le lui firent remarquer. Ils lui reprochèrent ce changement de ton et de langage. Mais il se justifia en disant qu'il avait tenté de prêcher de bons principes, ceux qu'il avait appris chaque dimanche au culte, mais qu'ainsi il ne faisait que perdre. Puis, un jour, il avait à son tour employé ce mot, «nègre!», et tout le monde avait sursauté. Un autre jour, il avait ajouté qu'il fallait en finir avec les bureaucrates de la Maison-Blanche et tout le monde s'était mis à crier son nom… Quand il lança les slogans

«Moins d'impôts», «Légalité» et «Sécurité», les gens bondirent sur les tables! Enfin ce fut le tour d'«Alabama first» et les yeux des spectateurs se remplirent de larmes : d'abord les citoyens de l'Alabama, puis les autres!

Depuis, Wallace n'avait pas bougé. Il lui suffisait de faire levier sur le sentiment de fierté patriotique. Et qu'est-ce que la patrie? N'est-ce pas la maison branlante où tu es né, la banlieue infâme où tu dois vivre, les habitudes moisies qu'on t'a enseignées, les phobies paranoïaques qu'on t'a transmises, l'endroit où tu ne trouves pas de travail, où tu es maltraité? Pourquoi devrais-tu en être fier? Alors on présenta la patrie comme ce que les «nègres» menaçaient, et ça fonctionna. En 1962, Wallace fut porté par un raz-de-marée électoral et, après cet incroyable retour, on le considère aujourd'hui encore comme un champion du discours populiste et démagogue. Plus il gagnait, plus il tenait à clore ses meetings par des phrases comme : «Ségrégation pour toujours!» ou «Mort aux hippies!» Les gens le portèrent en triomphe dans les rues du comté! Élu gouverneur de l'Alabama grâce à ce mécanisme pervers, il ne cessa d'en rajouter. Plus les causes qu'il défendait étaient absurdes, plus le consensus qu'il suscitait était fort. En septembre 1963, il se lança dans une entreprise titanesque : empêcher l'inscription de quatre enfants afro-américains dans des écoles primaires blanches. Pouvait-il le faire? me demanderas-tu. En 1954, un arrêt de la Cour suprême des États-Unis – le célèbre «Brown v. Board of Education of Topeka» – avait décrété la fin de la ségrégation dans les écoles. Grâce à diverses astuces, cette décision n'était pas appliquée dans les États du Sud. Mais, un jour, les parents de ces quatre enfants, séduits par le prédicateur «nègre», réclamèrent leur inscription dans l'école la plus proche de chez eux, pourtant peuplée uniquement de Blancs.

C'était sans compter sur Wallace «le dur».

Le premier jour de classe, les enfants arrivèrent avec leur sac sur le dos. Wallace était là, debout sur les marches, massif et inébranlable, déterminé à faire barrage avec son corps, posté entre les enfants et la porte. Effrayés, les enfants hésitaient à s'éloigner des bras de leurs parents qui, eux, les poussaient afin de montrer qu'ils avaient le droit d'entrer. À un moment donné, ils se retrouvèrent seuls aux deux extrémités de l'escalier : Wallace en haut et les enfants en bas. Il était décidé à ne pas les laisser franchir le seuil de l'école, mais ils étaient plus décidés que lui à passer. Non loin de là, derrière les fenêtres de leurs maisons, les parents des élèves blancs qui étaient déjà à l'intérieur suivaient la scène avec appréhension, craignant que les enfants ne finissent par rompre le blocus. Quand ceux-ci posèrent un pied timide sur la première marche, Wallace posa le sien, d'un air menaçant, sur la dernière. Les enfants battirent aussitôt en retraite, mais lorsque les membres de la cour fédérale apparurent, prêts à les escorter, Wallace fut contraint de les laisser passer.

Ce jour-là, «le dur» perdit contre la cour fédérale, mais il l'emporta aux yeux des électeurs de l'Alabama, qui jurèrent de laver dans le sang l'insulte faite à leur gouverneur. Et, parmi ceux qui avaient juré de le venger, figurait James Earl Ray.

Chaque fois que tu voudras construire au lieu de détruire, chaque fois que tu voudras te mettre au service des autres au lieu de ne servir que toi-même, chaque fois que tu voudras changer les choses, ou simplement soutenir ceux qui veulent les changer, un militant, un prêtre, un magistrat, un politicien, un intellectuel, on tentera de t'arrêter. Et le pire, c'est qu'on ne t'attaquera pas à cause de ce que tu dis, mais toujours et uniquement à cause de ce qu'on t'accuse d'être.

Alors rappelle-toi que c'est également arrivé à Martin Luther King et rappelle-toi aussi que, selon toute vraisemblance, le FBI n'avait rien découvert du tout. Mais affirmer qu'il avait des «preuves» suffit à faire croire à tout le monde, ne serait-ce qu'une fraction de seconde, que King avait vraiment participé à des orgies dans les motels qu'il fréquentait au cours de ses voyages et qu'il avait vraiment pour maîtresses toutes les militantes noires et blanches de son mouvement. On l'avait lu dans les journaux et on avait fini par le croire.

Quand tu liras un procès-verbal – même celui qui paraît le plus inattaquable – tiré des archives des services secrets de n'importe quel pays du monde, demande-toi toujours si ce que tu lis est vrai. Demande-toi si ce n'est pas plutôt un piège tendu par ceux qui ont l'habitude de mentir et de mystifier pour gagner leur vie. Soixante ans et quelques années après, le FBI n'a toujours pas fourni la moindre preuve contre King. Son nom apparaît dans certains dossiers, on a conservé les lettres de menace qui lui furent envoyées, mais les enregistrements ont disparu.

Je t'ai montré que ces constructions viennent des agences de renseignement, qui ont les moyens et la capacité de les traiter puis de les enrichir méticuleusement. Mais je veux aussi que tu te demandes ceci : si ces enregistrements réapparaissaient, le combat de King aurait-il moins de valeur à tes yeux ? Si King a bien eu des maîtresses, cela changerait-il quelque chose pour toi ? Cela enlèverait-il quelque chose à ce qu'il a laissé derrière lui, à ce qu'il a construit ? Les joyeuses « orgies » avec ses « maîtresses » décrites par le FBI ont-elles vraiment le pouvoir de nous faire croire que sa vie était « légère » ? Ou peut-être devinons-nous que le FBI de Hoover faisait simplement de son mieux pour cacher la façon dont l'Amérique infligeait à l'un de ses citoyens les plus remarquables une existence atroce, faite de droits bafoués, d'insultes, de ségrégation, de marches épuisantes sous la pluie, d'amendes incessantes, de coups, de violence gratuite, de diffamation, de procès, d'avocats, de tribunaux, de prison, d'arrestations, de menottes, d'attentats, de pressions et d'innombrables accusations : d'immoralité, de fraude fiscale, de plagiat.

Et cela ferait-il une différence pour toi que ses maîtresses aient été noires ou blanches ? Car, vois-tu, le FBI a laissé entendre que c'était important, presque plus important que le manquement à ses obligations conjugales... Et dis-toi bien que le FBI de Hoover ne parlait pas de relations, d'amitiés, d'affinités... Avec brutalité et vulgarité, le FBI de Hoover affirmait : « King baise aussi des femmes blanches... »

Mais pour toi, je te le redemande, est-ce que cela change quelque chose ? Si King avait exigé le droit d'user librement de son corps, cela aurait-il modifié d'une virgule le sens de son combat ? Se remettre à fabriquer des héros de papier – faux, figés, savamment tracés à l'encre d'une plume – comme on le faisait sous les dictatures ou dans l'Italie de la fin du XIXe siècle avec les images pieuses sur papier brillant, des hommes aussi parfaits qu'irréels et évanescents, nous aiderait-il dans la bataille ? Ou cela ne nous nuirait-il pas, plutôt ? Celui qui prétend que, quand on combat, on n'est pas un homme mais un saint, un ascète, un martyr, un héros, ne suggère-t-il pas que c'est un chemin pour peu de gens ? Prétendre qu'un saint ne tombe jamais, qu'un martyr ne connaît pas l'incertitude, qu'un héros ne peut que mourir, n'est-ce pas signifier : *Seul un martyr, seul un héros, seul un saint y arrivera*. Et il doit y arriver, toujours et seulement au prix de son sang, au prix de sa sérénité, en exposant sa famille à d'atroces persécutions, en se privant de l'oreiller sur lequel poser sa tête et du pain qui le fait vivre. Alors, si une telle vie est si impraticable, chacun de nous recule, chacun de nous se dit qu'il ne réussira pas… Et c'est ainsi qu'ils gagnent ! Tout comme ils ont gagné avec Gandhi, à qui ils contestaient chaque grain de riz tombant dans son estomac, ce qui le poussa à vivre de rien et à faire vivre ainsi sa propre famille également, condamnée au même martyre. Ça me fait mal, chaque fois que je lis que ce n'est pas la lutte contre les Britanniques qui l'a épuisé, mais les accusations incessantes : qu'il était un hypocrite, qu'il ne se privait pas de nourriture ni de repos, qu'il ne partageait pas vraiment tout, qu'il voulait mettre quelque chose de côté pour ses filles, pour sa femme, pour ses proches. Lire que chaque grain de riz qui descendait dans son ventre lui fut reproché, qu'il l'avala de travers, qu'on le fit passer pour une intolérable imposture au détriment de sa cause, tout cela me fait pleurer.

Toi, qui crois-tu ? Tu dois toujours te poser cette question. Qui crois-tu ? Gandhi, dont l'action changea le destin de millions de personnes et aussi le cours de l'Histoire, ou ceux qui avaient intérêt à l'arrêter, par tous les moyens, même condamnables ? Qui crois-tu ? De quel côté es-tu ? Contre qui as-tu envie de crier ?

Ils transforment le poids de la vérité en fardeau insupportable uniquement pour te faire reculer, pour que tu renonces à porter ce fardeau. Une façon idéale de te dissuader et de t'apprendre que MUET et PASSIF, c'est mieux !

Mais la vérité, c'est qu'on se fiche de savoir si Martin Luther King avait des maîtresses ou non, si sa femme le savait ou pas, si ses enfants lui reprochaient le temps qu'il passait à la maison, trop ou pas assez, s'il oubliait de payer ses factures, s'il buvait parfois quelques verres avec ses amis. Car ce sont ses affaires. Nous ne voulons pas devenir les Torquemada d'un quelconque tribunal de l'Inquisition, nous ne voulons pas devenir la Stasi, la CIA, le Mossad, le FBI ou toute autre agence de renseignement dans le monde, nous ne voulons pas devenir le **BIG BROTHER** de quelqu'un. Et surtout, nous ne nous laisserons pas convaincre que, pour être du côté du droit, de la vérité et de la justice, nous devons devenir des miliciens ou des mystiques. Ce n'est pas un chemin pour un petit nombre, au contraire, c'est un chemin pour tous, nous pouvons tous le parcourir, chacun dans sa position, chacun dans sa tranchée, prêt à crier lorsqu'on viole la vérité et qu'on nous prive de justice. Et il n'y a pas de jeu du bonneteau qui vaille : nous ne nous laisserons pas endormir par des amendes impayées, des villas avec piscine qui n'ont jamais été achetées, des conspirations ridicules ourdies contre la patrie…

Je te le répète, tu n'as pas besoin de te transformer en milicien ou en mystique pour avancer, tu n'as pas besoin d'être un saint ou un héros.

Un écrivain afro-américain que j'aime beaucoup et que je voudrais que tu lises, James Baldwin, a écrit sur ce sujet des lignes qui sont mon évangile. Alors qu'il se battait pour les droits de sa communauté, à une époque où, en Amérique, être noir signifiait encore être un «nègre», Baldwin a écrit : «Ils continueront à nous tirer dessus même si nous ne sommes pas armés ; ils continueront à nous accuser de viol même si nous n'avons pas violé ; ils continueront à nous traiter de trafiquants de drogue même si nous n'avons jamais dealé ; ils continueront à briser toute chance de se construire une vie… Est-ce que ce sera toujours comme ça ? Non. Dans trente ans, ce sera différent. Dans quarante ans, ce sera différent. Dans cinquante ans, ce sera encore différent.»

Mais je me demande : que faisons-nous en attendant ? Toi et moi, en attendant que les choses s'améliorent d'une époque à l'autre, que faisons-nous ? Tandis que nous nous battons pour obtenir un minimum de droits pour tous, que faisons-nous ? Devons-nous continuer à subir ?

Non. Je crois que toi et moi – et tous ceux pour qui il n'y a pas des droits pour soi, mais seulement des droits pour tous – devons apprendre… Oui, c'est ça, nous devons apprendre…

Nous apprendrons à reconnaître les drapeaux ambigus.

Nous ferons en sorte de nous reconnaître sur le champ de bataille, même lorsqu'ils essaieront de nous mélanger.

Nous resterons unis et formerons une communauté, même s'ils essaient de nous disperser.

Nous ne croirons pas leurs mensonges.

Nous ne croirons pas leurs fausses accusations de complot. Nous ne croirons pas ce que raconte leur presse à scandales. Nous serons aux côtés de ceux qui sont diffamés, de ceux qui sont persécutés, poursuivis, condamnés.

Nous utiliserons les mots pour donner et recevoir de la force, pour donner et recevoir du réconfort.

Nous chercherons chaque jour la vérité.

Nous crierons chaque jour la vérité.

Et ce sera notre méthode de résistance.

CRIE-LE : ON DOIT JUGER CE QUE TU FAIS
ET NON CE QUE TU ES.
CRIE-LE : TU DÉFENDRAS TOUJOURS CE QUE TU ES.

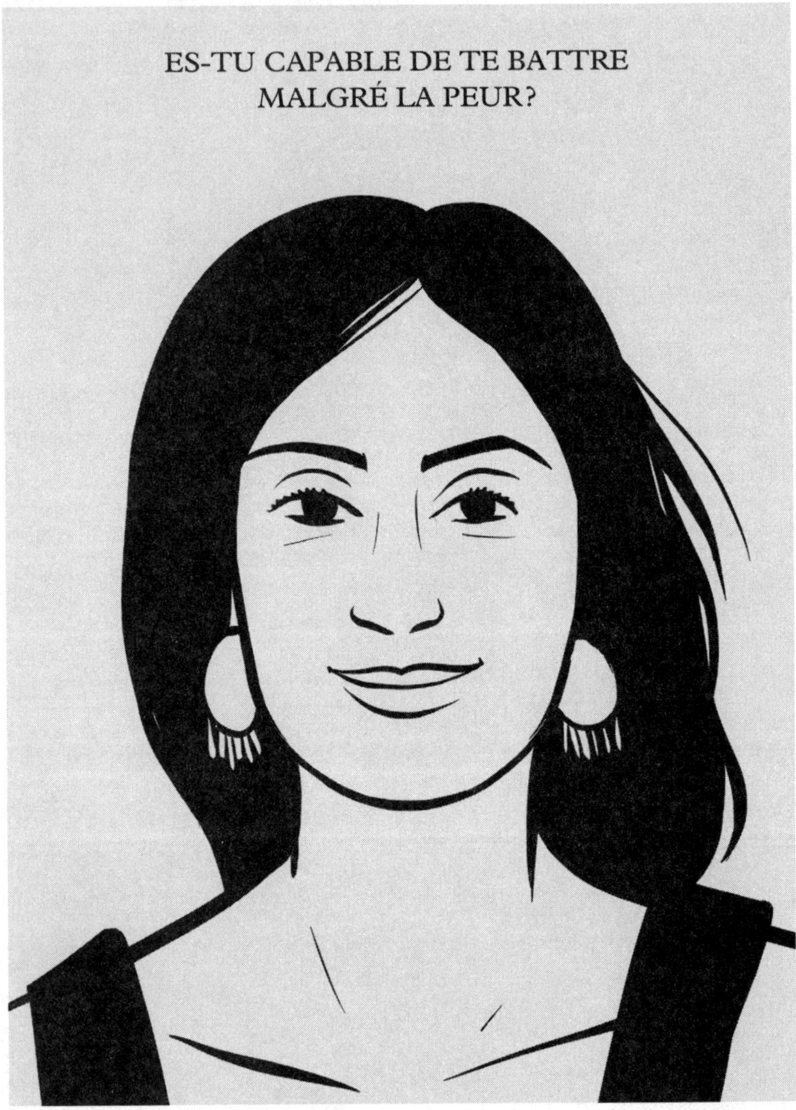

Daphne Caruana Galizia

15

LES TESSONS

> L'impunité avec laquelle on persécute et on tue des journalistes est notre problème plus que le leur. [...] Des journalistes perdent la vie, mais nous qui leur survivons, nous perdons le droit de savoir, de parler, d'apprendre. [...] La libre circulation des informations et des opinions, instrument du métier de journaliste, crée des sociétés plus justes et plus libres, des sociétés plus riches et plus résilientes. En d'autres termes, des sociétés où il fait bon vivre.
>
> PAUL CARUANA GALIZIA[1]

Quand je parle avec des jeunes de ton âge, ils me disent souvent qu'ils veulent devenir archéologues. Je comprends. Belle profession. Je pense donc que l'histoire de Daphne va t'intéresser, car Daphne Caruana Galizia était diplômée en archéologie.

Si tu es né au bord de la Méditerranée, tu as de bonnes chances de devenir archéologue, car tu tombes si souvent sur un temple grec ou un amphithéâtre romain que la passion de l'Antiquité

1. Extrait de la conférence organisée le 11 décembre 2017 par l'université de Vienne et l'Organisation pour la sécurité et la coopération en Europe (O.S.C.E.).

vient naturellement, au moins autant que celle du football. Elle vient comme un jeu. Adolescent, je voulais être archéologue, car je partais chaque été en vacances à Paestum, et marcher là où Parménide avait probablement posé les pieds, voir les labyrinthes sous-marins qui avaient survécu aux assauts de l'eau salée, cela m'aidait à comprendre d'où je venais et quel sens avait ma présence ici, j'avais la vive sensation de ne pas être né par hasard, mais pour recueillir un héritage de dignité et de beauté que d'autres avaient constitué puis m'avaient transmis.

Le problème, c'est quand chaque rue, chaque pierre, chaque ville n'est plus seulement pour toi ce qui est visible, mais aussi ce qui est caché sous la terre. C'est quand tu prends l'habitude de réfléchir à ce qui est enfoui et que ton regard ne peut plus se satisfaire de ce qui affleure à la surface. Cela devient un jeu incessant t'invitant à chercher ce qui s'agite en profondeur. À tes yeux, une étendue d'herbe n'est plus une simple étendue d'herbe, tu ne t'intéresses plus qu'aux taches d'un vert plus sombre sous lesquelles se cachent les fondations d'une villa, les pavés d'une voie romaine, les murs en pierre nue d'un fossé de drainage. C'est une passion qui change non seulement ton regard sur les choses, mais aussi ta perception. Ton estomac cesse d'être une machine à métaboliser, il se transforme en puissant détecteur de métaux. À chaque pas un signal, à chaque signal un morceau de métal enterré et une vibration folle dans tes entrailles. À présent, la métamorphose est complète. Tu es condamné. Sur chaque route que tu emprunteras, tu en sentiras toujours une autre courir sous tes pas, celle d'une ville parallèle. Une autre histoire, que tu ne peux pas ignorer car elle est plus réelle que l'autre.

Vois-tu, j'imagine que Daphne est ici, près de moi, en ce moment même. Je la vois à vingt ans et quelques, avec son nez grec planté entre les yeux, son doux sourire, sa pleine confiance dans la vie.

J'ai rencontré tes enfants, Daphne, j'ai reconnu tes traits sur leurs visages, j'ai écouté tes mots sortir de leurs bouches, j'ai vraiment senti ton sang dans le leur et ta douceur dans la grâce avec laquelle ils occupent leur place dans le monde.

Oui, c'est comme ça que je te vois, je te vois dans leurs gestes. Je me suis rendu compte que, même si je n'ai pas passé des jours et des jours avec toi, j'imagine tes gestes en les observant chez eux. Et donc, maintenant, je te vois tandis que tu gares ta voiture, que tu téléphones, que tu fais tes courses, que ton détecteur de métaux continue de chercher tout seul. Et je sais que tu en as assez de ce bruit de fond insupportable. Je sais aussi qu'au début c'était uniquement une passion, c'est seulement plus tard que c'est devenu une malédiction. Quand tu vois un distributeur automatique de billets, tu ne vois pas un simple distributeur, mais une longue chaîne d'actions : l'homme qui a placé les billets de banque dans la machine, la fourgonnette qui les a transportés jusqu'à l'agence, l'employé qui les a triés, le client qui les a retirés par liasses de même valeur. Même ton odorat n'est plus le même, car tu l'as exercé à reconnaître l'odeur de la terre : tu sais qu'elle conserve moins bien les choses si elle est grasse et plus longtemps si elle est sèche. Et même cette compétence s'est révélée dangereuse avec le temps, car tu as commencé à sentir l'odeur de l'argent, une odeur de sang et d'encre mêlés, qui te colle aux narines et ne veut pas s'en aller. Le temps que tu as passé à classer les tessons, à les assembler pour former l'amphore, te pousse maintenant à recomposer l'ensemble du tableau. Tu ne te contentes plus des nouvelles rassurantes sur le papier glacé des magazines. Tu voudrais rendre compte de ce qui se passe réellement. Mais la liberté d'expression n'a jamais existé à Malte, les journalistes n'osent même pas signer leurs articles, ils préfèrent rester cachés derrière la formule figée : « La rédaction. » Toi, tu aimerais crier ton nom, crier que ton île n'est pas seulement le bord de mer. Tu voudrais enjoindre aux rédacteurs en chef de ne plus parler d'oliviers ni d'amandiers en fleur, de mariages entre gens célèbres ou d'accidents de la route. Tu aimerais raconter ce qui se passe réellement à Malte lorsque, par exemple, quelqu'un tente de protester, comme cela t'est arrivé en 1984 et qu'on t'a arrêtée pour avoir participé à une manifestation. Ils t'ont mise à l'isolement dans une cellule couverte d'excréments, juste pour le plaisir de t'humilier. Et pour te donner une leçon, bien sûr. Un baptême du feu qui aurait dû t'enlever tout désir d'être une militante. C'est peut-être la raison pour laquelle, après le lycée, tu as également cultivé la passion de l'archéologie : des études classiques dont la plupart des habitants de ton île pensent qu'elles conviennent mieux à une femme que le journalisme, qui est une chose incandescente, réservée aux estomacs solides.

Ton île ne fait pas exception. Ici, les progressistes utilisent les mêmes méthodes que les conservateurs, ils ont les mêmes priorités et la même échelle de valeurs, surtout quand il s'agit d'organiser des expéditions punitives contre les imprimeurs des journaux locaux qui ont osé défier la classe politique. Et pourtant, à mesure que tu avances, ça ne te fait pas peur et te semble de plus en plus lié au passé. Ce genre de choses se produisaient avant Internet, mais aujourd'hui il suffit qu'une personne soit prête à te lire et elle te suivra quoi que tu écrives. Dès lors, même si les journaux locaux commencent à refuser tes articles, de plus en plus mal vus par la classe dirigeante, même si les conseils d'administration votent contre leur publication, par peur des pressions et des procès, tu as lancé un blog, *Running Commentary*. Tu sais, je me souviens de ton premier post : « Tolérance zéro pour les corrompus. » Il n'a pas fait beaucoup de bruit, mais des gens qui n'avaient jamais eu peur de ta parole, des gens habitués à régler n'importe quel problème par l'argent, se sont mis à la craindre. Puis ils ont commencé à dire que ton mari avocat avait écrit les articles à ta place, que ta signature n'était qu'une couverture, car personne ne s'en prendrait à une faible femme pour se venger.

Ce qui te rendait dingue, c'est qu'à Malte – dont la superficie est plus ou moins le quart de celle de Rome –, plus de cinquante mille entreprises se bousculent, la moitié ayant au moins un actionnaire étranger. Ça te mettait en colère car tu savais ce que ça signifiait. Tu savais que s'il y a plus d'agences bancaires que de marchands de glaces dans un quartier périphérique, dans une ville sans égouts, dans un village rural isolé, le long d'une route déserte ou sur un petit rocher méditerranéen, c'est qu'il se passe quelque chose ; tu le savais, quand un centre commercial pousse soudain au milieu du désert, c'est mauvais signe.

C'est le signe que l'argent vient ici en vacances. C'est ce que tu voulais crier ! Tu voulais dénoncer le fait que si le propriétaire d'une société enregistrée à Malte ne réside pas à Malte et ne fait même pas d'affaires à Malte, il n'y a qu'une façon de dire les choses : c'est une société offshore ! De l'évasion fiscale ! Au mieux, un endroit où on a le culte du secret bancaire, lequel favorise l'évasion fiscale. Je comprends ce que tu ressentais. Tu es allée sur WordReference.com, ou peut-être as-tu pris un dictionnaire et cherché ce mot. Tu voulais expliquer à ceux qui te lisaient qu'il ne signifie pas seulement « au large des côtes ». Les mots prennent de nouvelles significations au fil du temps, offshore a acquis ce sens particulier à une époque donnée, celle de la Prohibition, quand on voulait boire ou jouer et qu'on devait se rendre sur des navires amarrés au large. C'était une façon d'échapper à la loi sans échapper à la loi, comme le font les capitaux en restant « offshore », au large d'un pays. C'est ce que tu voulais crier : on peut présenter les choses comme on veut, l'évasion fiscale est toujours un vol légalisé. L'argent soustrait provoque dans son pays d'origine la dégradation des routes, des écoles et des hôpitaux.

Tu sais, Daphne, alors que la pandémie de Covid-19 faisait rage, il s'est passé ceci : devant un hôpital français, des soignants avaient accroché une banderole : « Nous ne voulons pas qu'on nous traite de héros et nous ne voulons pas de votre charité, nous voulons que vous payiez vos impôts ! » lisait-on. C'est ce que tu pensais toi aussi ? C'est ce que tu voulais crier au monde ? « Payez vos impôts et plus personne n'aura besoin de collectes de fonds, de subventions et de charité ! » Car je le sais, c'est exactement comme ça que ça fonctionne : plus de recettes fiscales, c'est plus de médecins, plus d'infirmières et donc pas d'urgence sanitaire, même en cas de pandémie ou de catastrophe. Mais ce qui te faisait le plus mal, c'était de voir que le gros de la facture du système offshore est réglé par les pays qui reçoivent les sommes détournées – contrairement à ce qu'on pense. Je le sais, car moi aussi j'ai appris à y voir clair : c'est dans les paradis fiscaux que, derrière les capitaux de l'économie saine, se cachent immanquablement les capitaux souillés de sang de l'économie mafieuse. Le système offshore est le lien entre l'argent qui échappe à l'économie légale et le blanchiment de l'économie illégale.

Et quand on te disait : « Qu'y a-t-il de mal à établir le siège social d'une entreprise dans un endroit où on ne vit pas, mais où l'entreprise vivra très bien, elle ? Tout le monde ne le fait-il pas ? », tu voyais très bien, toi, le mal. Tu n'appréciais pas que, de rocher méditerranéen arriéré mais honnête, ton île se soit transformée en paradis fiscal. Tu savais que devenir un paradis fiscal est comme rejoindre la mafia : une fois qu'on en fait partie, c'est elle qui fixe les règles. Inutile de croire que tout ira bien : quand un pays adopte le système offshore, ce sont les capitaux étrangers, d'origine souvent criminelle, qui influencent les décisions politiques. Et il n'y a plus ni gentils ni méchants. Il n'y a plus de réelle alternance entre les partis, car ils se mettent tous à mener la même politique : favoriser les banques et les sociétés. Et quand l'argent commence à affluer, un fleuve d'argent, des gens sont recrutés pour nettoyer, entretenir, surveiller ces banques et ces sociétés de services, et toute la classe politique veut la même chose : qu'on garde les yeux fermés ou qu'on soit aveugle de naissance. Mais si tu vas contre le courant, si tu dénonces ce qui se passe, si tu tentes de tirer le signal d'alarme, de dire que l'argent offshore pollue plus que des déchets toxiques, on t'accuse de catastrophisme, on te traite de folle, de sorcière : n'es-tu pas heureuse que les capitaux du monde entier ne rêvent que d'une chose, enfiler une paire de tongs et chausser des lunettes de soleil pour venir barboter dans la mer bleue près de chez toi ?

Favoriser le secret bancaire, faire taire l'information, garantir l'impunité deviendront dès lors inévitables, ça passera pour de l'amour pour son pays. Au contraire, toi qui dénonces, tu seras qualifiée de traître à la patrie. Je sais ce que tu ressentais quand ils disaient que tes articles faisaient fuir les touristes, je sais ce que tu ressentais quand ils t'accusaient d'appauvrir les habitants de ton île, de les chasser et, avec eux, toute richesse… « Bravo ! Tu es devenue célèbre et nous sommes devenus plus pauvres », te disaient-ils. Mais tu savais très bien qu'on ne pouvait pas rester silencieux face aux énormes flux d'argent qui transitaient, car c'est une chose qui, à long terme, a un coût très élevé et qui traîne derrière elle un sillage de violence et de mort que certains veulent rhabiller en vulgaire délinquance locale. Alors, ceux qui t'avaient suppliée de ne pas dénoncer ces faits parce qu'ils risquaient de perdre leur emploi, parce qu'ils avaient une famille à nourrir, comprendront que c'est la famille qui paie, ce sont les enfants qui grandissent entourés de crimes, de corruption, de balles, de silence et donc de mort. La mort, bien sûr, car le mariage entre l'évasion fiscale et le secret bancaire est fécond, il donne naissance à des enfants sains et robustes. Les blanchisseries à ciel ouvert font le miel des organisations criminelles.

Je sais qu'à toi aussi on répétait inlassablement que le problème de Malte n'était pas la corruption, mais les migrants… Je sais que le gouvernement soufflait sur les voiles des bateaux de fortune pour les pousser vers les eaux territoriales italiennes, avant d'ouvrir grandes les portes des meilleurs hôtels aux magnats russes et aux parrains sud-américains, des individus à la réputation sulfureuse. On leur proposait aussitôt d'acquérir la nationalité maltaise pour la modique somme de un million d'euros.

Mais il y a des choses qu'il vaut mieux taire, car elles touchent à des intérêts aussi imprévisibles que la trajectoire d'une boule de billard.

Je n'arrive pas à comprendre comment tu as fait pour voir tout cela et, dans le même temps, avoir la force de planter des pivoines dans ton jardin, de rédiger des chroniques gastronomiques, d'élever trois enfants et de les sensibiliser à la vérité, sans que cela leur soit douloureux mais, au contraire, en faisant en sorte que cela stimule leur goût de la vérité. Comment as-tu fait pour les protéger de tout ce qu'on te faisait subir dans l'espoir de vaincre ta résistance ? Car ils étaient sûrs de la vaincre, sûrs qu'avec des enfants si jeunes tu abandonnerais vite… Pourtant, non : un jour, une ombre a traversé le jardin et tu as dit aux enfants que c'était un lièvre ; un autre jour, en rentrant à la maison, tu as trouvé le chien mort sur le paillasson et tu as juré qu'il avait avalé du poison contre les limaces ; un autre jour encore, on a mis le feu à ta porte d'entrée et tu as « reconnu » avoir oublié des bougies allumées sur le seuil. Et tes enfants, comment ont-ils fait pour te croire chaque fois ? Je le sais, dans ce cas-là non plus tu ne t'attribuerais aucun mérite, tu me répondrais que les enfants ont cette capacité extraordinaire : ils se laissent berner de bon cœur quand ils sentent les adultes en difficulté.

Mais le jour est venu où tu n'as pas réussi à mentir à ta famille. C'était un jour de procession à Malte et, à bien des égards, ce mélange de modernité et de tradition ressemble à la Campanie. Sur ton île, je le sais, les processions en l'honneur du saint patron sont importantes et rassemblent une foule variée : jeunes et vieux, riches et pauvres, dévots et sceptiques, traditionalistes et progressistes. Et je sais aussi que les hommes politiques ne manquent jamais ce genre d'événements, comme dans le sud de l'Italie, car ils savent que ce sont des moments de liesse qu'il serait imprudent de négliger. Un politicien habile peut même voler la vedette au saint et propulser ainsi sa campagne électorale. Ce jour-là, l'un des hommes politiques que tu avais « diffamés » était présent à la procession. Il t'a reconnue, a pressé le pas pour te rejoindre et s'est mis à scander : « Sorcière, sorcière, sorcière, sorcière, sorcière... », en incitant la foule à l'imiter. Il y a eu des cris, la foule a repris cette insulte en chœur et s'est resserrée autour de toi en un véritable corps-à-corps. J'ai lu tellement de fois ce qui t'est arrivé ce jour-là que je sens encore ma poitrine dans la tienne, je sens ton anxiété. La crainte qu'on t'arrache les cheveux, qu'on déchire tes vêtements. Pour échapper à la foule, tu as dû frapper à la porte d'un monastère... Comme si on était au XIXe siècle ! On aurait dit qu'ils voulaient t'exécuter sur place, devant tout le monde. Ou peut-être ne voulaient-ils pas encore te tuer, seulement te faire peur et t'obliger à fermer ton blog. Car, c'est vrai, la vérité est une marchandise à part : les experts en marketing sont prêts à jurer qu'elle ne vaut rien, mais ensuite, quand on la commercialise, elle se vend comme des petits pains. D'ailleurs, sur ton blog, le trafic augmentait à vue d'œil : quatre cent mille visiteurs par jour, un million pendant les élections législatives ! Qui sait si tu étais fière de ce résultat ? Je ne crois pas. Mais tu étais fière de t'approcher de la vérité, car tu étais archéologue, et rassembler les pièces, les fragments jusqu'à ce que tu puisses voir la mosaïque avait du sens pour toi. C'est la même chose pour les mathématiciens. Un jour, j'ai entendu une interview d'un mathématicien à qui on demandait : « À quoi comprenez-vous que le résultat est le bon, avant toute vérification ? » Il a répondu : « Quand je vois que ma démonstration est belle ! » N'importe quel mathématicien le confirmera : les chiffres ont leur propre beauté, tout comme les tessons et les fragments de murs. Ainsi, l'archéologue est comme le mathématicien, il sait qu'il est sur la bonne voie parce que son œuvre est belle. Cela ne signifie pas nécessairement qu'il a trouvé une pièce de monnaie précieuse ou une statue antique ; quelques éléments suffisent, les bons, ceux qui permettent de saisir l'image globale et authentique.

Et, plus tard, une fois que les preuves sont là, que les vérifications confirment ta thèse, quelle poussée d'adrénaline ! Comme en 2016, quand les terminaux du plus important cabinet d'avocats de Panama, Mossack Fonseca, ont craché onze millions et demi de preuves : 2,6 téraoctets de fichiers contenant les noms des propriétaires – les vrais ! – des milliers d'entreprises installées dans le paradis panaméen. Ce fut sans nul doute l'attaque la plus vaste menée contre le système offshore et elle a montré que Malte en faisait bien partie. Tu as pu consulter ces documents grâce à une étrange coïncidence, une chose qui arrive rarement à une mère : ton fils Matthew avait commencé à faire le même travail, il faisait des recherches avec toi. Je vous imagine travaillant sur l'ordinateur l'un en face de l'autre, vous communiquant de la force l'un à l'autre, vous suggérant des pistes.

Les documents piratés à Panama ont fini sur le bureau du journal allemand *Süddeutsche Zeitung*, un cadeau anonyme de quelqu'un qui voulait que les activités et les clients de Mossack Fonseca soient connus du monde entier. Le journal allemand a vite compris qu'il serait submergé par le volume de données, mais aussi qu'il ne pouvait pas en laisser perdre une seule miette. Il a donc décidé de les partager, afin que d'autres journalistes travaillent dessus. Il les a confiées au Consortium international des journalistes d'investigation, basé à Washington, qui réunit des journalistes du monde entier. Les données ont été analysées par une armée internationale de collaborateurs infatigables, qui allaient se coucher quand ceux de l'autre hémisphère se remettaient au travail. L'un de ces journalistes était ton fils Matthew. En étudiant ces documents tous les deux, vous avez eu la confirmation que l'un des hommes sur lesquels vous enquêtiez depuis un certain temps, Konrad Mizzi, alors ministre de l'Énergie, possédait une société panaméenne, tout comme une autre de vos vieilles connaissances, Keith Schembri, alors chef de cabinet et bras droit du Premier ministre Joseph Muscat. Travailler sur les Panama Papers vous a également permis de faire la lumière sur des transferts d'argent suspects, comme ceux effectués entre la famille du président azerbaïdjanais, la Pilatus Bank de Malte, Mossack Fonseca et une société panaméenne appartenant à l'épouse du Premier ministre.

Bingo ! Les preuves étaient désormais là et tu as eu la certitude que ces révélations mettraient fin à la persécution dont tu étais l'objet depuis tant d'années. On cesserait de te traiter de sorcière, de t'accuser de plagiat, de divagations, on ne dirait plus que tu copiais et inventais des articles de journaux. « Tout ça, c'est du passé ! » as-tu voulu croire. Désormais, on reconnaîtrait ton courage et ta compétence, le sérieux de tes enquêtes serait évident pour tout le monde. Comment as-tu pu croire ça, Daphne ? Toi qui avais dit trouver du réconfort, au fil des ans, en lisant ce qui arrivait aux journalistes diffamés et menacés comme tu l'étais toi aussi ?

Ta douleur me déchire, car je peux sentir dans mon estomac ton incrédulité quand tu as compris que rien n'avait changé, que les politiciens impliqués étaient toujours en place, que la classe politique maltaise persistait à nier être impliquée dans le système offshore et favoriser le blanchiment d'argent sale.

Je sais ce que tu as éprouvé en constatant qu'on t'accusait toujours de mentir afin d'attirer des visiteurs sur ton blog.

J'ai dans la bouche le goût amer de la terrible défaite que fut pour toi la réélection de Muscat. Je partage jusqu'au dernier cri ton sentiment d'impuissance et le constat que tout cela était inutile :

les amendes à payer année après année, les procès à affronter, les insultes à supporter, les attaques à repousser, les mensonges à raconter à tes enfants, le temps pris à tes amis, à ta famille, à ta vie.

Ce jour fatidique, le 16 octobre 2017, j'aime à croire que tu es sortie de chez toi avec l'image de Matthew dans les yeux, car vous aviez travaillé ensemble. Tu devais te rendre à la banque, tes comptes étaient de nouveau gelés. Car c'est ce qu'ils font, je le sais : ils veulent te forcer à t'endetter, ils veulent te pousser à faire des bêtises, de sorte qu'ils n'auront aucun mal à gagner. Ils prennent ton argent et ta tranquillité d'esprit, ils espèrent mettre toute ta famille en difficulté et veulent que ton mari, ton fils, ta mère rentrent à la maison et te disent que ça ne peut pas continuer comme ça !

Quand tu t'es aperçue que tu avais oublié le chéquier de ton mari, le seul que tu pouvais utiliser, tu as regagné la maison, puis tu es ressortie et montée dans votre Peugeot 108 gris anthracite. Qui sait combien de pensées tu avais en tête, Daphne. Lorsqu'on a le monde entier contre soi, il est facile de céder au doute, de se dire qu'on n'est pas une bonne mère, qu'on met en péril la sérénité familiale, qu'on fait vivre ceux qu'on aime dans un état permanent d'incertitude et de privation. Tu es montée en voiture, tu as mis le contact et : Boum !

#RELI=ON : c'est ce message envoyé par texto qui a fait exploser les quatre cents grammes de TNT placés sous le siège de ta voiture. Le texto est parti d'un bateau amarré non loin de la côte, vers une carte connectée à la bombe, provoquant une déflagration mortelle. *To rely on* signifie « compter sur ». Peut-être que dans l'esprit de ceux qui avaient commandité le meurtre, c'est exactement ce que cela signifiait : compter sur le TNT, sur le fait que plus personne n'écrirait dans *Running Commentary*, qu'aucune menace n'atteindrait plus les politiciens locaux.

Matthew s'est précipité, il a crié et appelé à l'aide, il s'est approché de la voiture, mais il ne t'a pas vue à l'intérieur… Il jure que tu n'étais pas dans la voiture, qui n'était plus qu'une boule de feu.

Tu sais, Daphne, il y a maintenant un mémorial au pied du monument du Grand Siège, juste en face du palais de justice de

La Valette, un mémorial qui t'est dédié : pas une statue avec une plaque institutionnelle, mais un mémorial spontané, né à l'initiative des gens, avec des fleurs, des bougies, des petits mots. Ce mémorial me rappelle les châteaux de sable que je construisais, enfant, sur la plage de Paestum : la marée haute les détruisait et je les reconstruisais chaque fois. Parfois, le mémorial est arrosé de ketchup, parfois on brûle les messages d'estime et de gratitude, puis on les remplace par des messages de haine : « Daphne was possessed by the devil », « Daphne needed an exorcist! » Ne t'inquiète pas, je sais très bien qu'il ne s'agit pas d'éléments isolés, je sais que les ordres viennent d'en haut, comme celui de faire en permanence des travaux dans les environs, ce qui oblige à enlever au passage les fleurs et les bougies. Mais, comme je le faisais chaque matin en voyant que la marée avait emporté mon château de sable pendant la nuit, il y a toujours quelqu'un qui repart de zéro, avec détermination et obstination : remettant en place les photos, ajoutant un pot de fleurs, installant une pancarte avec le mot « Invicta »... Puis d'autres arrivent, avec un autre pot de fleurs, une autre pancarte, un autre petit mot...

Ma foi, Daphne, je ne pense pas que cela vaille la peine de mourir pour une idée ou même pour la vérité, bon sang ! Rester en vie est un impératif sacré. Et pourtant, au moment même où je l'affirme, je suis le premier à me tourner vers toi pour trouver le courage de la foutre en l'air, ma vie. Je suis le premier à n'avoir appris que de ceux qui, comme toi, ont risqué la leur. Je dis « risqué », pas « perdu ». Tu n'as pas joué avec ta vie et tu n'as pas perdu. Tu ne l'as pas misée à une table de jeu, tu n'as pas roulé à contresens en pleine nuit. Tu as donné à ta vie une intensité totale. Ma foi, Daphne, je crois que le seul mémorial possible est celui qui se construit chaque fois à l'intérieur d'un lecteur.

CRIE-LE HAUT ET FORT :
TON PAYS N'EST PAS À VENDRE.

SAIS-TU REPÉRER LES PIÈGES FAITS DE MOTS?

16

CE QU'ON NE DIT PAS

> La liberté, c'est la liberté de dire que deux et deux font quatre. Lorsque cela est accordé, le reste suit.
>
> GEORGE ORWELL[1]

Il y a toujours un écart entre ce qu'on pense et ce qu'on dit. Parfois, c'est à l'avantage de la vérité, parfois à son désavantage. Quand la personne qui te parle ne dit pas tout ce qu'elle a en tête, ça peut être par pudeur, parce qu'elle veut garder quelque chose pour elle, ou bien par choix stratégique : se servir des mots comme appâts, comme piège dans lequel te faire tomber.

Mais souvent, quand l'autre ne dit pas tout, c'est parce qu'il ne peut pas. Il sait que ses mots sont explosifs et il ne veut pas de démineurs dans les parages. Il préfère donc ne pas parler. Il veille à faire des allusions, à sous-entendre, à suggérer. Ainsi, les démineurs restent dans leur caserne et, si tu es assez intelligent, tu comprendras quand même ces non-dits.

Depuis toujours, les despotes, les tyrans, les autocrates, les dictateurs, les souverainistes essaient de priver leurs sujets de toute parole, pour faire place à la propagande, à la liturgie du pouvoir,

1. *1984*, traduction d'Amélie Audiberti, Éditions Gallimard, Folio, 2021.

aux symboles, aux icônes, aux rituels, aux stéréotypes répétés à l'infini.

Les mots, les vrais mots porteurs de sens, sont réduits au minimum.

Car, pour le pouvoir, la confrontation est une voie semée d'embûches et, aux mots, il préfère donc les fictions savamment mises en scène, les parades et l'hypnose des foules.

J'ai écouté leurs discours à de nombreuses reprises. Plus je les écoute, plus j'y vois une méthode. Plus je les écoute, mieux je distingue les non-dits. À présent, je peux lire en filigrane, je vois clairement l'écart entre ce qu'ils me disent et ce qu'ils ne peuvent pas me dire. Je mesure la tare, la seule chose qui m'intéresse.

C'est dans la phase de gestation, tandis qu'on identifie soigneusement les mots à ne pas prononcer, que réside la vérité de ces discours. Ce sont les non-dits qui parlent : c'est le négatif du discours qui révèle les objectifs du pouvoir.

Moi, je veux retrouver ces mots, te les faire écouter et te faire sentir pleinement leur charge subversive.

Lui, tu n'auras pas de mal à comprendre qui il est.

Elle, c'est Dorina, un personnage de fiction qui, j'espère, ne m'en voudra pas trop de l'avoir malmené.

Dorina fait ce que tu fais avec moi : elle donne la réplique.

Lui, il fonce tout droit.

« Et si nous relisions encore une fois le discours, Dorina ? Avez-vous inclus tous les points ? Avez-vous ajouté la partie où je dis que l'Europe nous humilie ? NON, pas comme ça, ça ne va pas du tout ! Nous ne demandons pas *plus de respect pour notre pays*, c'est du bla-bla. Je vous l'ai dit, il faut que ce soit sec : *l'Europe nous humilie*. Ce n'est pas la même chose… Non, si vous le dites de cette façon, ça devient une considération de bureaucrates, et n'oubliez pas, nous devons montrer que nous sommes différents des bureaucrates de Bruxelles… Nous sommes les protecteurs des peuples, des traditions, du bon vieux temps et des valeurs saines, authentiques… Avez-vous lu Max Weber ? Tradition, charisme, efficacité… Mais tradition avant tout. Vous souvenez-vous du parti communiste tchécoslovaque à l'époque de Staline ? Le mot d'ordre était *tradition* : cymbales, danses traditionnelles, fêtes populaires… Comment ça, on ne comprend pas si nous sommes de droite ou de gauche ? Je vous parle de méthode et il n'y a qu'une seule méthode. L'ennemi est le même pour tous, c'est le village global, le capitalisme, le libéralisme, bref : c'est Jean-Claude Juncker. D'ailleurs, pour Juncker, j'aimerais que vous trouviez un terme qui fasse allusion à sa carrière dans le monde de la finance, quelque chose comme *usurier*… Est-ce trop violent ? Alors mettez *escroc*… Oui, c'est ça, *l'escroc du Fonds monétaire international*… En tout cas, mettez quelque chose qui rappelle son ancienne fonction de gouverneur du Fonds monétaire international. C'est caricatural ? Mais les gens apprécient toujours lorsqu'on fait allusion à un complot des riches… Avec tous ces scrupules, Dorina, vous ne ferez jamais carrière… Notre parti mise sur l'attaque, il doit miser sur l'attaque, vous comprenez ? Vous semblez aimer ce qui est politiquement correct… Mais en étant politiquement correct, on ne peut pas conquérir plus de voix. Internet a définitivement mis fin à l'ère du politiquement correct, car Internet est une place publique, la plus grande place du monde. Et que fait-on sur une place ? On crie pour attirer l'attention. Vous pensez y parvenir avec des raisonnements ? En faisant perdre leur temps à ceux qui travaillent ? Trump a raison : peu importe si c'est vrai, du moment que ça marche !

« Vous avez un diplôme, n'est-ce pas ? En sciences politiques, peut-être ? Ou, pire encore, en philosophie ? Obtenu à l'étranger ? J'en étais sûr, les études encrassent le cerveau… Ça m'est arrivé à moi aussi, vous savez, quand j'étais à l'université… Toutes ces études, tous ces raisonnements académiques si loin des gens et de la rue, ça m'encombrait, ça m'affaiblissait… Mais ça m'est passé, j'ai retrouvé mes esprits ! J'ai compris qu'en politique ces histoires font commettre des erreurs. Les gens sont pleins de rancune… Ils ne veulent pas réfléchir, ils veulent se défouler : qu'y a-t-il de mal à ça ? Ils ont envie d'éructer car ils ont de l'air dans le ventre, ils ont envie de vomir car ils ont avalé leur nourriture de travers…

C'est libérateur ! Par conséquent, nous ne leur proposons que des slogans et des images fortes. Pas de fair-play, Dorina : toujours être forts, durs, virils… C'est comme ça qu'on gagne !

« Nous devons souligner que l'ouverture du pays provoque la dégradation des valeurs morales… Faire comprendre que quand on ouvre, on ne sait pas ce qui va entrer !

« Revenons au discours. Supprimez cette phrase et mettez : *Assez d'humiliations de la part de l'Europe !* **HUMILIER**, voilà le mot-clé, celui que vous devez utiliser.

« Et les phrases doivent être courtes… Vous utilisez des phrases trop complexes. Vous ne rédigez pas une thèse de doctorat, souvenez-vous-en, Dorina, vous préparez un meeting : il faut que ce soit simple, des phrases courtes, péremptoires, qui n'appellent aucune explication, car si on doit s'expliquer, cela signifie qu'on ne s'est pas fait comprendre.

« ASSEZ D'HUMILIATIONS DE LA PART DE L'EUROPE, c'est tout : et là, tac, vous verrez le public s'enflammer. Quand on touche à l'orgueil des gens, aussitôt le ressentiment déferle… Quel crétin a dit que l'orgueil n'était pas un sentiment noble ? Dès qu'on blesse l'orgueil des gens, ils se mettent au garde-à-vous comme une bite devant une chatte… Non, n'écrivez pas ça, c'est vulgaire, et il faut éviter les références au sexe, car elles distraient le public. Nous devons être austères, choisir des images qui les obligent à se concentrer sur nous… Dommage, c'était une bonne comparaison, une bite devant une chatte… Pardonnez-moi, Dorina, mais voyez-vous, une bite ne se dresse pas devant une chatte par lubricité, comme tout le monde le croit, mais par orgueil, pour être plus longue et plus grosse que les autres. Ne nous égarons pas… Le concept, le mot à utiliser doit donc toujours être *humiliation*, car dans la vie nous sommes tous humiliés, et l'orgueil est l'antidote à l'humiliation ! Dans votre école de sciences politiques, on ne vous a pas appris comment Hitler avait gagné les élections ? En faisant appel à l'orgueil des Allemands vaincus et **HUMILIÉS** ! À Versailles, les puissances européennes lui ont offert la victoire sur un plateau d'argent… Ils pensaient qu'en tapant sur l'Allemagne, ils la mettraient à genoux, et

voilà ce qu'ils ont obtenu… Imbéciles ! On n'avait jamais vu des réparations de guerre aussi élevées. Ils ont tellement humilié les Allemands. Il était évident que le premier qui se lèverait et dirait : "Plus jamais d'humiliations", boum, tous ses compatriotes suivraient et taperaient du poing sur les tables des brasseries, de Munich à Berlin ! Puis ils ont commencé à défiler en masse…

« Je vous le répète : en jouant sur l'orgueil, en politique on arrive où on veut… Vous savez pourquoi ? Parce que les gens n'attendent qu'une chose, changer de vie, et on a beau dire que le but est d'atteindre cent ans, nous sommes tous des candidats au suicide. Oui, il y a bien quelques privilégiés qui s'amusent et veulent en profiter jusqu'au bout, mais si on leur dit de changer de vie, de quitter l'enfer du quotidien, les gens sont prêts, il n'y a plus qu'à leur mettre une arme entre les mains, à désigner un ennemi sur qui tirer, et ils enverront chier leur vie d'ados minables ou de chômeurs, les factures à payer et la belle-famille qui vous traite de raté, le frigo à remplir, les fesses à torcher, les devoirs, les impôts, la castration permanente. Les "fais pas ci, fais pas ça…", les "ça ne va pas être possible…"

« Non, bien sûr que nous n'allons pas distribuer des armes, Dorina, qu'est-ce que vous croyez ?! Vous non plus, vous ne comprenez pas les métaphores ? Je veux juste dire que les clés de nos discours doivent toujours et uniquement être l'*orgueil* et l'*humiliation* : l'Europe nous humilie, elle nous traite comme un pays subalterne, elle ne nous laisse pas nous asseoir au premier rang, elle nous exclut, nous fait balayer le sol mais ne nous invite pas. Nous ne sommes jamais assis aux bonnes places, les places réservées… Seules la France et l'Allemagne distribuent les cartes, dressent la liste des invités, fixent le code vestimentaire, placent des videurs devant la salle et décident qui faire entrer, qui laisser dehors…

Combien de fois entendez-vous dire à la télévision que la France et l'Allemagne se rencontrent en *tête à tête* pour parler de ceci et de cela, décider qui reçoit de l'argent, à quelles guerres participer ? À une époque, les Anglais aussi comptaient, mais ils se sont exclus du jeu… Non, les Italiens ne comptent pas, zéro…

Qu'est-ce que la mode a à voir avec ça ? Quelle importance a la mode quand une moitié du pays est aux mains d'organisations criminelles et l'autre de politiciens liés aux organisations criminelles ? Qui peut bien faire confiance aux Italiens ? Non, les Italiens ne doivent pas compter en Europe... Et puis ils sont à moitié arabes eux aussi.

« Vous souvenez-vous de ce que les goumiers faisaient aux femmes pendant la Seconde Guerre mondiale ? Comment ça, Dorina, qui étaient les goumiers ?! On n'enseigne plus l'Histoire dans les écoles de sciences politiques ? Les goumiers étaient des Berbères enrôlés par les Français pour accomplir le grand exploit dont nous devons tous dire du bien aujourd'hui, car c'est un dogme : se libérer du nazisme et du fascisme ! Eh bien, en même temps qu'ils les libéraient du fascisme, ces foutus Berbères les violaient, Dorina. Ils violaient toutes les femmes qu'ils croisaient : jeunes, vieilles, enfants, sans exception. Si on distribue des fusils à une bande de Bédouins, à quoi s'attend-on ? Un butin. Pour eux, c'était juste un butin de guerre. Savez-vous combien de bâtards sont nés de ce butin de guerre ? Des bâtards qui transmettent encore leur sang coupable, génération après génération...

« Mais revenons à notre sujet. Vous avez inclus l'allusion à Soros ? Bien. Soros, ça marche à tous les coups. Vous avez fait des études grâce à une bourse de Soros ? Et alors, moi aussi, mais ce n'est pas pour ça que je vais lui cirer les pompes toute ma vie. On doit mettre Soros en arrière-plan de tous les discours, car c'est un autre de ces mécanismes qui fonctionnent toujours... Les gens aiment avoir l'illusion de démasquer de vastes complots ! Non, vraiment, les gens sont tellement stupides qu'il suffit de leur dire que c'est une conspiration et ils l'acceptent sans broncher. Si on adopte le ton juste, c'est gagné. Quelque chose comme : “On t'a fait croire ça ? — Soros est derrière !” Non, mais vous entendez comme ça sonne bien ? “Qui est derrière tout ça ? — Soros.” Je ne sais pas pourquoi ça sonne si bien, peut-être parce que c'est un de ces noms... comment on dit ? Ces noms qui peuvent être lus dans les deux sens, de droite à gauche et de gauche à droite... Un palindrome ! Bravo, Dorina ! Surtout, il faut se contenter de faire allusion aux complots attribués à Soros, quelques lignes, dix mots tout au plus… Sinon on exagère et on finit comme ceux qui déblatèrent à l'infini : données, estimations, statistiques, analyses, complexité, et pendant ce temps on perd les électeurs en chemin… Laissons les données et les analyses aux intellectuels, qui aiment parler et s'interrompre les uns les autres dans leur tour d'ivoire… Non : nous, nous devons attaquer. Jamais défendre. Pas de raisonnements sophistiqués ou tortueux, car on donnerait l'impression de se justifier. Nous sommes rapides, concis, insistants, répétitifs, agressifs.

« Bien. Après l'Europe qui nous humilie, puis Soros, il nous faut l'invasion. À coups d'hyperboles, quelque chose comme *les hordes de musulmans qui veulent forcer nos portes*. Et ajoutez quelques menaces d'ordre sexuel, comme : *ils veulent nos femmes, ils prendront nos femmes*… Poussez, Dorina, poussez : nous devons stimuler les instincts primitifs des hommes… Croyez-moi, je n'ai jamais rencontré un homme qui ne perd pas la tête quand on lui dit qu'un autre va prendre sa femme… De droite ou de gauche, grand ou petit, athée ou croyant, monogame ou amateur de putains : c'est mathématique… On dit : "Ils viennent pour baiser ta femme et tes filles", et boum, on a stimulé l'orgueil. On doit voler bas, Dorina, souvenez-vous de ça. Plus on vole bas, plus on intercepte de gens, car personne ne vole haut, il n'y a pas d'aigles ici, Dorina, seulement des hamsters fatigués de faire tourner la roue.

« Puis terminez avec ceci : dites qu'en Europe de l'Ouest ils veulent envoyer leurs immigrés chez nous, comme ça leurs pays seront propres et on aura récupéré leur merde… Mettez aussi que dans les grandes capitales européennes, il faut désormais chercher les Blancs avec une lampe torche. Ça fait augmenter le sentiment de menace, d'encerclement, d'injustice subie, de patrie qu'on insulte, d'espace vital qu'on s'approprie… *Depuis combien de temps n'avez-vous pas pris le métro à Paris ?* Écrivez ça. *Dans le RER parisien, il n'y a qu'un Blanc sur dix voyageurs !* Ah, et ajoutez : *On nous raconte que les vélos en libre-service permettront de sauver l'environnement : foutaises ! La vérité, c'est que la gauche caviar en a marre de prendre le métro avec les bamboulas. Maintenant elle regrette, elle voudrait revenir en arrière, et devinez comment ? En envoyant ici tous ses précieux immigrés…*

« Il faut aussi écrire que l'Union européenne veut saper nos racines chrétiennes. Toujours recourir à l'argument religieux. Vous savez que, pour la propagande, la religion est comme le sucre dans un gâteau, n'est-ce pas ? Ah oui, vos professeurs ont dû vous le dire… Mais avec leurs grands mots, on ne comprend rien. Ces choses comme : "La religion est un puissant marqueur identitaire…" Je veux dire : vous êtes-vous déjà demandé pourquoi, chez nous, il n'y a rien à faire pour que les jeunes aillent à l'église, alors qu'à Belfast elles sont pleines de gens qui ont moins de vingt-cinq ans ? Exact, Dorina : à Belfast, aller à la messe et porter une croix de sa première communion ne veut pas dire qu'on est aussi bigot qu'une vieille dame. Ça veut dire que, s'il faut déterrer l'arsenal militaire de l'IRA pour cribler de plomb ces putains d'Anglais, on est prêt ! La guerre est toujours pour les jeunes et la paix pour les vieux ! Souvenez-vous de ça, Dorina…

« N'oubliez pas : religion = identité = conflit. Gardez bien cette formule à l'esprit quand vous écrivez. Il ne faut donc pas présenter l'invasion comme une simple invasion, mais précisément comme une *invasion islamique*, et ajouter des références historiques… Oui, les références historiques sont utiles : peu importe ce que l'Histoire nous enseigne, c'est comme une série télévisée dont chaque épisode raconte les rancunes que les peuples portent en eux… Parlez des Turcs, oui, dites que les Turcs se sont pressés à la frontière des Balkans pendant des siècles, dans l'espoir de faire flotter la bannière au croissant de lune sur Budapest… Mettez-y également une image de victoire, mettez-y Lépante ! Avec trop de défaites, on finit par se sentir vaincus, or on a besoin d'une victoire : Lépante, oui, la grande bataille navale du XVIe siècle… Vous la voyez ? Vous voyez la Sainte Ligue naviguer en pleine mer et affronter l'armada turque ? C'est déjà un jeu vidéo, c'est déjà le final d'une série à succès ! J'imagine mes électeurs appuyant sur leurs manettes de jeu pour couler les vaisseaux musulmans… Des slogans efficaces sur Lépante, on en trouve autant qu'on veut sur Internet. Jetez un coup d'œil, ils peuvent nous être utiles.

Qu'est-ce que vous dites ? Que ce sont des sites néonazis ? Mais c'est bien quand même, et ce n'est pas parce qu'ils sont néonazis que tout ce qu'ils disent est faux, Dorina, ce qui est efficace doit être recyclé... Vous vous souvenez de Machiavel ? Le seul foutu Italien que je respecte vraiment. Ce qui compte, c'est de gagner, on se fiche de la manière ! Mettez un slogan accrocheur, quelque chose comme : *Nous arrêterons l'invasion, ce sera un nouveau Lépante !* Dorina, pourquoi vous ne dites rien ? Vous êtes toute pâle. Vous allez bien ? Oh, mon Dieu, mais... Ne vous inquiétez pas, je vais vous tenir le front, allez-y, vomissez, ne vous retenez pas, c'est ça, c'est ça... Vomissez tout... C'est ça !... Quelque chose que j'ai dit vous a dérangée ? Ce n'est pas grave, c'est exactement ce dont vous avez besoin. Ces histoires sont comme le verre d'eau salée qui aide à vomir et se remettre d'une gueule de bois, après toutes les idioties qu'on nous a toujours racontées... »

CRIE-LE : LA POLITIQUE NE DOIT PAS FLATTER.
ELLE NE DOIT PAS DIRE : TU AS RAISON
ET LES AUTRES ONT TORT.

UN BON NOM

Vénus callipyge

17

FICHUE BEAUTÉ

> La beauté n'est pas une qualité inhérente aux choses elles-mêmes, elle existe seulement dans l'esprit qui la contemple, et chaque esprit perçoit une beauté différente.
>
> DAVID HUME[1]

Il fut un temps où nous nous croisions sans cesse, la plus belle femme du monde et moi. Dès que possible, je laissais tout tomber, je sautais sur ma Vespa et fonçais vers elle. Son ventre est doux, ses cuisses charnues et larges, son visage hypnotique et serein vous fige sur place, il vous inonde de lumière tel un phare. Si tu vas au musée archéologique de Naples, tu la verras : c'est la Vénus callipyge.

Eh bien, si son corps, que ses contemporains considéraient comme un modèle de perfection, était le tien aujourd'hui, si c'était ton image, ta photo, je suis sûr que tu hésiterais à la poster sur Instagram. Si son corps était le tien, je suis sûr que tu en ressentirais de la gêne. Si son mollet était le tien, tu le jugerais disproportionné par rapport au reste de la jambe. Les cuisses également, si elles étaient les tiennes, tu les trouverais insupportablement

1. *Essais esthétiques*, traduction de Renée Bouveresse, Garnier Flammarion, 2000.

galbées, tu te plaindrais que tes seins sont trop petits et tu protesterais car on ne distinguerait en filigrane aucun muscle tendu.

Un matin, vers l'âge de seize ou dix-sept ans, alors que je levais la tête de l'oreiller, j'y ai remarqué des cheveux en nombre anormalement élevé, sans rapport avec le cycle naturel de chute et de repousse.

Ce jour-là, j'étais nerveux en entrant dans la salle de classe. Coincé entre la table et le banc, je suis resté muet, je pensais à cette touffe de cheveux. J'espérais que c'était l'effet d'un stress passager, de l'anxiété due aux interrogations, aux notes qui n'étaient jamais assez bonnes pour ceux qui, chez moi, les attendaient.

Mais au fil du temps, les choses ne se sont pas améliorées. Au contraire, ces petites touffes ont commencé à devenir de plus en plus épaisses, elles me regardaient du fond de la baignoire après le shampooing, du fond du lavabo après le rasage, du fond de mon le lit après le réveil.

Et les cheveux continuaient à m'accompagner, à lutter en même temps que moi, mais ils changeaient de nature, ils ne poussaient plus, aucune chance désormais qu'ils me tombent jusque sous les épaules. Puis, au bout d'un moment, ils ont complètement cessé de pousser.

De longues heures d'attente dans le cabinet d'un endocrinologue, puis dans celui d'un dermatologue, enfin chez un spécialiste de trichologie. Le verdict était le même : alopécie androgénétique.

C'est la faute de ta mère !

Oui, c'est de la mère que dépend le destin de tes cheveux, car elle l'inscrit dans l'ADN de ses enfants.

Lotions, onguents, potions. Rien n'a retenu ces cheveux si lisses et si longs, couleur acajou. Mon image, la seule que je connaissais, avait disparu.

Le pire, c'est de perdre ses cheveux alors qu'on a une copine, et j'en avais une, moi, la Vénus callipyge… Et je souffrais de me retrouver chauve et effrayé sous son regard ; je me sentais mal à l'aise avec ce visage exposé, immense, sans rien pour l'encadrer ni le protéger. C'était une sensation désagréable, de s'examiner dans le miroir et de ne pas se voir.

Je devenais hésitant et, pendant un long moment, j'ai repoussé tout rendez-vous avec elle.

Et plus je craignais ce jugement, plus je sentais que je me condamnais moi-même. J'ai alors décidé de ne pas attendre que les cheveux restants m'abandonnent et je les ai libérés. Je me suis rasé le crâne, je l'ai rasé de près et je me suis reconnu car, d'une certaine manière, je me ressemblais encore.

J'ai pris ma Vespa et je suis retourné au musée archéologique.

Et elle ? me demanderas-tu. Qu'est-ce qu'elle a fait ? Qu'est-ce qu'elle a dit ?

Rien, elle n'a rien fait. Elle n'a rien dit. Pour elle, c'est ça, la beauté : ne pas se cacher.

Je sais que nous vivons une époque dominée par la beauté. Elle mesure l'empathie initiale envers l'autre, c'est à son aune qu'on se sent jaugé au premier contact, c'est la première sélection. Et je sais qu'il est difficile de croire ceux qui prétendent qu'elle n'est que surface. La beauté est une obsession, mais c'est surtout un risque. Le risque du canon, des mesures, poids et forme. Le risque qu'elle devienne une frontière, un rideau, un mur. D'un côté ou de l'autre, à l'intérieur ou à l'extérieur. D'un côté, ceux qui ont le passeport de la beauté ; de l'autre, ceux qui n'ont pas de citoyenneté, laids ou normaux, qui ne font aucun effet lorsqu'ils postent une photo ou se présentent à une fête.

Lorsqu'on décide que la beauté est mesurable, on la compromet. Le tour de poitrine, la stature, le tour de taille petit ou grand, la forme des yeux : mesurer tout cela est très risqué. Face à ce qui ne correspond pas aux canons de la beauté, on dit alors des choses comme : « Il n'y a pas que la beauté dans la vie ! »

Ne tombe pas dans le terrible piège qui consiste à chercher autre chose que la beauté, à imaginer d'autres moyens de conquête. La beauté n'est pas un jeu à base de mesures. Et quand je te parle de beauté, je te parle d'érotisme, de beauté qui fait bander, qui fait mouiller, qui fait battre le cœur, qui fait saliver.

C'est de cette beauté que je te parle. Eh bien, il faut être capable de la reconnaître en toutes circonstances, pas seulement dans les mesures chiffrées, car la beauté est un ensemble, elle est esprit, elle est talent, elle est détail, elle est ouverture, elle est charme. Surtout, elle est « la somme des capacités d'une personne, pas de ses difficultés », ce qui signifie qu'elle est la somme de ce que tu sais faire, de ce que tu peux faire et de ce que tu es capable d'être. La laideur, elle, est une lamentation incessante contre tout ce que tu ne sais pas faire, ce que tu n'as jamais pu apprendre et ce que tu ne pourras jamais être. Chaque pensée consacrée à ce que tu n'es pas et ce que tu n'as pas entrave ton mouvement, dévore ton énergie et produit alors une laideur irrémédiable.

C'est comme la vie. On ne peut pas vivre toutes les vies, faire toutes les expériences, avoir le temps de tout cultiver. On doit toujours choisir, et un choix c'est une autre route que tu ne suivras pas, une direction, un chemin que tu n'exploreras jamais, qui te restera définitivement interdit.

La beauté, c'est pareil. Quand nous regardons quelqu'un, nous ne pouvons pas avoir assez d'énergie pour tout apprécier, tout aimer, tout comprendre de cette personne. Ne te fatigue donc pas à offrir aux autres une quantité de toi-même qui ne peut pas être digérée, une personne entièrement belle, à regarder et à admirer dans sa totalité. Cherche parmi tes branches celles qui peuvent encore pousser ; les autres, celles qui ont déjà été taillées par le destin, ne leur consacre pas même une pensée, un regret, un mot. Il n'y a pas de logique de pitié dans la beauté, je l'ai appris en écoutant un corps qui est beau même à force d'inaptitudes. La phrase entre guillemets que tu as lue quelques lignes plus haut n'est pas de moi mais d'un homme politique, Iacopo Melio, une « personne avec des inaptitudes ». C'est la seule façon dont il veut être défini, « personne avec des inaptitudes ». Et en ça aussi, il me convainc. Il n'est pas « différent », comme on le dit et l'écrit souvent, car il n'a pas d'aptitudes différentes mais des aptitudes qui lui sont propres, comme tu as les tiennes et moi les miennes. Je sais lancer une boule de papier dans la corbeille sans me lever de ma chaise, tu sais déboucher une bouteille de bière avec un briquet. Et Melio, que sait faire Melio ? Eh bien, il repasse comme personne ! Melio est formidable quand il se fiche de nous en repassant comme personne, et je suis formidable quand je lance une boule de papier, car je suis dans ce geste qui me correspond et m'appartient.

Bien sûr, tu peux être l'une de ces femmes ou l'un de ces hommes qui s'arrêtent à la surface des choses, et si tu t'arrêtes à la surface, alors pour toi seuls un visage de poupée, un corps de gymnaste, un cul parfait, une bouclette ondulée seront beaux ; si tu n'es pas capable de fouiller dans l'éros et dans sa profondeur, alors tu ne trouveras beau que ce qui, en apparence, t'a été désigné comme tel.

Oui, bien sûr, la beauté change de culture en culture, d'époque en époque. Moi, j'aime la baigneuse de Courbet et sa cellulite, j'aime la chair débordante de la Vénus paléolithique de Willendorf, alors que les samouraïs ne jugeaient belles que les femmes minces, aux pieds minuscules et aux formes contenues, à peine soulignées. Justement. Il n'existe pas de canon, car le mien et le tien ne sont pas les mêmes, pas plus que le nôtre n'est celui des Sumériens, des Grecs ou des Romains. Mais attention, je ne suis pas en train de dire que j'aime les corps négligés, les jardins abandonnés que personne n'arrose plus et où on n'arrache pas les broussailles sèches à la croissance exubérante. Je dis que j'aime entretenir l'existant. J'aime qu'on fasse l'effort de cultiver les herbes qui sont déjà dans le périmètre d'un jardin, celles qui y poussent spontanément, y compris le chiendent et les orties. En revanche, les corps parfaits m'ennuient, comme les jardins qui se ressemblent tous, ceux qui, sous toutes les latitudes, arborent un gazon anglais et des palmiers exotiques, comme les villas de Floride construites à la chaîne.

« D'accord, mais si je n'ai pas des abdos en tablettes de chocolat, personne ne me regardera ! »

Oui, je comprends, mais la beauté ne devrait pas se forger en imposant à notre corps un modèle, un idéal. On la reconnaît dans l'effort constant de nous ressembler à nous-mêmes, de raconter notre histoire, de mettre en lumière ce qui nous est propre.

En dehors du domaine du droit, je déteste la formule : « Nous sommes tous égaux. » J'aime les gens parce qu'ils sont différents, je les aime en fonction des histoires que leur corps peut raconter. Si cette histoire est toujours la même, déjà entendue, car ce corps a été construit suivant un modèle, ma curiosité et mon imagination s'éteignent.

« Laissons les jolies femmes aux hommes sans imagination », telle était la phrase que Proust aimait à répéter lorsqu'il était jeune. Car j'ai toujours aimé voir dans un corps l'image d'une cour d'immeuble anonyme où je ne suis jamais entré, d'un terrain de football perdu où je ne jouerai jamais, d'une crique dans laquelle je n'ai jamais nagé, d'un escalier que je n'ai jamais gravi. Quand un corps évoque cela, mon instinct de chasseur est aux aguets, je veux en savoir plus, ma curiosité est éveillée, mon éros mis en mouvement. Chaque corps est une histoire, chaque histoire est un décor dans lequel je veux entrer, un film dans lequel je veux entrer.

Je sais ce que tu penses : « Quelle idiotie ! Si je ne suis pas beau, personne ne me regardera, peu importe si je sais raconter mon histoire, jouer du piano ou réciter Lucrèce. Je dois de toute façon être au top, ou bien la solution est d'être très riche, d'avoir beaucoup de succès, car la richesse et le succès peuvent rendre beau... » Tu sais que ce n'est pas vrai. Tu sais que si je te dis maintenant : pense à la plus belle fille du lycée, celle qui correspond le mieux aux canons de la beauté publicitaire ; puis si je te dis : pense maintenant à celle qui t'attire le plus, les deux choses ne coïncideront pas, elles ne coïncident jamais et, quand elles le font, c'est seulement par hasard.

Mange sain, prends soin de toi, habille-toi correctement ; si tu aimes ça, joue avec les codes de la mode ; si ça te fait plaisir, sculpte ton corps à la salle de sport. Mais ne te mesure jamais. Les mesures servent uniquement à l'industrie, qui fabrique des produits à vendre. Et pour les vendre, on doit vendre un rêve : nous dire, à toi et moi, que nous ressemblerons à ceux que nous voyons défiler sur les podiums. À présent, tu comprends pourquoi la mode ne sélectionne que des corps aux caractéristiques insolites ?

Sinon le vêtement perdrait de sa magie et, avec la magie, la promesse de nous transformer. La mode doit changer et, pour cela, garder les yeux fixés sur un nouveau modèle à atteindre. Il faut que ce soient des hommes et des femmes qu'on ne croise généralement pas dans la rue, qui ne s'habillent pas comme tu le fais, toi : ils doivent rester loin du chaos et des nécessités du quotidien. Je déteste la mode, ou peut-être que je ne la déteste pas, mais j'essaie toujours de m'habiller autrement.

On aura beau nous dire que les gros seins sont mieux que les petits, que les tablettes de chocolat sont mieux qu'un ventre flasque, nous continuerons à aimer l'imprévu et l'imperfection. Nous continuerons à être attirés par des cernes visibles, par un nez fort, un ventre arrondi ou un début de calvitie, et nous ne saurons pas expliquer pourquoi.

On ne naît pas beau et on ne le devient pas. Ce qui est beau, c'est la tension, le mouvement de ceux et celles qui ont un projet de beauté. Cela ne veut pas dire que la beauté n'existe pas, que «tout vient du cœur» ou que «ce qui compte, c'est ce qu'on est dans son for intérieur». Ce sont des expressions que je déteste également, car elles exacerbent le problème et ne le résolvent pas. Ce que je dis est différent. Je dis que la beauté est un talent, le talent de prendre soin de ce qu'on est, de montrer ce qu'on est, d'améliorer ce qu'on est. Que dirais-tu à un adolescent qui se sent mal à l'aise dans son corps ? Que dirais-tu à une mère qui sait sa fille malheureuse parce qu'elle ne correspond pas aux canons de la beauté ? Je sais ce que tu lui dirais. Qu'il n'y a pas de chemin unique vers la beauté, car on pourra bien t'assurer qu'un petit nez bien proportionné est beau, il peut arriver que lors d'un casting le réalisateur cherche plutôt un nez grec, un nez important, qui partage un visage en deux telle une plaie, et dans ce cas tu ne désireras plus avoir un petit nez. La beauté est une chose complexe, ne joue pas à l'adapter à chaque saison ou tu n'en auras aucune.

La beauté est comme le caractère. Il n'est pas nécessaire de plaire à tout le monde, sinon cela signifie qu'on ne plaît à personne. Recherche ton propre timbre tout en sachant que de nombreuses personnes n'y entendront aucune vibration.

La beauté, c'est le corps moelleux de la Vénus callipyge et non ceux, fermes, qu'on voit sur les réseaux sociaux et qui servent d'appât.

C'est le danger que recèle la beauté : nous transformer en proie. Giordano Bruno l'avait bien compris et en a parlé à travers un récit mythique, celui de Diane et Actéon.

Un jour, Actéon chasse dans les bois. Il est jeune, il est beau, il est armé. Il entend des voix de femmes, sent une odeur d'étang et devine le bruit de l'eau. Il est curieux, il est excité, car il comprend que les femmes dont il entend les voix pourraient être nues. Impatient, il lorgne à travers les buissons, ses mains ouvrent une faille jusqu'à ce qu'il les aperçoive : elles sont nues ! Parmi elles, Diane l'inaccessible est connue pour ne pas tolérer qu'un regard d'homme se pose sur elle et pour refuser toute présence masculine à ses côtés. Elle fait tout ce que font les hommes : prendre les armes, partir à la chasse, se salir. Diane se moque des autres déesses, qui sont prisonnières de leur image reflétée dans les points d'eau ; qui passent des heures à se brosser les cheveux, à s'enduire de crèmes ; qui trébuchent parce qu'elles portent des vêtements serrés et des chaussures inconfortables ; qui vivent pour recevoir des compliments. Diane ne veut pas être Vénus, même si elle en a la beauté, car la beauté est un patrimoine familial : Diane est la sœur d'Apollon, symbole même de la beauté. Mais Diane ne veut pas être belle, elle ne veut pas être regardée, elle considère chaque regard comme une requête et chaque requête comme un subtil chantage. Elle ne sort jamais des bois, elle s'y camoufle, le camouflage doit dissimuler sa beauté, cette fichue beauté qu'elle n'a pas voulue, qu'elle a reçue malgré elle et qui risque de la transformer en appât, suscitant des réactions étranges, comme celle d'Orion, qui a tenté un jour d'abuser d'elle. Elle ne veut pas de cette beauté parce qu'elle la condamnerait en outre à prendre sans cesse soin d'elle-même, un soin maniaque, obsessionnel, qui diminuerait le temps qu'elle consacre à la chasse, à la nuit, aux atmosphères lunaires qu'elle adore. Cette beauté la priverait de liberté, l'obligeant à porter des robes longues, alors qu'elle n'aime rien tant que la tunique très courte qui laisse ses jambes nues, prêtes à bondir, à courir derrière un lièvre. Elle ne veut pas que la beauté la transforme en proie, elle ne veut pas être une proie, elle veut chasser.

Actéon devrait savoir tout cela, il devrait éviter de l'envahir avec son regard, mais il le fait, il l'envahit et reste là. Quand Diane s'en aperçoit, il tente de fuir, mais il est trop tard, il s'est empêtré dans sa beauté, il n'arrive pas à se détacher de cette vision. Il tente de fuir, mais ses jambes sont lourdes, impossible de les bouger, ses pieds se transforment en pierres, car au fond de lui il ne veut pas fuir mais rester. Pour le punir, Diane le change en cerf, puis elle lâche ses chiens sur lui et ils le dévorent sans pitié. Telle est la faute d'Actéon : être devenu proie sous l'effet de la beauté.

« Très rares, dis-je, sont les Actéon auxquels il est accordé par le destin de pouvoir contempler la Diane nue et de devenir tels qu'épris d'amour pour la belle harmonie du corps de la nature, et tombés sous le regard de ces deux yeux de lumière, splendeur jumelle de la divine bonté-et-beauté, ils sont transformés en cerfs, de sorte qu'ils ne sont plus chasseurs, mais gibiers. »

Ce que Giordano Bruno veut dire, c'est que la beauté peut te transformer ou te figer, quand tu la regardes. Elle peut te faire du bien ou du mal, cela dépend de toi.

La beauté est vérité, et la vérité est en mouvement. Si on l'embaume, si on la contraint à une mesure, à une pose, si on la prive de dynamisme, c'est-à-dire d'effort, de quête, alors, de chasseur, on devient proie. Que tu sois fille ou garçon, ne t'enlise jamais dans la beauté, donne-lui le temps qu'elle mérite, n'en reste pas prisonnier comme Actéon, incapable de bouger, mais change, transforme-toi, vieillis.

Ne réduis pas ton image à un bond, une pose dont sont absentes tes expressions, qui sont la saveur de tes formes. N'exclus pas la douleur de ton image, car la douleur n'enlaidit le corps que si tu la caches ; si tu la libères, en apparence elle te décoiffe, te tord les lèvres, te congestionne les yeux, mais en réalité elle te donne de la substance. Ne cherche pas la photo parfaite, la forme parfaite, ne reste pas figé dans une pose éternelle. La beauté est tension, elle doit nous pousser au mouvement et non à l'immobilité. C'est le mouvement qui nous améliore, pas la guerre que nous faisons à notre corps quand nous le forçons à prendre une forme qui ne lui appartient pas.

Quand tu regardes un tableau de Vermeer, que tu écoutes du Mozart, que tu achètes une nouvelle moto ou que tu portes une paire de chaussures qui te plaît, cette beauté ne te nourrit que si tu sens qu'elle te donne envie de mouvement, qu'elle libère une énergie, un désir de devenir une partie de la beauté et non la beauté elle-même.

Porter une nouvelle robe ou une belle paire de chaussures est important si cela te donne le sentiment de participer à un projet plus large d'harmonisation : la beauté est dans l'effort de construire un ensemble de beauté, elle est dans le dessein général.

Nous devons être des chasseurs de beauté, non être ses proies. Chasser la beauté signifie laisser derrière soi l'obsession des mesures, des centimètres, de la coupe de cheveux, pour aller vers les autres. Si nous sommes obsédés par notre corps, par l'idée de le rendre plus beau et plus attrayant aux yeux des autres, la beauté nous piège. Mais lorsque c'est nous qui allons vers la beauté, alors la beauté nous transforme.

La vraie beauté n'est pas un canon, un chiffre, une mesure. Un canon est destiné à être en décalage, car il tend à l'exclusivité, plus encore à l'ère du partage total. Un canon impose des mesures contre nature, c'est un moule pour des corps rares et statiques, enfermés dans une cage de pseudo-perfection.

Aujourd'hui, les photos que nous postons sur les réseaux sociaux risquent de nous faire croire que la beauté suit un canon. Si tu te laisses conditionner, si tu commences à compter les centimètres de ton corps et de ton visage, si tu en dissèques chaque partie, si tu te plains de ne pas être une beauté publicitaire, cela signifie que tu cèdes à un canon qui n'est pas le tien, mais qui sert le marché. Il sert à transformer le vaste monde des consommateurs, qui doivent vouloir exactement le même produit, car dans la logique de la production automatisée, plus la demande est uniforme, moins il est coûteux de fabriquer un objet.

Le canon de la beauté sert aujourd'hui à cela, à produire des biens qui se ressemblent tous, réglés par une norme unique qui garantit la vente. Mais nous constatons tous que c'est l'imprévu qui nous attire, qui nous frappe, qui nous paraît beau. Souvent, c'est ce que nous ne pourrions jamais présenter comme fidèle à un canon.

Plus j'étudie la beauté, plus je me rends compte que le canon que l'Occident a choisi et imposé répond à un désir intime de malheur. Penser au caractère mesurable de la beauté a toujours généré en moi un sentiment d'oppression, car dans une société où la beauté est mesurée, on entre rapidement en conflit avec son propre corps.

La beauté n'est pas un ignoble chantage publicitaire, l'obligation de s'en tenir à un code. La beauté ne doit pas nous figer, mais nous décoiffer, nous faire transpirer et, surtout, nous donner le courage de crier.

CRIE-LE : AUCUN GESTE NE DOIT ARRÊTER LE MOUVEMENT.

QUELLE DIFFÉRENCE Y A-T-IL ENTRE
UN COUP DE MATRAQUE ET UNE PHOTO VOLÉE?

Terry Bollea

18

HULK QUI N'EST PAS HULK

Une bonne réputation vaut mieux que le bon parfum

L'Ecclésiaste, 7,1[1]

En 2003, Nick Denton, un ancien journaliste du *Financial Times*, a créé le site people Gawker.com. Denton avait compris – il faut lui reconnaître cette intuition – qu'exposer la vie privée des gens célèbres sur le Net était bien plus rentable que de travailler derrière un bureau. Mais ce n'est qu'une supposition de ma part, car il prétendait, lui, être motivé par un souci d'ordre déontologique : celui de démasquer l'hypocrisie de l'establishment en montrant le décalage entre la conduite privée et l'image publique.

Mais l'establishment n'était pas la seule cible de Gawker : sa croisade visait également le monde du spectacle, mettant en ligne des photos et des vidéos hard des stars. Gawker voulait, semble-t-il, dénoncer comme une imposture leur prétention à mener une vie amoureuse et sexuelle « hors du commun », alors qu'elle était en général « parfaitement banale ». Le ton était toujours insolent et moqueur, un peu comme les « Ha-ha ! » de Nelson dans *Les Simpson*.

1. La Bible, par Louis Segond, 1910.

Ce n'était clairement pas du journalisme ni quoi que ce soit qui y ressemble. Ce n'était pas une pensée ou un discours, seulement une mise au pilori médiatique. Or, ce qui m'inquiète dans le journalisme poubelle, c'est que la loi de Gresham s'y applique comme en économie : si on injecte de plus en plus de monnaie toxique sur le marché, elle finira par chasser la bonne. Les extrêmes se touchent, se confondent, se mélangent, et il arrive que vivre dans un contexte de contrôle policier strict ou dans un monde de laisser-aller absolu devienne la même chose. Je vais essayer de mieux m'expliquer avec un exemple.

Quand les fascistes rouaient de coups les opposants au régime, il était évident pour tout le monde qu'il s'agissait de censure : tout antifasciste avait l'obligation de se taire. Mais aujourd'hui, qui pourrait saisir le lien entre la publication d'une photo volée te montrant sur la cuvette des toilettes et tes propos dissidents? Nous nous amuserions tous – moi le premier! – à souligner combien tes grimaces ou ton pantalon sur les chevilles sont comiques. Personne ne comprendrait que, dans ton intimité, tu es comme le dissident frappé jusqu'au sang par les fascistes : ton pantalon baissé est comme ses pommettes enflées et violettes. Et le fait qu'il n'y ait pas de sang n'est qu'un détail.

La faute – celle que les nouveaux matraqueurs entendent exploiter au maximum – réside dans le fait qu'un corps battu jusqu'au sang conserve sa dignité, alors qu'un corps profané, saisi dans un moment d'intimité, n'en a aucune.

Avant, on menait une campagne électorale en contrôlant les journaux, qui orientaient leurs enquêtes vers le comportement de l'ennemi, et plus ces enquêtes étaient solides et argumentées, plus un journal – et le parti dont il exprimait les idées – faisait autorité; en revanche, si les journaux attaquaient en réduisant tout à une bataille idéologique, ils perdaient des lecteurs. Aujourd'hui, c'est exactement le contraire : plus personne ne se soucie de tout ça, on crée des sites people et on les envoie fouiller dans la vie privée des adversaires. Tout le monde le fait, c'est une bagarre permanente où tous les coups sont permis.

Tu veux mettre en place la censure la plus féroce? Encourage le recours aux insultes, rends-le légal, non punissable, ordinaire et commun. La liberté d'insulter et la censure sont les deux faces d'une même méthode : cogner. Que les méthodes de Gawker ne soient pas du journalisme mais du tabassage, les journalistes – les vrais – l'ont dit, mais personne n'y a prêté attention, jugeant que la caste réagissait ainsi pour se défendre.

Aux États-Unis, le problème de l'information est que tout repose sur le principe suivant – garanti par le premier amendement, qui défend la liberté d'opinion et la liberté de la presse : si une histoire est vraie, on peut la raconter. Peu importe qu'elle soit pertinente ou non, peu importe les dommages qu'elle peut causer et l'ampleur que ceux-ci peuvent prendre, l'important est que ce qu'elle rapporte se soit réellement produit. Amy Gajda a parlé de «bulle du premier amendement», ce qui signifie que, dans cette sphère protégée, tout est permis.

C'est seulement si ce que je dis est faux et si quelqu'un peut le prouver que je serai obligé de payer le prix fort pour avoir menti.

Sur la base de ce principe, personne n'a sanctionné Gawker qui, sans que rien ne l'arrête, a enchaîné les succès en publiant des révélations sensationnelles sur l'orientation sexuelle de telle ou telle star, des vidéos privées montrant le fils de tel ou tel politicien fumant du crack, puis des amendes, des factures impayées, ainsi que le répertoire habituel de photos floues et mal cadrées, les yeux mi-clos, la bouche ouverte et les parties intimes plus ou moins visibles.

La montée en puissance de ce site poubelle semblait impossible à interrompre, et le fait qu'il s'agisse d'«information» en temps réel compliquait la situation. La presse écrite traditionnelle avait du mal à suivre son rythme et semblait vouée à la disparition. Dans ces journaux, les éditoriaux militants et approfondis étaient jugés tout à fait barbants à côté des «Ha-ha!» sarcastiques et viraux de Gawker.

À l'évidence, il y avait lieu de s'inquiéter. Il faut toujours s'inquiéter quand un certain type de demande augmente, car un certain type d'offre croît exponentiellement en conséquence.

Afin de fournir à Gawker ce dont le site avait besoin, les

paparazzis se sont spécialisés dans les sports extrêmes. Ils grimpaient sur les corniches des immeubles, ils escaladaient les balcons des chambres d'hôtel et s'accrochaient au rebord des fenêtres – uniquement pour photographier un sein ou une rencontre clandestine.

Mais un jour, il s'est passé quelque chose. Quelque chose qui, tel le Déluge, a balayé le Far West inauguré par Gawker.

Ce fut une conjonction astrale positive. Je ne crois pas aux conjonctions astrales, mais une chose inhabituelle s'est produite et je ne sais pas comment l'expliquer autrement : deux hommes très différents – n'appartenant presque pas à la même espèce – sont entrés en contact, ont joint leurs forces et déclaré la guerre à Gawker.

Le premier des deux est Peter Thiel, milliardaire génial, cofondateur de PayPal et actionnaire de Facebook ; un homme très secret et, au moment des faits, homosexuel non déclaré.

L'autre est Hulk Hogan, un catcheur vedette et grande gueule, mesurant plus de deux mètres, arborant moustache et bandana, fier de son ignorance et de sa férocité.

D'ailleurs, comme tu peux l'imaginer, Hulk est un nom d'artiste. Son vrai nom est plus prosaïque : Terry Eugene Bollea. Un détail à garder à l'esprit, car comme tu le verras, il déterminera sa défense lors du procès contre Gawker.

C'est un ressentiment partagé à l'égard du blog qui a réuni ces deux hommes venus de galaxies fort éloignées l'une de l'autre. Des années plus tôt, feignant de défendre Thiel, Gawker avait laissé « échapper » qu'il était homosexuel. Thiel avait dû encaisser le coup, mais il ne l'avait pas digéré. Garde toujours ce mécanisme en tête : souvent, on te défendra pour mieux t'attaquer. Oui, tu peux me croire, c'est une méthode répandue : on donne des explications qui ont l'air de prendre ta défense ou celle de tes idées, mais qui servent en réalité à réitérer les accusations portées contre toi. Si personne n'en parle, une information toxique meurt. La méthode consiste alors à te défendre avec acharnement dans des centaines de posts et d'articles, des dizaines de déclarations publiques, afin que l'information en question ne soit jamais oubliée. Bref, c'est ce qu'ils ont fait avec Thiel : dans un post qui feignait de parler d'autre chose, on soulignait qu'il était homosexuel.

Quelques années après la révélation de l'homosexualité de Thiel, ce fut le tour de Hulk Hogan.

Hogan avait couché avec la femme de son meilleur ami, un célèbre animateur de radio nommé Bubba the Love Sponge. Bubba et sa femme, Heather Clem, revendiquaient une relation ouverte, et c'est Bubba, semble-t-il, qui avait encouragé son ami Hulk à avoir des relations avec elle. Pourtant, l'une de ces rencontres prit un tour particulier. Bubba avait fait installer des caméras partout dans la maison, y compris dans la chambre à coucher, et il filma la rencontre entre sa femme et son ami.

En 2012, un extrait de la sextape de Hulk a été mis en ligne, accompagné d'un long article, sur le site Gawker – on ignore qui a fourni les images au blog de Nick Denton. « Internet nous a permis à tous d'être des voyeurs et des pervers sans la moindre honte, et nous aimons donc regarder des personnes célèbres en train de faire l'amour ». Ainsi débutait l'article. Bientôt, la page a été consultée par des milliers et des milliers de personnes.

Par l'intermédiaire de son avocat, Hogan a tout fait pour que la vidéo soit immédiatement retirée, mais sans succès.

Gawker était désormais promis à l'impunité : le site pouvait faire ce qu'il voulait de la vie privée des gens.

Hulk s'est adressé au cabinet de Charles Harder, le meilleur avocat de Beverly Hills, spécialisé dans la défense des stars de cinéma et des célébrités, qui a intenté deux procès, l'un contre les époux Clem et l'autre contre Gawker, pour cent millions de dollars. Alors que Bubba et Hogan étaient parvenus à un accord qui, outre une compensation, donnait à Hulk le copyright de la vidéo, un juge fédéral – James Whittemore, du tribunal de district de Tampa, en Floride – s'est rangé du côté de Gawker et, en vertu du premier amendement, a confirmé le droit du site de ne pas retirer la vidéo.

C'est alors que Peter Thiel a décidé qu'il était temps pour lui de se venger. Thiel savait que Hulk avait perdu parce qu'il n'avait pas assez d'argent pour aller jusqu'au bout.

Comment ? Hulk, un catcheur célèbre… Un millionnaire ! Exactement. Thiel savait qu'aux États-Unis être millionnaire signifie ne pas pouvoir se payer une bonne défense, car il faut beaucoup d'argent pour défendre l'argent, et seul quelqu'un comme Thiel, qui en a vraiment beaucoup, peut le comprendre.

Aux États-Unis, un millionnaire est comme quelqu'un qui appartient à la classe moyenne en Europe, c'est-à-dire quelqu'un qui devra capituler s'il est confronté au type d'avocats que peut se payer un site en plein essor comme l'était Gawker à l'époque. Il fallait quelqu'un qui puisse payer Harder et ses services, qui puisse engager des collaborateurs pendant des mois, voire des années.

Bref, Thiel a téléphoné à Hulk et a mis son argent à sa disposition pour intenter un nouveau procès.

Le montant que Thiel a investi – de sa poche – pour venger Hulk n'a jamais été révélé, et on l'estime donc gigantesque ; les rumeurs parlent de dix millions de dollars pour l'ensemble des frais de justice. Comme tu peux l'imaginer, quand les principes et non l'intérêt motivent l'action d'un homme, aucune somme n'est trop élevée.

Au début, les gens de Gawker ont bien ri en voyant Hulk revenir à la charge. Ils ne savaient pas qu'il était désormais soutenu par un milliardaire rusé et déterminé. Ils étaient même certains qu'une fois encore le premier amendement de la Constitution américaine les protégerait.

Quant à Hulk, il n'était pas sûr d'être dans son bon droit. Il était embarrassé à l'idée de tenter de nouveau sa chance, certes gratuitement, certes avec l'argent de Thiel ; il se disait qu'il n'aurait pas dû relancer un procès qui lui semblait, une fois de plus, joué d'avance. L'arrogance de Gawker l'indignait, il éprouvait un fort désir de vengeance, mais au fond de lui il ne pensait pas mériter qu'on lui rende justice.

Il savait bien que la femme de la vidéo n'était pas la seule, il savait qu'il avait trompé son épouse à plusieurs reprises au cours de leur mariage, et il se sentait coupable. Mais voir ces images si personnelles, cet extrait de moins de deux minutes, les détails de la vidéo intégrale décrits par le journaliste ; en un mot, voir son intimité mise sur le Net, à la portée de tous… C'était bien autre chose à accepter. Ces salopards de Gawker méritaient de payer, Hulk n'en doutait pas, mais il était aussi convaincu qu'il ne réussirait jamais à persuader un juge ou un jury qu'il avait droit au respect de sa vie privée. La vérité, pensait Hulk, c'est qu'en mettant sa vie en vitrine il s'était détruit de ses propres mains.

Il n'y a rien de pire que de traverser un procès avec l'intime conviction que vous méritez d'être condamné et de devenir l'instrument du tribunal de sa propre conscience. Car le jury le sent et fera tout pour vous satisfaire.

Au cours du procès, les avocats de Gawker n'ont pas fait dans la dentelle. Ils ont enquêté sur le passé de Hogan, ont montré qu'au fil des ans il avait publiquement affirmé être généreusement doté par la nature, qu'il s'était vanté de multiples aventures extraconjugales, qu'il avait utilisé un langage grossier et politiquement incorrect à la télévision. Quelle intimité un homme qui avait centré une émission de télé-réalité sur sa vie privée pouvait-il revendiquer ? Ils ont affirmé que la vidéo avait été postée sans malice, uniquement parce qu'elle intéressait le public de Hulk Hogan et appartenait à un domaine de sa vie privée que lui-même n'avait jamais pris la peine de protéger. Aux États-Unis, *avec* ou *sans* malice, cela fait une différence, car si un contenu est affiché et publié sans malice, uniquement pour « informer » le public, aucun tribunal ne prononcera la moindre condamnation pour atteinte à la vie privée.

C'est alors que Harder a prouvé qu'il méritait pleinement les honoraires faramineux que Thiel lui versait pour défendre Hulk Hogan.

Harder a senti qu'il fallait travailler sur la réputation de Hulk. Comme le dit l'Ecclésiaste : « Une bonne réputation vaut mieux que le bon parfum », c'est-à-dire qu'une bonne marque de fabrique a plus de valeur sur le marché que le produit qu'on vend. De la même manière, la célébrité, la réputation – Harder en était convaincu – comptent plus que ce qu'on est vraiment.

De ce point de vue, Hulk avait raison de se sentir en faute

devant le tribunal, car il est vrai que son « nom » était fortement compromis, à cause de ses déclarations publiques et de son activité : le métier de catcheur suscite toujours des préjugés.

Pour Harder, le plus difficile était de contrer le manque d'assurance de Hulk qui transparaîtrait lorsque viendrait pour lui le moment de se défendre.

Dès lors, pour préparer le nouveau procès contre Gawker, cette fois devant un tribunal d'État, Harder et son équipe ont entrepris de travailler exclusivement sur la réputation de Hulk, laissant de côté tout le reste, y compris l'épineux problème de ce qu'il faut entendre par liberté de la presse, éthique journalistique et défense du premier amendement de la Constitution.

Il est vrai qu'en participant quelques années plus tôt à une émission de télé-réalité très populaire, Hulk était apparu aux yeux du public puritain de l'Amérique profonde comme un homme vulgaire aux multiples vices, mais les préjugés du jury pouvaient encore être effacés.

Pour cela, Hulk devait être mis de côté, il fallait le tuer. Un coup sec et on éliminait le vantard ignorant, fier de ses succès d'amant en série, que l'Amérique connaissait.

Ce Hulk fonctionnait lorsqu'il s'agissait de monter sur le ring et d'affronter des adversaires qui, comme lui, aimaient les blagues salaces et les références explicites au sexe, mais il ne fonctionnerait jamais devant un jury de citoyens goûtant peu le langage outré de la télévision.

Oui, Harder n'avait aucun doute : il fallait tuer Hulk et présenter un autre homme devant les jurés. C'est pourquoi, pendant les audiences au tribunal, Harder a commencé à s'adresser à Hulk en l'appelant par son vrai nom, Terry Bollea.

Sa ligne de défense consistait à admettre sans réserve que Hulk était un vantard vulgaire sans aucune retenue, mais que ces défauts n'appartenaient pas à Terry Bollea. Ces défauts appartenaient à l'autre, Hulk, le personnage fictif que Bollea avait dû inventer pour faire son chemin dans le monde du catch. Mais Bollea était pas Hulk : c'était un bon Américain qui menait une vie tranquille et pleine de principes, qui n'avait jamais été révélée parce qu'elle ne correspondait pas à ce que veut le marketing féroce du catch, très attentif aux stéréotypes et aux liturgies. En d'autres termes, Terry Bollea était la victime d'un monde qui le voulait ainsi et lui demandait d'être sanguin, effronté, infidèle à sa femme.

Terry Bollea avait eu une enfance difficile, durant laquelle il n'avait été ni aimé ni admiré pour ce corps gigantesque qui tenait à peine sur le banc d'une salle de classe. Et même après avoir enfin trouvé quoi faire professionnellement de ce corps surdimensionné et avoir rejoint le monde du catch, il avait dû se battre, suer sang et eau, avaler les défaites et les humiliations pour réussir. Enfin, une fois au sommet, il avait dû se contenter de n'exhiber que force et muscles, arrogance et suffisance, car telles étaient les règles de ce monde. Tout pour le spectacle !

Le jury – qui, au début, compte tenu de son passé, ne comprenait pas pourquoi il était si important pour ce géant tatoué de protéger son intimité – a commencé à croire en sa bonne foi. Peut-être parce que, suivant la ligne fixée par Harder, Hulk s'est mis à répondre avec conviction aux questions tendancieuses et pressantes de l'accusation. Et quand on a diffusé l'enregistrement à la radio dans lequel Hulk se vantait d'incroyables prouesses, Terry Bollea a répondu franchement, avec un embarras quasi enfantin, que les mensurations en question n'étaient pas les siennes, mais celles de Hulk Hogan.

Harder a réussi non seulement à faire entrer un autre Hulk dans la salle d'audience, mais grâce à l'affaire Terry Bollea il a renforcé le mythe du rêve américain partagé par tous les citoyens des États-Unis : chacun a droit, doit avoir droit, à la rédemption.

La fortune même de Bollea a cessé d'être une insulte et a renforcé l'idée qu'en Amérique la rédemption était encore à la portée de tous.

Harder avait gagné : faire triompher Terry Bollea dans ce procès signifiait faire triompher le droit de chaque Américain à réussir. Et Gawker, qui voulait contrecarrer ce rêve, méritait simplement de perdre.

Enfin, l'avocat choisi par Harder pour la plaidoirie finale a conclu en abattant une autre carte, en faisant appel à la dignité et à la fierté de tout bon Américain : «Nous ne sommes pas tous devenus des voyeurs dans ce pays.»

Cela signifiait que les Américains pouvaient et devaient se passer des saletés de Gawker. Sais-tu à quel montant de dommages et intérêts la société de Nick Denton a été condamnée? Un total de cent quarante millions de dollars. La société Gawker Media a dû se déclarer en faillite et, en 2016, le blog Gawker a définitivement fermé.

L'histoire que je t'ai racontée t'a peut-être fait sourire, car elle concerne la vie légère et bariolée d'un des catcheurs les plus célèbres du monde, mais elle a bien un rapport avec les histoires plus dramatiques que j'évoque dans ces pages. Elle marque une étape cruciale dans l'histoire du journalisme et de son éthique. Elle a aussi une valeur considérable en ce qui concerne l'information aux États-Unis. Elle montre de manière emblématique qu'il ne suffit pas de dire la «vérité» pour accomplir son devoir d'informer. Elle montre que se cacher derrière la liberté de la presse, garantie par le premier amendement, est une ruse que tout juré peut comprendre et démasquer.

La question que tu devras toujours te poser quand tu seras sur le point de rapporter une information est de savoir s'il est utile que tu le fasses, si cette information est nécessaire à quelqu'un, si elle améliorera la situation ou si le fait de la rapporter ne fera qu'aggraver les choses.

Informer est certes un devoir, mais c'est d'abord une responsabilité. Toute personne qui pense pouvoir être journaliste en refusant le poids de cette responsabilité fait preuve de désinvolture et d'égoïsme, et doit donc être jugée en fonction de cela.

Ne perds pas ton temps sur des sites comme Gawker, ne t'abandonne pas à une curiosité morbide, ne les laisse pas te convaincre que «nous sommes tous pareils», car ce n'est pas vrai. Un journal n'est un journal que s'il fait autorité, montrant qu'il est prêt à perdre de l'argent et des lecteurs pour ne pas avoir publié des nouvelles qui détruisent mais ne construisent rien. Sans éthique, il n'y a pas d'information, il n'y a que la diffamation, les ragots et les bavardages.

Le procès de Hulk Hogan est pour moi l'un des procès les plus significatifs de l'Histoire. Il devrait figurer dans les manuels scolaires et être étudié dans les universités, car il montre, une fois pour toutes, l'hypocrisie de ceux qui tentent de faire passer pour de l'information ce qui n'est que commérages, mise au pilori, intimidation et, en définitive, la forme la plus dangereuse et la plus sournoise de censure. C'est même le visage qu'a pris la censure dans le millénaire qui vient de commencer.

CRIE-LE, LORSQU'ON PRÉTEND DÉFIER UN DRAGON ALORS QUE CE N'EST QU'UN LÉZARD.

SAIS-TU QUE PERSONNE NE PEUT TE JUGER POUR TA VIE PRIVÉE ?

Karina Bolaños

19

HÔTEL

L'homme et la femme étaient tous deux nus,
et ils n'en avaient point honte.

La Genèse, 2,25[1]

Les chambres d'hôtel sont dans l'ensemble plus belles et plus confortables que celles des motels. Papier peint couleur pastel, lampes de chevet avec pied en laiton et abat-jour en tissu qui laisse filtrer une lumière douce ; quelques images encadrées de style anglais aux murs ; une tête de lit en bois massif, un matelas haut et confortable.

Mais le sentiment de déracinement, lui, est le même que dans un motel.

Le combattre en appelant quelqu'un au téléphone est un geste spontané : une voix amicale, chaleureuse et familière, celle d'une mère, d'un ami, d'un amant ou d'une maîtresse.

C'est ce que Karina Bolaños a fait quand elle a enregistré un message vidéo pour son amant.

Je ne voulais pas employer le terme « amant », car elle-même ne l'employait pas à l'époque. Je ne doute pas de ce qu'elle affirme, à savoir qu'au moment de l'appel son mari et elle traversaient une crise, une de ces périodes de suspension qui peuvent survenir

1. La Bible, par Louis Segond, 1910.

dans les relations au long cours. Et de toute façon – c'est une évidence, il n'y a pas lieu d'en discuter –, elle aurait pu enregistrer ce message même si les choses s'étaient bien passées avec son mari. Je déteste le moralisme dans les histoires de couple et la manière dont on réduit trop souvent la complexité d'une relation à de vulgaires histoires de cocufiage, d'appartenance de l'un à l'autre.

Mais le fait de pouvoir parler d'«amant» à propos du destinataire de cet appel a bien facilité la tâche de ceux qui voulaient délégitimer Karina Bolaños. Car, vois-tu, dans ces cas-là, employer ce terme résonne aussi fort qu'une corne de brume dans un stade. Ainsi, une chose plutôt tendre a été exagérée, déformée et mal interprétée.

Mais j'imagine que tu veux savoir ce qui s'est passé dans cette chambre d'hôtel...

Après une longue journée de travail, Karina Bolaños, alors vice-ministre de la Jeunesse au sein du gouvernement costaricien – on l'a également attaquée parce qu'elle se trouvait alors en déplacement professionnel –, s'est déshabillée et, en sous-vêtements, s'est allongée sur le lit de sa chambre d'hôtel. Elle a allumé son ordinateur portable, a lancé la caméra vidéo et s'est mise à parler comme si le destinataire du message l'écoutait. Elle a dit que son corps était à lui, qu'elle le désirait et qu'il lui manquait. Bref, rien de bien terrible, des gestes et des mots qu'on pourrait à la rigueur qualifier de sexy et de tendres. Attention : j'ai dit sexy *et* tendre, pas sexy *mais* tendre, car je suis absolument convaincu qu'il n'y a pas de contradiction entre le sexe et la tendresse. Mais, à l'époque, ce message est passé pour une vidéo hot et hard, sexy dans le sens de porno. Il a servi à forger une image de perversion et d'immoralité, plutôt que de normalité et de séduction.

Tu sais – car tu as peut-être vu ce genre de choses se produire au lycée – que ce sont surtout les filles et les femmes qui sont exposées à pareille surveillance minutieuse. Et quand cela arrive à une femme connue dans le monde entier, même faire la queue devant une salle de concert ou un supermarché peut se transformer en cauchemar. Il y aura toujours un commentaire vulgaire et lourd, émis par un homme, qui n'aurait pas le même effet si une femme l'adressait à un homme.

Quoi qu'il en soit, les mots que nous échangeons dans l'intimité, ceux avec lesquels nous exprimons nos émotions, nos sentiments et nos désirs, doivent rester les nôtres. N'être entendus que par la ou les personnes auxquelles ils sont destinés. Moi qui suis obsédé d'herméneutique, j'ai compris qu'il n'y a aucune chance d'atteindre la vérité quand on espionne les paroles que s'échangent deux personnes complices. Car, avec la proximité émotionnelle, on développe un langage codé impossible à déchiffrer de l'extérieur !

Mais revenons aux faits. Après la communication entre Karina Bolaños et l'homme qu'elle fréquentait, leur atmosphère intime, faite de sérénité, de lumières tamisées et de papier peint couleur pastel a été violée.

Pas cette nuit-là – car Bolaños a simplement éteint son ordinateur et serré son oreiller entre ses bras, pensant enlacer le destinataire de son message –, mais de nombreuses nuits plus tard. Des années après, un ingénieur informatique engagé pour assurer la maintenance des ordinateurs a volé le contenu du disque dur personnel de Bolaños, dont cette vieille vidéo. Après de nombreuses tentatives de chantage et d'extorsion auxquelles elle a refusé de céder, la vidéo a été mise en ligne.

Elle y est toujours, tu peux la regarder si tu le souhaites. Tout le monde peut la regarder, la mère de Karina peut, son père et sa fille peuvent.

N'est-ce pas un véritable viol ?

Mais le point important n'est pas tant le fait que son intimité ait été violée et exposée sur Internet, c'est que la présidente du Costa Rica, Laura Chinchilla Miranda, ait profité de l'affaire pour démettre Karina Bolaños de son poste de vice-ministre quelques heures après la diffusion de la vidéo.

Quelle raison y avait-il de chasser Karina Bolaños du gouvernement alors que cette affaire ne concernait que sa vie privée ? Cela est d'autant plus surprenant que la présidente du Costa Rica avait toujours montré jusque-là une parfaite indifférence face aux accusations d'immoralité formulées à l'encontre de son équipe gouvernementale, même lorsqu'il s'agissait de comportements prédateurs et de chantage sexuel.

Pourquoi a-t-on fait cela ? Eh bien, à l'époque – en 2012 –, Bolaños faisait de la politique. Le Costa Rica a toujours été un pays étrange. Il n'a pas connu la dictature ni la guérilla comme les pays voisins, mais il a payé pour rester « neutre ». Il a dû accepter une présence militaire américaine massive sur son territoire et sacrifier une grande partie de son identité aux intérêts du néolibéralisme nord-américain, des concessions croissantes qui menaçaient de saper son système de protection sociale. Karina Bolaños ne voulait pas renoncer à ces acquis – école, santé, travail –, elle voulait au contraire les renforcer en luttant contre la corruption et l'ingérence extérieure. Rien de révolutionnaire, simplement le respect du droit. Mais quand on marche « droit » – tu le sais –, on risque de croiser ceux qui suivent des trajectoires sinueuses, comme celles des cargaisons de cocaïne circulant quotidiennement de la Colombie au Costa Rica pour atteindre les États-Unis.

Dans une interview accordée à l'hebdomadaire espagnol *Interviú*, Karina Bolaños a révélé les intrigues politiques qui entourent cette affaire. Elle a accusé la présidente Chinchilla de protéger ses amis puissants et corrompus, d'être « la reine des machos costariciens » et d'avoir justifié le comportement sexuellement prédateur de certains de ses proches au sein du gouvernement ; elle a dénoncé les méfaits présumés du frère de la présidente et la corruption qui a compromis l'avancement d'un chantier de construction à la frontière avec le Nicaragua, financé par le gouvernement à hauteur de plus de vingt milliards de *colones* costariciens. Je n'ai aucun doute, pour ma part : il n'y a pas d'amant qui tienne, on a voulu faire taire Karina Bolaños.

J'ai parcouru son compte Twitter et je me suis dit qu'en s'en prenant à elle on visait également une certaine « décence ». Car il s'agit d'une personne qui croit à l'engagement, à l'éducation, à la compassion, à la solidarité, aux droits des minorités : toutes choses qui, dans le « monde réel », je le sais, sont considérées comme des bons sentiments hypocrites. Alors qu'elles n'en sont pas.

Ces valeurs – on les appelle valeurs, mais je préfère les considérer comme une boussole – sont le squelette, l'échafaudage, la structure porteuse de tous les posts de Bolaños : des textes de bon sens pour défendre l'environnement, la culture, les livres, les homosexuels, les femmes. Rien de particulièrement nouveau, génial ou héroïque, mais une boussole, justement. Et pourtant, comme tu peux le constater tous les jours, il y a des mots, comme femme, migrant, homosexuel, livre, culture, respect, inclusion, solidarité, handicap, environnement, honnêteté, qu'on ne peut plus prononcer ou poster sur les réseaux sociaux sans provoquer des convulsions qu'un exorciste tel que le père Amorth n'arriverait pas à calmer.

Tu sais, ce qui m'a surtout déplu dans l'« affaire Bolaños » – outre le fait qu'elle ait été démise de ses fonctions –, c'est que, son cas le montre clairement, la diffamation fonctionne toujours ou presque.

Commentant l'affaire, une de mes connaissances, quelqu'un que je fréquente pour des raisons professionnelles, a observé : « Tu as vu, Roberto, que Karina Bolaños est devenue actrice porno ? »

Actrice porno ? Mais de quoi parlait-il ?

De ceci : Karina Bolaños – qui, dans un premier temps, a simplement été emportée par cette affaire – a décidé de réaffirmer le droit au respect de sa vie privée et a posé en sous-vêtements dans l'interview accordée à *Interviú*. Elle l'a fait pour répondre à cette pruderie de façade. Bien sûr, la pruderie est toujours, par définition, de façade. Mais c'est aussi une méthode, devrions-nous dire, qui a permis de la démettre de ses fonctions et de la chasser de la vie politique.

Ne pouvant la brûler comme adultère – ce qu'on aurait fait il y a quelques siècles –, on a pointé du doigt le faux problème du mensonge : si tu as menti à ton mari, qui sait ce que tu es capable de raconter à ton pays ! C'est le même argument qui a été utilisé contre Kennedy ou Clinton, un argument qui semble logique mais qui ne l'est pas. Dans des domaines fondamentaux de notre vie privée – famille, amitié, sexe, amour –, nous faisons des choix qui sont dictés par des pactes exclusifs, que nous concluons en privé avec nos amis, nos partenaires, nos proches. Et nous ne devons en répondre que devant les personnes qui ont conclu ce pacte avec nous. Il y a aussi le pacte professionnel, qui sort de la sphère privée et qu'on signe en public, le pacte qu'un enseignant conclut avec son établissement et ses élèves, qu'un homme politique conclut avec son pays et ses électeurs, qu'un médecin conclut avec Hippocrate et ses patients. Dès que tu vois quelqu'un qui mélange ces différents plans et brouille les cartes, crie-le haut et fort, car un enseignant ne trahit pas ses élèves s'il a une maîtresse, et un médecin ne tue pas son patient s'il gare sa voiture en double file. Ceux qui font mine de ne pas comprendre qu'il existe une distinction entre public et privé sont comme ceux qui lancent des grenades lacrymogènes dans la foule pour obliger les manifestants à fermer les yeux et les empêcher de voir. Quand tu comprends que c'est ce qui est en train de se passer, crie-le !

Et lorsque quelqu'un fait une montagne d'éléments et de détails anodins, il faut toujours remonter à la source du débat, se demander ce qui est en discussion, ce qui a soulevé pareille tempête, ce qui a provoqué le limogeage de Karina Bolaños. Quand la situation devient claire à tes yeux, analyse-la selon tes critères. Va sur Internet, regarde ce message vidéo et demande-toi si c'est la preuve d'un crime ou même simplement un indice de culpabilité. Demande-toi si cela trahit un manque de professionnalisme ou de compétence qui justifie ce limogeage.

Depuis la Contre-Réforme, les politiciens corrompus du monde entier – ceux qui vendent des armes, qui volent et assassinent – prétendent faire de leurs comportements criminels – au sens pénal – de simples errements privés qu'un prêtre pourrait tout au plus leur reprocher en confession. Les choix privés ne peuvent jamais justifier un jugement moral sur une personne, sinon nous reviendrions à la lapidation pour les adultères, aux thérapies censées « guérir » l'homosexualité, aux mutilations génitales pour empêcher le plaisir sexuel. Et au diagnostic de surdité pour chaque adolescent en bonne santé qui glisse une main dans son slip.

Tu sais, la liberté propre à l'Occident suscite le mépris de nombreux autres pays et cultures dans le monde. Des pays qui font de la chasteté et de l'austérité leur bannière. Les minijupes des filles,

les jeans tombants des adolescents, les tatouages sur le bas-ventre, les sex-shops au coin de la rue où tu fais tes courses, la promiscuité désinvolte dans les lycées, la pornographie omniprésente sur le Net et en dehors donnent de l'Occident une image que beaucoup considèrent comme moralement dégradée et dégradante. Nous ne pouvons rien y faire, car cela dure depuis longtemps, au moins depuis les années 1960, alors que toi et moi n'étions pas nés. Mais, à présent, la liberté est devenue pour nous, Occidentaux, le seul facteur identitaire, le seul dénominateur commun, le seul terreau qui nous rassemble. C'est aussi une sorte de vaccin : peu importe que tu sois de droite ou de gauche, athée ou croyant, c'est un vaccin que personne n'a envie d'abandonner, car nous avons fait l'expérience directe de ce qu'est la prétendue « pureté » des mœurs. Depuis que nous avons assisté au spectacle glaçant des villes de l'autoproclamé « État islamique » débarrassées des minijupes et des jeans – où on va même en prison pour avoir osé chanter ! –, des « homos », des transsexuels, des téléphones portables, des consoles de jeu, des fêtes, du football, du rock satanique, des cigarettes, de l'alcool et du cannabis ; depuis que nous avons vu le spectacle de ces villes sous contrôle total, où règnent l'ordre et la « morale », et où pas un chien ne bouge sans qu'un sniper l'ait dans sa ligne de mire, ces villes nous font peur.

Là où l'ordre règne de façon écrasante, où on est arrêté pour quelques mots sarcastiques sur un tee-shirt, où on va en prison pour une boucle d'oreille, où on est puni si on a trop de partenaires, on est face à un régime policier, à la torture et à la répression. Quand elle est totale, l'absence de règles a des conséquences dévastatrices. Mais un État qui, à l'inverse, prive ses citoyens du droit de choisir – lequel peut, dans certains cas, consister à choisir le mal – est un État qui nie la liberté.

CRIE-LE : SI TU VEUX TE BATTRE,
TU N'AS PAS À DEVENIR UN ASCÈTE.

Jean Seberg

20

NINA

> Je crois que c'est les injustes qui dorment le mieux, parce qu'ils s'en foutent, alors que les justes ne peuvent pas fermer l'œil et se font du mauvais sang pour tout. Sinon ils ne seraient pas justes.
>
> ROMAIN GARY[1]

Il n'existe guère de sujet de débat plus dangereux que la génétique. Car en matière d'opinions, on comprend vite où notre interlocuteur veut en venir, mais quand on parle de science, c'est plus difficile, et là aussi tu auras besoin d'une méthode. Demande-toi toujours si la personne qui défend une théorie scientifique s'exprime dans un souci d'objectivité ou si elle est mue par des préjugés. Quand tu fais de la recherche sous l'influence de préjugés, tu dois savoir que tu contractes une dette et que, tôt ou tard, quelqu'un devra payer ; peut-être que ce n'est pas toi qui paieras, peut-être que ce ne sera même pas ta génération, mais un jour ou l'autre quelqu'un paiera. Et c'est dans les dictatures que la plupart de ces dettes s'accumulent.

À ton âge, une question me trottait dans la tête : pourquoi Staline s'en était-il pris aux théories de Gregor Mendel sur les

1. *La vie devant soi*, Éditions Gallimard, Folio, 1982.

mécanismes de l'hérédité avec un tel acharnement ? J'aimais Mendel et j'ai été choqué de lire que Staline avait fait déporter au goulag de nombreux scientifiques soviétiques qui soutenaient ses théories. Plus tard, au lycée, je ne me suis pas contenté de lire que Staline associait Mendel à l'eugénisme nazi, car Staline n'a jamais semblé s'intéresser aux droits, ni ceux de l'homme ni ceux de la science. J'ai déjà évoqué l'expérience nazie du Lebensborn, tu t'en souviens ? Des centres à mi-chemin entre clinique privée et orphelinat, où des hommes grands et blonds rencontraient des femmes grandes et blondes pour produire des enfants grands et blonds, destinés à grandir seuls dans une grotesque fabrique d'aryens. Améliorer la race : c'était l'utopie hitlérienne.

Cette réponse ne me suffisait pas. Ça ne pouvait pas être ce qui déplaisait à Staline, car il n'avait pas hésité à sceller un pacte avec l'Allemagne des Lebensborn.

Puis, à l'université, je suis tombé sur les théories d'un agronome très apprécié de Staline, Trofim Denissovitch Lyssenko, qui prétendait avoir trouvé une solution pour lutter contre les grandes famines. Ces théories m'intriguaient, car elles montraient comment, en Russie, Staline avait ancré une doctrine économique, le marxisme, dans un terreau de superstition. En effet, si, d'un côté, il combattait la superstition et la foi religieuse, les accusant d'être des obstacles à la modernisation du pays, de l'autre il présentait comme « scientifique » chaque expérience qu'il tentait sur son peuple, simple cobaye au service de sa tentative de transformer – en quelques années – un pays rural et arriéré en un pays industrialisé et efficace.

L'étude des théories de Lyssenko m'a fourni un deuxième indice sur la raison pour laquelle Staline détestait tant Mendel. Lyssenko, qui se prétendait généticien, avait le soutien de Staline parce qu'il avait promis au peuple russe affamé de faire pousser d'immenses étendues de blé au milieu de la toundra gelée. Comment ? En rééduquant les champs de blé. Tu as bien lu : Lyssenko croyait vraiment que l'on pouvait rééduquer les gènes de la même manière que le parti communiste de l'Union soviétique rééduquait les dissidents, en les exposant à toutes sortes de privations. Si on faisait pousser des plants de blé l'hiver en Sibérie, ils se forgeraient un nouveau caractère, cesseraient de chercher le soleil et transformeraient les vastes étendues de glace du nord en royaume fertile et productif de Cérès. Ce deuxième indice m'a paru beaucoup plus convaincant que le premier, mais le tableau n'était toujours pas complet, car la haine de Staline envers Mendel – qu'il n'avait jamais rencontré, ils n'étaient pas tout à fait contemporains – était exactement le genre de haine qu'on ressent pour un véritable ennemi, quelqu'un qui vous a fait du tort personnellement, une brûlure qu'on sent dans sa chair. Et, surtout, quelqu'un qui pourrait encore vous faire du mal, vous agresser à tout moment. Puis j'ai enfin compris. Mais avant de t'expliquer en quoi le regretté Mendel menaçait Staline à ce point, je veux passer en revue son histoire avec toi.

Gregor Mendel est né dans la première moitié du XIXe siècle, environ cinquante ans avant Staline, dans un village aux confins de l'Empire autrichien. Dès l'enfance, il était obsédé par les abeilles : il les suivait, se laissait piquer par elles, avait appris à les distinguer et à les cataloguer. Il aimait observer la façon dont elles recueillaient le pollen et comment, à partir de corolles de couleurs différentes, les fleurs donnaient des fruits différents. Gregor voulait apprendre et partit donc pour la ville voisine d'Olomouc, sur les bords de la Morava, où il étudia la philosophie, ce qui produisit un changement important dans son cerveau : il se mit à classer les choses systématiquement. Cela signifie qu'à partir de ce moment toutes les informations, même les plus banales, furent rangées dans son esprit à l'intérieur de boîtes spécifiques, soigneusement étiquetées : couleur rose, forme ronde, surface lisse, nombre de pétales, type de tige, présence d'épines, absence de feuilles…

Mendel avait besoin de livres, de beaucoup plus de livres qu'il ne pouvait en trouver. À travers les livres, il voulait vivre plusieurs vies, celles qui n'étaient pas permises à un seul homme. La vie de ceux qui avaient observé les abeilles, les mouches et les graines avant lui. Ceux qui avaient observé la nature pendant vingt ans devaient lui transmettre leurs vingt années d'observations. Gregor prendrait ces vingt années et, à partir de là, ajouterait de nouveaux éléments à ces recherches, puis il s'assiérait et attendrait que quelqu'un d'autre vienne y ajouter une autre vie.

Il décida donc de déménager dans une ville où il trouverait plus de livres : il se rendit à Brno. Là, il entra à l'abbaye Saint-Thomas et devint moine.

Mais les frères comprirent vite que, chez lui, l'amour des études l'emportait largement sur celui de la prière et, persuadés que les études et la prière sont au fond une seule et même chose, ils l'aidèrent à entrer à l'université de Vienne. Là, Gregor sortit de l'isolement scientifique auquel sa naissance en province l'avait relégué et, grâce à quelques collègues, il parvint à formuler sa thèse d'après l'intuition de son enfance. Il réalisa des greffes sur des plants de petits pois. Pourquoi des petits pois ? Car ce sont des plantes résistantes, faciles à cultiver, et leurs caractères – cosse lisse ou ridée, couleur claire ou foncée – sont faciles à distinguer, de sorte que les changements qui ont lieu après transmission des gènes peuvent être observés à l'œil nu. Quand les plants de pois verts sont greffés sur des plants de pois jaunes, dès la génération suivante le vert disparaît.

Les observations faites au cours de ces étés immobiles de Moravie et, plus tard, dans les jardins fleuris de la capitale de l'Empire donnèrent donc la théorie des caractères dominants et récessifs. À la fin du XIXe siècle, le moine avait compris que tous les caractères n'ont pas le même poids dans la transmission héréditaire : les caractères récessifs disparaissent à la première génération et réapparaissent dans une moindre proportion à la suivante.

À présent, tu vois pourquoi Staline avait si peur de Mendel ? Le père de Staline était alcoolique. Le soir, quand il rentrait ivre à la maison, il battait son fils comme plâtre. Et, d'une enfance difficile, on sort soit droit comme un arbre bien planté, soit tordu comme un roseau plié par le vent. Dès l'école, Staline s'était irrémédiablement tordu, se mettant à rendre quelques-uns des coups de pied et des gifles qu'il avait reçus enfant.

À mesure qu'il grandissait, rien ne changea : il célébra sa majorité en créant son propre groupe révolutionnaire, actif dans toute la région du Caucase, afin de commettre des enlèvements et des vols.

Une fois devenu Staline, le surnom sous lequel il dirigea la Russie soviétique, il exigea que son entourage ne fasse jamais allusion à l'époque où il avait été Iossif Vissarionovitch Djougachvili, un vulgaire voyou caucasien. Personne – pas même dans sa propre famille – ne devait plus faire référence aux errements de sa jeunesse géorgienne ni à l'album familial.

On devait parler de Staline uniquement comme de « l'homme nouveau ». Le vieux Vissarionovitch Djougachvili était mort ! Staline ne voulait se reconnaître que dans le visage des statues qui, partout en Russie, le célébraient comme « le petit père des peuples », « le meilleur homme du monde », « le guide infaillible ».

Il est donc clair que les théories de Mendel pouvaient lui rappeler qu'il n'est pas si facile de se débarrasser de son passé et, surtout, qu'une part de ce passé demeure inscrite dans vos gènes et sera transmise à vos enfants. C'était inacceptable pour Staline, l'homme nouveau, qui décida de faire la guerre aux généticiens soviétiques mendéliens : beaucoup d'entre eux perdirent leur poste à l'université, d'autres furent envoyés dans des camps de rééducation en Sibérie, voire éliminés, pour laisser place à Lyssenko et à ses disciples.

Lyssenko, lui, affirmait en se fondant sur son histoire personnelle que les facteurs héréditaires – les gènes – ne se trouvent pas dans les chromosomes et que l'hérédité est un processus physiologique, lié à l'interaction entre l'organisme et son environnement. Un organisme placé dans un environnement différent et exposé à d'autres stimuli extérieurs pourrait voir sa structure héréditaire bouleversée puis transmettre les caractères ainsi acquis. En appliquant cette façon de penser non seulement à la nature mais aussi à la société, on pouvait aller jusqu'à dire que ni les gènes des parents ni les traumatismes de l'enfance n'ont une influence irréversible sur les individus. Ou, plus précisément, pas après une période significative de rééducation. Tu le sais, Staline était persuadé qu'en rasant de force la barbe des koulaks on annulerait leur attachement à la terre, qu'en déportant les Tchétchènes on couperait leur cordon ombilical avec le Caucase, qu'en retirant le crucifix des autels on éradiquerait la foi. Les théories de Lyssenko appuyaient idéalement cette vision et autorisaient Staline à considérer ses propres origines comme tout à fait négligeables. Bref, Mendel risquait de faire réfléchir le peuple russe à ce que Staline avait été et Lyssenko à ce que Staline était devenu.

Mais si un certain type d'affirmation dans le domaine de la génétique est potentiellement dangereux, c'est aussi parce qu'il donne l'illusion qu'on peut recréer l'homme comme on recrée une voiture ou tout autre produit. C'est encore le cas aujourd'hui : à l'évidence, l'homme ne peut plus soutenir les rythmes exténuants du turbo-capitalisme, mais on ne s'interroge pas sur la manière de changer les règles qui entraînent ces rythmes, plutôt sur celle de changer l'homme.

Comment optimiser le temps qu'un individu passe à installer une micro-caméra ? À contacter des clients ? À faire des opérations bancaires ? À cueillir des tomates ? À laver les cheveux d'un client ? À vendre un appartement ? Telles sont les questions qu'on se pose. Comment s'assurer qu'en plus de produire deux fois plus de chaussures un individu soit également capable de trouver deux fois plus de clients pour les acheter ? Comment faire pour que cet homme ne tombe pas malade, n'aille pas aux toilettes pendant ses heures de travail, ne souffre d'aucune saute d'humeur, ne sente pas la fatigue ? Et puis, quand il sort du travail, c'est-à-dire quand il cesse d'être producteur et devient consommateur, comment éviter qu'il ne s'effondre sur son lit ? Comment le maintenir éveillé afin qu'il consomme ?

Il faut prolonger son temps, l'étirer jusqu'à ce qu'il soit fin comme de la pâte à pizza. Peu importe que cette pâte se troue dès qu'on y ajoute de la sauce tomate. Ce qui compte, c'est de changer l'homme : pas son software, le logiciel, mais son hardware, le matériel. Il faut trouver le moyen de lui donner plus de mémoire vive et trois fois plus de mémoire cache, mais surtout l'équiper d'un microprocesseur ultra rapide. Lyssenko dirait que nous sommes sur la bonne voie, car nous habituons l'homme à la privation : du goût de la nourriture au temps pour cultiver ce qu'il aime et au besoin de respirer ce qui ne lui fait pas de mal. Oui, Lyssenko dirait que nous y sommes déjà et que, tout comme ses plants de blé, nous serons bientôt capables de vivre dans le froid sibérien.

Avant, il arrivait que quelqu'un se demande : comment rendre l'homme heureux ? Aujourd'hui, on ne se pose qu'une seule et même question : comment l'adapter à la productivité du marché mondial ? Puisque nous sommes devenus nous aussi des produits à vendre, que chacun est l'acheteur du temps et des droits d'autrui, nous obéissons tous à ce mécanisme infernal : enfants, jeunes, personnes âgées, pauvres, riches, hommes, femmes, malades ou bien portants, du Nord ou du Sud. Produire, attraper, courir, consommer et détruire. C'est le fouet qui nous frappe tous indistinctement, et on n'a pas le temps de comprendre où la machine se grippe, où notre geste prive de place celui de l'autre et dans quel coin reculé de la planète on joue avec notre vie. Nous avançons les yeux bandés vers un abîme profond, sans jamais voir où notre monde se crée. Paradoxalement, la connexion globale n'a pas augmenté notre connaissance de l'ensemble des processus mais l'a au contraire réduite, car la chaîne de montage sur laquelle nous travaillons à un rythme effréné et aliénant n'est plus celle d'une simple usine, mais de la grande usine mondiale qu'est devenue la planète entière et dont nous sommes tous les ouvriers. C'est désormais chose faite et c'est à ce prix que nous payons l'accès illimité à des biens dont les générations précédentes ne pouvaient que rêver. Et on ne nous a pas expliqué pourquoi nous devions continuer à travailler dans ces conditions et à produire un même malheur pour tous.

Mais je m'égare… Revenons à Mendel, car l'histoire que je m'apprête à te raconter se déroule dans les années 1960, au moment où ses théories sont définitivement confirmées par deux biologistes, l'Américain James Watson et le Britannique Francis Crick, qui reçurent le prix Nobel pour avoir découvert l'existence de la fameuse double hélice de l'ADN. Bref, Mendel avait trouvé chez les petits pois ce que ces deux scientifiques trouvèrent dans l'ADN des chromosomes humains. Il n'y avait plus de retour en arrière possible !

Si j'ai commencé mon récit en remontant aussi loin dans le temps, c'est justement parce que je voudrais que tu te glisses dans l'atmosphère de ces années-là, quand fut annoncée la découverte de l'ADN. Tu entends les vendeurs de journaux qui crient au coin des rues américaines que le prix Nobel a été attribué à James Watson, leur compatriote ? Tu entends les scientifiques de la moitié du monde souligner qu'il n'y a donc qu'une seule espèce humaine ? Tu entends leurs déclarations ? La science a rendu son verdict : la double hélice est la même pour tous, Rouges, Blancs, Noirs ou Jaunes !

Et maintenant, vois-tu, en réponse à cette nouvelle, le regard de l'Américain moyen se perdre, s'assombrir ? L'Américain moyen est inquiet. Tu perçois sa peur ? Il a grandi dans des maisons où seuls les Noirs cuisinaient, seuls les Noirs lavaient par terre, seuls les Noirs s'écorchaient les mains en ramassant le coton... Tu sens sa peur que ce monde s'écroule ? Et tu les vois, de l'autre côté de la route, les Noirs qui trinquent ? Tu les entends crier qu'il n'y a plus de « race » prétendument inférieure ? Plus de toilettes séparées, plus d'hôtels réservés aux Blancs, plus d'écoles réservées aux Noirs, plus d'histoires stupides de Noirs naturellement mauvais et de Blancs naturellement bons ?

Tu as entendu leur cri de soulagement ? Car si c'est le cas, si tu as fait preuve d'empathie comme je te l'ai demandé, si tu as pleinement mesuré ce que signifiait leur libération, alors tu es prêt à sentir – telle une gifle soudaine dont on ne comprend pas la raison – la colère et la frustration féroces qu'ils éprouvèrent par la suite en constatant que rien n'avait changé. En comprenant que cette découverte sensationnelle n'avait rien bouleversé aux États-Unis, mais qu'elle avait renforcé la détermination des Blancs à maintenir les Noirs dans un état de soumission. Les Blancs firent pour la plupart mine de croire que la découverte de l'ADN n'avait aucun rapport avec le ségrégationnisme et continuèrent d'entraver toute tentative de rapprocher les «deux races», de faire en sorte qu'elles se touchent, que leurs souffles, leurs chaleurs, leurs sangs, leurs semences et leurs sueurs se mêlent. Si tu ne gardes pas cela à l'esprit, tu ne verras pas les contours inquiétants et punitifs de l'histoire que je vais te raconter.

Le 19 mai 1970, le *Los Angeles Times* publia un article morbide consacré à une histoire d'amour «interraciale». Le nom des protagonistes était tu mais, d'après les rumeurs, il s'agissait d'une célèbre actrice hollywoodienne, connue pour ses positions en faveur des droits civiques des Noirs, et d'un des dirigeants les plus en vue des Black Panthers. Il était évident pour tout le monde aux États-Unis qu'il s'agissait de Jean Seberg et de Raymond Hewitt.

L'article se concluait en annonçant que la femme était enceinte et que l'enfant qu'elle allait mettre au monde était presque certainement le fils du révolutionnaire américain et non du mari français de l'actrice.

Ce dernier s'appelait Romain Gary et ce n'était pas un homme comme les autres. Dans les années où se déroule cette histoire, Gary avait déjà reçu le Goncourt, le prix littéraire le plus prestigieux de France, une récompense bien méritée qu'il obtiendrait de nouveau, des années plus tard, avec ce qui est son chef-d'œuvre, *La vie devant soi*, même si le règlement du prix interdit de le gagner deux fois. Comment donc cela a-t-il été possible? Non, pas de tricherie. Simplement, après l'histoire que tu vas lire dans les pages qui suivent, Romain Gary se mit à publier sous un pseudonyme afin de tenir la presse à l'écart de sa vie privée, si bien qu'à la parution du livre, ne connaissant pas la véritable identité de son auteur, le jury le sélectionna, puis le déclara vainqueur, sans savoir qu'il récompensait Gary une nouvelle fois.

J'imagine l'un des jurés – une pile de romans sur sa table de chevet, fatigué et regrettant d'avoir accepté ce rôle – tandis qu'il ouvre le livre de Gary avec méfiance, qu'il commence à le lire et n'arrive plus à éteindre la lumière. Car lorsqu'il t'entraîne dans un bordel de la France occupée, Gary te fait vraiment sentir l'odeur rance de la poudre bon marché étalée sur les visages des prostituées, il te fait sentir leurs seins contre ta poitrine, leur envie de trancher la gorge des clients – de l'oreille droite à la gauche – qui entrent avec la croix gammée bien en évidence sur leur uniforme.

Mais l'amant présumé de Jean Seberg, le père de son enfant, n'est pas le premier venu non plus. Et c'est peut-être ce que les journaux auraient dû écrire, que l'enfant qui viendrait au monde avait – dans tous les cas – un père à la stature imposante. Car Raymond Hewitt était le leader reconnu du mouvement pour les droits des Afro-Américains.

Raymond Hewitt a fait des études et veut mettre ses connaissances au service de sa communauté, c'est un Afro-Américain fier de ne porter aucune trace, dans la couleur de sa peau, des viols répétés perpétrés par les maîtres blancs sur les esclaves noires.

La femme enceinte, elle, est une Blanche dont les ancêtres quittèrent l'Afrique dès la période glaciaire, pour atteindre rapidement les terres de l'hémisphère Nord où, au fil des millénaires et par manque de soleil, ils devinrent tout à fait blancs. Sa peau très pâle, ses cheveux blond platine et ses iris bleus racontent toute son histoire génétique.

À Hollywood, Jean Seberg a joué aussi bien dans des films jugés médiocres mais appréciés du public que dans des films très sophistiqués, boudés par les spectateurs et acclamés par la critique. En d'autres termes, elle a réalisé le rêve de nombreux artistes : avoir du succès avec des œuvres triviales qui séduisent de nombreux spectateurs, puis financer des projets plus ambitieux qui s'efforcent de trouver leur public.

Jean se fiche des récompenses, elle n'a pas de plan de carrière, déteste le luxe et, dès son adolescence dans l'Iowa, s'est engagée en faveur de la National Association for the Advancement of Colored People, une association de défense des droits civiques. Plus elle a de succès, plus les organisations non gouvernementales et les associations se tournent vers elle, qui n'hésite pas à faire des chèques ou à lancer des appels de soutien à telle ou telle cause humanitaire. Cela lui donne la motivation nécessaire pour bien faire son travail, même quand elle n'aime pas le réalisateur, le rôle et moins encore la conférence de presse au cours de laquelle elle doit faire la promotion de sa merveilleuse blancheur. Naturellement, les journalistes envoyés par les rédactions pour ne rapporter que des rumeurs et des ragots ne la dépeignent pas comme l'actrice forte et complexe qu'elle est, mais comme son exact contraire : une femme fragile et désorientée. Ils ne parlent pas des idées qui l'enthousiasment mais suggèrent qu'elle est moins attirée par celles-ci que par les hommes qui les défendent. Sa timidité n'est pas décrite comme de la pudeur – un sentiment pur ! – mais comme de la fragilité émotive. Tout ce qui intéresse les rédactions – car c'est ce que le marché « demande » –, c'est de pondre des articles vulgaires, remplis d'histoires de flirts et de cocufiages.

À travers la loupe déformante de la presse people, toute amitié devient sale, toute relation intéressée, tout réflexe inapproprié, tout combat naïf, tout sentiment malade. Et comme il n'est pas possible de recourir à la ruse habituelle de la diffamation, en prétendant que c'est l'argent qui guide ses choix – car, je l'ai dit, elle n'en manque pas –, on laisse entendre qu'elle est animée par un désir sexuel compulsif.

Aucune de ses relations n'est mesurée à l'aune des sentiments ou des affinités électives, mais toujours et uniquement à celle du caprice et de l'instabilité émotionnelle. On souligne en outre, avec la conscience que c'est une circonstance aggravante aux yeux de l'Amérique puritaine, que les hommes qu'elle fréquente appartiennent à des catégories où l'immoralité est la norme : Noirs, Juifs, musulmans, écrivains engagés, militants, poètes, bons à rien divers.

Le nombre total de relations que Jean Seberg a eues – sans compter bien sûr celles qui lui ont été attribuées arbitrairement – ne diffère en rien de celui qu'aujourd'hui toute femme pourrait déclarer en moyenne. Et, à l'époque, il ne différait pas du nombre de liaisons que son mari avait entretenues durant la même période. Mais les informations reflètent toujours le point de vue de ceux qui les rapportent : dans le cas de Jean Seberg et de sa vie privée, celui de journalistes rétrogrades et bigots.

Et donc, comme Jeanne d'Arc, le premier rôle qu'elle avait interprété, on fit d'elle une femme ingénue et psychologiquement instable.

Un jour de 1969, alors qu'elle avait un peu plus de trente ans, elle reçut un appel téléphonique d'une amie des Black Panthers lui demandant son aide pour un projet exceptionnel : le mouvement voulait se rendre dans les écoles publiques des quartiers noirs pour distribuer le petit déjeuner aux élèves. Il était temps que cette démarche, entreprise sporadiquement par quelques mères charitables – des initiatives isolées –, devienne une action généralisée et permanente : chaque enfant, adolescent et jeune afro-américain de Californie avait le droit de recevoir un repas nourrissant et gratuit. Pas seulement une fois par an, mais chaque jour de l'année scolaire.

Les Panthers étaient désormais convaincus que, pour la communauté noire américaine, la clé de l'émancipation se trouvait dans les écoles. Que c'était uniquement grâce à une éducation solide que les Afro-Américains pourraient éviter la rue, le crime et l'alcoolisme, rubriques dans lesquelles la communauté noire continuait d'être statistiquement surreprésentée.

Jusque-là ils s'étaient fourvoyés. Ils avaient négligé les opérations préventives, intervenant essentiellement pour réparer : ils patrouillaient dans les rues jour et nuit afin d'empêcher la police d'arrêter leurs frères et sœurs sous prétexte qu'ils étaient ivres ou défoncés, en profitant pour les frapper ; ils apportaient de la nourriture et des paroles de réconfort à ceux qui s'étaient retrouvés derrière les barreaux, pour une amende impayée ou un sandwich volé ; ils fournissaient des conseils gratuits à ceux qui étaient persécutés par le fisc ou par la justice ; ils payaient les traitements médicaux de ceux qui avaient subi des accidents du travail. Désormais, ils avaient compris qu'il fallait intervenir beaucoup plus tôt. Avant d'exiger des procès équitables, le respect des droits de l'homme ou le plein accès aux services publics. Une question devait être traitée avant les autres, avant les arrestations, les coups, les injustices, les procès, la diffamation : l'école. Car c'était le véritable goulet d'étranglement établi par la ségrégation.

Les écoles que fréquentait la population noire étaient les plus mauvaises du pays. Les salles de classe étaient trop souvent vides parce qu'il n'y avait personne à la maison pour réveiller les enfants le matin, personne pour leur préparer le petit déjeuner, personne pour leur rappeler combien il était important de faire des études. Leurs mères étaient déjà sorties à ce moment-là, en route vers d'autres maisons, où elles prépareraient d'autres petits déjeuners pour d'autres enfants. Était-ce la faute des enfants blancs ? Non, bien sûr : ils ne pouvaient pas savoir qu'ils volaient les caresses et les encouragements de ces autres enfants. Ils étaient le pur produit de l'Histoire, comme nous le sommes tous.

Quoi qu'il en soit, même quand les enfants des quartiers noirs avaient appris à se lever seuls le matin, à lacer leurs chaussures ainsi que celles de leurs frères et sœurs plus petits, ils n'arrivaient pas à se concentrer en classe. La faim les distrayait, les chiffres se brouillaient devant leurs yeux et l'image de leur enseignant devenait floue.

Peut-être y avait-il chez eux des sacs de farine, des bocaux de riz, des boîtes de haricots verts, des bouteilles d'huile, des cartons de sel et de sucre, mais ce qui manquait, c'étaient les courses quotidiennes, le pain, le lait, les fruits, les œufs, les produits avec lesquels on prépare quelque chose à emporter à l'école. Et seulement dans les cas les plus heureux, car parfois on ne trouvait pas même une poignée de riz ou de haricots blancs dans le garde-manger.

Aujourd'hui encore, les programmes d'adoption à distance les plus efficaces n'envoient pas d'aide aux familles mais distribuent des repas dans les écoles. Offrir un repas décent là où la nourriture manque est le seul moyen de garantir la présence des enfants à l'école et d'éviter qu'ils ne soient privés d'apprentissage. C'est le seul moyen de mettre des munitions dans leur sac à dos, des munitions avec lesquelles ils ne devront pas apprendre à tirer, mais à se défendre. Faire de l'école un lieu où ce droit est assuré revient à planter un panneau indiquant la sortie de secours avec un marteau et des clous. Et c'est exactement ce que les Panthers voulaient faire : trouver une porte de sortie à la ségrégation séculaire des Noirs.

À l'époque, le fils de Jean Seberg, Alexandre Diego Gary, était encore petit, le problème la touchait donc, si bien qu'elle donna dix mille dollars à cette cause. Un don qui serait considérable même aujourd'hui. Mais ne commets pas l'erreur de croire que l'argent ne signifiait rien à ses yeux. « Avec tout l'argent qu'elle a ! » : n'est-ce pas ce qu'on dit ? C'est une vision simpliste des choses. Pour elle, le don d'une telle somme n'était pas anodin. Cela signifiait qu'elle allait devoir accepter de tourner un film qu'autrement elle aurait refusé. Cela impliquait surtout qu'elle allait devoir se justifier devant une file interminable de parents, d'amis et de bénévoles qui lui en feraient le reproche : pourquoi ne m'as-tu pas donné cet argent ? Ou à ton cousin, qui n'a pas de travail ? À ton oncle, qui a besoin d'une opération ? À ton beau-frère, qui doit réparer le toit de sa maison ? Pourquoi ne pas l'avoir donné aux personnes âgées ? Aux orphelins de guerre ? À l'aide aux alcooliques ? À la protection des espèces en voie de disparition ? Aux défenseurs des droits des femmes ? C'est comme ça, tu sais : pour chaque cause que tu soutiens, pour chaque bataille que tu mènes, il y en a un millier d'autres que tu ne pourras pas embrasser et, dans chaque cas, tu devras rendre des comptes.

En partie grâce à la contribution plus que généreuse de Jean Seberg, le projet de petit déjeuner gratuit vit le jour et, à partir de la Oakland School où il débuta, il s'étendit à de nombreuses autres écoles des États-Unis, et plus de dix mille enfants qui n'avaient jamais pris de petit déjeuner de leur vie en bénéficièrent.

Oui, mais qu'est-ce que c'est, dix mille enfants, comparés aux centaines de milliers d'autres dans le pays et dans le monde qui sont privés de nourriture ?

Eh bien, quand on te dit ce genre de chose, efforce-toi toujours d'imaginer que tu es l'un de ces dix mille enfants. Ce jour-là, tu te réveilleras en ayant la sensation que le chemin va être plus court, que l'image de l'enseignant va être plus nette et ses mots plus clairs. Imagine que tu rentres chez toi avec quelques connaissances en plus dans ton sac à dos au lieu d'un estomac éternellement vide.

Quand la goutte que quelqu'un fait couler est *ta* goutte, même « un » devient un chiffre important.

Bien sûr, il peut arriver que tu sois en train de boire au milieu du désert, que quelqu'un apparaisse et t'arrache ton verre, faisant couler l'eau sur le sable…

Tandis que les enfants prenaient leur petit déjeuner sur les bancs de l'école, que leur enseignante les observait avec satisfaction, convaincue qu'il ne fallait jamais perdre espoir, car tôt ou tard les bonnes choses arrivaient, les fédéraux firent irruption dans les classes, armés jusqu'aux dents, arrachant la nourriture aux mains des enfants, la jetant par terre et la piétinant dans la confusion générale.

« Pourquoi ? » s'écria la maîtresse.

Elle reçut de nombreuses réponses, sauf la vraie : ces lieux ne sont pas adaptés à la consommation de nourriture, toutes les mères n'ont pas donné leur autorisation, les règles d'hygiène n'ont pas été respectées, les autorités n'ont pas été correctement informées de l'initiative. Quand, les jours suivants, les mères et les enseignants firent de leur mieux pour combler les lacunes signalées par les autorités fédérales, il apparut évident que c'étaient uniquement des prétextes et que, pour chaque lacune comblée, on en inventait aussitôt cent autres. Et, de toute façon, les enfants n'avaient plus faim, la seule chose qu'ils associaient au mot « petit déjeuner » était une irruption menaçante des forces de police, la panique, la maîtresse qui hurlait, les parents qui pleuraient devant les grilles…

Comment ça, te demandes-tu sûrement, la police est entrée dans l'école pour empêcher les enfants de manger ? C'est exact. Et ne crois pas qu'un tel événement ait été chose rare.

Tu sais sans doute qu'apporter son soutien à des projets humanitaires, même les plus solides, comme distribuer des bons alimentaires aux enfants qui ne peuvent pas se payer de repas à l'école ou sauver des vies en mer, suscite un flux considérable de haine. Cela a à voir, je suppose, avec l'idée erronée que si on donne à manger ou qu'on sauve la vie à autrui, cela menacera tôt ou tard notre possibilité de manger ou de rester en vie, nous. Comment est-ce possible ? Donner un droit à quelqu'un ne signifie pas le retirer à quelqu'un d'autre. Tu as raison, mais ce fut également le cas pour le droit de vote des femmes : les suffragettes ne demandaient pas qu'on donne le droit de vote aux femmes et qu'on le retire aux hommes, mais ça n'empêchait pas la majorité des hommes de refuser qu'elles l'obtiennent.

De fait, beaucoup de gens confondent leur jardin avec la totalité du monde. Et ce jardin, il faut constamment le défendre, le protéger contre ceux qui n'en ont pas et qui, en conclut-on, pourraient un jour venir réclamer le nôtre.

Cette façon de voir les choses appartient autant à ceux qui vivent dans les sous-sols des ghettos les plus dégradés qu'à ceux qui vivent dans les petites maisons soignées des quartiers résidentiels.

Justement, dans l'une de ces maisons bien entretenues, au 413 Seward Square à Washington, vivait un autre des personnages de ce récit.

Cet homme, J. Edgar Hoover – je t'ai déjà parlé de lui, tu te souviens de ses manigances contre Martin Luther King, n'est-ce pas ? –, pensait que la totalité de l'Amérique était son jardin, et il était prêt à se faire torturer, à mourir et même à tuer pour le protéger. Après la mort de sa mère, alors qu'il avait quarante ans, il avait pris l'habitude de garder des poissons rouges dans la fontaine du patio et de dormir avec son fusil dans les bras, convaincu qu'un jour ou l'autre quelqu'un s'introduirait chez lui. Quand l'un de ses collaborateurs lui faisait remarquer qu'il n'y avait aucun danger et que le quartier dans lequel il vivait était l'un des plus sûrs du monde, Hoover le renvoyait, affirmant qu'il ne voulait que des gens éveillés au Federal Bureau of Investigation, l'agence que Hoover dirigea de 1935 jusqu'à sa mort en 1972.

Après plusieurs licenciements, ses hommes apprirent à dénicher toutes les preuves dont ils avaient besoin afin que Hoover puisse « fabriquer le monde auquel il croyait ». Cela stimulait encore plus son état d'alerte permanent, produisant un cercle vicieux dans lequel il imaginait des dangers, avant que ses hommes ne lui apportent la preuve que ces dangers existaient réellement.

Non que Hoover ait été quelqu'un de foncièrement mauvais. Aussi loin qu'il s'en souvienne, il s'était toujours levé à l'aube, avait étudié et travaillé dur, s'était autorisé peu de luxes et encore moins de distractions. Il avait toujours payé ses impôts, jeté ses ordures et veillé à son hygiène personnelle. Certes, il avait souvent menti, mais c'était «pour le bien de l'Amérique», se répétait-il en guise d'autojustification.

À ceux qui l'accusaient d'avoir décidé seul, pendant des décennies, du destin de toute une nation, il se défendait en répondant qu'il n'attendait pas de remerciements. Il n'est donc pas étonnant que J. Edgar Hoover ait mis en place en 1956 un système en réalité illégal, appelé Counter Intelligence Program, et plus connu sous l'acronyme COINTELPRO, afin de collecter des informations potentiellement compromettantes sur la vie privée de n'importe qui, imposant à tous sa vision personnelle de l'Amérique.

Souvent, Hoover ne trouvait rien sur les personnes qu'il surveillait, mais il suffisait de créer un nouveau dossier dans les armoires du FBI et tout ce qui venait à y être consigné avait dès lors valeur de preuve. Aujourd'hui encore, nous commettons l'erreur – habilement induite par la machine à salir de Hoover – de croire que ce qui est mentionné dans les rapports du FBI était un temps accompagné de preuves, mais il n'en est rien. L'élimination d'une partie du matériel collecté, régulièrement ordonnée par Hoover pour ne laisser aucune trace d'enquêtes qui n'avaient pas toujours l'aval du gouvernement, contribue à cette perception erronée. On considère comme allant de soi que les services de renseignement n'aient pas à fournir de preuves – en raison du secret qui entoure leurs opérations et qui fait partie du code de conduite des agents – et donc, trop souvent, nous n'avons effectivement aucune preuve de ce qu'ils affirment, et nous n'en cherchons pas.

Mais, en réalité, même un enfant pourrait le comprendre : les fichiers et dossiers du FBI de Hoover ne contenaient souvent que des pistolets à eau et des perruques glamour, ensuite vendus comme des signes inattaquables d'existences vouées au crime ou à la débauche.

Son mandat ayant couvert la quasi-totalité de la phase politique délicate que fut la guerre froide, Hoover utilisa le communisme soviétique comme épouvantail l'autorisant à mettre n'importe qui sur la touche, après toutes sortes d'enquêtes irrégulières et de chantages. Quand quelqu'un se retrouvait dans le collimateur du Bureau, il était automatiquement accusé de nourrir des sympathies suspectes à l'égard du pays des Soviets. Mais Hoover dut constater que ses compatriotes étaient si bien immunisés contre le virus de l'antiaméricanisme qu'il n'aurait jamais pu les faire passer pour des conspirateurs. Il opta alors pour un nouveau champ d'investigation : il ne détruirait pas l'image politique des « ennemis de l'Amérique », mais leur image privée. Ainsi, dans son bureau, il se mit à répertorier chaque tache de sperme trouvée sur un siège de voiture ou un matelas de motel. Ses hommes durent écouter – et enregistrer – pendant des heures les orgasmes de ses ennemis. C'est-à-dire ceux, comme tu peux l'imaginer, qui à ses yeux n'étaient pas fidèles aux « vraies valeurs » de l'Amérique : hippies, drogués, écologistes, pacifistes, homosexuels, féministes, opposants à la guerre du Vietnam, « nègres » et mafiosi italo-américains. À vrai dire, les mafiosi n'étaient pas vraiment des ennemis ; ils se consacraient certes au crime mais, comme tout le monde les détestait, ils n'avaient aucune chance d'influencer l'opinion publique, ce qui les rendait beaucoup moins dangereux aux yeux de Hoover.

À partir de 1964, les membres du Ku Klux Klan figurèrent sur la liste noire de COINTELPRO, mais uniquement parce qu'ils avaient défié le gouvernement en agissant de façon trop autonome.

Les principaux détracteurs de Hoover – c'est-à-dire chacun ou presque des six présidents qui dirigèrent le pays durant son mandat – espéraient secrètement le voir disparaître de la surface de la Terre. Ils étaient également persuadés que l'idée d'instrumentaliser des scandales privés était venue à Hoover parce qu'il vivait lui-même dans la crainte paranoïaque qu'on viole son intimité. Remplir ses classeurs de porte-jarretelles et de slips sales était, en d'autres termes, un moyen de défense : exercer un chantage avant qu'on en exerce un sur lui.

Les faits lui donnèrent raison, car il parvint en très peu de temps à devenir intouchable. Je sais : tu te demandes pourquoi personne n'a tenté de l'arrêter. Comme le dit le proverbe, « il suffit d'une pomme pourrie pour gâter le tas ». De même il suffit d'une seule personne, payée dans ce but, pour obtenir des informations circulant dans les bureaux de la rédaction d'un journal ou de la direction d'une maison d'édition, et pour faire en sorte que tout le mécanisme se grippe si besoin. Le Bureau avait installé des infiltrés dans tous les médias. Ainsi, chaque fois qu'un journal ou un éditeur s'apprêtait à dénoncer les méthodes douteuses du FBI, Hoover en était prévenu et veillait à bloquer les rotatives avant la publication. Il n'en fallait pas beaucoup : une fois, c'étaient les épreuves qui disparaissaient ; une autre, la photo de la femme du rédacteur en chef embrassant son chauffeur « de couleur » qui parvenait à la rédaction ; une autre encore, une enveloppe anonyme contenant une très longue ordonnance pour des psychotropes ; ou des amendes impayées, un chèque refusé, un découvert bancaire, peu importe. La pression exercée par le Bureau était si forte et les moyens à sa disposition si sophistiqués que tout le monde finissait par céder.

Pourtant, en 1950, un avocat de Washington, Max Lowenthal, ancien assistant au Congrès et conseiller du président Truman, décida d'aller jusqu'au bout. Il avait passé dix ans de sa vie à rassembler des preuves indiscutables concernant les méthodes illégales qu'employait le Bureau de Hoover. Ces méthodes, dénonçait-il dans son livre *The Federal Bureau of Investigation*, « minaient les fondements de la démocratie américaine ». Le pays devait savoir.

Quand Hoover apprit la parution imminente du livre, il se battit comme un lion. Mais, parfois, même lorsqu'on a bien visé, les balles ratent mystérieusement leur cible.

Le livre parut.

« Et alors ? me demanderas-tu. Pourquoi ne s'est-il rien passé ? » Parce que personne ne l'a lu. S'il est une chose que je ne me lasserai jamais de répéter, c'est celle-ci : ce n'est pas le contenu d'un livre qui fait peur, ce sont ses lecteurs. Si un livre n'est lu par personne, l'histoire qu'il raconte meurt. Si, au contraire, il a du succès, c'est le casse du siècle et, dès lors, il fait bel et bien peur.

Le fait est que Lowenthal n'était pas un écrivain. C'était un bon avocat, un excellent conseiller politique, et il avait accompli un effort gigantesque pour rassembler des preuves contre le FBI, y mettant un soin extrême. Mais son livre était lourd, plus lourd qu'un dossier au tribunal.

Il y eut un certain battage dans les journaux, c'est vrai, surtout parce que Hoover avait commandé des critiques négatives. Mais même ce débat ne fit qu'accroître son pouvoir, et la seule chose que les Américains comprirent, c'est que tous étaient potentiellement sous surveillance ; ils comprirent également que le Bureau envoyait anonymement aux journaux people les informations qu'il avait recueillies, ces derniers étant le véritable bras armé du FBI.

Reprenons maintenant notre histoire là où nous l'avons laissée. Car, comme tu peux l'imaginer, Jean Seberg tomba sous les coups de ce bras armé. Le Bureau enregistra une de ses conversations téléphoniques : Elaine Brown, militante des Black Panthers, l'avait appelée pour lui demander une nouvelle fois son aide et, au cours de cet appel, Jean lui confia qu'elle était enceinte. Le FBI transmit aussitôt l'information aux journaux, prétendant qu'elle venait d'un ami de Jean Seberg et laissant entendre qui était le véritable père de l'enfant.

Aucun journaliste sérieux ne mordit à l'hameçon, à l'exception d'un chroniqueur du *Los Angeles Times*, un journal très populaire en raison de sa rubrique consacrée aux stars de Hollywood. Craignant des poursuites judiciaires, le propriétaire du journal ordonna au chroniqueur d'omettre les noms des personnes impliquées. Mais comme je te l'ai dit au début, chaque Américain avait compris qu'il s'agissait de Jean Seberg car, dans ces années-là, il y avait peu d'actrices « amies des nègres » à Hollywood et une seule d'entre elles avait un mari français.

Même si tout le monde était désormais au courant, deux mois plus tard, l'hebdomadaire le plus populaire du pays, *Newsweek*, revint sur le sujet en précisant qu'il s'agissait bien d'elle et du leader des Black Panthers, Raymond Hewitt.

Beaucoup de gens se mirent à parier sur la couleur de l'enfant à naître, et nombreux étaient ceux qui espéraient qu'il serait noir, comme la honte que sa mère éprouverait face à la désapprobation générale. Il ne restait plus que deux mois à patienter avant que la mère ne se décide à le mettre au monde, le livrant à la curiosité fébrile des lecteurs.

Jean Seberg avait assez bien supporté la publication du premier article en mai 1970, mais elle ne put conserver le même détachement, deux mois plus tard, en tombant sur les dix lettres de son nom, bien en vue dans l'hebdomadaire le plus lu d'Amérique. Son téléphone ne cessa pas de sonner pendant des heures, des heures interminables passées à rassurer les proches qui appelaient pour la réconforter et finissaient par demander du réconfort ; à ignorer les propos sibyllins de ceux qui téléphonaient par curiosité ; à repousser le cortège d'amis envahissants venus frapper à sa porte. Les jours suivants ne furent pas différents, car les voisins commencèrent à lui rendre visite avec des paniers de fleurs, histoire d'observer le scandale de plus près ou de rapporter les ragots entendus dans la rue.

Seberg sombra rapidement dans un état de grande confusion, ce qui provoqua de fortes contractions, alors qu'elle n'était enceinte que de sept mois. Elle fut conduite d'urgence à l'hôpital, où l'on dut procéder à une césarienne. C'était le 23 août 1970 : la petite Nina était en bonne santé, mais prématurée de deux mois.

Peut-être parce qu'autour d'elle l'air était tendu et malsain, le bébé eut bientôt du mal à respirer.

Le jour des funérailles, qui eurent lieu à Marshalltown, la ville natale de sa mère, le cercueil demeura ouvert durant toute la cérémonie. Cent quatre-vingts photographes venus de tous les coins du monde pour photographier le cadavre d'un enfant noir se pressèrent autour du cercueil. Malheureusement pour eux, ils ne rapporteraient pas le scoop tant attendu, car le corps de l'enfant était on ne peut plus blanc !

Montrer le petit corps de Nina aux funérailles avait été une très mauvaise idée, car cela ne permit pas, comme l'avaient espéré les parents, de mettre un terme à toute l'histoire. Au contraire, cette concession fut comme un morceau de viande jeté entre les mâchoires d'une bête affamée, qui se met aussitôt à en redemander. Dès le lendemain des funérailles, les gens parièrent sur l'identité du vrai père, qui n'était pas noir, certes, mais n'était peut-être pas le mari de Jean Seberg pour autant.

Quand le couple comprit qu'il était entraîné à son corps défendant dans un authentique film d'horreur qui ne se terminerait jamais, il se sépara, peut-être pour éviter que chacun ne rappelle à l'autre cette terrible affaire.

Dans les années qui suivirent, Jean tenta plusieurs fois de mettre fin à ses jours, la semaine précédant l'anniversaire de la mort de Nina ou la suivante.

Neuf ans plus tard, elle y parvint. Elle s'était enfermée dans sa voiture et avala une forte dose de barbituriques. Son corps fut découvert quelques jours plus tard. Elle avait laissé un mot à son fils Diego : «Diego, mon fils chéri, pardonne-moi. Je ne pouvais plus vivre. Comprends-moi. Je sais que tu le peux et tu sais que je t'aime. Sois fort. Ta maman qui t'aime.»

Un an et demi plus tard, Romain Gary se suicida à son tour d'une balle dans la bouche. Lui aussi laissa un mot : «Aucune relation avec Jean Seberg.»

C'était un moyen d'empêcher la presse de profaner de nouveau leurs noms, de les associer dans une énième version d'une affaire qui ne devait plus jamais être racontée.

Sur cette histoire, je te demande de te contenter de ce que tu as lu ici, de ne pas en chercher davantage sur le Net. Sinon, tu tomberas, comme ça m'est arrivé, sur des articles qui, bien qu'écrits aujourd'hui, ont le même ton que la presse de l'époque, une presse puritaine et raciste qui n'a fait qu'attaquer – même lorsqu'elle prétendait les défendre – l'actrice la plus engagée de Hollywood et l'écrivain le plus original, le plus anticonformiste de ces années-là.

Ceux qui lisent les magazines people ont rarement conscience de ce qu'ils font. Moi aussi, au fil des ans, j'ai dû m'entraîner à ne pas céder à la tentation, qu'importe si cela complique parfois mon travail ou si les révélations s'annoncent prometteuses. J'ai appris au doigt qui fait défiler les nouvelles sur mon téléphone à rester impassible.

«Je l'ai lu par simple curiosité», me disent certains amis. C'est précisément cette curiosité qui délégitime et tue les gens. Et c'est comme ça que Nina est morte.

CRIE-LE, QUE TU NE PEUX PAS DORMIR
SI LES AUTRES NE DORMENT PAS,
QUE TU NE PEUX PAS MANGER
SI LES AUTRES NE MANGENT PAS,
QUE TU NE PEUX PAS GUÉRIR
SI LES AUTRES NE GUÉRISSENT PAS,
QUE TU NE PEUX PAS AIMER
SI LES AUTRES N'EN ONT PAS LE DROIT.

COMBIEN DE FOIS T'ES-TU DIT QUE LA VICTIME
«L'AVAIT BIEN CHERCHÉ»?

Pier Paolo Pasolini

21

LA STATION-SERVICE

> En quelque lieu que soit le cadavre, là s'assembleront les aigles.
>
> Évangile selon Matthieu, 24,28[1]

Le 18 novembre 1961, un homme parcourt en voiture la route côtière qui relie Sabaudia au mont Circé. Il est un peu plus de quinze heures lorsqu'il s'arrête dans une station-service. Il entre dans le restoroute et commande un Coca-Cola.

C'est la fin de l'automne, mais le soleil est encore chaud, car au mont Circé l'été indien dure longtemps.

Le restoroute est situé dans une zone toute nouvelle que l'assèchement des marais voulu par Mussolini a rendue habitable. On y a planté des forêts d'eucalyptus assoiffés qui ont absorbé les marécages.

Tout autour, la mer est si présente et les dunes de sable si hypnotiques qu'elles favorisent de fréquents états hallucinatoires, comme au milieu du désert.

Le buveur de Coca-Cola pose son verre vide sur le comptoir et enfile lentement une paire de gants en cuir noir. Quand il en a terminé, il sort un pistolet, fait délicatement pivoter le barillet, récupère une balle dans sa poche et charge l'arme. Un rayon de

1. La Bible, par Louis Segond, 1910.

soleil glisse paresseusement à l'intérieur du restoroute, se pose sur le canon de l'arme et révèle au serveur effrayé un autre détail inhabituel : la balle est en or.

L'homme pointe alors son arme sur lui et réclame la recette du jour, y compris celle de la pompe à essence. Mais le serveur ne s'en laisse pas conter : il saisit un couteau par la lame, frappe le voleur avec le manche et le met en fuite.

Le lendemain, il le voit réapparaître devant le restoroute avec un ami. Cette fois, il note le numéro de la plaque d'immatriculation.

Il faut croire que le serveur n'a pas reconnu son braqueur, l'écrivain et cinéaste Pier Paolo Pasolini, car lorsqu'il signale les faits aux carabiniers de la zone, chez qui il s'est précipité, il leur indique le numéro de la plaque, mais pas le nom de l'individu. Curieusement, il ne l'a pas identifié. À l'évidence, il n'a pas de télévision et ne lit pas les journaux, car l'homme qui a essayé de le voler est depuis plusieurs années au centre de nombreuses polémiques médiatiques. Il a publié des livres, tels *Les ragazzi* et *Une vie violente*, qui ont dérangé beaucoup de monde et suscité des réactions aiguës, car il y évoque sans détour le monde de la prostitution masculine.

Un de ses films, *Accattone*, sort justement à cette période dans les cinémas de toute l'Italie et fait déjà l'objet d'un vif débat. Immoral, indécent, incandescent, complaisant à l'égard de ses propres méfaits : voilà ce que l'Italie démocrate-chrétienne tout comme l'Italie communiste reprochent à Pasolini.

Apparemment, la station-service a résisté telle une forteresse non seulement aux nouvelles qui déferlent jusque sur les côtes du Latium, mais aussi aux rumeurs circulant dans le milieu romain. Sinon, le serveur saurait que Pasolini est un personnage important, qu'il est souvent au centre de scandales et de controverses, qu'il a déjà été accusé de vol et qu'il passe ses nuits sous la lune du Capitole et sur le mont Caprino, où l'amour des garçons est à vendre.

Bien sûr, tu as raison : peut-être que le serveur ment. En réalité, il sait tout cela et a choisi son camp, comme tous les Italiens : pour ou contre Pasolini; il essaie seulement de brosser un scénario semblable à ceux qu'il a déjà entendus et, cette fois, il veut se positionner au centre.

Devant les carabiniers, le serveur assure néanmoins que, sur le moment, il n'a pas reconnu le braqueur et qu'il ne recherche ni la gloire ni l'argent, pas plus qu'il ne veut infliger un nouveau coup dur à un homme devenu une cible.

La plainte contraint Pasolini à quitter la côte, où il achevait d'écrire le scénario de son prochain film, *Mamma Roma*, avec son ami Sergio Citti. Il doit regagner Rome avant que les carabiniers ne viennent fouiller son appartement de la Via Carini où, juge-t-on, il a sans doute caché l'arme et la balle en or.

« La balle en or ? demandes-tu. Les juges ont vraiment cru à une histoire aussi farfelue ? »

Oui, ils y ont cru.

Via Carini, on ne trouve aucune arme. Mais la description du serveur est trop précise pour qu'on l'ignore et la balle en or un détail trop surréaliste pour avoir été inventé.

Pasolini est jugé pour attaque à main armée. Oui, tu as bien lu. Pasolini est jugé pour tentative de vol à main armée. Et condamné. Puis amnistié et acquitté en dernière instance, mais uniquement par manque de preuves : l'arme n'a jamais été retrouvée et, à part le serveur, il n'y avait aucun témoin de la scène.

Le 3 juillet 1962, quand le procès s'ouvre à Latina, l'avocat de la défense Francesco Carnelutti ne se prive pas d'évoquer l'invraisemblance de ce braquage en or massif.

Devant la cour, l'avocat pose une autre question. Il la pose même à tout le pays : pourquoi Pasolini – un homme célèbre et aisé – aurait-il risqué vingt ans de prison pour un vol à main armée qui lui aurait rapporté deux mille lires, une somme dérisoire ? Et comment croire que le serveur n'a pas reconnu ce client-braqueur quand il est entré dans le restoroute ? Le récit fait aux carabiniers de cette tentative de vol ne serait-il pas le geste d'un jeune homme en quête de visibilité ?

Les doutes de l'avocat semblent reposer sur une logique imparable, mais bientôt l'attention du public se porte sur un point plus urgent soulevé par la presse : pourquoi l'avocat défend-il son client avec autant de zèle ? Est-ce simplement une affaire de déontologie et de professionnalisme ? Ou, de manière plus réaliste, faut-il imaginer que Pasolini et l'avocat sont amants ?

C'est une manière parfaite – tu l'admettras – de rapporter les débats des arguments de la défense à la nature des personnes : l'avocat de Pasolini est-il gay ? Quelqu'un qui se dit croyant, comme l'avocat Carnelutti, peut-il être homosexuel ? Lequel des deux a séduit l'autre ?

Et tandis que l'opinion publique se triture les méninges à propos de ces questions, le procès se poursuit et Pasolini est finalement condamné.

Oui, tu as bien compris : Pasolini, le plus grand intellectuel italien du XXe siècle, est condamné pour « menaces à main armée », au moyen d'un pistolet et d'une balle en or, dans un lieu public situé au bord d'une route très fréquentée où quelqu'un pouvait entrer à tout moment et, de plus, à quelques kilomètres seulement du domicile de son amie Laura Betti, chez qui Pasolini doit régulièrement se rendre pour travailler.

Le procès pour la tentative de braquage contre le serveur du mont Circé se conclut par une condamnation à quinze jours de prison, plus une amende de dix mille lires (cinq fois le montant que Pasolini aurait tenté de voler) pour possession illégale d'arme et cinquante mille lires de dommages et intérêts au père du serveur, mineur à l'époque des faits.

Quelle arme, si le pistolet n'a jamais été retrouvé ? Et quels dommages et intérêts, puisque le serveur a fait fuir le braqueur ?

Ne me le demande pas. Mais je t'assure que les juges y ont cru. Le verdict prouve qu'ils ont accepté comme parole d'évangile ce que l'accusation avait prétendu : l'arme était réelle, la balle en or aussi, et le vol n'avait été empêché qu'au prix d'un vigoureux coup asséné par le serveur avec le manche d'un couteau. Un coup avec le manche ?

Bien sûr. Ça expliquait que Pasolini n'ait pas été blessé.

Je sais : ça aussi, c'est ridicule, imaginer que quelqu'un tienne un couteau par la lame.

Le verdict du tribunal est contesté devant la cour d'appel de Rome, qui rejette les demandes de l'accusé et du procureur, mais accorde l'amnistie à Pasolini. Puis, en cassation, l'autre avocat de Pasolini, Giuseppe Berlingieri, se bat pour un acquittement plein et entier, mais n'obtient qu'un acquittement par manque de preuves, laissant Pasolini avec un clou enfoncé dans la chair.

Ce jour-là, Pasolini comprend qu'il portera à jamais l'habit du voleur – réel ou présumé – et que le doute persistera.

Bien sûr, ces fausses informations et ces polémiques incessantes finirent par attirer l'attention sur ses films et ses livres, mais le prix à payer était trop élevé et, pour lui, ce n'était plus supportable. Dès lors, la pression devint quotidienne : chaque jour une fausse nouvelle à son sujet paraissait, chaque jour on lui reprochait les choses les plus incroyables : un homme l'accusait d'avoir utilisé son nom de famille et de l'avoir donné au personnage d'un de ses films ; on affirmait qu'il avait plagié un roman, un livre jamais publié car le manuscrit se trouvait sur la banquette arrière d'une voiture qui fut ensuite volée ; on disait qu'il s'était présenté aux urgences avec un bâton enfoncé dans l'anus.

Le film *Mamma Roma*, sur lequel Pasolini avait tant travaillé dans les environs du mont Circé, sortit finalement dans les salles en septembre de la même année. Cette fois encore, Pasolini fut submergé de plaintes en justice, notamment pour avoir insulté le sens de la pudeur et de la moralité. Pourtant, de manière inexplicable, cette fois-là les juges ne le condamnèrent pas.

Pasolini décida alors d'investir dans la promotion du film l'énergie qu'il consacrait habituellement à se défendre devant les tribunaux.

Le jour de l'avant-première, au cinéma Quattro Fontane, il se présenta avec l'espoir de conquérir le public de la capitale, car le film s'inspire d'un fait divers qui figure en bonne place dans les annales de la ville : la mort en prison, à Regina Coeli, du fils d'une prostituée romaine.

C'est un récit déchirant, et l'histoire est de celles, explique Pasolini, qu'on écoute difficilement sans verser de larmes.

Il a tout juste fini de s'exprimer devant le public quand un groupe de voyous néofascistes descend par les allées latérales, s'avance vers la scène et l'agresse. Certains de ses amis les plus proches, dont Sergio Citti et Laura Betti, se jettent dans la mêlée pour le défendre mais sont frappés à leur tour.

Dans l'ensemble, la soirée se passe tout de même mieux que l'avant-première romaine d'*Accattone*. Cette fois-là, des groupes néofascistes avaient lancé de l'encre sur l'écran, empêchant les spectateurs de voir le film.

Je pourrais dresser la liste de tous les procès dans lesquels Pasolini a été impliqué. Trente-trois au total. Mais je vais me concentrer sur l'un d'entre eux, le seul – outre celui dont je viens de te parler – dans lequel il me semble intéressant de lire ce qui y figure en filigrane.

En 1969, un éleveur de la région de Catane porta plainte contre Pasolini, l'accusant d'avoir causé la mort de cinquante de ses moutons.

D'après la déposition de l'agriculteur, à la fin du tournage de *Porcherie*, Pasolini avait libéré un nombre indéterminé de chiens jusqu'alors utilisés comme figurants. Les chiens affamés avaient attendu la nuit et étaient entrés dans la bergerie de l'éleveur, faisant des ravages au sein du troupeau. C'étaient forcément les chiens de Pasolini, qu'il ne pouvait pas ramener avec lui à Rome. Qu'aurait-il fait de toutes ces bêtes ?

Vois-tu, quand des gens ordinaires l'attaquaient – comme le serveur du mont Circé ou le berger de Catane –, Pasolini était convaincu qu'ils le faisaient parce que c'étaient des gens simples, peu instruits et donc influençables, qui finissaient par le confondre avec les personnages de ses romans. Des gens qui se disaient : s'il parle de drogue dans ses livres, c'est forcément un drogué. Mais pareils raisonnements ingénus ne se transforment jamais en persécution ou en vengeance. Quand les préjugés se présentent au commissariat et se changent en main courante, il n'y a plus de confusion entre l'auteur et ce qu'il a écrit, c'est un poison qu'on injecte lentement dans le corps de la société.

Ni la simplicité ni la baisse du niveau culturel n'étaient à l'origine des accusations les plus improbables et les plus ignobles portées contre Pasolini. Le vrai responsable était le climat de haine qui s'était créé autour de lui. Un climat qui, d'ailleurs, ne s'est pas contenté de le dénoncer, de le juger et de le calomnier, mais qui est allé jusqu'à le tuer.

Tu sais, la scène de son assassinat a si souvent été décrite que, quand je repense à la nuit du 2 novembre 1975, la saveur rance du poulet que Pino Pelosi a mangé au Biondo Tevere avant de lui dire au revoir remonte dans mon œsophage. Le bruit de la boîte de vitesses de l'Alfa 2000 GT filant sur la Via Cristoforo Colombo jusqu'au minuscule terrain de football de l'Idroscalo à Ostie bourdonne également dans ma tête. Chaque fois que j'y retourne, la pensée de toutes les erreurs de relevés qui y furent commises me donne la migraine et la nausée.

Tu sais – n'est-ce pas ? – ou alors tu devines pourquoi tant d'erreurs furent commises ?

Parce que derrière tout ça – sa mort comme les procès –, il y avait l'homosexualité de Pasolini. Et donc, peu importe que Pelosi l'ait tué, seul ou avec des complices, ou que d'autres l'aient fait sans lui ; peu importe que le meurtre ait été politique ou le résultat d'une pure bestialité... Car c'était un pédé et, tôt ou tard, un pédé finit par tomber sur quelqu'un qui lui donne une bonne leçon.

« Comme ça, il a compris qui étaient vraiment ces voyous de banlieue qu'il aimait tant ! » : voilà ce qu'on a pensé. Voilà comment son assassinat a été commenté en Italie.

Bien sûr, chez ces garçons, il n'y avait pas que la pureté non contaminée qu'il voyait, lui. Souvent, il s'agissait d'individus rongés par le crime, abrutis par la violence et étouffés par la misère, des types qui, au milieu des années 1970, découvraient la drogue. Et, tu sais, il n'y a rien de tel que la drogue pour altérer la perception. Quand tu commences alors à tabasser un corps vivant, c'est comme si cette violence ne t'appartenait pas. Comme si elle te venait d'un jeu vidéo. Les jeux vidéo n'existaient pas encore, mais la drogue si, elle commençait à être partout, à tout envahir et à écraser l'horizon des banlieues italiennes.

Non, Pelosi était clean, cette nuit-là. Autrement, Pasolini ne l'aurait pas laissé déboutonner son pantalon, car il connaissait bien ce monde. Je parle de ceux qui rejoignirent Pelosi à l'Idroscalo… mais, c'est vrai, on n'est pas sûr que quelqu'un ait rejoint Pelosi à l'Idroscalo cette nuit-là, peut-être a-t-il vraiment agi seul, comme il l'affirma aussitôt après son arrestation. Pour moi, vois-tu, ça ne change rien. Ce n'est pas la dynamique du meurtre qui m'intéresse, c'est ce qui s'est passé avant, le fait que chaque jour on ait inventé des histoires fantasmagoriques au sujet de Pasolini : des moutons massacrés avec préméditation, des braquages à main armée, des plagiats improbables, des admissions aux urgences pour des lésions à l'anus. Des plaintes bonnes pour allumer la cheminée en hiver mais qui, mensonge après mensonge, avaient creusé dans la tête des gens un cratère tellement profond que ce n'est pas un hasard si, juste après son arrestation, Pelosi déclara ce que tout le monde voulait entendre : il devait tuer Pasolini, parce que Pasolini avait essayé de le sodomiser avec un bâton.

Des années après, il s'est rétracté, expliquant que rien n'était vrai. Mais, à l'époque, ses accusations furent jugées plausibles, car les gens voulaient voir dans ce meurtre un règlement de comptes entre pédés. Mais ce qu'on n'a encore jamais dit à son sujet, c'est que Pasolini était déjà mort, quand il arriva à l'Idroscalo cette nuit-là, épuisé par trente-trois procès, trente-trois coups reçus. Que, sur trente-trois coups, un soit fatal, n'est pas un accident : c'est statistiquement inévitable.

Tu sais, la vérité, c'est qu'il n'existe que deux types d'intellectuels : ceux qui racontent la vie en l'observant comme à l'abri derrière un paravent, et ceux qui se fracassent contre elle, car c'est seulement quand ils sont au tapis, agonisants, qu'ils parviennent à la décrire. Pasolini appartenait à cette seconde catégorie : il était à l'intérieur de la vie. Écrire, oui ; lire, oui ; commenter, oui ; analyser, oui ; mais seulement de l'aube au crépuscule, car une fois le soleil couché son combat au corps à corps avec la vie commençait. Pasolini n'a jamais utilisé sa tête pour écrire, il s'est servi de son seul corps, toujours au corps à corps.

Les muscles encore bien dessinés de son cadavre couvert de sang, gisant sur le terrain de l'Idroscalo, sont le signe le plus évident de ce combat quotidien.

Vois-tu, ceux qui l'ont connu de près racontent qu'il rentrait à l'aube tel un animal errant, une bête sauvage en sale état regagnant sa tanière : meurtri, traqué, battu, trempé d'eau sale. Un jour la queue amputée, un autre sans un œil, un autre encore avec une patte raide. Une bête nocturne. Quelqu'un qui ne pouvait être qu'une abomination aux yeux des bons pères de famille. D'ailleurs, c'étaient précisément les «hommes moyens», les «bons pères de famille» qui obsédaient Pasolini. Ceux qui sont capables des crimes les plus atroces. Les conformistes, les racistes, les esclavagistes, les indifférents, ceux qui se targuent de vivre dans le respect de la loi, dans des maisons sûres, avec des géraniums en fleur sur le balcon et des morceaux de cadavres dans leurs sinistres mallettes en cuir noir.

CRIE-LE : TU NE DIRAS JAMAIS «IL L'A BIEN MÉRITÉ».

ROULEMENTS DE TAMBOUR

Peut-être que lorsque des personnes éloignées sur d'autres planètes captent une de nos longueurs d'onde, tout ce qu'elles entendent est un cri continu.

IRIS MURDOCH[1]

Tu vois, ton manuel d'Histoire ? Celui avec lequel tu révises en vue des contrôles ? Peut-être que tu aimes cette matière, ou peut-être que tu considères ce livre comme l'un de ceux, trop nombreux, qui alourdissent ton sac à dos. Dans tous les cas, garde à l'esprit qu'en ce qui concerne le présent tu peux changer le prochain chapitre, tu peux changer l'Histoire en train de s'écrire.

J'y ai réfléchi. Je ne sais pas si l'Histoire, la mémoire, permettent vraiment d'empêcher les catastrophes de se répéter, mais une chose est sûre : si on comprend comment certains phénomènes naissent, on sait reconnaître le premier roulement de tambour au milieu du bruit de fond. Je veux que toi aussi tu en sois capable. Pense aux places, dans les villes italiennes de la fin du Moyen Âge. C'est intéressant de commencer par là, car l'information de

1. *Le message à la planète*, traduction de Paule Guivarch, Éditions Gallimard, 1992.

masse n'a pas vu le jour au XXe siècle, elle est née avec les prédicateurs médiévaux. Des prédicateurs flamboyants qui rejoignaient ces places durant les quarante jours précédant Pâques, annoncés par le rythme quasi festif des tambours. Ils y prêchaient la pureté des mœurs et de la foi, une orthodoxie radicale bien commode pour les dirigeants de l'époque. On éveillait chez les auditeurs la méfiance à l'égard de toute diversité, des minorités déjà mal intégrées, à soumettre de force ou à chasser : juifs, prostituées, saltimbanques, homosexuels, joueurs, mendiants. Les prédicateurs savaient si bien enflammer les esprits que des émeutes éclataient immanquablement à la fin de ces rassemblements : une prostituée était battue à mort, un juif jeté à l'eau, des cartes à jouer brûlées et des centaines de miroirs – instruments de vanité – brisés.

C'est alors qu'on commença à comprendre que la place publique était un lieu fragile : l'âme des personnes qui la remplissent peut donner naissance à un vent neuf, qui balaie la fine poussière, ou à un feu effrayant. C'est la force de la place qui nous pousse à abandonner ou à acquérir un peu d'intelligence, celle dont nous avons besoin pour entrer en communion avec notre prochain. Il est donc extrêmement important de surveiller ce que crient les personnes qui nous entourent, car les pires phénomènes de l'Histoire – les chasses aux sorcières, les pogroms contre les juifs, les guerres de religion, la persécution contre les *untori* (les semeurs de peste), la propagande fasciste, les défilés nazis, les « samedis communistes » en Union soviétique, l'exécution de Sacco et Vanzetti, le maccarthysme, les génocides en Arménie et au Rwanda, les massacres en Bosnie et au Kosovo, Daech, le populisme, le racisme, les légendes urbaines, les faux mythes, les attaques contre les ONG, les théories du complot, toutes les fake news destinées à guider notre comportement –, tout cela est né d'un roulement de tambour très banal et presque imperceptible.

Dès lors, soit nous essayons de capter et de faire taire ce roulement de tambour par tous les moyens à notre disposition, soit nous serons nous aussi responsables de ce qui suivra. Et ceux qui viendront après nous se demanderont ce que nous faisions quand ce tambour s'est mis à retentir. Lorsque ce moment viendra, nous ne pourrons plus simplement descendre sur le champ de bataille pour combattre l'ennemi au corps à corps. Nous devrons d'abord affronter les piques de ceux qui diront : « Relaxe-toi, ne t'énerve pas tout le temps : on n'est pas au Rwanda ! »

Le roulement de tambour n'est jamais innocent. Dès qu'il démarre, crie-le !

Joseph Goebbels

22

TUTORIEL

> À un certain moment de la vie, crier est le seul devoir.
>
> GIORGIO LA PIRA[1]

Les tutoriels sont utiles. C'est grâce à l'un d'eux que je me suis mis à rouler les vêtements pour faire ma valise. Oui, c'est bien ça : les rouler. Un tutoriel présentait cette méthode japonaise que j'ai apprise et qui a bouleversé la géométrie des valises du monde entier, car les chemises et les pulls prennent moins de place une fois roulés.

Tu sais, quand j'avais ton âge, dans les années 1990, les manuels de management étaient à la mode : c'étaient des tutoriels imprimés qui expliquaient comment devenir un leader. Choisir une position en surplomb par rapport à son interlocuteur, croiser les bras de sorte que le visage soit le sommet d'un triangle, toujours exprimer de la conviction et du charisme, porter des pantalons moulants qui soulignent la forme des testicules.

Les tutoriels sont parfaits pour apprendre à se servir d'un aspirateur et à cultiver un potager sur le bord de sa fenêtre, mais ne te fie pas à ceux qui veulent t'enseigner à vivre ; ceux qui prétendent que

1. Lettre à Amintore Fanfani, 27 novembre 1953, dans Amintore Fanfani, *Giorgio La Pira. Un profilo e 24 lettere*, Rusconi, 1978.

la vie est une course où on peut tricher, en trafiquant le moteur sans que les autres s'en aperçoivent ou en doublant à droite sans être sanctionné ; ceux qui affirment qu'on peut apprendre l'art de la séduction en dix jours… Ce sont des idioties. Parfois on y trouve des citations intéressantes, des petits jeux amusants, mais ce ne sont pas de véritables manuels, ils ne t'apprendront pas à vivre.

C'est seulement plusieurs années après avoir fini le lycée que j'ai découvert une chose qui m'a ouvert les yeux : ces kits de survie du bon manager, dont de nombreux chefs d'entreprise et dirigeants politiques se sont inspirés, on s'en rend compte encore aujourd'hui, sont fondés sur les règles de la propagande posées par Goebbels. Tu as bien compris. Joseph Goebbels. Lui-même. Le ministre de la Propagande nazie.

Goebbels affirmait qu'on obtenait l'adhésion des foules en employant un langage simple. Un langage adapté à l'élément le moins intelligent du groupe.

Le moins intelligent du groupe : c'est lui l'idole, le fétiche, la mascotte de la propagande. C'est lui qui sert de matrice pour produire des hommes conçus à l'envers : sur le modèle du moins doué, du moins perspicace, du moins éduqué, du moins compétent, du moins réfléchi, de façon à aligner tout le monde sur son niveau. Si on baisse le niveau de langue, les plus perspicaces se sentiront meilleurs, car ils croiront comprendre les raisons de cet abaissement, tandis que les autres, pour la plupart, comprendront le message simple et ne se sentiront pas tenus de chercher plus loin.

En revanche, lorsqu'un homme politique emploie un langage sophistiqué, il laisse entendre à son interlocuteur qu'il doit changer, s'améliorer, penser. Il lui communique un sentiment – jamais agréable – d'inadéquation. Si cet homme politique a un projet complexe qui nécessite du temps pour être étudié, de l'enthousiasme et de la patience pour être perfectionné, du courage pour être mis en œuvre, il ne peut qu'utiliser un langage tout aussi complexe, qui donne à ses auditeurs la sensation d'être en état d'insuffisance permanente : une sensation qui les incite à progresser et à construire, précisément. Au contraire, le politicien qui emploie un langage basique et propose toujours des solutions simples proclame haut et fort : tu es bien comme tu es ! Tu n'es pas ignorant, ce sont les autres qui veulent que tu te sentes ignorant afin de te manipuler ! Voilà comment fonctionne la fabrique de la pensée unique, conçue pour éteindre les connexions synaptiques, pour atrophier la moitié des aires cérébrales, pour annuler la fantaisie, le rêve, l'espoir, la confiance, la musique de la vie. Une fabrique qui ne produit qu'une couleur, du gris indistinct pour tous.

Et pourtant, Goebbels, lui, était le plus cultivé des hiérarques du IIIe Reich. Parmi les hommes qui entouraient Hitler, seuls Albert Speer et lui avaient une véritable culture, multiforme et articulée. Les autres étaient dans l'ensemble des ignares. C'est pourquoi le Führer le choisit comme ministre de la Propagande. Et, en tant que chef de la propagande, Goebbels sut devenir un pilier du Reich.

Les principes fondamentaux de sa propagande ont été soigneusement extraits, par pression à froid de ses écrits, et donnent une huile extra-vierge qui peut se résumer à ceci :

UN : ne jamais réfléchir ni débattre avec l'adversaire.

DEUX : ne jamais se défendre et toujours attaquer.

TROIS : déverser sur l'ennemi des insultes et des mensonges en quantité telle qu'il n'aura pas le temps de les réfuter tous.

QUATRE : laisser entendre qu'on n'a pas d'idées originales, seulement des idées qui sont le fruit du bon sens et donc largement partagées.

CINQ : se choisir un ennemi, mais pas l'inventer. Au contraire, aller le dénicher dans les préjugés et les superstitions solidement ancrés au sein de la population.

SIX : veiller à ne pas multiplier le nombre de ses ennemis ; les ranger tous dans une même catégorie facilement identifiable.

SEPT : quand une mauvaise nouvelle vous concernant commence à se répandre, toujours en inventer une autre aussi mauvaise qui ne vous concerne pas.

HUIT : ne jamais répondre à un mensonge par la vérité, mais toujours par un autre mensonge.

NEUF : trouver le moyen de répéter un mensonge cent fois, afin qu'il devienne la vérité.

DIX : garder à l'esprit que la vérité, en tant qu'ennemie du mensonge, est le principal adversaire de l'État, car une vérité qui entrave le pouvoir est un mensonge, tandis qu'un mensonge qui l'aide devient une vérité.

ONZE : combattre toujours, par tous les moyens, la parole et la satire politique.

Cette dernière, la satire, était de « race » juive – Goebbels en était persuadé.

D'après lui, les plaisanteries à caractère politique avaient été inventées par les Juifs pour attaquer les nobles valeurs du Peuple et de la Nation. Même si, à ses yeux – fais bien attention –, les véritables ennemis de l'Allemagne n'étaient pas les Juifs, mais les élites culturelles, les citoyens éduqués. Ceux qui lisaient des livres. C'est pourquoi Goebbels organisait des autodafés.

Contrairement à ces hommes instruits, sceptiques et défaitistes, le Reich entendait s'adresser au *Volk*, au peuple : « Chez nous [en Allemagne], la politique n'avait jamais été de la compétence du peuple, c'était seulement l'occupation d'une classe dirigeante privilégiée. [...] Le fait qu'après la guerre, on n'ait pas pris la peine de construire des lieux de réunion où de grandes foules pourraient se confronter aux problèmes politiques était déjà la preuve que les pères de la démocratie n'avaient aucune intention réelle de donner une éducation politique au peuple et qu'ils ne voyaient dans les masses qu'un troupeau d'électeurs, tout juste bons à laisser tomber leur bulletin dans l'urne, mais pour le reste une plèbe misérable qu'il fallait tenir aussi loin que possible des affaires politiques. Le mouvement national-socialiste a été, à bien des égards, à l'origine d'une transformation remarquable. Par sa propagande, il s'adressait directement aux masses, [...] il a inventé un nouveau langage, [...] il a pu rendre accessibles au peuple les problèmes de la politique allemande d'après-guerre. »

Beaucoup ont cru voir dans le nazisme une composante initiatique et ésotérique. Mais le nazisme était la négation de tout cela. Il s'agissait au contraire d'un mouvement ouvertement populiste et dirigé contre les élites. Dès sa désignation à la tête de la propagande nazie, Goebbels décida que la création d'un tel ministère provoquerait une révolution culturelle – rien de moins : le peuple allemand ne serait plus jamais laissé seul ! Il ne serait plus jamais abandonné à lui-même ! Le ministre de la Propagande les accompagnerait pas à pas, les nourrissant de mots et d'idées à méditer, toujours prêt à le défendre contre les mensonges des intellectuels.

De tous les mots, celui que Goebbels préférait était *Volk*, « peuple ». C'est lui qui eut l'idée de forger le mythe d'un Hitler ne faisant qu'un avec son peuple, dans une véritable relation fusionnelle. Et à l'écart, autour d'eux, uniquement des ennemis, jaloux de cette étreinte chaleureuse et exclusive. Soit on était pris dans cette étreinte, soit on restait à l'écart, avec les ennemis, les traîtres à la patrie.

Parmi ceux qui furent exclus de cette étreinte, il y avait justement les intellectuels – bien sûr –, qu'ils soient juifs ou aryens.

Naturellement, en leur sein étaient infiltrés de nombreux laquais du parti national-socialiste, des serviteurs, des alignés, des conformistes, des lâches. Si une attaque contre la propagande nazie devait se produire, elle viendrait forcément de ce versant exposé et infidèle, le parti en serait ainsi averti.

Quoi qu'il en soit, indépendamment des attaques, Goebbels méprisait sincèrement les intellectuels. Les « spécialistes », disait-il, linguistes, biologistes, philosophes, physiciens, chimistes, mathématiciens, qui voulaient se servir du parti à leurs propres fins, faire triompher leurs « idées fixes », leurs théories fumeuses, alors que la fonction historique du nazisme était bien différente. Goebbels les raccompagna à la porte sans cérémonie : « Toutes ces activités plus ou moins ésotériques se sont raccrochées au wagon du parti. Les spécialistes confondaient leurs manies grotesques avec le national-socialisme et exigeaient que le Parti s'aligne sur leurs revendications [...]. Nous n'avons jamais permis à ces fantasmes de prospérer dans notre mouvement et plus d'un réformateur de l'univers qui se promenait en sandales, avec un sac à dos et une chemisette, en a été expulsé sans ménagement. »

Le langage du Reich ne devait pas être celui des « spécialistes ». Au contraire : Goebbels interdisait fermement aux orateurs du parti national-socialiste de se référer lors des meetings à des données, des sources, des statistiques, des théories confirmées ou des hypothèses complexes. Un mouvement idéologique n'a rien à voir avec la raison, affirmait-il, mais toujours et seulement avec la foi ! Pour ceux qui devaient descendre dans la rue et parler au peuple, l'exemple à suivre était celui des premiers apôtres, qui s'exprimaient par des images et des paraboles, et là où ils parlaient d'amour, il fallait parler de haine ! « Jésus n'a jamais fourni aucune preuve, expliquait Goebbels, il s'est contenté d'affirmations. »

Uniquement des slogans, des mots simples et faciles à mémoriser, car les masses – Goebbels en était convaincu – n'ont aucune capacité de réflexion et ne retiennent que des concepts faciles, évidents : « Notre manière d'agir politiquement a souvent été jugée grossière et brutale. [...] La propagande nationale-socialiste est sans aucun doute élémentaire, mais il est tout aussi vrai que le peuple pense de manière élémentaire. Notre propagande simplifie les problèmes, elle les dépouille consciemment de leurs habits trompeurs et les inscrit dans une perspective facile à comprendre. Quand les masses ont constaté que les angoissants problèmes actuels étaient évoqués dans les réunions nationales-socialistes avec une méthode et un langage accessibles à tous, des courants inarrêtables de dizaines et de centaines de milliers de spectateurs ont afflué. Dans ces occasions, l'homme du peuple trouvait clarifications, stimuli, espoir et foi. Elles lui offraient un solide point d'ancrage auquel se raccrocher face aux doutes propres au chaos de l'après-guerre. »

Goebbels est le dirigeant nazi qui a le plus écrit, pour la simple raison que, de l'âge de vingt-six ans jusqu'au jour de sa mort – il en avait quarante-sept –, il a toujours tenu son journal. Pense aux profils sur Internet : ils permettent de donner libre cours à une part de soi qui, autrement, ne s'exprimerait pas. Avant les réseaux sociaux, cette part de soi s'exprimait dans le journal intime.

Aujourd'hui, une page Facebook ou un compte Instagram sont les lieux où tu racontes ce qui t'arrive au quotidien. Suivant l'ordre – ou le désordre – que t'impose ta conscience : photos, commentaires, idées, émoticônes, cris, blagues. Maintenant, amuse-toi à faire défiler ta page Facebook. Relis-toi, relis ce que tu as posté. Tu n'y trouves sans doute pas ce que tu es, mais seulement ce que tu voudrais être. Une sorte de déclaration d'intention, un programme de travail que tu ne pourras peut-être pas toujours respecter.

La vérité, c'est que quiconque, le meilleur comme le pire des individus, peut laisser émerger dans un espace d'expression totalement libre – libre de ce que pensent ses parents, sa petite amie ou son patron – des pulsions contraires à celles qu'il exprime habituellement. Or, une partie de l'âme de Goebbels ne voulait absolument pas aller dans la direction que prenait le nazisme. Mais c'est ce que fait la propagande : elle te convainc que le monde va dans un seul sens. Si tu vas dans le sens opposé, tu seras seul. Tu finis donc par te persuader que tu appartiens à une minorité. Tu commences à croire que tes idées ne sont pas partagées ou, pire encore, qu'elles ne sont pas efficaces et que ce que tu as toujours considéré comme « notre monde » s'écroule. C'est la capacité la plus étonnante de la propagande : nous faire croire que ses mensonges sont partagés par tous. Qu'ils appartiennent à la majorité des gens. Que ce n'est pas elle, la propagande, qui a créé ces idées, mais qu'au contraire elle les a recueillies auprès des gens. En cela, la propagande est plus forte que nous. Surtout que ceux qui se croient immunisés contre elle, qui pensent pouvoir repérer ses pièges et dénoncer ses mensonges.

Pour que tu apprennes à ne jamais sous-estimer la puissance de la propagande, je voudrais que tu lises les journaux de Goebbels, que tu les fasses défiler de la même manière que tu le ferais avec la page Facebook d'une personne que tu viens de rencontrer, dont tu essaies de saisir la vraie nature mais aussi la part d'ombre.

Lire les journaux de Goebbels, c'est s'immerger dans le compte Instagram du nazisme, suivre le défilé hoquetant de ses tweets, sonder le gouffre de ses humeurs les plus noires. En les lisant, on se rend compte que chacun d'entre nous peut créer sa propre « fabrique d'adhésion » en miniature, car Goebbels – il faut bien le reconnaître – était un maître incontesté dans l'art de la propagande.

Y as-tu déjà pensé ? Nous n'avons pas de ministère de la Propagande. En faisant une recherche rapide, tu te rendras compte que dans l'Histoire, presque toujours passée, on peut compter sur les doigts de la main les gouvernements qui ont eu le courage – ou plutôt l'insolence ! – de faire figurer le mot « propagande » dans le nom d'un ministère. Ça ne veut pas dire que les gouvernements du monde entier n'ont pas recours à la propagande, mais c'est le genre de chose qu'on fait sans le dire.

Le fascisme aussi créa son « ministère de la Presse et de la Propagande », qui devint par la suite le MinCulPop, le « ministère de la Culture populaire », peu après la naissance de son équivalent nazi. Hitler avait décidé très tôt de le créer, quelques semaines seulement après avoir pris le pouvoir : c'était le 13 mars 1933 et c'était un ministère à part. Ce jour-là, ceux qui voulaient comprendre comprirent tout et purent voir défiler dès lors tout le film de l'Allemagne nazie, y compris sa fin catastrophique. Tout ce qui adviendrait par la suite était déjà écrit à cette date, le 13 mars 1933. Car une fois que vous avez pris le contrôle de l'école, des médias et de la culture d'un pays, celui-ci est à vous.

La parole façonne la manière dont nos têtes se construisent. Cela signifie que nos têtes prennent la forme des paroles que nous y mettons.

Tu sais, j'essaie de ne jamais penser à cette évidence. Je voudrais me la dissimuler, car chaque fois que j'y pense, le besoin pressant d'écrire plus, de raconter plus, s'empare de moi : plus de mots, plus de phrases, plus de récits. Je sais que chaque histoire que je ne raconterai pas sera remplacée par une autre de signe opposé. Chaque vérité que je ne défendrai pas sera remplacée par un mensonge. Chaque contrefaçon que je ne dénoncerai pas envahira plus de têtes et fera plus de victimes.

Je ne devrais pas m'attribuer un rôle aussi important, me diras-tu, et tu auras parfaitement raison. En réalité, j'essaie de me convaincre du contraire, de me dire que les mots de haine que nous avalons ne changeront pas notre ADN. Nous les recracherons entiers, comme de la nourriture non digérée. Mais que se passe-t-il si, lors de la digestion, nous en assimilons des miettes ? Si le poison contamine le foie ? Et si, en les avalant, nous conservons en quelque sorte leur toxicité ? Au fond de moi, je veux croire que les neurosciences ont tort, que les mots rebondissent sur nous, que nos lobes frontaux sont des murs en caoutchouc.

Hitler, lui, était persuadé qu'une dictature s'installe lorsqu'on choisit les mots qu'on fera entrer de force dans la tête des gens. Tous ceux qui tentèrent de s'opposer aux paroles du Reich – politiciens, enseignants, écrivains, dissidents, journalistes – furent couverts de boue puis envoyés dans des camps de concentration.

Mais la parole des vivants ne fut pas la seule à être persécutée : les nazis combattaient également celle des morts. Vois-tu, un auteur peut ignorer qui seront ses futurs lecteurs et dans quel monde ils vivront, mais cela ne le rendra pas moins coupable ou dangereux aux yeux d'un Hitler.

Dans l'Allemagne nazie, le travail de « purification de la parole » nécessita autant de temps et de planification que l'élimination de la composante juive. Qu'il soit mort ou vivant, le mot non aligné devait être incinéré. De spectaculaires *Bücherverbrennungen,* des autodafés, furent organisés de Berlin à Leipzig, de Düsseldorf à Heidelberg, de Münster à Munich, de Rosenheim à Dresde. La parole brûlait sans cesse. Kafka : Juif et dégénéré. Rosa Luxemburg : Juive et « bolchevique de salon ». Heinrich Heine : Juif et romantique. Le romantisme est une maladie de l'âme ! Marcel Proust : Juif et mélancolique, peut-être même homosexuel. Les homosexuels : sur ce point, Goebbels et Hitler étaient d'accord, ils devaient être supprimés. Karl Marx : Juif et père du communisme. Jack London : il n'était pas juif mais avait écrit des romans socialistes. Émile Zola : mêmes motifs que Jack London et aussi parce qu'il avait défendu le Juif Dreyfus. Bertolt Brecht : encore un socialiste et un ami des Juifs. Sigmund Freud : Juif et manipulateur de la psyché. Albert Einstein : Juif et scientifique. Sholem Asch : ce nom faisait vraiment dresser les cheveux sur la tête des nazis. Juif, certes, mais surtout auteur d'une histoire de lesbiennes se déroulant dans un bordel. Le mot pacifiste, les premiers livres d'Hemingway et ceux d'Henri Barbusse finirent également dans les flammes.

Tu n'aimes pas Goebbels, je sais. Moi non plus.

Goebbels aimait à croire qu'on n'est jamais heureux.

Avoir été choisi comme cerveau du nazisme ne le satisfaisait pas, car il aurait voulu être un corps. Plus que la propagande, Goebbels aimait la dimension physique du national-socialisme, le caractère surhumain, la rupture avec la morale bourgeoise, avec la vie des hommes moyens, ordinaires et serviles. Le geste, le bond, l'assaut, la guerre et le sang l'enivraient. Tu sais, il arrive souvent qu'à l'intérieur tu te sentes tel un Viking, mais que ton apparence soit banale, maigre et fragile. Au fond de lui, Goebbels se sentait tel un cyclope, mais extérieurement il était frêle, minuscule, ne pesant guère plus de cinquante kilos. Pire, il portait les traces d'une lâche agression : l'ostéomyélite s'en était prise à lui alors qu'il n'était qu'enfant et ne pouvait pas se défendre, lui laissant une jambe plus courte que l'autre de cinq centimètres, tandis que son pied droit était tourné vers l'intérieur.

Quand il marchait, sa mauvaise jambe allait un peu dans un sens et un peu dans l'autre, se balançant de gauche à droite. Il n'y avait pas moyen de la faire avancer droit. Mais, je te l'ai dit, Goebbels tenait beaucoup à être un corps : il aimait la prestance physique, il voulait être un soldat, manier les armes et porter l'uniforme.

Dans sa jeunesse, il avait essayé. Quand la campagne de recrutement avait débuté avant la Première Guerre mondiale, il s'était porté volontaire, mais on l'avait réformé.

À l'époque, il arrivait souvent le contraire. De nombreux hommes ne voulaient pas aller au front, ils ne voulaient pas faire cette guerre insensée à laquelle ils ne croyaient pas. Ils se frottaient alors des feuilles de tabac sous les aisselles en espérant que la fièvre monte, ils essayaient de se casser des orteils ou se brûlaient la région de l'anus au fer rouge, car les fistules leur garantiraient d'être réformés. Mais pour Goebbels, être réformé signifiait rester marqué à vie. Pour un homme comme lui qui avait le culte du corps, cela revenait à se faire tatouer le mot **MINABLE** ou **PERDANT** sur le visage. Tu sais comment sont les gens : ils fantasment, inventent et, pour finir, vont peut-être jusqu'à suggérer que ce n'est pas seulement la jambe qui ne fonctionne pas, mais quelque chose d'autre aussi.

Rejeté, humilié, réformé, Goebbels se sentait condamné pour toujours à lutter contre une image qui n'était pas la bonne. Puis, quand Hitler le choisit parmi ses fidèles, le cauchemar prit fin et ce fut comme si on l'avait récupéré dans la caisse des pièces défectueuses.

Pour dire sa gratitude au monde après ce cadeau inattendu, il entreprit de se forger une autre image de lui-même : l'exact contraire de celle que le destin lui avait cousue sur le dos. La première chose qu'il fit fut de revêtir l'uniforme du parti national-socialiste, réparant l'offense que lui avait faite la Deutsches Heer, l'armée impériale allemande, des années auparavant.

Mais l'uniforme national-socialiste, si agressif et viril fût-il, ne pouvait cacher cette jambe qui continuait de boiter ridiculement à ses yeux, si différente de celle des soldats mutilés par des éclats d'obus à la guerre ou du tremblement de jambes blessées lors d'un assaut. Dans le climat triomphaliste du IIIe Reich naissant, un chef qui boitait n'était pas l'idéal, il faut bien le reconnaître.

Tu sais, je pense que c'est la façon dont Goebbels fut capable de transformer ce handicap en preuve de bravoure physique qui montre à quel point Hitler avait vu juste : Goebbels était un parfait chef de la propagande nazie.

Propagande : étymologiquement, ce qui doit être propagé, diffusé, communiqué, enfoncé dans la tête des gens. La propagande est née avant la publicité, car à l'époque on faisait la publicité des idées, pas celle des produits. La publicité se nourrit du même principe, mais avec une charge agressive moindre : dans la publicité, l'achat doit toujours être présenté comme une fête, alors que la politique doit tout exagérer et hurler. La publicité s'adresse à toi parce qu'elle veut que tu dépenses ton argent en achetant un produit, tandis que la propagande le fait parce que c'est toi qu'il faut exploiter.

Ce que la propagande et la publicité ont en commun, c'est de vendre toutes deux leur produit sans se soucier des effets secondaires et de tout faire pour qu'on devienne dépendant. Quelles que soient les idées, il faut vendre. La propagande politique doit rendre les électeurs accros à des idées qui rencontrent leurs désirs profonds : ne plus payer d'impôts, ne plus tomber malade... Beaucoup de ces idées sont non seulement irréalisables, mais également impossibles à défendre. Et, aujourd'hui plus que jamais, il faut avoir le courage de parler d'*idées impossibles à défendre*, comme le sont certains modèles de développement. Il faudrait dire aux gens de ton âge, par exemple, que même le «bonheur» – considéré par la Constitution américaine comme un droit fondamental – n'est pas une idée défendable si nous continuons à le poursuivre en ces termes : un dîner à la pizzeria, un baiser à son petit ami, l'histoire que lit la mère avant de dormir. Ce sont des choses qu'on a raison d'apprécier, bien sûr, car elles font partie des plaisirs de la vie, mais attention : le bonheur est bien autre chose. C'est ce qui nous donne le sentiment, même quand nous sommes chez nous ou en voiture sur la route du travail, de participer à la construction de quelque chose, d'affirmer quelque chose même si nous ne disons pas un mot. C'est la certitude d'en faire partie, même si on est malade, immobilisé dans son lit : c'est ça, le droit au bonheur, savoir que, même si les choses vont mal, même si on est déprimé, même si on a des difficultés, on nous considère précisément pour ce que l'on est. Telle est la puissance des droits. Ou plutôt telle serait-elle si, au moment où nous obtenions le bonheur, toi et moi pouvions rendre les autres heureux aussi.

L'illusion du bonheur « pour moi tout seul » est une idée qui séduit jusqu'aux adolescents des bandes armées. Au départ, ils entrent dans les organisations criminelles en voulant croire qu'échanger une vie longue et ennuyeuse contre une vie courte mais pleine d'adrénaline est un raccourci vers le bonheur. Mais bientôt, même dans cette vie qui réclame « tout, tout de suite », ils finissent par être coincés dans une relation, quelle qu'elle soit. Un ami, une petite amie, une mère, un frère ou une sœur : il y a toujours quelqu'un à qui on est lié – ou à qui on le sera – et qui, tôt ou tard, te fera comprendre que cette course vers l'abîme est folle et inutile. Et ça t'arrivera même si tu es très jeune, que tu as décidé de risquer ta vie dans le crime organisé ou dans un projet politique aberrant tel que celui de l'Allemagne nazie.

Bref, comme ces jeunes criminels, Goebbels pensait pouvoir tourner le dos à toute relation, à toute complication, et ne rechercher que le mouvement, l'action. Mais, pour lui aussi, vint le moment où il regretta d'avoir bradé cette aspiration en adhérant au nazisme. Au départ, rejoindre le parti national-socialiste était un moyen d'obtenir la seule chose qui comptait vraiment à ses yeux : surmonter son handicap. Il se mit alors à mentir, à prétendre qu'il avait une jambe plus courte parce qu'il avait été blessé durant la Première Guerre mondiale. Alors qu'il n'y avait même pas participé, en fait ! Puis, pour que son profil soit enfin en parfait accord avec l'esthétique nazie, il s'entoura de nombreuses femmes. Ce fut pour lui chose aisée car, en tant que ministre de la Propagande, il était responsable de l'industrie cinématographique, un terrain de chasse illimité ! Mais l'attirance sexuelle suit parfois des chemins insondables, en décalage avec nos convictions les plus profondes. Ainsi, Goebbels s'obstina à désirer une seule femme, une *Unmenschliche*, qui plus est, appartenant à la race des « sous-hommes » d'après la logique nazie.

Aujourd'hui, on a tendance à oublier que les nazis méprisaient les Slaves.

En 2019, une entreprise de la région de Brescia a envoyé un courriel à ses fournisseurs pour exiger que les livraisons ne soient plus effectuées par des « transporteurs de couleur », mais uniquement par des immigrés d'Europe de l'Est. Sous-entendu : blancs. Je ne suis pas sûr que les auteurs de ce courriel aient pleinement mesuré le sens de ce qu'ils demandaient, car vois-tu, à l'exception des Roumains et des Albanais, les Européens de l'Est sont des Slaves, et les nazis considéraient les Slaves comme une « race inférieure », au même titre que les Juifs.

Oui, c'est étrange, car aujourd'hui, ce sont précisément les Slaves du Groupe de Visegrád – autrefois des « sous-hommes » aux yeux des nazis – qui entendent distribuer des certificats de « supériorité ethnique ».

Je vais te donner un conseil. Évite de dire : « Je ne sors pas avec les Pakistanaises (ou avec les Pakistanais) », « jamais avec un Napolitain », « avec une fille de Tirana, c'est non »... Sinon le destin, le sort, le hasard – appelle-le comme tu veux – s'amusera à mettre sur ton chemin exactement la personne qui, pensais-tu, n'était pas pour toi. Dans tous les cas, c'est exactement ce qui arriva à Goebbels : en 1936, il devint fou de la Tchèque Lída Baarová.

Bien sûr, ça n'aurait pas été si grave s'il s'était agi d'une simple ligne à ajouter à son tableau de chasse. Ça pouvait se justifier, même pour le nazi pur et dur qu'il était, comme c'était le cas pour ses camarades de parti. Mais cette fois, ce n'était pas seulement un trophée : pour Lída, Goebbels était prêt à abandonner ses enfants et à quitter sa femme, ce qu'il ne manqua pas de dire à cette dernière. Qui ne pouvait pas vraiment protester, car elle était amoureuse d'Hitler, et Goebbels le savait. Oui, je ne sais pas si tu l'as lu, mais Hitler – même s'il était idolâtré par des foules immenses d'Allemandes qui rêvaient de s'unir au « leader » – avait d'énormes problèmes avec les femmes : il avait donc besoin qu'on les sélectionne, que leur foi dans le Reich soit inoxydable et qu'elles n'attendent pas de lui les gestes héroïques que la propagande nazie promettait. De ce point de vue, Magda, la femme de Goebbels, était parfaite. C'était une nazie convaincue, « sûre » et de bonne famille, et elle avait une réelle affection pour le fragile Führer. Elle n'aurait jamais raconté qu'en privé Hitler était extrêmement timide et maladroit. C'est ainsi que, non sans un profond dégoût, Goebbels accepta de partager sa femme avec son chef.

Mais en lisant son journal intime, on constate que cet accord tacite fut la source d'un vif ressentiment. Ne te méprends pas : Goebbels adorait Hitler, il se serait jeté dans les flammes pour lui. Mais c'était une chose que sa femme ait des aventures de son côté, c'en était une autre de se laisser entraîner dans un morbide triangle amoureux. Sans doute cela les regarde-t-il tous les trois, Hitler, Goebbels et sa femme. Ce qui est surprenant, c'est la façon dont Goebbels put croire, à un moment donné, qu'il pourrait se soustraire à un rapport de soumission si avantageux pour le Führer.

Quand on rapporta au Führer que Goebbels avait commencé à aller voir ailleurs et qu'il avait l'intention de mettre sa femme à la porte, de quitter le parti et d'abandonner l'Allemagne, il se montra fort contrarié – comme on pouvait s'y attendre. Nous sommes d'ailleurs victimes d'un malentendu : la construction posthume d'une esthétique nazie fétichiste, un sadomasochisme à base de coups de fouet, d'uniformes SS et de bottes pointues. Alors qu'Hitler prêchait une morale petite-bourgeoise de bon père de famille, qu'il était terrorisé par les scandales et obligeait le couple Goebbels à faire comme si leur mariage était heureux – c'est-à-dire placé sous le signe de la fidélité – en plus d'être fécond.

Mais Goebbels n'avait pas bien fait ses calculs. Ce n'était pas un employé ordinaire et il n'était donc pas acceptable qu'il annonce un jour : « Je démissionne. » Hitler n'était pas son chef de bureau : comme dans un clan mafieux, c'était un parrain et il était un simple affilié. Une fois qu'on a mêlé son sang avec celui du chef, il n'y a pas de retour en arrière possible. On ne quitte un clan que dans un cercueil. Tu as remarqué ? Personne ne peut demander à quitter le Système ou Cosa Nostra.

Hitler ne savait pas quoi faire d'un homme amoureux.

Il voulait à ses côtés des gens résignés et aux ordres. Aux yeux du pouvoir, tu le sais, on doit faire vœu d'austérité et de soumission inconditionnelle, certainement pas aspirer à l'épanouissement personnel.

Goebbels resta tétanisé. Il n'acceptait pas que lui soit refusé le droit à une nouvelle vie avec Lída Baarová. Il demanda à plusieurs personnes appartenant au «cercle magique» de plaider sa cause auprès du Führer, dans l'espoir que celui-ci reconsidère sa position, que son état de prostration lui vaille sa compassion et qu'il l'autorise à partir. Si tu t'aventures dans les pages des journaux de Goebbels, tu te surprendras à espérer qu'Hitler cède, qu'il autorise enfin Goebbels à quitter sa femme et à refaire sa vie ailleurs avec Lída. Tu commenceras alors à te demander : si Hitler l'avait laissé partir, la machine de propagande se serait-elle grippée ? Le nazisme se serait-il dégonflé ? L'horreur finale aurait-elle été évitée ?

Étonnant comme, lorsqu'on scrute l'intimité, la clé pour accéder à l'homme soit si universelle.

«Hier : je dors très mal. Accablé de soucis. Peu s'en faut qu'ils ne m'oppressent le cœur.» (8 juillet 1938)

«Et une nouvelle vie commence à présent pour moi. Une vie dure, cruelle, uniquement consacrée au devoir. La jeunesse est maintenant terminée.» (16 août 1938)

«Chez le Führer. J'ai de nouveau une longue conversation avec lui. Je suis ensuite profondément remué. Je ne sais presque plus comment m'en sortir.» (17 août 1938)

«Je ne parviens à dormir qu'en prenant de puissants somnifères. Je n'ai pas mangé depuis trois jours. Je n'en peux plus. Je n'ai personne pour m'aider. Je ne veux personne. Il faut savourer la douleur jusqu'au bout. Et ne pas reculer lâchement devant les obstacles. Je traverse la période la plus difficile de ma vie. [...] Le vent siffle et la pluie tombe. Mon cœur est mortellement blessé. Ici, tout est si triste. Je suis en proie à la douleur et au chagrin. Je lis un peu. Mais mon esprit est ailleurs. Je me couche tôt. Je ne veux rien entendre ni voir. Solitude !» (18 août 1938)

« Couché tard. Je ne dors plus qu'avec des somnifères et je ne mange plus rien. [...] Je me sens autrement si seul que je ne le supporte plus. » (19 août 1938)

« Mais une épine reste fichée au plus profond de mon être, dont je ne me débarrasserai pas. » (21 août 1938)

« Je me sens très fatigué, malade, épuisé. » (23 août 1938)

« C'est un moment terrible. » (28 août 1938)

« C'était pour moi personnellement un jour de tristesse et de mélancolie. [...] On n'est jamais heureux. » (1er octobre 1938)

« Nouvelle série de problèmes privés qui m'usent les nerfs. C'est sans fin. Je ne vois pas d'issue. » (4 octobre 1938)

« Je suis au plus bas, sur le plan de la santé. [...] Je suis brisé. » (10 octobre 1938)

« La situation paraît assez désespérée. Je suis bouleversé, mais à présent tout est clair. Il s'agit d'une grande tragédie humaine dans laquelle personne n'est coupable ou innocent. [...] Hanke a consulté les parties différentes concernées. Il va maintenant évoquer avec le Führer mon rôle. Tout dépendra de sa décision. Je ne veux pas me plaindre ni céder au désespoir, je n'ai aucun motif de haine ni d'indignation : j'attends la décision du Führer et je m'y soumettrai docilement quelle qu'elle soit. Ces jours-ci, je traverse des moments impossibles à supporter. Je dois me libérer de ce tourment et trouver un moyen de réapparaître. Je ne sais toujours pas comment. Mais dans l'état actuel des choses, cela ne peut pas et ne doit pas continuer. » (11 octobre 1938)

« Je suis resté dehors, dormant comme sous l'effet d'un narcotique. Je me sens très mal. Parfois mon cœur semble vouloir s'arrêter. Mais je serre les dents et je m'efforce de résister. Mon effondrement ne deviendra pas un spectacle.» (19 octobre 1938)

«Je suis totalement abattu. Le destin doit suivre son cours. Helldorff est très gentil avec moi. Au moins un ami dans la détresse. Je ne peux pas dormir. Une nuit terrible!» (20 octobre 1938)

«Face à une telle éventualité (la guerre), tout désir ou espoir personnel doit être réduit au silence. Pour le moment, il n'y a pas d'issue. Que dois-je faire?» (27 octobre 1938)

«Aujourd'hui, c'est mon anniversaire. Le plus triste de ma vie. Je ne ressens que dégoût pour les gens et les choses. Ne plus voir, ne plus entendre, ne plus savoir : voilà ce que je désire le plus à présent.» (29 octobre 1938)

«Hier : l'anniversaire le plus triste de ma vie. Je le vis comme un nouveau tourment. Est-il possible qu'un homme doive endurer cela?! […] Tout est voilé de douleur et de mélancolie. Les journaux consacrent de nombreuses pages à mon discours à l'usine AEG, ainsi qu'à mon anniversaire. Tout cela me fait terriblement mal, j'en souffre comme si c'était un tourment physique.» (30 octobre 1938)

À quoi t'attendais-tu? Les hommes sont faits de vie et de mort, de vérité et de mensonge, de faiblesse et de férocité, de bien et de mal. La seule chose qui change, ce sont les proportions. Et dans tous les cas – tu as raison –, en matière historique, les «et si…» ne comptent pas. Mais vois-tu, ce que je voulais, en parlant de Goebbels et en te poussant à le traquer dans l'intimité de son journal, ce n'est pas que tu te demandes ce qui se serait passé si sa vie privée avait suivi un autre cours, mais que tu réfléchisses à l'inefficacité de ces tutoriels trompeurs qui prétendent faire de nous des leaders, des chefs, des Führer… Goebbels, leur inventeur, fut lui aussi victime de ses faiblesses et ne sut en tirer aucune recette de vie applicable. Assis à son bureau, Goebbels était capable de concevoir des stratégies de grandeur et de puissance pour le nazisme, il pouvait dessiner d'une main ferme une idéologie pour les forts et les invincibles, puis, comme tout le monde, se retrouver à genoux dès la première difficulté.

Pour Goebbels, comprendre qu'entre le Führer et lui tout n'avait été qu'un grand malentendu fut un coup fatal. Il avait cru que le Führer l'avait choisi parce qu'il avait su voir la force vitale qui coulait dans ses veines malgré son handicap physique. Il se rendait à présent compte qu'au contraire Hitler était comme les autres et le tenait pour un faible. Mais pas à cause de sa jambe boiteuse. Hitler avait su voir en lui une autre faiblesse. Étrange qu'un esprit fin et cultivé comme celui de Goebbels ne se soit pas rappelé qu'historiquement les leaders dits charismatiques ne s'entourent jamais d'hommes forts, mais toujours et uniquement d'individus faibles, fragiles, voire très fragiles. Tu parles d'un homme fort ! Se pavaner en uniforme, se vanter de blessures de guerre imaginaires et d'innombrables maîtresses n'a pas atténué le moins du monde son image de faible ! C'était une chose évidente et le Führer l'avait comprise mieux que quiconque. Goebbels ne pouvait pas le nier, il s'était agi d'un formidable malentendu : il n'avait pas été choisi pour sa force, mais pour sa fragilité manifeste. De toute façon, cela n'avait plus d'importance, car désormais il souffrait d'un autre mal : le Führer s'était arrangé pour que Lída soit contrainte de quitter le Reich et le forçait, lui, à y rester prisonnier. Il n'en sut pas plus.

Une nuit, il se coucha en avalant une dose massive d'alcool et de barbituriques, dans l'espoir de ne pas se réveiller. Mais le personnel de maison le découvrit et le sauva. C'est ainsi que Goebbels fut condamné à vivre.

Peu à peu, il retourna à son existence d'avant, huilant les rouages de l'appareil de propagande et de l'usine à tuer comme son chef l'exigeait. Son regard devint encore plus cynique et impitoyable, les mots de son journal encore plus agressifs et vulgaires.

« C'est le meilleur système pour humilier les rebelles. Pas de mesures sanglantes, il suffit d'artifices qui rendent la vie oppressante et douloureuse. Ça fait mouche ! [...] Il est juste de laisser aux Polonais leurs propres systèmes d'administration. Tout en encourageant leur faiblesse et leur corruption. C'est la meilleure méthode pour gouverner les races inférieures. » (31 octobre 1939)

« Visite du ghetto en automobile. Une chose impensable. Ce ne sont plus des êtres humains, mais des animaux. Pour cette raison, notre tâche n'est pas humanitaire, mais chirurgicale. Des mesures doivent être prises ici et, soyons clairs, elles seront radicales. [...]

« Varsovie : voilà l'enfer. La ville n'est plus que décombres. Nos bombes et nos balles ont fait un travail définitif. Il n'y a pas une seule maison qui ne soit endommagée. Une population interlope et apathique. Les gens rampent dans les rues tels des insectes. Répugnants et guère faciles à décrire. » (2 novembre 1939)

« Le Livre blanc des Anglais sur nos camps de concentration fait beaucoup de bruit. Je vais répliquer en préparant deux Livres blancs pour leur répondre : un sur les atrocités coloniales anglaises et un sur les mensonges de la presse anglaise. Cela me permettra de le neutraliser en grande partie.

« Chez le Führer. Je lui fais un rapport sur mon voyage en Pologne, qui l'intéresse beaucoup. Ma présentation du problème juif, en particulier, reçoit toute son approbation. La juiverie est un rebut. Un problème plus clinique que social. » (3 novembre 1939)

Durant les derniers jours de la guerre en Allemagne – qui furent aussi les derniers jours de sa vie –, Joseph Goebbels, le « demi-homme », reçut une gratification inouïe : il fut nommé par Hitler chancelier du Reich et chargé de défendre Berlin. « L'infirme » – comme il se voyait avec colère – décidait à présent du sort de milliers de soldats et guidait la nation allemande : lui qui avait toujours rêvé d'être l'élu parmi les bien-portants !

Mais il était trop tard. L'Armée rouge progressait rapidement et allait bientôt entrer dans Berlin. Durant ces jours catastrophiques, des milliers d'adolescents furent expédiés dans les rues, en une vaine résistance à l'encerclement allié.

Plutôt que d'abandonner ses enfants à un monde sans Führer, Goebbels préféra les tuer de ses propres mains. Quelques heures après le suicide d'Hitler, il les drogua puis les empoisonna au cyanure. Ensuite, sa femme et lui choisirent le même sort, comme dans l'Égypte ancienne, où les serviteurs étaient emmurés vivants avec le cadavre du pharaon.

CRIE-LE QUAND ON T'ENFERME
DANS DES CATÉGORIES,
QUAND ON VEUT TE RÉDUIRE
À UN NUMÉRO,
À UNE CROYANCE,
À UN CORPS,
À UNE COULEUR.

QUE TE RESTE-T-IL,
UNE FOIS QUE TU AS DIT MERDE À TOUT ?

Kantano Habimana

23

LE PRÉSENTATEUR RADIO

> Et l'Histoire n'est pas
> la décapeuse dévastatrice qu'on dit.
> Elle laisse des souterrains, des cryptes, des cavités
> et des cachettes. Certains survivent.
>
> EUGENIO MONTALE[1]

Kantano Habimana était le présentateur le plus populaire de la station de radio la plus écoutée au Rwanda à la veille du génocide.

Au micro de RTLM, Radio Télévision Libre des Mille Collines, Kantano s'adressait à ses auditeurs dans un langage basique, viscéral et violent – parfois très cru. Il employait un ton confidentiel et amical, de fin de soirée.

Appelle ça du populisme ou de la démagogie, toujours est-il que les gens ont aimé ce ton. Je le sais, quand quelqu'un nous parle de cette manière à la radio, on devrait se demander si cela signifie : «Détendez-vous!» ou : «Prépare-toi au combat!» Mais ceux qui l'écoutaient ne se sont pas posé la question et n'ont pas compris que cet homme leur disait précisément : «Repasse ton treillis et tiens-toi prêt!»

1. «L'Histoire», extrait de *Satura,* 1969, dans *Poèmes choisis,* traduction de Patrice Dyerval Angelini, Éditions Gallimard, *Poésie*/Gallimard, 1991.

Quoi qu'il en soit, c'était un combat inégal. D'un côté, un individu expérimenté et sans scrupules, qui avait fait de bonnes études – car faire des études sert aussi à entuber son voisin ! –, et de l'autre une foule d'analphabètes, de paysans, de chômeurs et d'ignares. Des gens qui n'ont eu ni le temps ni l'opportunité de se forger leurs propres idées. Des terres vierges où on pouvait tout semer, y compris les graines de la haine, qui prennent racine dans n'importe quel sol.

Au début, les auditeurs de Radio Télévision Libre n'imaginaient pas que Kantano Habimana – si sympathique, si sensible aux problèmes du peuple – puisse être payé par la classe dirigeante qu'ils détestaient. Le mot que les Rwandais utilisaient depuis le début des années 1980 pour décrire l'entourage du président Habyarimana était *Akazu*, « petite maison » en kinyarwanda. Mais depuis que l'épouse du président avait ouvert les portes de la « petite maison » à des membres corrompus de sa famille, ce terme avait pris le même sens que « mafia » pour nous. D'ailleurs, l'Akazu exerçait les mêmes activités que les mafias du monde entier : la déforestation de la zone volcanique du nord du pays, à la frontière avec l'Ouganda et avec ce qui était alors le Zaïre, pour y introduire la culture de la marijuana destinée à l'exportation ; l'importation et le trafic d'armes, naturellement des fusils d'assaut AK-47 – les plus recherchés – et des fusils à pompe MAG-7. Les trafiquants capturaient en outre des gorilles de montagne – une espèce menacée et protégée – dont la valeur pouvait atteindre 40 000 dollars par spécimen sur le marché international. Vivants, ils étaient condamnés à la prison à perpétuité dans le jardin privé de quelque parrain ou vendus à des zoos européens. Morts, ils étaient démembrés et achetés une poignée de dollars par membre : la tête et les mains étaient les pièces les plus convoitées, qu'on exposait tels des trophées, sur la cheminée d'un luxueux loft en ville ou dans l'entrée d'un chalet de montagne.

Kantano Habimana entama sa carrière de présentateur en criant : « À bas la mafia ! », « La mafia est pourrie ! », et personne ne le soupçonnait d'être payé, justement, par l'argent de la mafia.

Je sais : crier « À bas la mafia » est un vieux truc qui fonctionne encore chez nous aussi. Maintenant, fais bien attention car, sinon, quand tu liras que Kantano Habimana et les autres animateurs de Radio Télévision Libre poursuivis à la fin de la guerre ont été arrêtés, jugés par le Tribunal pénal international pour le Rwanda et condamnés à la prison à vie sans avoir jamais tenu une machette, tu seras stupéfait, tu te demanderas comment une telle chose est possible !

Reprenons l'histoire depuis le début. Tu t'en souviens ? Tu n'étais pas encore né ? Radio Télévision Libre était semi-privée, mais elle servait essentiellement à la propagande de la famille présidentielle rwandaise, une propagande qui attisait la haine contre les Tutsis.

Tu ne crois quand même pas que c'était une guerre tribale ? C'était tout sauf une explosion spontanée et incontrôlée. Au contraire : c'était une opération planifiée au millimètre. Certes, les iniquités du passé colonial pesaient lourd sur le pays.

Quand, à la fin de la Première Guerre mondiale, l'Allemagne perdit tous ses territoires africains, la région du Rwanda passa sous contrôle belge. À peine arrivés, les nouveaux colonisateurs exploitèrent les différences sociales (les Tutsis, éleveurs de bétail, formaient apparemment un clan plus aisé, tandis que les Hutus étaient des paysans pauvres, mais c'étaient deux groupes d'un même peuple) et imposèrent des règles inspirées par les idées racistes en vogue en Europe à l'époque. Ils choisirent au sein de la population ceux qui avaient la peau plus claire, des traits plus nets et des corps plus élancés, afin qu'ils servent d'intermédiaires entre la population et eux : ils les formèrent à leur politique et à leur façon d'agir, les transformant en personnel administratif au service de la nouvelle classe dirigeante. Bref, ce fut une opération de « distinction ethnique » qui favorisa le clan tutsi. À force de sélectionner ceux qui avaient la peau plus claire et qui étaient plus grands, on espérait favoriser l'émergence d'Africains plus « occidentaux », excluant ainsi la composante hutue.

De même que les nazis allaient bientôt apposer des tampons

« raciaux » sur les papiers des Juifs, à partir de 1932 les colons désignèrent dans les documents officiels les « aryens » du Rwanda : les Tutsis. Avant cela, rien n'indique que quiconque au Rwanda ait perçu la moindre différence au sein de la population. Les Belges firent pire encore : ils récompensèrent les Tutsis pour les services rendus à la Couronne belge en leur attribuant des terres et des fermes, transformant une supposée différence ethnique en large fossé entre Tutsis riches et Hutus pauvres. À la veille du génocide, une nouvelle distinction vint s'ajouter entre les « beaux » Tutsis et les « vilains » Hutus. Comme toujours, quand l'Histoire nous met face à des distorsions, on peut travailler dur à les redresser ou bien y répandre de l'engrais afin que les vagues de haine montent encore plus haut et qu'on puisse les exploiter. Le président du Rwanda opta pour cette dernière solution.

Pourquoi stimuler la haine contre les Tutsis ? Ne me le demande pas : tu dois trouver la réponse seul, comme tu le ferais avec un problème de géométrie. Les Tutsis devaient servir de bouc émissaire. Ils devaient masquer les dégâts causés par une classe dirigeante qui ne pensait qu'à cacher son argent un peu partout, sans se soucier des chiffres colossaux du chômage, du manque total d'infrastructures et de l'absence de véritable système de santé.

Comme je l'ai dit, je ne nie pas qu'il y ait eu des comptes à régler entre les Tutsis et les Hutus. Au contraire, je dis qu'on en serait resté là – des comptes encore « à régler » – si le gouvernement rwandais n'avait pas entrepris de souffler sur les braises, transformant toute une nation en un peuple de bouchers et d'agneaux.

Mais – fais attention – Kantano Habimana, le présentateur radio, te dirait le contraire. Il te dirait que les journalistes qui dénonçaient les méfaits de la famille présidentielle avaient mis le feu aux poudres. C'était la faute des journaux indépendants qui dénigraient une classe dirigeante corrompue et incompétente ! C'est pour cette raison – insisterait Kantano – que le président du Rwanda dut bâtir sa propre contre-information et s'opposer aux mauvais médias : le gouvernement commença donc à se servir du magazine *Kangura* comme s'il s'agissait de son organe de presse, allant jusqu'à distribuer gratuitement les exemplaires invendus pour toucher le plus grand nombre de personnes possible.

Troisième principe de la thermodynamique : à toute action correspond une réaction égale et de signe opposé. Tu as un journal, je crée un journal. Tu salis mon nom, je salis ton nom. Tu informes, je désinforme. Tu protestes, je te calomnie. Rien de personnel, juste une loi de la physique !

Mais voici l'idée géniale qu'eut l'équipe du président : quand ils comprirent qu'ils n'arriveraient pas à couvrir le bruit de la vérité propagé par tous ceux qui les accusaient de fomenter la haine ethnique, ils arrêtèrent les rédacteurs en chef des journaux indépendants !

Ils commencèrent par *Kanguka*, le magazine rival de *Kangura*. L'accusation était celle qu'on invente habituellement dans l'urgence quand on n'en a pas d'autre sous la main : haute trahison. Un jour, alors qu'il rentrait du Kenya, le rédacteur en chef fut interpellé pour avoir eu des relations « douteuses » avec l'ancienne famille royale rwandaise. Puis, afin d'écarter tout soupçon qu'il ait pu s'agir d'une opération de censure, on mit également en scène l'arrestation du rédacteur en chef de *Kangura*, le magazine progouvernemental.

Sais-tu qui c'était ? Hassan Ngeze, un ancien chauffeur de bus sans formation aux métiers de la presse, engagé par le président comme homme de paille, ce qui signifiait que le président écrivait les articles du magazine et que le directeur, c'est-à-dire le chauffeur, les signait.

Son arrestation était une mascarade et Ngeze joua le jeu. Il savait que tout cela faisait partie d'un scénario bien écrit, alors il rit lorsqu'on l'emmena, certain d'être aussitôt libéré.

Mais à l'époque tout le monde tomba dans le panneau. Tout le monde protesta contre cette tentative de bâillonner la presse rwandaise ! Amnesty International et Reporters sans frontières menèrent une campagne tenace pour la libération des deux journalistes victimes du régime. En réalité, un seul d'entre eux était vraiment en danger : Vincent Rwabukwisi, le rédacteur en chef de *Kanguka*, qui fut d'ailleurs tué en 1994.

Ces manœuvres d'intimidation eurent l'effet escompté : *Kanguka* cessa de paraître. Il ne restait plus qu'un magazine indépendant et, dans son cas aussi, toute la rédaction se retrouva sur la touche. Désormais, *Kangura*, qui était fidèle au président, régnait en maître : la nation n'avait pas d'autre choix.

Le magazine célébra l'avènement d'une nouvelle ère pour l'information au Rwanda en publiant les « dix commandements hutus », qui ressemblaient plus ou moins à ceci : les Tutsis sont riches, les Tutsis sont des traîtres, ils ont des amis internationaux, ils conspirent contre le pays, ils veulent le pouvoir, ne t'accouple jamais avec un Tutsi, ne fréquente aucun Tutsi, méfie-toi des Tutsis et, surtout, déteste les Tutsis.

Tu sais, je n'ai pas découvert ce génocide dans les manuels d'Histoire ni sur des photos d'archives. J'avais quinze ans et c'est le premier que j'ai suivi en direct, à travers les informations que j'allais chercher. Le premier qui s'est déroulé en arrière-plan de ma vie, donnant chaque matin un goût de fer à mon café : le goût du sang. Mais ce n'est pas pour cela qu'il pulse dans mon crâne plus fort que les autres. La véritable raison, c'est qu'en examinant ce conflit chronologiquement on se rend compte d'une particularité effrayante : au Rwanda, la campagne de haine se concentra sur les femmes.

Je ne dis pas que les femmes n'ont pas payé un très lourd tribut dans tous les génocides, bien au contraire. Quand il s'agit d'isoler les femmes, les hommes n'ont aucun mal à se mettre d'accord, même s'ils se tirent dessus d'un côté à l'autre de la barricade. Et dis-toi bien que je ne suis pas en train de dresser un classement des horreurs, car la guerre en Bosnie fut tout aussi brutale. Ce que je veux dire, c'est qu'en Bosnie on jugea que les femmes musulmanes appartenaient à une « race » ignoble, qu'il fallait purifier par le biais du sperme serbe. Tout comme les femmes juives étaient considérées par la propagande nazie comme indésirables, toujours représentées de façon stéréotypée et caricaturale, avec un nez imposant et des cheveux épais. On le voit aujourd'hui encore, la propagande raciste stigmatise les femmes et les qualifie d'« inférieures », d'« inintéressantes » pour les hommes. Va sur le Net et regarde les caricatures ou les photomontages postés par les gens de la Ligue du Nord au sujet de Cécile Kyenge, ancienne ministre de la République italienne d'origine congolaise !

Mais pas au Rwanda. Au Rwanda, on fit l'inverse. C'était un jeu pervers : on disait aux hommes hutus de ne pas s'approcher des femmes tutsies, mais pas parce qu'elles étaient « inférieures » et laides ou parce qu'elles transmettaient des maladies. Non : parce qu'elles étaient trop belles, trop bien habillées, trop parfumées et trop en chaleur. Au Rwanda, on assista à un phénomène inédit : la haine ethnique fut stimulée par une campagne d'excitation sexuelle de masse. Les dessins racistes parus dans les journaux financés par la famille présidentielle durant cette campagne n'étaient pas des caricatures, mais des dessins pornographiques, comme le *hentai* japonais. J'ai photographié l'un de ces dessins dans un livre. Chaque fois que je le regarde, je me demande comment il a pu paraître dans la presse officielle : un soldat belge, casque bleu de l'ONU, est allongé sur le sol, il lèche une femme tutsie tandis qu'elle suce un autre casque bleu qui, à son tour, suce le téton d'une autre femme tutsie laquelle, pendant ce temps, prend plaisir à se faire sodomiser par un troisième soldat belge.

Tu trouves ça dégoûtant ?

Aurais-je dû passer ce dessin sous silence et traiter le sujet de manière journalistique, aseptisée ? Mais dans ce cas, tu n'aurais pas compris ce qu'on voulait faire au moyen de ces dessins. Car on peut tourner autour du pot autant qu'on veut, le but était d'exciter sexuellement ceux qui les voyaient. Je vais t'expliquer pourquoi.

À la veille de la guerre, entre janvier 1993 et mars 1994, le Rwanda acheta 581 tonnes de machettes à la Chine, un nombre colossal et pourtant encore insuffisant pour armer tous les civils qu'on voulait employer dans l'opération de purification ethnique. On ordonna alors à ceux qui ne purent recevoir une machette de se servir de leur sexe et de violer.

Mais la campagne de haine ne pouvait pas être menée uniquement avec des dessins. À un moment donné, on se rendit compte que les journaux seuls ne mèneraient nulle part, 70 % de la population étant totalement analphabète. C'est pourquoi Radio Télévision Libre fut créée et Kantano Habimana rapidement engagé.

C'est incroyable comme la méritocratie utilisée à l'envers fonctionne à la perfection ! Si on demande un profil de délinquant, tu peux être sûr qu'avec un CV bien rempli en la matière personne ne te passera devant.

Kantano fut choisi suivant ce principe : ça ne faisait aucun doute, c'était vraiment lui, le pire. Des années auparavant, il avait été renvoyé de la radio nationale parce qu'il était bagarreur, qu'il harcelait les femmes, buvait trop et se droguait. À présent ce casier chargé jouait en sa faveur. Radio Télévision Libre avait besoin d'un orateur capable de parler un langage cru, qui sentait la rue et le ressentiment ; il fallait un ton complice, qui dise : « Vous et moi, on se comprend », « On est bien d'accord » et « Vous voyez ce que je veux dire ! »

La parole devait être maniée telle une machette, une lame rudimentaire, facile à prendre en main, qu'on peut rapidement fabriquer soi-même pour tailler les roseaux qu'on trouve sur son chemin. Et une fois qu'on sait l'utiliser, on peut sans difficulté couper un bras ou fendre une tête en deux.

L'idée n'était pas de flirter avec les enseignants ou les travailleurs humanitaires : Kantano voulait recruter des personnes jeunes et musclées. Non qu'il faille être particulièrement fort pour tuer – car tuer est presque toujours une simple question de « tête » : il faut des gens aux lobes frontaux immatures. Tu pourras vérifier : un projet qui veut te pousser à tuer s'assurera d'abord de changer ce que tu as dans la tête, et c'est seulement après qu'on t'expliquera comment plonger une lame dans la chair ou insérer un chargeur dans ton fusil à pompe.

Kantano cibla donc la jeune génération, car il faut de la place pour fourrer des idées dans un cerveau ; si on en a déjà trop à soi, le cerveau les régurgite comme un nouveau-né qui a bu trop de lait. Bref, c'est parmi les cortex encore malléables qu'on voulait recruter le gros de la main-d'œuvre : les assassins potentiels qu'on formerait en vue du grand massacre.

Au début, les paroles de Kantano Habimana devaient seulement divertir, c'étaient des blagues que les gens avaient déjà entendues.

« Lorsqu'il rentre à la maison, une femme hutue raconte à son mari :

— Chéri, sais-tu ce qui s'est passé aujourd'hui ? Une chose terrible !

— Quoi ? Chérie, quoi ? Les enfants ont avalé du désherbant ? Tu as encore mis le feu à la cuisine ?

— Non, si seulement ! Notre fils s'est fiancé avec une Tutsie ! »

Puis le ton devint de plus en plus agressif, les nouvelles s'accompagnèrent de commentaires grossiers, les journalistes et politiciens de l'opposition furent désignés de manière violente ou insultante. On sollicitait sans cesse la contribution des « voix de la rue », même si, en réalité, la voix était toujours et uniquement la sienne, celle de « Kantano qui envoie les autres se faire foutre ».

Dès qu'il le pouvait, Kantano interviewait un pilier de bar, toujours une bière à la main, comme pour dire : « Je vais m'asseoir à côté de toi et tu vas tout me dire. Qu'est-ce qui t'a gonflé aujourd'hui, hein ? Rotons ensemble ! », et c'était parti pour des blagues au vitriol, une rafale de bons mots et de fous rires.

Lors du procès, plusieurs victimes admirent qu'elles avaient ri en entendant les blagues proférées à leur encontre, car le ton de Kantano laissait entendre des choses comme : « Si c'est ce que je pense, c'est ce que je pense ! » et : « Je vous emmerde, je dis ce que je veux ! » Les gens aimaient ça, ce ton montrait que c'était quelqu'un de sincère, de direct, quelqu'un qui ne se gargarisait pas de grands mots, qui ne faisait pas étalage de titres et de diplômes, quelqu'un d'incorrect et donc – par la grâce de cette incorrection – de libre. Écoute-moi bien : ne fais jamais l'erreur de croire qu'il est libérateur et sain de dire « merde », quand celui qui le dit fait de la politique ou est censé garantir une information juste et de qualité. Lenny Bruce, un humoriste américain, déclara un jour dans une de ses émissions télévisées qu'il ne fallait jamais enlever aux gens la possibilité de dire « merde » parce que, si on le fait, c'est comme si on les empêchait de dire « merde » à la politique, « merde » à un gouvernement qu'ils n'aiment pas.

À présent, je voudrais que tu inverses cette position, avec laquelle je suis d'accord sur le fond, car nous avons tous le droit de dire « merde à l'injustice », « merde à la corruption », « merde à l'exploitation ». Mais que se passe-t-il quand ce même « merde » s'adresse au gouvernement ? Que se passe-t-il quand un programme politique entier coïncide avec ce « merde » ?

Imagine, là, tout de suite : merde à l'école, merde à l'éducation, merde à la famille, merde aux amendes, merde aux limitations de vitesse, merde aux pauvres, merde aux migrants, merde aux malades, merde aux vieux, merde à la morale, merde aux voisins, merde aux professeurs, merde aux médecins, merde aux politiciens… Que reste-t-il après avoir dit merde à tout et tous ? Que reste-t-il après avoir craché sa colère jusqu'à la dernière goutte ? Quelque chose aura-t-il changé autour de toi ? Quelque chose dans ta vie ou dans la possibilité de te réaliser sera-t-il différent ? Ne fais pas confiance à ceux qui disent « merde » à tout, car ce sont les premiers à t'arnaquer. Ce sont les premiers à te demander de ne pas réfléchir et de dire simplement « merde » ! Mais après ce « merde », tes problèmes seront toujours là, l'un derrière l'autre, et personne ne viendra les résoudre à ta place.

Bref, pour Kantano ce fut un jeu d'enfant de formater tous ces disques durs vides qui l'écoutaient : d'abord les très jeunes, puis progressivement les auditeurs plus mûrs.

De blagues ambiguës, il passa à des termes plus explicites : par exemple, il se mit à traiter les Tutsis d'*inyenzi*, de « cafards » ! Le ton moqueur et désinvolte séduisait les auditeurs, mais il fallait quelque chose de plus fort pour pousser le troupeau à l'action. Quelque chose de morbide et, tu sais, je le reconnais sans peine, moi-même quand on me fait miroiter un coin d'obscurité je dresse les oreilles comme un chien.

Kantano offrit à son public bien plus qu'un coin d'obscurité : il lui fit écouter les gémissements de ses orgasmes. Puis ce fut une suite de «bite», de «baiser» et de «niquer». Et il spécifia clairement quelles femmes devaient être «baisées» : les Tutsies. «C'est ce que veulent les Tutsis, répéta Kantano. Ils veulent nous contrôler et nous soumettre à travers leurs femmes... Faire de nous leurs esclaves sexuels... pour nous faire taire!» Bref, aboya Kantano, il était temps de les baiser, mais violemment, de prendre le dessus et de ne plus se laisser dominer. Il ne fallut pas longtemps pour que les hommes hutus descendent dans la rue et violent les femmes tutsies jusqu'à les tuer.

Jamais encore le viol n'avait été une arme de guerre employée de manière aussi systématique, quotidienne et totale. Tu sais pourquoi? Parce qu'il ne s'agissait pas du geste isolé de quelques soldats ou de la violence de quelques unités déviantes, mais d'une leçon donnée à tout un pays. L'ordre donné à tous n'était pas seulement de violer, mais de se montrer «bestial».

«Je voudrais saluer les jeunes qui sont près de l'abattoir de Kimisagara. [...] Hier, je les ai vus en train de danser le zouk. [...] Je voudrais vous dire que... Ah, ce que vous m'avez donné à fumer a eu un mauvais effet sur moi... J'ai pris trois bouffées et... c'est fort! Mais ça semble donner du courage... Alors surveillez bien les égouts, pour que demain aucun cafard n'y passe... Fumez, fumez et offrez-leur le sort qu'ils méritent. [...] Que vos fournisseurs vous en apportent en abondance, pour que vous soyez durs et bestiaux...» (Kantano Habimana, Radio Télévision Libre des Mille Collines, 26 mai 1994)

Bien sûr, le ton brutal de Kantano ne plaisait pas à tout le monde. Certains Hutus critiquèrent le contenu de ses émissions. Ils protestèrent, crièrent qu'il fallait ouvrir les yeux, qu'il fallait arrêter le tam-tam! Ils crièrent que les paroles de Kantano n'avaient rien d'amusant ni d'innocent; ils assurèrent qu'elles creusaient une voie qui mènerait bientôt à quelque chose d'atroce. En réponse à leurs accusations, Kantano se mit à lire au micro la liste de ceux qui s'en prenaient à lui et soulignaient le danger représenté par ses paroles. Il lisait ces listes sans ajouter le moindre commentaire, juste un nom après l'autre. Il ne demanda jamais explicitement qu'ils soient éliminés. Il exhortait seulement ses auditeurs à se souvenir de leurs noms. Puis, des listes d'ennemis personnels, il passa à celles des Tutsis vivant dans chaque village.

Penses-y : combien de temps faut-il avant qu'un refrain – même mauvais – entendu régulièrement à la radio ne te reste dans la tête ? Très peu. Tu te mets à le fredonner même si tu ne le supportes pas.

Tam-tam, faisait Radio Télévision Libre. Tam-tam, les Tutsis sont des cafards ; tam-tam, les femmes tutsies sont des putains ; tam-tam, les journalistes sont les amis des Tutsis ; tam-tam, les élites sont les amies des Tutsis ; tam-tam, les Tutsis ont des amis étrangers ; tam-tam, les Tutsis ont un nez trop fin ; tam-tam, les Tutsis sont trop grands ; tam-tam, il faut nettoyer les villes de tous les Tutsis ; tam-tam, rue par rue ; tam-tam, maison par maison ; tam-tam, apprends par cœur le nom des amis des Tutsis.

Une fois les caporaux recrutés, ce sont eux qui commandèrent les autres durant les massacres : parfois certains refusaient, alors on leur mettait un pistolet sur la tempe en les menaçant de faire subir à leurs filles et à leur femme ce qu'ils devaient infliger aux femmes tutsies.

Les journées étaient épuisantes. On leur demandait souvent de scier les membres des Tutsis pour qu'ils aient la même longueur que ceux des Hutus. On m'a raconté que ceux qui le faisaient étaient tellement éprouvés par le rythme de travail que parfois ils allaient déjeuner en abandonnant au milieu de la rue un corps à moitié vivant, les membres à moitié sciés, qui restait exposé là au soleil jusqu'à la fin de leur sieste.

Puis, à force de répéter aux Tutsis qu'ils étaient des cafards, ces derniers ont commencé à se comporter comme tels. Ils cherchaient refuge dans les interstices des maisons, une fissure, un vide, une crevasse, n'importe quel trou était bon pour se cacher. D'autres préféraient fuir, emmenant leurs enfants avec eux, mais ils se heurtaient chaque fois aux barrages de la milice, qui poussaient comme des champignons après une nuit de tempête. Tu sais, se faire tuer à coups de machette est effrayant, mais ce qui l'est plus encore, c'est que des gens comme Kantano y voient une formidable occasion de s'amuser. Lui-même encourageait les bourreaux à prendre du plaisir, à faire preuve d'imagination, à jouer un peu avant de donner la mort.

Un jour, un homme en fuite dut choisir entre ses enfants : un seul d'entre eux aurait la vie sauve. Il supplia les assassins de le tuer, lui, en lieu et place de ses enfants, mais ils refusèrent. Il devait mourir et ils devaient mourir eux aussi. Il ne pouvait en choisir qu'un. Un seul. L'homme hésita. Il avait peur de devoir supporter le regard des autres une fois qu'il en aurait désigné un. Finalement, son instinct de préservation l'emporta. Il prononça un nom.

D'emblée, il avait exclu les filles. Il lui restait encore un peu de lucidité : dans une telle situation, il vaut mieux étrangler ses filles de ses propres mains. Le petit, celui qu'il portait encore sur ses épaules, n'aurait pas tenu un jour dans cet enfer. Il indiqua donc son fils de huit ans. Il espérait que les bourreaux l'adopteraient, comme le faisaient les tortionnaires des *desaparecidos* dans l'Argentine de Videla avec les enfants de ceux qu'ils avaient tués et jetés au fond de l'océan.

Un par un, ils tuèrent les trois autres devant lui.

Au fur et à mesure qu'ils tombaient, il commença à se sentir incroyablement soulagé, car son tour arrivait. D'ailleurs, il appelait «sœur» la lame de la machette qui le libérerait. Pourtant, ce ne fut pas encore son tour. De qui, alors ? Celui du fils qu'il avait choisi. Ils le mirent dans un sac qu'ils fermèrent et jetèrent contre un mur. Il fallut trois coups secs avant que la toile ne devienne toute rouge. Ils avaient trompé le père.

Je sais : n'importe quel père aurait accepté de jouer ce jeu pour sauver la vie d'un de ses enfants. Mais rappelle-toi : à la table des meurtriers, on ne gagne jamais.

Leur fallait-il vraiment un million de morts ? Peut-être n'avaient-ils pas fait une telle estimation. Peut-être n'avaient-ils pas pensé atteindre le million ; peut-être les plans de départ visaient-ils uniquement à faire de la minorité tutsie une cible, un bouc émissaire, une diversion. Mais tu sais comment fonctionne l'Histoire, n'est-ce pas ? C'est une bête vorace : une fois qu'on a commencé à l'engraisser, elle ne se reposera pas tant qu'elle n'aura pas eu assez de sang et de chair humaine.

Le directeur de Radio Télévision Libre, Ferdinand Nahimana, affirma lors du procès – qui débuta à Arusha, en Tanzanie, le 23 octobre 2000 – qu'il n'y avait pas eu de génocide. Oui, tu m'as bien entendu : pour lui, il n'y avait pas eu de génocide au Rwanda, ce chiffre de un million de corps massacrés était une invention typique des tribunaux guidés par des puissances étrangères, ennemies des gens ordinaires habitant ces petits territoires authentiques et non corrompus. Mais le directeur du bureau d'information rwandais, Higiro, rétorqua qu'« au Rwanda, la presse était considérée à la veille du génocide comme une arme pour gagner la guerre, au même titre que les kalachnikovs, les R-4 et les MAG-7 ».

C'est ce que le Tribunal pénal international pour le Rwanda a établi : le tam-tam des présentateurs de Radio Télévision Libre avait permis – au début par des insultes et des demi-mensonges, puis par l'incitation à la haine raciale et au viol ethnique – de jeter toute une nation en enfer. Le Tribunal a en particulier montré qu'avec des mots – rien qu'avec des mots – on pouvait tuer jusqu'à un million de personnes.

Tu comprends ce que cela signifie ? Chaque fois que Kantano parlait au micro, c'était comme si on entendait le déclic des fusils à pompe, à chaque blague les coups de feu puis le bruit d'un corps tombant au sol. Tu dois élargir ta vision, cesser de percevoir ses blagues comme de simples plaisanteries un peu triviales. Tu dois fermer les oreilles aux rires de ceux qui l'écoutent chez eux ou dans la rue, et reconnaître le bruit des fusils qu'on empile puis qu'on distribue aux auditeurs ; tu dois voir leurs bras se tendre vers le petit transistor d'où sortent les blagues sarcastiques de

Kantano, puis les suivre tandis qu'ils descendent la rue, armes à la main, qu'ils croisent un passant tutsi, et : clic-clic, boum !, charger et tirer, et encore : clic-clic, boum !, deuxième rafale, ainsi de suite jusqu'au coucher du soleil. Et chaque allusion au sexe, chaque invitation à rester excité dans son pantalon doit être prise pour ce qu'elle est : l'ordre d'utiliser ça aussi comme une arme, d'être prêt à déchirer la chair avec la chair.

La crainte de subir une punition exemplaire était paralysante, crois-moi, et empêchait presque toujours ceux des Hutus qui voulaient défendre les Tutsis de s'opposer à la violence. Une fille hutue le fit tout de même. Elle n'avait que seize ans et s'appelait Lucie, du latin *lux*, lumière.

Nous sommes en 1994. Lucie rentre chez elle lorsqu'elle voit un petit Tutsi, son voisin, qui tremble parce qu'un groupe de jeunes hutus le retiennent pendant qu'ils discutent de la manière dont ils vont le tuer.

Lucie sait qu'ils ne lui feront rien car elle est hutue, elle fait partie du même groupe ethnique qu'eux. Alors elle s'interpose instinctivement, protégeant l'enfant avec son corps. Les jeunes lui ordonnent de s'éloigner, ils lui disent qu'ils ne la toucheront pas si elle rentre chez elle et laisse le petit cafard tutsi. Mais Lucie ne bouge pas, elle tremble elle aussi mais ne bouge pas. Elle sent le corps de l'enfant dans son dos et comprend qu'elle ne peut plus bouger, car son corps et celui de l'enfant n'en forment désormais plus qu'un. Il serait plus prudent de se détacher de lui et de courir jusqu'à la maison, mais ce serait comme s'amputer une jambe, se couper un bras.

Les jeunes décident donc de la punir, de lui donner une leçon qui servira d'avertissement à ceux et celles qui voudraient l'imiter. Alors ils la violent à tour de rôle. Ils abandonnent l'enfant et la violent. Quand ils en ont terminé, ils retournent à l'enfant. Elle se lève, elle peut à peine marcher et sait qu'elle ne survivrait pas à un autre viol collectif. Mais elle se tient de nouveau devant eux. Les jeunes la regardent, rient et s'en vont.

Lucie prend l'enfant dans ses bras et le ramène à sa mère. Une fois chez elle, elle veut tout oublier, mais bientôt elle découvre que la semence d'un des violeurs a donné un fruit. Elle attend des jumeaux. Quand sa grossesse ne peut plus être cachée, on la met à la porte, car le viol qu'elle a subi est un déshonneur pour sa famille.

Tu te rappelles ? Dans certaines régions du monde, si effroyable puisse être pour une femme l'expérience du viol, le pire vient plus tard, quand les parents de la victime donnent raison aux violeurs, la traitant comme si son corps avait la lèpre et son âme le cancer. Comme si elle avait trahi son Dieu et livré sa famille à la honte publique.

Aujourd'hui encore, les filles et les garçons nés entre 1992 et 1995 des viols perpétrés en Bosnie sont marginalisés, comme s'ils n'avaient pas droit à leur place dans le monde, comme si le fait d'être nés d'un acte odieux ne leur donnait pas droit à la vie.

Qu'est devenue Lucie ? Action Aid, une association avec laquelle j'ai travaillé sur ces histoires, l'a accueillie.

Lorsqu'elle a rejoint le programme, Lucie pensait que survivre à la violence était une condamnation pire que la mort. Puis avec le temps elle a appris à soigner les plantes, à suivre les semailles et les récoltes. En apprenant à aimer ces plantes, elle a commencé à s'aimer elle-même, à aimer ses enfants nés de l'horreur. Aujourd'hui, grâce à son travail, Lucie et ses enfants sont autosuffisants : elle vend une partie de sa récolte et en garde une autre pour sa famille.

CRIE-LE, QUAND ILS ESSAIENT DE NOUS DRESSER LES UNS CONTRE LES AUTRES.

Settimia Spizzichino

24

TAM-TAM

Le cri. Il est à l'origine de la vie de l'homme
sur Terre.
Le cri du chasseur et celui du guerrier, le cri
d'amour et ceux de terreur,
de joie, de douleur, de mort. Les animaux aussi
crient
et, pour l'homme primitif, le vent et la terre
crient,
le nuage et la mer, l'arbre, la pierre et le fleuve.

EMANUELE SEVERINO[1]

Veille à ce que ton appartenance ethnique ou religieuse – réelle ou supposée – ne figure jamais sur tes papiers. Car, si c'est le cas, si un jour quelqu'un a la mauvaise idée d'ajouter à tes coordonnées une précision du genre : Rom, Tutsi, Soninké, Calabrais, Sicilien, Ladino, Romain, Bergamasque, Maghrébin, Chrétien, Musulman, Juif, si cela arrive vraiment, tu devras alors t'enfuir et courir aussi vite que possible.

Certains mots sont des stigmates et ne sont utilisés que pour stigmatiser.

1. « Il grido » dans *Il parricidio mancato*, Adelphi Edizioni, 1985 (inédit en français).

Donc, écoute bien mon avertissement : si jamais quelqu'un appose un tel stigmate sur tes papiers d'identité, fuis sans attendre.

Et fais attention, veille aussi à ne jamais te retrouver sur une liste.

Les listes sont comme des mantras, comme les quatre-vingt-dix-neuf noms d'Allah, comme les *berakhot* du judaïsme : de répétition en répétition, elles entrent en toi, elles se gravent dans ta tête tel le rythme du tam-tam.

Le tam-tam a un son répétitif, obsédant : paumes-phalanges, paumes-phalanges, paumes-phalanges…

Le rythme augmente, il prend de l'altitude et vole, passant peu à peu d'un niveau bas et grave à un niveau aigu et assourdissant.

Tam-tam hypnotique, monotone, primitif, viscéral. Il te prend, te remplit, te secoue intérieurement, te fait vibrer et t'oblige à suivre sa musique.

Tam-tam des nouvelles qui se fichent dans ta tête, seulement en apparence monotones et paresseuses.

Tam-tam qui te drogue, t'anesthésie, te déresponsabilise, couvrant le son de tes pensées, étouffant tout autre bruit intérieur.

Tam-tam tel un doigt qui appuie en permanence sur ton cerveau pour empêcher tout autre raisonnement.

Tam-tam qui ne rassure pas, qui menace et assiège tes fortifications.

Tam-tam qui stimule ton état d'alerte, qui te projette hors de toi à la recherche de ton contraire, de ton blanc si tu es noir, de ton yin si tu es yang, de ton nord si tu es sud, de ton jour si tu es nuit.

Son ancestral des tambours accompagnant les grandes batailles qui se livrent, celles de l'homme contre l'homme, du combat au corps à corps, de l'ennemi à transpercer.

Tam-tam qui t'entraîne au combat, qui te pousse au combat, qui te conduit directement sur le champ de bataille.

Tam-tam qui pense pour toi, qui sait pour toi, qui déteste pour toi.

Mais ne te méprends pas : le moment venu, personne ne se battra pour toi. Quand le moment de combattre sera venu, on détachera ta laisse et ce sera à toi de mordre ou d'être mordu. L'ennemi sera face à toi : arrache-lui une oreille, maintenant, dévore-lui un œil, mords-lui les testicules. Et ne te plains pas si ce n'est pas un travail d'homme, car tu n'en es plus un, tu n'es qu'un chien sur lequel on peut parier.

Sais-tu à quoi servent les listes ? À donner un cadre à la haine, à lui donner une apparence de légitimité et de justification. Elles servent à rassembler des personnes qui n'ont rien en commun, mais qui, une fois réunies, forment un gang, une association criminelle, une entité qu'on doit craindre. Elles servent à confondre. Une fois la liste dressée, ce n'est plus toi qui invites à frapper, toi qui souffles sur les braises. Ce n'est plus toi qui incites à la haine : ce sont eux – ceux qui figurent sur la liste – qui représentent une menace.

Dresser des listes revient à placer une cible sur la tête des gens, comme avec les listes de proscrits de l'époque romaine que nous avons évoquées en parlant d'Émile Zola.

Dans le cas de Carlo Alberto Dalla Chiesa, de Giovanni Falcone et de Paolo Borsellino, c'est ce même fonctionnement qui a prévalu. L'État s'est effacé, silencieusement mais clairement ; ceux qui voulaient leur mort savaient qu'ils pouvaient les viser. Le but des listes est d'isoler le proscrit, de sorte que n'importe qui puisse l'abattre en toute impunité.

Cicéron affirmait qu'être un proscrit était pire qu'être un cadavre. Pour un cadavre, le pire est passé, l'heure a déjà sonné ; mais pour ceux qui figurent sur une liste, l'agonie ne fait que commencer. Et le temps d'attente peut être long. On n'est plus d'un côté mais pas encore de l'autre. Tu n'es pas encore un cadavre, mais tu n'es plus tout à fait vivant non plus ; tu ne peux plus rien faire de ce que font les vivants : tu ne peux pas marcher, tu ne peux pas aller au bord de la mer, tu ne peux pas faire de projets, tu ne peux pas nouer de relations ni espérer te soustraire à la peine. Tu ne peux qu'attendre et jouer aux échecs avec la mort, l'imaginer, la soupeser, la prévoir, sans savoir où et quand elle te tombera dessus. À partir du moment où ton nom apparaît sur une liste, nulle cave, nul couloir, nul porche, nulle crevasse, nulle crypte, nulle forêt, nul tronc creux ne pourra te servir d'abri. Personne ne te donnera asile, personne ne pourra te cacher ni t'offrir une nuit de repos, car même ta mère paierait de sa vie un tel élan.

N'oublie jamais que les gouvernements changent, que les époques se succèdent, mais que la tendance des hommes à dresser des listes demeure : les listes permettent de ne jamais se salir les mains. Tu te souviens de la méthode de Kantano ? Il se contentait de lire des noms et son public devait comprendre le message. Entraînés par la fausse truculence de ses blagues, les auditeurs en transe, sans repères, empoignaient la machette et se déchaînaient, tandis qu'il restait à l'abri derrière les fréquences de Radio Télévision Libre.

Et tu le sais, car nous l'avons vu ensemble, dans ce climat on se disait : « Qu'est-ce que ça peut faire, une simple blague ? Même les Tutsis en rient ! »

On a souvent tendance à sous-estimer la gravité de la situation, quand certains phénomènes commencent tout juste à prendre forme et que nous ne pouvons les observer que partiellement. C'est aussi ce qui s'est passé avec la Covid-19 : au début, on pensait que ce qui se produisait en Orient n'arriverait jamais en Occident.

Mais toi, au premier roulement de tambour, crie-le ! Ne te laisse pas rassurer par ceux qui disent : « Relax, on n'est pas au Rwanda ! »

Dans l'histoire que je vais te raconter, je n'ai pas pu me détendre. Au contraire, j'ai entendu monter les roulements de tambours. À présent, je te demande de juger, de me dire si, toi aussi, tu perçois les premiers tambours au loin.

L'histoire est la suivante. Stormfront, un site qui appelle à la haine, a été créé aux États-Unis dans les années 1990. Tu en as probablement entendu parler, car il a des déclinaisons dans plusieurs pays du monde, tout en restant sous la tutelle de la maison mère. Comme tu le sais sans doute, les adeptes de Stormfront vivent comme une contrainte insupportable le fait de ne pas pouvoir faire référence publiquement aux idées nazies dans nos démocraties occidentales, et comme un acte de castration intolérable celui de ne pas pouvoir encourager explicitement la ségrégation des Noirs et l'extermination des Juifs. Parmi les membres de Stormfront, on trouve des adeptes du Ku Klux Klan, des Afrikaners qui regrettent l'époque où Nelson Mandela moisissait sur Robben Island, des fanatiques du pèlerinage sur la tombe de Mussolini et des admirateurs de Hermann Göring.

Au fil des ans, Stormfront est devenu une communauté de plus en plus importante et populaire. Sur ses forums, on discute de la supériorité et de l'infériorité des « races », des complots juifs, du retour des femmes au foyer (ou sur le trottoir, c'est selon), de l'isolement des handicapés (et pas seulement dans les écoles), des « thérapies » contre les homosexuels (qu'on peut également isoler) et de la stérilisation des Roms (ou de leur élimination). On y trouve souvent des allusions, plus ou moins voilées, à la nécessité de donner une bonne leçon aux pacifistes (d'intolérables hypocrites ! d'après eux) et aux écologistes (de petits prétentieux ! jugent-ils).

Il faut garder à l'esprit que les membres de Stormfront adorent dresser des listes. Ils adorent les concevoir puis les afficher sur leur site. Ils passent des après-midi entiers à rassembler et à classer des noms qui n'ont rien à voir les uns avec les autres, mais qui, une fois regroupés, comme indiqué ci-dessus, semblent dessiner le profil d'un groupe menaçant.

Je figure sur l'une de leurs listes. Je te raconte donc cette histoire non pas en tant que narrateur, mais en tant que témoin. Et je voudrais que tu gardes une chose à l'esprit : quand on essaie de faire de toi une victime, deviens un témoin. Crie-le, dénonce-le, car c'est seulement lorsqu'on devient un témoin qu'on cesse d'être une victime.

Le jour où je suis passé du statut de victime à celui de témoin, où j'ai comparu devant le tribunal en tant que partie civile contre les supporters italiens de Stormfront que j'avais poursuivis, j'ai pris des notes, j'ai enregistré mes impressions. Ce que je veux faire, c'est te transmettre ces notes, plus ou moins telles que je les ai prises ce jour-là.

Rome, 28 mai 2018. Aujourd'hui, je me suis réveillé à l'aube comme chaque matin. Comme chaque matin, j'ai eu la tentation de sortir et de marcher dans les rues désertes de Rome.

Si je sors à cette heure-ci, me dis-je, personne ne me remarquera. Je peux essayer de respirer librement l'air du matin, le parfum des tilleuls qui commencent tout juste à fleurir. Si je marche d'un bon pas, avant que la lumière du jour ne m'éclaire tout à fait, je peux même espérer atteindre le Campo de' Fiori avant que mon escorte ne me rattrape. Je veux poser une main sur la statue en bronze de Giordano Bruno, pour de nouveau entendre le crépitement des fagots qui brûlent, de nouveau me sentir concerné par sa condamnation, payer avec lui le prix de ses paroles.

Il est si tôt, me dis-je, que je peux espérer y arriver. Mais le plan qui vient de me traverser l'esprit se brise immédiatement, il se désintègre en une myriade de petits jets d'eau. Le protocole de protection est une mécanique de précision qui cesse de fonctionner dès qu'on décide de ne plus en faire partie, qu'on se met à agir comme un rouage incontrôlable. Je dois donc soigner ma nervosité à la maison, je dois la prendre dans mes bras et la bercer sur mes genoux. Mais je n'ai pas envie de rester assis. Je veux me lever et marcher, je commence alors à faire la navette de la table au canapé, du canapé à la table, puis j'essaie de me rasseoir, mais en choisissant toujours la position la plus inconfortable. Je ne veux pas me relaxer. Je me mets à fixer les aiguilles de ma montre pour avancer avec elles, je veux graver chacun de leurs pas sur ma rétine.

À sept heures et demie, je bondis. Les hommes de ma protection rapprochée sont déjà prêts au bas de l'immeuble. Je monte en voiture, ils sentent la tension et essaient de l'apaiser avec une blague. Mais ce matin, c'est plus difficile que d'habitude.

En chemin, je pense aux personnes que je vais affronter durant le procès, celles que j'ai dénoncées pour incitation à la violence et à la haine raciale sur Internet.

J'essaie d'imaginer leur visage, j'essaie de me les représenter en file indienne, l'une derrière l'autre. J'essaie de sentir l'odeur de leurs crânes rasés, je veux percevoir l'excitation qui les habite à se croire au-delà du bien et du mal, je veux éprouver ce qu'ils éprouvent, je veux sentir l'adrénaline qui fait battre leurs veines chaque fois qu'ils brisent un vase avec une batte de base-ball. Car c'est libérateur, ça va vite, et le geste qui fait voler les tessons du vase a du rythme. À l'inverse, ceux qui font bien attention à déplacer le vase avec précaution, écrasés par la peur de le laisser échapper, ceux-là vivent mal, condamnés à des limbes perpétuels, à un jugement perpétuellement suspendu. En lieu et place : un coup sec, puis même la peur te semblera ridicule, même le danger te paraîtra inoffensif.

Je suis dans la salle d'audience et je vois enfin les visages que je n'ai qu'imaginés en chemin. L'un d'eux reste gravé en moi, celui de M. P., moins de trente ans. Sur la plateforme, son nom d'utilisateur est ComplottoGiudaico. C'est lui qui a compilé – ou, comme disent les gens de Stormfront, « amélioré » – la liste des Juifs italiens influents dont il affirme qu'ils tiennent le pays par les couilles. Quand ComplottoGiudaico a parlé du « Juif Saviano », c'était le 6 novembre 2012. M. P. n'avait que vingt-deux ans.

Je me suis demandé ce que je faisais à vingt-deux ans. J'étais en fac de philosophie, une matière qui ne me permettrait pas de trouver du travail, m'avait-on prévenu, et je suis sûr qu'on dit la même chose aux étudiants aujourd'hui. Mais moi, à vingt-deux ans, je voulais comprendre. Voilà ce que je faisais quand j'avais vingt-deux ans : j'étudiais la philosophie parce que je voulais comprendre. M. P., lui, avait vingt-deux ans et ne voulait pas comprendre. Il voulait sans doute compiler et améliorer des listes, c'est tout : listes de restaurateurs, listes d'écoles, listes de papeteries, listes de librairies, listes de torréfacteurs, listes d'épiceries, listes de confiseurs, listes de politiciens, listes de philosophes, listes d'écrivains, listes d'avocats, listes de professeurs, listes d'étudiants… Pourquoi M. P. et Stormfront ont-ils besoin de toutes ces listes ? Qu'essayait de comprendre M. P. avec ces listes ? En fait, il n'essayait pas de comprendre : il désignait. Car ce ne sont pas des listes quelconques : ce sont des listes de restaurateurs, d'écoles, de papeteries, de librairies, de torréfacteurs, d'épiceries, de confiseurs, de politiciens, de philosophes, d'écrivains, d'avocats, de professeurs et d'étudiants juifs.

M. P. et Stormfront veulent que le nombre impressionne et, par définition, c'est ce que font les listes. Regroupés, tes ennemis paraissent nombreux, ils semblent exiger de toi un effort exceptionnel et immédiat, une action tout aussi grande pour les contrer. En les regroupant dans une même liste, on te donne le sentiment qu'ils dirigent le monde ! Ils contrôlent le secteur de la restauration ! Ils ont le monopole de la finance ! Ils tiennent les tribunaux ! Ils manipulent l'information !

Si tu as un peu de temps, fais cette expérience : prends sur le Net les noms de dix entrepreneurs lombards, puis de dix directeurs de banque, dix écrivains, dix journalistes, dix producteurs de disques et dix influenceurs, tous rigoureusement lombards, et lance un cri d'alarme : « Les Lombards dirigent le monde ! », « Ils sont partout... », « Ils contrôlent l'économie du pays », « Ils tiennent les finances du pays ! », « Ils possèdent l'information ! », « Ils détiennent le secteur de l'édition ! » Il y aura toujours des gens pour croire que ces affirmations sont vraies. Tu vois, en alignant les données d'une certaine manière, il n'est guère difficile de déformer la perception d'un fait.

Pourtant, au bout de quelques minutes dans la salle d'audience, je commence à me dire que j'ai commis une erreur en les poursuivant en justice. Aux questions posées par certains journalistes et même par des amis présents au tribunal, je comprends que le climat est à l'indulgence, au laisser-aller. « On est là pour des gamins... », « Ce ne sont que des bravades en ligne... », « Ce n'est pas si terrible... »

Je suis tenté de leur donner raison, mais je dois résister. Je repense à Kantano Habimana et je me dis que c'est aussi ce qu'on disait de lui. Quand il a commencé à traiter les Tutsis de cafards sur Radio Télévision Libre, on a dit que Kantano n'était qu'un individu grossier, un provocateur, un fanfaron et rien de plus !

Mais, ce matin, l'exemple de Kantano Habimana ne fonctionne pas. Peut-être parce que je continue à sentir de façon palpable que c'est moi qu'on juge, pas eux, ou pas exactement moi mais ma volonté de traduire en justice une bande de « fanfarons ». Bref, telle est l'idée sous-jacente : pour une simple bande de mal élevés, j'occupe une salle d'audience qui devrait servir à juger de vrais criminels.

J'ai même l'impression que cette conviction se diffuse rapidement dans la salle d'audience, qu'elle contamine les autres. Je croise des regards, je remarque des clins d'œil et des haussements d'épaules. Oui, c'est ce que je sens. D'une expression du visage, d'un geste des bras ou d'une grimace, certains m'interrogent : « Comment as-tu pu faire une chose pareille ? Ce ne sont que des gamins ignorants ! » En effet, M. P. n'a tué personne, si bien que je me mets à le penser moi aussi : j'ai commis une erreur en le traînant devant un juge. D'ailleurs, je suis sur le point de me lever, de crier à la cour que j'ai eu tort, que je veux retirer ma plainte. Je vais aussi dire aux journalistes présents dans la salle d'audience : j'ai fait une erreur, je suis allé trop loin, vous avez raison, ce ne sont que des gamins mal élevés, qui exhibent leur culture du mal pour jouer les durs. Je voudrais me lever et arrêter la partie : c'est fini, tout le monde à la maison. J'ai déjà la tête hors de la salle d'audience, je suis déjà dans l'habitacle de la voiture blindée, sur le chemin du retour.

Tout ça n'est qu'une erreur, malgré la « liste des Italiens qui aident les migrants » ; malgré la « liste des communautés juives en Italie », avec les noms des magasins, des restaurants et des écoles ; une erreur, malgré la « mise à jour et l'amélioration de la liste des Juifs italiens influents », malgré la liste des « visages à effacer de la télévision ». Une erreur, bien que certains organes de presse aient reproduit ces listes accompagnées d'informations sur les commerces gérés par des Juifs, avec leurs adresses précises... Une erreur, bien que la conclusion en soit : « Faites votre... »

Votre quoi, me demanderas-tu ? Rien : faites comme vous voulez, comme vous le sentez, de la manière qui vous convient.

Mais un nom me ramène d'un coup à la salle d'audience. Tel le fracas du tonnerre ou une soudaine explosion, il m'arrache à ma torpeur, à la conviction que tout ça n'a été qu'un énorme malentendu.

Alors qu'on passe en revue les délits commis par les gens de Stormfront et les plaintes qui ont été déposées, un nom est cité,

Settimia Spizzichino, le seul nom qui parvient à percer le nœud de mes pensées.

Settimia Spizzichino est citée en lien avec certains commentaires sur Carla Di Veroli, qui était alors conseillère municipale, élue dans la XIe circonscription de Rome. « Comme presque tous les Juifs, Carla Di Veroli est une infiltrée dans nos institutions », a écrit A. M., dit Dagren. C'est une « féministe convaincue », une « *homosexualiste* décomplexée » et une « cajoleuse de nègres ». Et c'est la petite-fille de Settimia Spizzichino, que Dagren qualifie d'« holomiraculée ». Ou, pour être précis, « d'énième holomiraculée ».

Je me souviens d'avoir vu une interview de Settimia Spizzichino, il y a des années, à la télévision ou peut-être sur le Net.

Settimia Spizzichino était une Juive romaine, raflée comme les autres Juifs romains en octobre 1943 et déportée d'abord à Auschwitz, puis à Bergen-Belsen. Son témoignage a eu un puissant effet sur moi. Je ne me souviens pas de ses paroles ni des événements tels qu'elle les a racontés, mais l'impression qu'elle m'a faite est restée gravée dans ma chair. Son séjour dans les camps de concentration, qui a duré un an et sept mois, est devenu le mien, comme cela arrive souvent quand on écoute les paroles des survivants.

Lorsqu'on vient d'une ville chaude telle que Rome et qu'on arrive à Auschwitz, on est saisi par le froid. Un froid qui pétrifie la nature environnante et qui pénètre même le silence : car ce lieu anonyme, ce petit centre industriel habité à l'époque par quelques milliers de personnes à peine, est apparemment silencieux, nul cri n'en monte vers le ciel.

Dans le quartier où Settimia a grandi, rien n'est aussi anonyme. Au contraire, tout est vivant et rappelle des traditions anciennes : chaque colonne est un héritage, chaque plaque un mémorial. Pendant cinq siècles, on a tenté de marginaliser et d'enfermer dans un ghetto la communauté juive perchée sur la rive gauche du Tibre, puis de l'effacer, ce qui a eu pour seul effet de renforcer les liens en son sein.

Je l'imagine enfant, Settimia Spizzichino. Elle devait avoir l'habitude de sortir sa chaise dans la rue pour bavarder le soir avec ses amies ; elle devait être envoyée chez les voisins pour qu'on lui donne des *mostaccioli* dès qu'ils sortaient du four ; elle devait être envoyée pour apporter ou demander à telle ou telle famille les ustensiles qu'on possédait en commun : l'échelle pour prendre les couvertures sur l'étagère la plus haute de l'armoire, le marteau pour planter un clou dans le mur, la pompe pour gonfler les roues de la bicyclette, la planche en bois et le rouleau à pâtisserie pour étaler la pâte feuilletée.

La volonté des habitants du ghetto de Rome de maintenir en vie les traditions de la communauté a toujours été forte, au point de transformer le quartier en petite ville bruyante, pleine de gens qui vivent depuis des siècles dans des maisons surpeuplées, les uns sur les autres, car là où les mètres carrés ne sont pas infinis, on les étire.

Tout est plein de vie dans le ghetto, au Portico d'Ottavia, et rien ne suinte la mort comme c'est le cas le long des voies de cet anonyme nœud ferroviaire polonais, construit pour faire transiter les marchandises plus vite.

Je pense à Settimia encore jeune fille, à l'interminable voyage vers le nord et à l'arrivée au camp. Je la vois avec sa sœur, tandis qu'on les pousse vers le groupe de celles qui sont « aptes au travail ». Je vois ses épaules droites et glacées par l'angoisse de devoir rester en bonne santé pour continuer à travailler, pour survivre à Auschwitz. L'angoisse du jour de la visite médicale. Une fois par mois environ, on sélectionne les femmes qui peuvent encore travailler et celles qui doivent être envoyées à la chambre à gaz.

C'est le jour où on doit se tenir nue devant un peloton d'hommes et où on court, on court aussi vite qu'on peut, même si on n'a aucune énergie dans les jambes.

Plus tu mets de force dans cette course et plus tu as de chances de rester en vie.

Si tu restes en vie, tu peux espérer retourner un jour au Portico d'Ottavia, sentir de nouveau l'odeur des *mostaccioli* à peine sortis du four et essayer de savoir ce qu'est devenue Giuditta, ta plus jeune sœur, dont la trace s'est perdue à Auschwitz. Elle a toujours été la plus belle de la famille et tu es donc sûre que la mort a reculé devant elle. La mort a honte de ce qu'elle s'apprête à faire, quand elle a devant elle des yeux si lumineux et des lèvres si bien dessinées. Personne n'a pu infliger à Giuditta ce qu'ils t'ont fait à toi, qui n'as plus de cheveux mais des plaies sur la peau, des dents noires et diffuses, et une odeur persistante d'urine. Devant la beauté de Giuditta, n'importe qui perdrait courage, car la profaner serait l'injustice ultime, au-delà de laquelle il n'y a plus rien, et cela te donne la force de continuer à croire qu'il y a une chose devant laquelle tout s'arrête.

Alors tu courras. Tu essaieras de sauver ta vie, de rentrer chez toi et de retrouver Giuditta. Elle et toi. Repartir de là.

Le souvenir d'une sœur, d'une mère, d'un père, d'une tante peut donner aux muscles assez d'énergie pour se tendre un peu plus et aux jambes l'élan qui justifiera la confiance en leurs capacités.

En Pologne, l'hiver est particulièrement rude et il neige à de multiples reprises. Alors, souvent, cette visite pour la survie a lieu dans la neige.

Alors que les jeunes filles courent, complètement nues dans la neige, sur le sol gelé, elles commencent à perdre des liquides. Une rivière d'excréments inonde leurs jambes et, à chaque tour, se solidifie un peu, se fige, se dessèche pour former une seule croûte, jaune et compacte, une croûte qui te colle à la peau pendant des jours et qui dégage une odeur nauséabonde. C'est sans doute pour cette raison que l'on parle parfois de «l'odeur du froid» : car le froid, quand il est terrible, est comme la chaleur, il provoque de violentes crises de dysenterie.

Lorsque le procureur m'a appelé à la barre, j'avais bien clair à l'esprit ce qui m'avait frappé dans les échanges entre les adeptes de Stormfront : le fait qu'ils aient traité Settimia Spizzichino, une rescapée d'Auschwitz, d'«holomiraculée». C'est un terme qu'ils employaient sans cesse sur leur plateforme, à la période où ils m'attaquaient. Ce néologisme m'avait dégoûté, et l'entendre de nouveau prononcé dans la salle du tribunal m'a rappelé ce qui m'avait poussé à porter plainte. C'était ce mot : «holomiraculé.»

Les journalistes présents notent le sens que les adeptes de Stormfront ont donné à ce néologisme. Par le terme «holomiraculé», ils désignent toutes les personnes qui, de leur point de vue, tirent un énorme avantage d'avoir survécu à l'Holocauste. Et si j'emploie le terme Holocauste et non Shoah, c'est parce que c'est le seul qu'ils utilisent et qu'ils en ont tiré cet adjectif.

Voilà donc ce qu'ils tenaient à tout prix à nous faire savoir : non pas qu'ils détestent les Juifs en tant que tels, mais que pour eux, Mme Spizzichino s'est enrichie grâce à l'Holocauste. Pendant qu'elle pleurnichait en tournée dans les écoles italiennes, elle gagnait de l'argent avec son livre de mémoires !

Je m'étonne moi-même. Au lieu de m'indigner du fond du cœur, je me mets à faire des calculs dans ma tête, comme si je remplissais ma déclaration de revenus. Ces calculs me persuadent que mes collègues ont raison, que j'ai affaire à des ignorants qui n'ont aucune idée de la façon dont le monde fonctionne. Ils n'ont probablement jamais tenu un livre entre leurs mains, sinon ils sauraient que la petite maison d'édition qui a publié celui de Mme Spizzichino n'a pas dû imprimer plus de cinq cents exemplaires de ses mémoires, car en dehors du circuit scolaire ce type de livre n'a pas de marché.

Cinq cents exemplaires vendus ont dû rapporter à Mme Spizzichino quelques milliers d'anciennes lires, soit deux à trois cents euros, ce qui signifie qu'écrire un livre de mémoires n'était vraiment pas une bonne affaire pour elle.

Les «conférences dans les écoles» qui, aux yeux des types de Stormfront, sont un signe de gloire et de succès, ne sont pas rémunérées, il s'agit d'interventions gratuites sur des sujets proposés par les auteurs et non de formations pour lesquelles les écoles sont autorisées à dépenser une partie de leur budget.

Ce que ces jeunes ne peuvent manifestement pas accepter, c'est qu'on puisse écrire des livres simplement parce qu'il est juste et important de le faire. Ce qu'ils ne jugent pas possible, c'est que tu écrives parce que tu crois en une idée. Pourtant, c'est paradoxal, car si nous sommes au tribunal ce matin, c'est parce qu'eux aussi croient en une idée. Aussi aberrantes soient leurs idées à eux, ComplottoGiudaico et Dagren ont passé des après-midi entiers à dresser des listes sans gagner un centime. À l'évidence, ComplottoGiudaico, Dagren et les autres membres de Stormfront sont convaincus que la seule sincérité possible doit promouvoir la haine, sinon on est forcément un hypocrite intéressé.

Nous nous mesurons chaque jour au bien et au mal. Comment se fait-il que nous soyons capables de reconnaître le mal authentique alors que nous nous méfions toujours du bien ? Pourquoi, face à une pratique qui fait le bien, croit-on toujours qu'on nous trompe ? C'est manifestement une peur ancestrale, qui nous empêche d'accepter qu'il existe un bien réellement désintéressé et libre : où est le piège ? Que gagnent-ils ?

Mais il y a autre chose et cela nous concerne, oui, nous, ici et maintenant. Toi qui lis et moi qui écris. Le consumérisme est devenu un consumérisme existentiel qui a pollué nos relations ; nous sommes des consommateurs et, en même temps, des objets de consommation. L'échange économique devient alors le seul moyen d'entrer en relation avec l'autre. Par conséquent, dès que tu me proposes quelque chose de gratuit, je n'y crois pas. De plus, l'homme mesure l'autre à son aune personnelle : nous attendons de l'autre qu'il nous arnaque comme nous l'arnaquerions nous aussi. De ce point de vue, imaginer un bien qui soit gratuit est déconcertant, car s'il est vrai qu'il est possible d'aimer de cette manière, cela signifie qu'on peut changer, mais le changement a un prix et tout le monde n'est pas prêt à le payer.

On m'a dit qu'au combat, pour tenir, il faut que la bataille devienne le visage d'une personne, ses yeux, ses mains, le ton de sa voix. On m'a dit que les principes seuls ne suffisent pas, qu'au bout d'un moment le cerveau les trouve trop abstraits. Les principes agissent comme une mèche, mais à la longue tout tend à s'estomper puis à se confondre : ton point de vue avec celui des autres, tes raisons avec celles des autres, le sens profond de ta lutte, son importance et ta capacité à la mener.

Maintenant je sais pourquoi je reste dans la salle d'audience et pourquoi j'irai jusqu'au bout : parce que j'ai donné à mon combat les yeux et le timbre grave de la voix de Settimia Spizzichino.

CRIE QUE LES LISTES SONT DES STIGMATES
ET QUE TU NE VEUX STIGMATISER PERSONNE.
CRIE QUE C'EST FAUX : LE MAL N'EST PAS
TOUJOURS AUTHENTIQUE,
TANDIS QUE LE BIEN NE LE SERAIT JAMAIS.
CRIE QU'IL EXISTE UN BIEN LIBRE
ET DÉSINTÉRESSÉ ET QUE TU ES PRÊT
À PAYER N'IMPORTE QUEL PRIX
POUR LE DÉFENDRE.

ENTENDS-TU LE CRI MUET QUE POUSSENT LES OBJETS DE NOTRE QUOTIDIEN ?

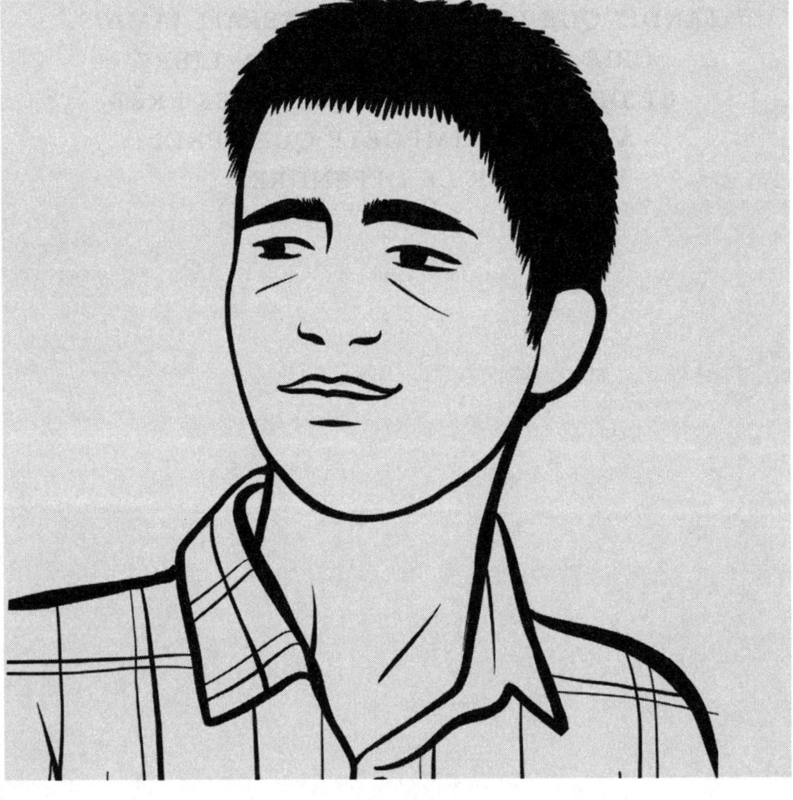

Xu Lizhi

25

UNE VIS TOMBE PAR TERRE

> Le poète a un pied dans la boue, un œil sur les étoiles et un poignard dans la main.
>
> PETER BROOK[1]

Il fut un temps où Xu avait une vie, composée à 23 % d'effort, à 12 % de soins du corps, à 34 % de jeux et de télévision et à 31 % d'affection. Les 23 % d'effort, il les devait à l'école. S'il avait une mauvaise note, ses parents ne lui parlaient plus pendant des jours. Vivre dans une maison où on fait comme si tu n'existais pas te donne l'impression d'avoir été rayé de la carte du monde. Il ne pouvait donc pas se libérer de cet effort, même si, à l'école comme dans les transports, il souffrait de la promiscuité. C'était une bonne chose d'être né à la campagne, se disait-il, car il y avait beaucoup d'espace.

Les 12 % de soins du corps, il le faisait pour ses parents. Mais la sensation de porter du coton fraîchement lavé et de passer une main dans ses cheveux propres ne lui déplaisait pas.

Les 34 % de jeux et de télévision, c'était son royaume, sa vraie vie, son terrain d'exploration. Même si ses parents lui répétaient que le jeu n'était qu'une perte de temps, un privilège réservé à

1. Extrait de la préface à *Shakespeare, notre contemporain* de Jan Kott, Éditions Payot, 2016.

ceux qui n'ont pas à travailler pour vivre. Pour eux, il l'avait toujours nettement perçu, la vie n'était qu'efforts et larmes.

Les 31 % d'affection ne venaient pas de ses parents. Ils n'étaient pas capables de lui en donner, non parce qu'ils ne l'aimaient pas, mais parce que ce type de compétence n'avait jamais été activé en eux. En lui non plus, d'ailleurs, et tout le monde lui reprochait d'avoir été un garçon timide et d'être devenu un jeune homme solitaire :

Tout le monde dit
que je suis un enfant aux mots comptés
Je ne le nie pas

Mais en fait
Que je parle ou non
Avec cette société je suis en conflit

Comme le seul en mesure de lui donner de l'affection dans la famille était son grand-père paternel, Xu était convaincu que cette capacité était directement proportionnelle à l'âge et qu'il n'avait qu'à attendre qu'elle lui vienne en vieillissant.

Enfant, il ne savait pas exactement quel âge avait son grand-père. Il devinait qu'il avait été un jeune homme pendant la Seconde Guerre mondiale, la «guerre de résistance contre l'agression japonaise», comme il l'appelait. Une guerre qui avait coûté la vie à son grand-père maternel, dont tout le monde disait que Xu lui ressemblait.

Les anciens du village disent tous
Que je ressemble trait pour trait à mon grand-père jeune
Je n'arrivais pas à les croire
Mais à force de les écouter
Ils m'ont convaincu.
Mon grand-père et moi avons les mêmes expressions du visage
Même caractère, même passe-temps
Comme si nous étions sortis du même ventre

Mon grand-père était surnommé « Tige de bambou »
Et moi « Portemanteau »
Mon grand-père ravalait souvent ses sentiments
Je suis souvent obséquieux
Mon grand-père aimait les devinettes
J'aime les prémonitions
1943, à l'automne 1943, les démons japonais sont entrés et
Mon grand-père a été brûlé vif
23 ans, à l'âge de 23 ans.
J'aurai 23 ans cette année.

Xu et son grand-père étaient de grands connaisseurs des plantes. Ils passaient des après-midi entiers à classer les nombreuses herbes et baies qui poussaient spontanément. Xu avait le flair et la ténacité d'un cueilleur, lui disait-on dans la famille. Mais si son flair lui avait appris à distinguer toutes sortes de bonnes herbes, c'est parce qu'il pouvait sentir la profonde satisfaction de son grand-père chaque fois qu'il en découvrait une. Et rien ne lui donnait plus de joie. Son grand-père était un homme doux, qui croulait sous le poids des années et ne trouvait aucun plaisir dans les autres aspects de sa vie. Il avait de l'arthrite dans les mains, ce qui le rendait désormais inapte au travail des champs. Aussi loin que Xu s'en souvienne, son grand-père était un homme inutile. Ce n'est pas ce que Xu pensait, bien sûr, mais c'est ce que ses parents laissaient entendre, par de tout petits gestes ou d'imperceptibles modulations de ton qu'il avait appris à décrypter avec le temps, aussi durablement impressionné qu'on l'est par les coups infligés aux plus faibles, qui n'ont pas la force de les supporter.

En dehors des moments qu'il passait avec lui, son grand-père semblait donc mener une vie morne. Xu n'arrivait pas à imaginer comment il avait été avant sa naissance. Il l'avait toujours vu s'endormir sur une paillasse à côté de la sienne et, dans son esprit, cette paillasse avait dû être son berceau.

Il est mort quand Xu avait dix-sept ans et qu'ils n'étaient plus aussi proches. Avec le temps, Xu était devenu anxieux, il n'arrivait plus à entretenir la flamme de la satisfaction. Il s'était mis à lire beaucoup et, pour cela, s'isolait dans un coin de la maison, s'absentant pendant des heures. Son grand-père faisait semblant de ne pas le remarquer, mais Xu était certain que ce détachement progressif l'avait tué.

En grandissant, sans qu'il puisse s'expliquer pourquoi, les pôles magnétiques entre lesquels il avait circulé dans son enfance avaient commencé à changer. À présent, il n'était plus attiré par son grand-père, mais par ses parents.

Ils avaient transmis leurs inquiétudes à Xu d'une manière aussi profonde qu'inattendue. Après des années d'incubation, leur pessimisme – qui n'était peut-être que du pragmatisme – commençait à se manifester chez lui, à s'emparer de lui. Comme eux, il avait maintenant le sentiment que la vie n'était qu'efforts et larmes. C'est ce que le monde qui l'entourait lui disait, pas seulement ses parents mais aussi l'école et le gouvernement. Ainsi, quand il comprit qu'il n'y avait pas d'échappatoire, il décida de payer sa dette et de purger sa peine le plus tôt possible. Il voulait une rupture nette, espérant découvrir qu'au fond entrer dans l'âge adulte n'était pas si douloureux.

Avec le temps, le vert des champs à l'aube et le bleu des montagnes au coucher du soleil ne suffisaient plus à le consoler comme lorsqu'il était enfant, puisqu'il savait maintenant que tout avait une fin. Et si cela devait se terminer, autant que cela soit le plus tôt possible.

Après le lycée, bien décidé à gagner Shenzhen, il prit comme la plupart de ses camarades de Jieyang un bus qui le conduisit dans la capitale du Guangdong.

Dans la province où il est né, Shenzhen était la ville-vedette. Huawei y avait vu le jour et Foxconn, le colosse taïwanais, premier fabricant mondial de composants électroniques, s'était développé dans ses interstices. Tout le monde connaissait le logo bleu de ses enseignes publicitaires.

Pour un garçon de province, habitué à vivre loin des lumières pulsantes de la métropole, cette enseigne bleutée qui clignotait était un rêve. Foxconn était synonyme de modernité, de confort, de luxe, d'avenir. Tous les habitants de la planète – qu'ils en aient conscience ou non – pouvaient se connecter grâce à Foxconn. Un iPhone, un iPad, un iPod, un Mac, une Xbox, une PlayStation, une Wii U et un Kindle fonctionnent parce qu'une personne installée à l'une de ses tables anonymes assemble de minuscules composants. Toutes les merveilles du monde technologique se mettaient en mouvement grâce à un processeur, un écran, une LED, un microcircuit, une caméra ou un casque sortis des ateliers de Foxconn City.

Pour donner envie aux jeunes gens du Guangdong d'abandonner les campagnes misérables où ils avaient grandi et d'émigrer à Shenzhen, on diffusait des slogans tels que : « Tu ne peux pas choisir ta naissance, mais ici tu trouveras ton destin. Ici, tu n'as qu'à rêver et tu voleras ! »

Ce que Foxconn ne disait pas dans ses publicités, c'est que Shenzhen était une ZES.

« Qu'est-ce que c'est, une ZES ? » a demandé un jour Xu à son grand-père.

Une ZES est une « zone économique spéciale ». Ce qui voulait dire qu'à Shenzhen on menait depuis la fin des années 1970 la plus grande expérience au monde sur des êtres humains, lui a expliqué son grand-père en des termes compréhensibles pour un adolescent.

Ce sont les termes qu'il a employés : « Une expérience sur des êtres humains. » En se servant d'une ville entière comme d'un gigantesque laboratoire à ciel ouvert.

Et aussitôt après avoir dit cela, il a fait promettre à Xu qu'il ne quitterait jamais la campagne pour aller y travailler.

À l'époque, le gouvernement chinois voulait tourner le dos au système économique communiste. Non pas renier complètement cette expérience, non, il fallait même consolider l'implacable structure de l'État, son réseau omniprésent de surveillance et de contraintes : on devait continuer à sélectionner les livres que les gens pouvaient lire, les idées qu'ils pouvaient avoir et les sites Web qu'ils pouvaient consulter. Ce à quoi il fallait mettre fin, en revanche, c'était le système économique, que le gouvernement avait décidé de jeter telle une paire de chaussures encore bonnes mais à l'allure démodée, vestiges d'une époque révolue dont on a honte aujourd'hui : continuer à les porter passerait au mieux pour un caprice, au pire pour une faute de goût.

L'idée était donc de conserver une partie importante du système communiste, en l'hybridant avec une autre – tout aussi importante – du système capitaliste. C'était le contraire de l'opération tentée un siècle plus tôt lors de la révolte des Boxers. À l'époque, on avait voulu chasser les étrangers qui faisaient des affaires en or sous le ciel sacré de la Chine ; maintenant, il fallait attirer les étrangers et les inciter à faire des affaires sous le ciel sacré de la Chine.

C'est à cela que servaient les ZES : de brillants miroirs aux alouettes qui devaient permettre au capitalisme mondial de faire des achats avantageux, quasiment à prix coûtants, et provoquer un afflux d'investissements.

Pour atteindre cet objectif, des millions de travailleurs devaient quitter les campagnes et s'installer dans les villes. C'était le grand bond en avant de l'économie chinoise.

Mais il ne fallait pas les réquisitionner de force, comme on l'aurait fait à l'époque de Mao. Là aussi, il s'agissait d'hybrider le système et d'apprendre des pays capitalistes : on devait éclairer les rues tels des sapins de Noël et couvrir les bâtiments de publicités faisant miroiter bonheur et réussite. Il suffisait d'imiter une lanterne dans la nuit, et les phalènes se précipiteraient.

Dès que le gouvernement chinois a informé le monde qu'il recevrait bientôt un afflux considérable de main-d'œuvre, les investisseurs étrangers sont arrivés pour participer à cette expérience de capitalisme « défragmenté ». Comme en informatique, il fallait rassembler en un seul lieu, la ZES, les éléments éparpillés sur les cinq continents – correspondant aux différentes étapes de production des composants – dans un ordre bien précis, un processus d'optimisation auquel tout le monde contribuerait à sa manière.

Les multinationales ont joué des coudes pour en faire partie, certaines que l'idée fonctionnerait et déterminées à recevoir une part du gâteau.

Comme cela s'était produit en Europe pendant la deuxième révolution industrielle, les paysans ont été attirés et, à partir des années 1980, un véritable exode rural a transformé la petite Shenzhen en mégalopole de plusieurs millions d'habitants.

Avant que Xu et les jeunes gens de son âge n'arrivent à Shenzhen, ils étaient tout à fait conscients qu'ils risquaient de devenir les cobayes de cette grande expérience, car des rumeurs filtraient à l'extérieur de Foxconn, le fabricant de composants électroniques qui allait les accueillir.

Ils savaient, par exemple, que travailler dans ses entrepôts n'était pas aussi merveilleux que la multinationale l'affirmait. Ils savaient que le rythme était intense et le salaire modeste, mais ils pensaient qu'il suffirait de tenir le choc au cours des premiers mois et d'économiser les premiers salaires. Puis, avec le temps, une fois qu'ils auraient pris le pli, tout serait plus simple. Oui, a pensé Xu, il faut s'habituer, serrer les dents et faire preuve de détermination. Les rumeurs concernant les rythmes insupportables et la cruauté des contremaîtres avaient sans doute été répandues par ceux qui n'avaient pas réussi, parce qu'ils n'étaient pas assez solides ou assez tenaces. Mais lui, Xu, s'en sortirait. Il avait une forte volonté, ne s'abandonnait jamais à l'oisiveté et pouvait compter sur la ténacité que son grand-père avait louée dès son enfance.

Même s'il avait ruminé ces pensées durant tout le voyage, quand le bus les a recrachés devant les portes de Foxconn City, ses compagnons et lui, Xu a eu le sentiment que cette forteresse industrielle qui avait poussé telle une excroissance cancéreuse à la périphérie de Shenzhen ne lui offrirait pas un avenir de bonheur et d'épanouissement.

Des surveillants à l'air hostile les ont alignés le long du mur d'enceinte et ont commencé à les examiner lentement. Leur attitude était celle de quelqu'un qui soupçonne un vice caché, un dos trop courbé, des yeux qui ne voient pas bien, une tête qui ne fonctionne pas. Pourtant, ils étaient visiblement tous en bonne santé et aucun d'eux n'avait plus de vingt-cinq ans.

Avec le même agacement palpable, ces hommes leur ont remis

un badge qu'ils devaient utiliser aux points de contrôle à chaque entrée et sortie de la forteresse. On leur a également ordonné de ne pas parler de « forteresse » ni de « dortoir », mais de « campus » : c'était le terme approprié.

Oui, on leur a dit qu'ils étaient sur le point d'intégrer le « campus » de Foxconn, où les opportunités ne manqueraient pas pour des jeunes motivés de poursuivre leurs études et d'élargir leur horizon. Le complexe comprenait une bibliothèque, un centre de formation, un gymnase et une grande salle informatique avec accès Internet. Pareille insistance sur le nom de leur nouvel espace de vie les a surpris, mais ils ont vite compris qu'elle était due à l'image que voulait donner l'entreprise. Le mot « campus » devait faire naître une association d'idées avec les universités américaines ou les résidences super exclusives des employés de la Silicon Valley.

Aussi le contraste était-il saisissant entre les scénarios de vie aussi rassurants qu'agréables qu'on essayait de leur suggérer et le ton sur lequel tout cela leur était exposé – comme s'ils avaient commis un crime et allaient purger leur peine dans ce lieu.

Ce ton n'est devenu plus amical que pour les dissuader de quitter le campus. On leur recommandait de sortir le moins souvent possible et toujours pour des raisons exceptionnelles, s'ils ne trouvaient pas ici ce dont ils avaient besoin. Mais tout le nécessaire était fourni dans ces trois kilomètres carrés gardés et protégés où ils s'apprêtaient à entrer, les a-t-on rassurés. On les a également découragés de chercher un logement hors de la forteresse, car un lit à Foxconn City ne représentait qu'un vingtième de leur salaire – leur a-t-on dit –, alors que pour un studio en ville ils devraient débourser au moins le tiers. En restant sur place, ils partageraient leur chambre avec d'autres employés, mais ils auraient plus d'argent à dépenser pour eux et à envoyer à leur famille. On les a prévenus que beaucoup de jeunes gens venus de la campagne se laissaient gagner par l'euphorie de la grande ville et « se mettaient en tête » – c'est l'expression qu'ils utilisaient – de chercher un logement à l'extérieur. De cette manière, ils dilapidaient leur salaire et arrivaient à la fin du mois sans rien avoir économisé. En d'autres termes, payer un loyer signifiait s'asseoir sur le privilège que Foxconn leur accordait : voler de leurs propres ailes et aider ceux qui avaient travaillé dur pour les élever.

Ces recommandations et ces conseils permettaient, en partie au moins, de gagner la confiance des jeunes gens : eux-mêmes considéraient ce salaire comme un avantage rare et précieux qu'ils ne devaient pas gaspiller.

En franchissant les portes de Foxconn City, leur état d'esprit était celui de quelqu'un qui est bien décidé à faire le meilleur usage possible de sa vie, et les discours des contremaîtres sur la place respectable qu'ils devaient obtenir dans le monde atténuaient la mauvaise impression laissée par le premier contact.

Dans l'enceinte de Foxconn City, on trouvait quinze usines, des dortoirs pour les travailleurs, un centre commercial, une caserne de pompiers, un hôpital et, comme le personnel de sécurité l'avait annoncé, une bibliothèque, un réseau de télévision interne, la rédaction d'un journal, des salles de cours et une piscine. Cette dernière donnait à la forteresse l'apparence d'un sympathique quartier résidentiel, justifiant le nom de « campus » auquel Foxconn tenait tant.

Pourtant, au bout de quelques jours, Xu a repéré des indices du quotidien qui les attendait derrière cette apparence de normalité. Les visages des personnes qu'il croisait dans les rues étaient fermés, livides, parfois complètement inexpressifs et dénués de toute émotion. Une étrange lassitude semblait avoir dévoré de l'intérieur tous les travailleurs.

À l'extérieur des tours et des fenêtres des dortoirs, on avait installé des garde-corps et des filets antisuicide dont personne ne leur avait parlé à leur arrivée. Xu savait que plusieurs travailleurs vivant à Foxconn City s'étaient suicidés au cours de la dernière décennie, en sautant par les fenêtres, mais il préférait croire que cela n'avait rien à voir avec Foxconn City, que c'était dû à des causes extérieures et personnelles.

Mais ce qui l'a le plus surpris durant le premier mois, c'est de constater que – au mépris des discours sur le caractère sacré de l'épargne qu'on leur avait tenus le premier jour – Foxconn prenait sur leurs salaires deux fois ce que coûtaient l'eau et l'électricité à l'extérieur, et que pour conserver un lit dans le dortoir ils devaient accepter les prix pratiqués par Foxconn sur toutes les fournitures. Xu a vite compris que tout fonctionnait de cette manière. Les travailleurs étaient comme des immigrants illégaux. Le système chinois favorisait le maintien de cet état de fait, car les droits de citoyenneté urbaine s'acquièrent à la naissance. Le système du *hukou* prévoyait que les citoyens des autres zones géographiques avaient des droits proportionnels au financement local des zones dont ils étaient originaires. Par conséquent, si on n'avait pas de sang urbain dans les veines, on ne pouvait pas espérer obtenir ou étendre les droits liés au lieu d'origine de sa famille en changeant de résidence ou de domicile : un migrant, même intérieur, était toujours un citoyen de seconde classe.

Comme il travaillait en ville en ne disposant que des droits d'une personne née à la campagne, Xu avait pour condition celle des immigrants illégaux du monde entier : il recevait ses courses des « caporaux » et les payait deux fois le prix normal, car au supermarché de Foxconn City les carottes coûtaient aussi cher que les carottes bio de Californie.

Le principe de base du capitalisme – que Foxconn avait pleinement mis en œuvre – est que chaque âme doit être pressée de plusieurs façons, de sorte qu'à la fin de la journée il ne lui reste que quelques yuans en poche.

La journée de travail durait en moyenne de dix à douze heures, dont une bonne part étaient proposées comme heures supplémentaires, pour ensuite être payées comme des heures normales.

Le travail se déroulait sous l'œil attentif des surveillants. Les pauses étaient presque inexistantes et le rythme de production ultra rapide. Il n'y avait aucun moyen de lever les yeux des petits organes du téléphone et de la PlayStation que chaque travailleur assemblait à son poste de travail. La gestion du travail était confiée à des contremaîtres, qui distribuaient les tâches de façon aussi impersonnelle que possible afin de minimiser les interactions humaines.

Les rapports entre collègues étaient fortement découragés et toute forme de solidarité éveillait les soupçons. Dès qu'on identifiait un comportement bienveillant chez autrui, on s'en moquait. Si une main se tendait pour ramasser le minuscule boulon que quelqu'un avait laissé échapper, les surveillants prenaient soin de punir non seulement l'auteur du geste mais aussi son bénéficiaire, afin de les dissuader de recommencer. Même chose pour ceux qui ne riaient pas quand les surveillants ridiculisaient bruyamment tel ou tel travailleur, ou pour ceux qui tentaient de défendre les autres. Ceux qui se laissaient aller à de telles attitudes montraient qu'ils étaient de nouveaux arrivants ; au bout de trois ou quatre semaines, ils n'avaient plus ce genre de réflexes et s'efforçaient d'éviter les vexations, surtout aux autres. Si, malgré ces conditions extrêmement difficiles, certains créaient des relations, ils faisaient de leur mieux pour les garder secrètes, car cela pouvait leur valoir des mesures punitives de la part des gardiens.

La chose la plus redoutée dans les usines de Foxconn City était les relations amoureuses. Lorsqu'un travailleur se mettait à sortir avec quelqu'un, il ne supportait plus la vie dans les dortoirs, où aucune intimité n'était possible. Il commençait donc à rêver d'un logement en ville et, au bout de quelque temps, le ventre de la fille gonflait. Il avait été démontré que les travailleurs qui avaient des enfants réclamaient des droits avec plus de force, il fallait donc éviter que cela se produise par tous les moyens.

Tout était conçu pour maintenir un rythme de production aussi soutenu que possible. Seuls les surveillants étaient autorisés à le ralentir pour haranguer les ouvriers. Ils ne cessaient de tenir des discours menaçants, pour sensibiliser les travailleurs à la situation générale de l'entreprise, régulièrement décrite comme étant au bord de la faillite, et les contraindre à accepter des heures supplémentaires. Chaque sacrifice, chaque renoncement, chaque allongement arbitraire de la durée de travail était présenté comme inévitable, nul ne pouvait s'y soustraire, sinon tout le monde perdrait son emploi. Cette menace de faillite imminente permettait également de s'assurer que ceux qui voulaient protester et envisageaient une quelconque forme de grève, qui songeaient à révéler au monde extérieur ce qui se passait entre les murs de Foxconn

City, se retrouvent immédiatement isolés des autres, soucieux de sauver l'entreprise et donc leur emploi.

Chaque distraction était réprimandée publiquement d'une manière qui devenait une leçon pour tous. Si une pièce avait été mal travaillée, si on n'avait pas tenu le rythme de production prévu, on n'était pas sermonné à son poste, mais au cours d'un événement collectif organisé en dehors des heures de travail. À cette occasion, le coupable était forcé de reconnaître publiquement son erreur.

La personne accusée devait tenir un discours en public, construit et bien documenté, dans lequel elle passait en revue et analysait ses propres manquements, en insistant sur la gravité des erreurs qui lui étaient reprochées. Chacun préparait son geste d'autocritique avec le plus grand sérieux et, le moment venu, implorait le pardon de la direction et de ses collègues, car il savait que tant qu'il n'aurait pas fourni une performance crédible l'humiliation se poursuivrait.

Pour cette raison, chacun d'entre eux avait appris à rédiger à l'avance un texte, une auto-évaluation structurée, qui servirait à convaincre les bourreaux que la reddition était totale et sincère. Pendant la cérémonie, les autres travailleurs devaient intervenir et réprimander à leur tour le fautif, sinon ils se retrouvaient eux aussi dans la zone d'ombre, faite de blâme et de réprobation, où on choisirait les acteurs de la prochaine représentation.

En plus du contrôle des contremaîtres, on était soumis à celui des surveillants. Sur le papier, il n'y avait pas de rapport de subordination vis-à-vis d'eux, mais la façon dont ils s'adressaient aux travailleurs et les rituels qu'ils leur imposaient étaient conçus pour créer la perception inverse. L'idée était que les ouvriers se sentent soumis à une discipline militaire et que toute erreur apparaisse donc comme la violation d'un code martial.

On faisait en sorte qu'ils se sentent défaillants, fainéants, afin de décourager toute revendication et de renforcer leur conviction que conserver un emploi à Foxconn City était un privilège, dont le prix à payer était une abnégation et une gratitude sans bornes.

En imposant cette discipline, les surveillants ne s'amusaient pas, car ils subissaient la même méthode et avaient droit au même traitement de la part de leurs supérieurs hiérarchiques.

Ceux-ci se moquaient de chacun de leurs mots et ironisaient sur de possibles alliances avec les ouvriers, si bien que les surveillants se sentaient isolés et ridiculisés, ce qui, selon la direction de l'entreprise, suffisait à les rendre dociles et productifs.

Quoi qu'il en soit, à Foxconn City, tout n'était qu'une question de mathématiques. Il y avait 240 000 travailleurs sur le campus : si ces 240 000 personnes joignaient leurs forces, elles paralyseraient le complexe et les hangars seraient déserts. Puis, si la situation devenait incontrôlable, elles risqueraient de détruire les machines et d'endommager la structure. Certes, les autorités interviendraient et les coupables seraient punis, mais on devrait tout reprendre depuis le début, ce qui entraînerait un retard de production qu'on ne pouvait pas se permettre. Et donc, à Foxconn City, la solution la plus rentable était d'empêcher ou de décourager toute tentative de constituer un front uni, d'avoir des enfants ou d'abandonner la forteresse.

À Foxconn City, on prenait le contre-pied des fabricants de composants électroniques présents partout ailleurs dans le monde. Les Californiens rêvaient de donner aux machines la seule chose que la technologie ne peut pas créer : la capacité d'éprouver des émotions. À Shenzhen, on cherchait à éradiquer cette capacité chez les êtres humains, car on la considérait comme un obstacle à l'efficacité du système.

Au fil du temps, sans en avoir reçu l'ordre, les travailleurs de Foxconn City se pliaient aux règles, ils obéissaient à la volonté de leurs surveillants même quand elle n'était pas exprimée, car chacun avait compris la philosophie sous-jacente de l'entreprise.

Ainsi, sans jamais avoir reçu d'invitation à le faire, ils se mettaient également à bannir de leurs propos toute référence à Foxconn ou à Foxconn City, même loin des oreilles indiscrètes et en dehors des heures de travail.

La crainte inexprimée mais palpable des patrons de Foxconn City était que les ouvriers soient conscients de ce qui leur arrivait, autrement dit qu'une fois entre eux ils appellent les choses par leur nom. Il était crucial pour l'entreprise qu'on ne parle d'elle que de manière acceptable, que toute version des faits colportée au-delà des portes de la forteresse reste politiquement correcte.

Si on apprend à un enfant à appeler bise ce qui est en réalité un coup de pied ou une gifle, il dira «papa m'a flanqué une bise» au lieu de «papa m'a flanqué une gifle». C'est une démarche de ce type qui figurait dans les plans de l'entreprise : il fallait retourner le sens des mots. De cette manière, si quelque chose s'ébruitait, personne ne l'interpréterait dans son sens véritable. En inversant le sens de certains mots et en censurant certains autres, on pouvait limiter les dégâts causés par une confidence imprudente ou une malencontreuse fuite d'informations. Et, en fin de compte, c'était une façon comme une autre d'étouffer la dissidence interne dans la forteresse, pour éviter des ennuis inutiles ou, pire, des ralentissements. Car les gens de Foxconn ne craignaient pas les conséquences d'une vraie protestation, formulée clairement par les voies officielles, les travailleurs sachant fort bien que la police et le gouvernement étaient du côté de la multinationale. Et, dans tous les cas, ces travailleurs étaient maintenant piégés, ils n'avaient nulle part où retourner.

Dès le premier maudit salaire qu'ils envoyaient chez eux, leur destin était scellé.

C'est comme s'ils avaient promis à leur famille de l'aider pour toujours. Leur âme avait été corrompue par les réponses qu'ils avaient reçues : «Merci pour l'argent que tu nous as envoyé, il nous a permis de refaire le toit», «Merci pour les sous, nous avons pu faire soigner ton père», «Merci pour le virement, nous avons soldé nos dettes», «Avec ton aide, nous avons pu donner un coup de main à ta tante.» Revenir en arrière signifiait non seulement que tout soutien s'arrêterait d'un coup, mais surtout que les parents devraient de nouveau partager un petit bol de riz entre de trop nombreuses bouches et avoir honte devant les voisins. «Pourquoi est-il revenu ?» se demanderait-on.

D'ailleurs, que pensaient-ils raconter à leur retour au sujet de Foxconn City ? La police locale les garderait à l'œil, car personne ne devait dire du mal de Foxconn, dont l'image de marque à l'étranger était très importante. Foxconn assemblait des iPhone, des iPad, des iPod et des PlayStation, et on ne pouvait pas permettre que ces objets de design soient associés à des usines punitives où des jeunes gens âgés de dix-sept à vingt-cinq ans étaient pressés comme des citrons. Dans les publicités de voitures, on donne envie d'acheter un nouveau véhicule en montrant des images de liberté, de vie, d'espoir, d'avenir, non de douleur, d'exploitation et de mort. Personne ne pouvait espérer vendre ces produits avec des slogans tels que « Ton iPad a coûté douze heures supplémentaires non rémunérées à Xu » ou « Ton smartphone a fait perdre à Li le droit d'avoir des amis, à Qiang celui de se marier, à Xia celui d'avoir un enfant, à Yumei celui de dormir dans un lit normal. »

Il était impératif qu'il n'y ait pas la moindre fuite.

Un jour, un journaliste s'est garé le long du mur d'enceinte de Foxconn City. C'était un journaliste chinois qui connaissait bien la politique de l'entreprise, qui savait qu'elle dissimulait les véritables conditions de travail et de vie des travailleurs ainsi que les rapports de connivence qu'elle entretenait avec le gouvernement. C'est pourquoi il n'est pas sorti de son véhicule, derrière la vitre il a simplement filmé et pris des photos avec son téléphone portable. Les surveillants sont sortis, souriant et faisant semblant d'être simplement curieux, puis ils lui ont demandé de baisser sa vitre. Dès qu'il a commencé à le faire, ils l'ont attrapé par le revers de la veste, ont ouvert la portière et l'ont forcé à descendre de voiture. Ils ne lui ont rendu son téléphone portable, désormais inutile, qu'après l'avoir roué de coups.

Avec le temps, Xu s'est rendu compte qu'il était destiné à être dissous par les sucs gastriques du pachyderme qui l'avait avalé avec son consentement.

Il en était convaincu : Foxconn City n'était pas l'empire du mal, simplement le fruit d'un croisement entre le capitalisme et le communisme. Le communisme te prive de liberté, mais il ne t'exploite pas pour faire du profit. Le capitalisme, lui, fait le contraire. Et Foxconn faisait les deux : l'entreprise te prenait ta liberté tout en t'exploitant au maximum.

Xu a compris que ç'avait été une erreur de vouloir purger sa peine à tout prix : mieux vaut le faire le plus tard possible, quand les parois du cœur sont assez solides et peuvent résister au choc.

Il avait cru que plus tôt il entrerait dans ce monde d'efforts et de larmes, plus tôt il développerait des anticorps pour y résister. Mais il n'y a pas d'anticorps contre une chose comme Foxconn City. Il avait espéré trouver des raccourcis, inventer des stratagèmes, il avait imaginé débusquer, grâce à son flair d'enfant, des herbes comestibles qui l'avaient maintenu en vie ; il s'était cru capable de digérer tout ce que Foxconn City représentait. Mais il avait eu tort.

La digestion était précisément l'opération qui lui posait le plus de problèmes. Lorsqu'ils rentraient après le travail, ses colocataires célébraient leur liberté retrouvée en fumant des cigarettes ou en buvant de la bière dans les parties communes du dortoir. Leur liberté se réduisait à ça et guère plus, car les surveillants contrôlaient leur vie même après la fermeture des usines. Xu était l'un des rares qui ne pouvait rien avaler. Il savait qu'il devait d'abord expulser les liquides putrides accumulés pendant la journée. Il se sentait incapable d'avaler ne serait-ce qu'un petit morceau de poulet s'il ne se débarrassait pas d'abord de ces poisons. S'il avait commencé à manger avant de s'être purifié, il aurait eu l'impression de dévorer sa propre chair en même temps que son dîner.

La bassine dans laquelle il vidait chaque soir ses déchets était la page. Sur la page, il vomissait les sangsues qui s'étaient glissées dans son estomac durant la journée et dont il sentait qu'elles avaient commencé à ronger ses organes internes :

J'ai avalé une lune de fer
Qu'ils appellent une vis
J'ai avalé ces rejets industriels, ces papiers à remplir pour le chômage
Les jeunes courbés sur les machines meurent prématurément

J'ai avalé la précipitation et la dèche
Avalé les passages piétons aériens,
Avalé la vie couverte de rouille
Je ne peux plus avaler
Tout ce que j'ai avalé s'est mis à jaillir de ma gorge comme un torrent
Et déferle sur la terre de mes ancêtres
En un poème infâme

Ce n'est qu'en voyant les parasites se tordre sur la page, désormais orphelins de sa chair, qu'il pouvait refermer le cahier. Et commencer à manger.

Un jour, son estomac a déversé ceci dans le cahier :

Les cris d'oiseaux de la machine qui s'assoupit
Le fer malade enfermé à double tour dans l'atelier
Les salaires planqués derrière les rideaux
Comme l'amour que les jeunes ouvriers enfouissent au plus profond de leurs cœurs
Pas le temps d'ouvrir la bouche, les sentiments sont pulvérisés.
Ils ont des estomacs cuirassés d'acier
Remplis d'acides épais, sulfurique ou nitrique
L'industrie s'empare de leurs larmes avant qu'elles ne coulent
Les heures défilent, les têtes se perdent dans le brouillard,
La production pèse sur leur âge, la souffrance fait des heures supplémentaires jour et nuit
L'esprit encore vivant se cache
Les machines-outils arrachent la peau
Et pendant qu'on y est, un plaquage sur une couche d'alliage d'aluminium.
Certains supportent, la maladie emporte les autres
Je somnole au milieu d'eux, je monte la garde sur
Le dernier cimetière de notre jeunesse.

À Foxconn City, il y avait une salle informatique. Personne n'y allait jamais, car naviguer sur ces ordinateurs était un moyen idéal de leur livrer l'autre moitié de son âme, celle qu'ils n'avaient pas encore réussi à vous arracher. On avait beau effacer l'historique de navigation, tout était enregistré avant qu'on ne se soit déconnecté.

Pourtant, un soir, Xu a décidé de ne pas rentrer directement au dortoir après le travail. Il voulait comprendre. Le dernier acte de sa vie devait servir à comprendre quel était le contrepoids à toute cette douleur. Il voulait voir de quelle grande mosaïque plus large il était la pièce la plus triste et malchanceuse. Si ses compagnons et lui étaient cloués nuit et jour à cette douleur, qu'y avait-il à l'autre bout de la chaîne, qui étaient ceux qui utilisaient les PC, iPhone, tablettes et PlayStation qu'ils assemblaient ?

Tout ce qu'il savait d'eux, c'est ce qu'en disaient les statistiques : les jeunes Chinois représentaient 30 % de la main-d'œuvre mondiale, mais dans le domaine de l'électronique ce pourcentage grimpait à environ 69 %. Il savait que tous les géants occidentaux de ce secteur avaient besoin de pièces fabriquées à Foxconn City pour les machines vendues sur le marché international. Il savait aussi – mais il ne l'avait lu nulle part et le tenait du bouche-à-oreille – que des enseignants et des étudiants occidentaux avaient boycotté de nombreuses marques achetant des pièces à Foxconn, exigeant des conditions de travail humaines et des salaires décents pour des jeunes gens comme lui. Il savait enfin qu'au cours de la dernière décennie le nombre de suicides dans les usines Foxconn avait augmenté de 300 %, et que ceux qui se suicidaient avaient une étrange caractéristique commune : après avoir rejoint Foxconn City, ils avaient commencé à écrire de la poésie.

Mais les chiffres et les analyses ne l'intéressaient plus. À présent, il voulait toucher quelqu'un à l'autre bout de la chaîne. Il n'aurait rien à lui dire, il voulait simplement tendre la main et en sentir une de l'autre côté. Comme ça, pour unir dans un geste idéal ces deux parties du monde qui vivent déconnectées, dos à dos. C'était un geste inutile, il le savait, mais les poèmes que d'autres travailleurs et lui écrivaient le soir étaient également inutiles. Qui les lirait ? Quelle utilité pouvaient-ils bien avoir ?

Des années plus tôt, il avait vu des images, ou peut-être n'avait-il rien vu du tout, peut-être que cela non plus n'avait jamais existé et venait du bouche-à-oreille, peut-être n'était-ce qu'une légende urbaine. Mais, depuis quelques mois, il ne cessait d'y penser. Une ouvrière qui travaillait dans une usine textile de Shanghai avait glissé un mot dans la poche d'un jean. Elle l'avait rédigé en anglais, l'adressant à la personne qui – à l'autre bout du monde – achèterait le jean qu'elle venait de coudre. Et donc, ce soir-là, le jean contenant le mot avait quitté l'usine de Shanghai avec des milliers d'autres. Empilés, séparés par du papier de soie et de la cellophane pour éviter tout problème, ils avaient été chargés dans des conteneurs et déchargés hors des bateaux, puis livrés par des camionnettes et, au terme de ce voyage, exposés dans des boutiques de Londres, Paris, Johannesburg, Dakar et New York. Ils avaient été vendus environ quatre-vingts euros, dont seuls trente-huit centimes lui avaient été versés pour coudre de l'entrejambe à la cheville. Le jour où il a été acheté, une femme a fouillé dans la poche du jean, elle a trouvé le mot écrit à Shanghai à côté du petit sachet de gel de silice. Le mot disait ceci : « C'est moi, Jia Li, qui ai cousu ton jean. Il m'a coûté beaucoup de souffrances ! »

Xu voulait être comme Jia Li. Il voulait dire à un jeune vivant à l'autre bout du monde que la manette de sa PlayStation lui avait coûté beaucoup de souffrances. « C'est moi qui, aujourd'hui encore, n'ai embrassé personne, n'ai serré personne dans mes bras, n'ai pas lu, pas joué, pas couru ni marché, pas dormi ni mangé, c'est moi qui ai assemblé ton smartphone », voulait-il lui dire.

Pour éviter d'être trop vite découvert, il a commencé ses recherches sous la protection d'un VPN. Il a créé un compte, est entré dans une salle de *chat* et a patienté. Au bout d'un moment, avec un petit hoquet informatique, un message d'un autre utilisateur est apparu… Son pseudo était Bananaboss, il lui écrivait et Xu lui a répondu.

Tu vis où, Bananaboss ? Oh, je n'ai jamais été à Madrid. Quel âge as-tu, Bananaboss ?… Ah, alors tu es bien plus jeune que moi, qui ai déjà vingt-trois ans… Qu'est-ce que tu aimes, Bananaboss ?

Pourquoi tu n'aimes pas tes parents ? Je ne sais pas si j'aime les miens, je n'y ai jamais réfléchi, les parents sont sacrés... Pourquoi tu aimes jouer à la Play, Bananaboss ? Quel est le dernier jeu auquel tu as joué ? *The Last of Us*... Non, je ne connais pas ce jeu. Dommage qu'on ne puisse pas y jouer ensemble... Raconte-moi comment est le jeu. Non, je ne sais pas où se trouve Salt Lake City. Ah, aux États-Unis... Que se passe-t-il dans ce jeu à Salt Lake City ? Un hôpital, bien sûr, chez moi aussi il y a des hôpitaux... Tu dois te faire soigner dans cet hôpital, Bananaboss ? Oh, je comprends, tu dois y conduire ta fille. D'accord, seulement dans le jeu. Elle s'appelle Ellie. Elle est comme une fille pour toi. Elle a été contaminée par quoi ? Ah non, c'est la seule qui ne l'a pas été. Par un champignon ? Bien sûr, quand j'étais petit, mon grand-père et moi avions l'habitude de ramasser des champignons... Ah, ce champignon rend les humains agressifs... Comme des zombies... C'est quoi, les zombies ? Oh. Et Ellie est la seule à être immunisée contre le champignon ? Ils doivent extraire quelque chose de son cerveau pour créer le vaccin... Je vois... Ils vont lui faire mal... Il existe vraiment, ce champignon ? Non, je ne sais pas ce qu'est le *Guardian*... Je ne pense pas pouvoir rester connecté assez longtemps... Oui, je vais chercher l'article dans le *Guardian*... Oui, maintenant je peux voir l'image, il suffit de taper le mot dans le moteur de recherche... *Ophiocordyceps*, c'est ça, je vois les photos, je vois la tête de la fourmi avec le champignon qui sort, le parasite qui a pris le contrôle de sa vie... C'est un champignon qui s'empare de certaines fourmis, il s'implante dans leur tête... et détruit leurs tissus nerveux... Elles se mettent à bouger de manière désordonnée... Elles n'ont plus le contrôle de leur propre vie. C'est ce qui m'intéresse. Je comprends ce sentiment, c'est comme s'il n'y avait plus rien à l'intérieur... Elles deviennent comme des automates, comme des robots, je sais bien... Je comprends ce que c'est que de bouger les bras sans être dans ce geste, pas de volonté... Je comprends ce que tu dis... Salut, Bananaboss... Maintenant je dois vraiment y aller. Bien sûr. Dans une semaine. Bonne chance, Bananaboss.

Dans les jours qui ont suivi, Xu a eu de plus en plus de mal à se concentrer. Il avait la sensation que le champignon de Bananaboss poussait dans sa tête, qu'il avait pris le contrôle de ses pensées et de ses gestes. Comme dans le jeu de Bananaboss, il le sentait pousser pour s'extraire de son cerveau ; là-dedans, ce n'était plus lui, Xu, mais le champignon parasite. Il ne pouvait plus se concentrer sur les choses importantes, seulement sur des faits annexes, dénués de toute importance, comme lorsqu'une petite vis tombait par terre. Les vis et les boulons étaient les seules pièces que les contremaîtres ne comptaient pas à la fin du travail, car elles ne valaient rien. Ainsi, quand quelqu'un faisait tomber une petite vis sur le sol, on ne perdait pas son temps à la ramasser, car se pencher ralentissait le rythme de la production.

Une nuit, pendant des heures supplémentaires, Xu a de nouveau regardé une petite vis tomber au sol. Personne n'a entendu le petit son qu'elle a émis en heurtant le sol.

Son travail et celui de ses collègues était un travail silencieux, de précision. Mais quand beaucoup de gens sont rassemblés, ils font tout de même du bruit. C'est peut-être pour cette raison que personne n'a entendu le petit choc. Et la capacité qu'avait eue Xu dans son enfance de reconnaître les herbes l'empêchait de percevoir les sons comme un tout : au contraire, il en distinguait chaque élément. Il pouvait entendre le bruit tourbillonnant d'une vis qui basculait et roulait sur la table jusqu'à tomber dans le vide. Il pouvait sentir son corps maigre fendre l'air et entendre distinctement l'impact sur le sol. Ce qui l'a étonné, c'est que le bruit ne parvienne qu'à lui. Comment cela était-il possible ? Cette nuit-là, il s'est rendu compte que, s'il faisait comme la vis, personne ne le remarquerait.

La vie privée de libertés qu'il menait lui en accordait enfin une, s'est-il dit en regardant cette vis s'écraser au sol dans l'indifférence générale : sortir de scène sans qu'il y ait de conséquences.

Une vis tombe par terre
Dans cette nuit noire des heures supplémentaires
Plongeon vertical, on l'entend à peine atterrir

Personne ne le remarquera
Tout comme la dernière fois
Une nuit comme celle-ci
Quand quelqu'un s'est jeté
Dans le vide.

Bananaboss n'existe pas, mais Xu Lizhi si. Il a travaillé pour Foxconn et écrit des poèmes.

Il a mis fin à ses jours le 30 septembre 2014.

CRIE-LE, QUAND UNE VIE TOMBE À TERRE
DANS LE SILENCE GÉNÉRAL.

VIVE L'ITALIE !

Francesca Saverio Cabrini

26

DAGOS

Ils voulaient des bras et ils eurent des hommes.

MAX FRISCH[1]

Tu penses être blanc. Puis, toi qui penses être blanc – parce que dans les rues de Turin ou de Palerme on te considère comme tel –, en marchant dans celles de New York tu as le sentiment de ne pas l'être. En Amérique du Nord, il arrive souvent qu'on te fasse comprendre que si tu es italien, tu n'es pas blanc. Tu n'es pas noir, mais tu n'es pas blanc non plus.

Aux États-Unis, « blanc » est une couleur qui, cela va de soi, ne peut désigner que les WASP, c'est-à-dire ceux qui possèdent les trois caractéristiques des vrais Blancs, et qui, en Amérique, sont donc considérés comme fiables, honnêtes et crédibles quoi qu'il arrive.

Et, vois-tu, parmi ces caractéristiques, il n'y a pas que la couleur de la peau, il y a aussi l'ascendance et la religion, qui doivent être respectivement anglo-saxonne et protestante. En d'autres termes, l'histoire de ton sang doit commencer sur le bois des navires qui transportèrent les premiers colons de Grande-Bretagne à commencer par le *Mayflower* qui accosta au cap Cod en 1620. C'est ce que signifie WASP : *white, anglo-saxon and protestant.* Par

1. « Überfremdung », *Öffentlichkeit als Partner*, Suhrkamp Verlag, 1967.

conséquent, tu peux avoir la peau blanche et ne pas te sentir en sécurité lorsque tu marches seul dans la rue en pleine nuit, intimement convaincu que, si la police t'arrête, les choses pourraient mal tourner. Car tu sais que cette différence travaillera en arrière-plan dans l'inconscient du policier qui aura examiné tes papiers, tel un pistolet chargé et pointé dans ta direction, prêt à ouvrir le feu ou à exercer une violence qui t'empêcherait de voir le lever du jour.

J'ai une histoire à te raconter. Elle s'est passée à la fin du XIXe siècle en Amérique du Nord, sur les rives du Mississippi. Elle est née d'un sentiment d'impunité qu'on trouvait non seulement chez de nombreux policiers, mais aussi au sein du reste de la population, chez tous ceux qui se croyaient tout permis face à certains types de barbes, de coupes de cheveux, de prières et d'habitudes alimentaires.

Chaque fois qu'un mot, un geste, un comportement contribue à répandre l'idée que des droits ne sont valables que pour certaines catégories privilégiées, crie-le, rebelle-toi, oppose-toi et crie encore, car chaque fois qu'on ne réagit pas face à la discrimination – même la plus subtile et la plus courtoise, pas seulement celle qu'on exhibe, stupide et vulgaire –, on est complice d'une partie du monde (pas nécessairement celle à laquelle nous appartenons) qui se sentira autorisée à diffamer, insulter, piller, appauvrir, torturer, dominer, asservir et tuer l'autre.

À la fin du XIXe siècle, que ce soit dans le port de Palerme, celui de Naples ou celui de Gênes, le rituel était toujours le même. Quand la route des États-Unis aspirait des flux de travailleurs italiens, on assistait au spectacle de centaines de bras qui, du pont des navires, tendaient une corde.

Imagine que tu partais, tu avais cette corde dans ta poche et, une fois sur le bateau, tu la sortais et la lançais vers le quai, à une fiancée, une épouse ou un fils prêt à l'attraper, pour s'arrimer encore un peu à ta vie. Puis vous restiez comme ça, à chaque extrémité de cette corde, vous vous regardiez en silence, l'un à bord et l'autre à terre, jusqu'à ce que le pachyderme se mette laborieusement en mouvement, telle une bête blessée qui pousse un long cri de douleur.

C'est alors que la corde se tendait et que, sur le quai, les pensées s'assombrissaient, même si les personnes qui étaient en train de se séparer s'y étaient préparées depuis longtemps. Elles serraient la corde comme si elles avaient pu arrêter la marche du navire. Tu imagines ? Retenir un paquebot à quai en tirant sur le fil d'une toile d'araignée ? Non, c'est impossible. Lorsque la corde finissait inévitablement par se rompre et que la main retombait d'un coup, le navire s'éloignait lentement et il ne restait plus que du vide, deux cratères creusés par la rupture à la place de ces vies désormais perdues l'une pour l'autre.

Chacun glissait son bout de corde dans la poche de sa veste, dans un tiroir ou au milieu du linge dans une armoire, conscient que le verdict avait été rendu : si le morceau le plus long était resté dans les mains de l'émigrant, celui-ci ne rentrerait jamais chez lui, la distance à parcourir pour faire demi-tour était trop grande ; alors que si le plus long restait dans les mains de celui qui était sur le quai, l'autre trouverait le chemin du retour.

Tu sais, « patrie » est un terme qui peut paraître solennel, mais il est similaire à un autre terme, « mère » : on en a tous une, sans quoi on ne vient pas au monde. Qu'elle soit empreinte de solennité ou non, la patrie est une chose avec laquelle on doit compter, et quand la relation qu'on entretient avec elle est difficile, tout se complique.

Un jour, sur les vagues du port, parmi les centaines de personnes qui s'accrochent à des cordes qui se brisent, se trouve également une religieuse, un billet de troisième classe pour New York à la main. Elle a trente-neuf ans, mais son visage pur et lumineux est encore celui d'une enfant ; même ses cheveux sont ceux d'une enfant, brillants et noirs, la raie au milieu sous sa coiffe propre, en bon ordre.

Son regard, lui, n'est pas celui d'une enfant : au contraire, il est sévère, maussade, plutôt celui de quelqu'un qui observe et n'est jamais satisfait de ce qu'il voit, qui examine et semble toujours sur le point de crier.

Et ce regard a été poussé contre son gré à bord du bateau,

pour un voyage au cours duquel on rencontre le Christ si souvent qu'on en devient indifférent à sa souffrance. Vingt-cinq jours dans la cale avec un Christ nu et affamé, c'est trop, même pour elle, pourtant habituée à ce genre de visions.

Au cours de ces traversées de l'espoir, on ne comprenait qu'au bout de plusieurs jours que les compagnies maritimes avaient sciemment donné des indications erronées sur la quantité de nourriture et d'eau à embarquer, afin que les passagers de troisième classe montent ensuite acheter, à vil prix, ce dont à un certain moment du voyage ils ne pouvaient pas se passer. Si on se retrouvait à court de nourriture, on pouvait puiser dans la somme d'argent minimale que tout émigrant devait posséder pour entrer aux États-Unis. Il fallait choisir. On mangeait, on buvait, mais on était ensuite renvoyé chez soi ; ou bien on ne mangeait pas, on ne buvait pas, mais on gardait l'espoir que les portes de l'Amérique s'ouvriraient grandes. Le mal de mer, l'anxiété, la peur et le découragement qui tournaient sans cesse parmi les vagues de l'océan rendaient le voyage encore plus pénible et interminable.

La religieuse qui voyage en troisième classe vers New York s'appelle Francesca Cabrini. Elle a un deuxième prénom, un prénom de garçon : Saverio. C'est celui du saint qu'elle préférait dans son enfance, un saint qu'elle admirait, Francesco Saverio, François-Xavier. Ce prénom, elle l'a choisi seul, tel quel, masculin, Saverio, et non Saveria. Elle voulait qu'il sonne pratiquement comme celui du saint : il était Francesco Saverio, elle était Francesca Saverio. Même maintenant, sur le bateau, grâce à ce prénom elle a la certitude qu'elle possède la même force que lui, le missionnaire François-Xavier.

Enfant, elle aurait voulu aller en Chine, comme lui. Car là-bas – avait-elle entendu dire – on tuait les petites filles qui venaient de naître et elle voulait les sauver.

Sichuan, Qinghai, Shanxi : tels étaient les lieux que Francesca Saverio rêvait d'atteindre, pas New York, Chicago ou La Nouvelle-Orléans… Pourtant, c'est bien ce voyage-là qu'elle fait à présent, c'est bien la statue de la Liberté, cette déesse bienveillante et trompeuse, qu'elle verra grandir à l'horizon, constatant que sa torche ne brille que de loin, car elle s'éteint à mesure qu'on approche, de sorte que les phalènes se retrouvent dans le noir.

En entendant le bruit sourd que fait la passerelle contre le quai, Francesca se met en rang derrière les autres femmes, couvertes de la tête aux pieds, un foulard sur la tête, pour ne pas révéler leurs formes et bien faire comprendre que ces corps n'ont rien à vendre hormis leur capacité de travail et leur aptitude à supporter les inévitables humiliations.

Les plus jeunes sont les plus attentives à baisser vers le sol leurs yeux noir de jais, afin de cacher la beauté de leur visage.

Les hommes aussi se sont mis à la file. Les plus chanceux sont accompagnés par leur femme et leurs enfants, mais ils débarquent pour la plupart seuls, sans valise, avec une couverture dans les bras, car ils n'ont rien trouvé d'autre à emporter en partant.

Francesca sait ce que cela signifie de n'avoir que la misère à emporter ; elle a grandi parmi des familles pauvres de la région de Lodi, en Lombardie, dont beaucoup de ces hommes sont originaires également. Des familles paysannes où la culture chrétienne est la seule clé de lecture du monde. Aller à la messe le dimanche, retenir les récits bibliques, apprendre la grammaire pour lire les Évangiles, la vie des saints et des missionnaires : voilà ce qui a donné à Francesca la capacité de s'orienter dans le monde et les outils pour l'affronter. Et peut-être même le changer.

À l'âge adulte, Francesca a décidé de transmettre cette grammaire, d'abord en enseignant puis en fondant des écoles. Des écoles différentes, pensées pour accueillir les filles qui n'ont pas de parents, car les orphelines sont toujours les plus fragiles, juge-t-elle, les plus exposées, sans doute condamnées à la rue.

Partout où Francesca est passée, elle a recueilli des filles et glissé des munitions dans leur sac à dos. Ce ne sont pas des bombes ni des balles, mais de la science, des connaissances, des chiffres, des signes, des mots, des armes avec lesquelles se défendre. Francesca sait que la seule façon de redessiner le monde est l'alphabet.

Un jour, un prêtre est venu lui rendre visite, car il avait entendu parler d'elle et de sa grammaire. Ce prêtre s'appelait Giovanni, il voulait que Francesca abandonne ses écoles et la région de Lodi, qu'elle renonce à son rêve de gagner un jour la terre des mandarins et qu'elle prenne la grande route, celle du désespoir et de la honte, la route sur laquelle des âmes furent arrachées à l'Afrique et qui réclamait à présent des esclaves à l'Europe : la maudite route de l'Atlantique. Giovanni lui-même avait dû renoncer à ses rêves à cause de cette route. Car c'est ainsi que ça se passe : ce n'est pas toujours toi qui vas vers les choses, parfois ce sont les choses qui se montrent à toi.

Ça lui était arrivé un jour à la gare de Milan, parmi des centaines d'immigrants, debout contre les colonnes, assis sur les bancs avec leurs enfants dans les bras, allongés sur le sol à moitié endormis. Non sans effort, il avait marché jusqu'au quai, se frayant difficilement un chemin parmi eux, respirant leur sueur, touchant leur misère, percevant leur résignation. Et, par la suite, chaque fois qu'il avait regardé autour de lui, c'est tout ce qu'il avait vu.

Les autres prêtres, eux, ne voyaient rien. Dans toutes les églises d'Italie, du haut de leur chaire, ils exhortaient leurs ouailles à partir, à gagner Gênes, Naples ou Palerme et à s'embarquer sur la route maudite.

C'était la grande escroquerie imaginée par le gouvernement italien : les pousser à partir, tous, en leur faisant miroiter la possibilité de gagner leur vie ailleurs. On chassait la misère, on chassait les révoltes, afin de protéger des maisons et des propriétés agricoles qui risquaient d'être occupées, de défendre des usines qui ne fournissaient pas assez de travail. Des bras, des corps et du travail, en échange de tarifs préférentiels sur le charbon, le sucre et le coton. Dans ce mécanisme, on entendait le bruit de l'argent qui changeait de main, l'argent que chacun enverrait chez soi, l'argent que les armateurs gagneraient en multipliant par cent le nombre de voyages, l'argent des intermédiaires qui trouveraient des ouvriers, allant de village en village et les poussant à partir, puis proposeraient cette main-d'œuvre aux usines et aux gouvernements étrangers. Les prêtres, les journalistes, les maires, tous devaient répéter que la Mérique était belle, que la Mérique était grande, que la Mérique était riche.

Et c'est ce qui se passait chaque fois : le dimanche, les prêtres encourageaient les fils à partir, les mères les encourageaient à tenter leur chance, les frères les suppliaient d'essayer, les fiancées ne les dissuadaient pas de s'en aller, car laisser partir les hommes sur ces bateaux signifiait une plus belle robe de mariée, du poulet le dimanche, du lait chaque jour, des draps chauds et des couvertures sur le lit. Chacun à sa manière contribuait au gonflement de ce flux.

Un mensonge après l'autre, une illusion après l'autre. « De toute façon, qu'est-ce que ça peut bien faire ? » pensait la féroce bourgeoisie italienne : ce n'étaient que des ignorants, des illettrés habitués à recevoir des coups de pied au cul, des gens qui ne comprendraient même pas où ils avaient atterri.

Mais, ce jour-là, à la gare de Milan, Giovanni avait lu dans leurs yeux qu'ils avaient bel et bien compris. Qu'ils savaient qu'ils n'étaient pas les plus chanceux mais des laissés-pour-compte, qu'ils n'avaient pas tiré le billet gagnant mais un numéro comme les autres à la loterie du désespoir.

Il l'avait compris à leur mansuétude, la mansuétude de ceux qui savent que ce n'est qu'une question de temps, car un sort funeste pèse sur leur tête. Il l'avait compris à leur résignation digne mais triste. Il l'avait déduit de l'apathie absolue avec laquelle ils supportaient des heures d'attente sans s'asseoir, sans boire, sans manger, sans la moindre perspective de trouver rapidement un endroit où dormir. Comme si chacun d'eux savait son sort scellé d'avance, se savait condamné à porter sur ses épaules le fardeau de tous et à se sacrifier pour sauver sa famille :

Io no, nun torno. Me ne resto fore,
e resto a faticà pe' tutte quante;
i 'c'aggio perzo patria, casa, onore,
i 'so 'carne 'e maciello: so'emigrante!

Non, je ne vais pas rentrer. Je reste à l'étranger,
pour les autres je continue à travailler ;
moi qui ai perdu ma patrie, ma maison, ma dignité,
je ne suis que chair allant à l'abattoir : je suis l'immigré !

Dans les tribunaux américains, quand les Italiens apparaissaient dans le box des accusés, on leur disait souvent : « Vous êtes venus ici pour trouver le pays de cocagne et vous enrichir ! » Mais personne, pas même les plus candides, ne le croyait réellement. Oui, ils avaient un rêve, une aspiration, mais une telle naïveté servait à habiller les peurs, à les accompagner et les apaiser. Car au fond ils le savaient, ils savaient que dans le Nouveau Monde les routes n'étaient nullement pavées d'or et que ce serait même à eux de les construire. Ils savaient que pour un individu qui faisait fortune, cent autres rentraient les mains vides. Ils savaient qu'ils n'auraient droit qu'à des paroles hostiles et des sourires mauvais. Ils savaient qu'on se moquerait d'eux parce qu'ils faisaient le signe de croix et qu'ils disaient dix au lieu de cent, ne sachant pas compter au-delà. Ils savaient qu'une fois partis il serait inutile d'écrire chez eux en quête de réconfort. Ils savaient que ce ne serait pas la peine de mentir et de prétendre aller bien, car tout le monde connaissait la vérité. Tout le monde savait si vous mangiez ou non, combien d'heures vous aviez passées en plein soleil ou sous terre, une pioche à la main. On le savait car, au village, votre mère s'était acheté un manteau, votre femme avait fait réparer le toit, votre fils s'était présenté à l'école avec des chaussures. C'est à ces signes-là qu'on comprenait ce qui se passait à l'étranger. On savait aussi que la nostalgie est un luxe que seuls ceux qui n'émigrent pas peuvent se permettre, et qu'au pays la plus grande honte est l'argent que vous n'avez pas envoyé, celui que vous n'avez pas gagné et même celui que vous avez dépensé là où vous travaillez.

Quand on prend cette maudite route, on cesse d'être un individu. Dès lors, on n'est plus qu'un élément d'une famille, d'un clan, d'un village, car c'est toute la famille, le clan, le village qui compte sur vous. Et tu peux être certain que personne ne s'est jamais demandé quel était le prix à payer pour pouvoir envoyer ces sommes chez soi.

Rappelle-toi cela : la famille n'est pas toujours un atout. Cela dépend de ce qu'elle exige de toi : si elle te demande de faire ce que tu ne ferais jamais, tourne-lui le dos, ne troque pas son amour contre le cercle vicieux de l'honneur et du déshonneur. La famille n'est souvent que chantage et instigation. Ne crains pas de décevoir une fiancée, une mère ou même un fils si leurs attentes à ton égard prennent le pas sur ta vision du monde et sur tes choix de vie. Et il en va de même pour ta patrie, ta ville d'origine : si elle te demande de te taire, de fermer les yeux, d'être complice du crime et de la corruption, de participer à un jeu infâme sous la bannière d'un sentiment noble, crie que c'est une supercherie. Crie-le et ne cède pas au chantage.

Et lorsque, à l'étranger, tu entendras prononcer le mot «famille» avec une connotation méprisante, pour désigner les Italiens, ne juge pas trop sévèrement ceux qui le font, car voilà ce qu'ils pensent de nous : que nous faisons passer l'intérêt de la famille avant toute autre valeur. Mais ils ne savent pas que, pour nous comme pour beaucoup d'autres, la famille est à la fois la damnation et le salut : quand il n'y a rien d'autre, qu'il n'y a pas de démocratie, pas de liberté, on n'existe que parce qu'on a un oncle, un grand-père, une mère, un père, un frère et de nombreux cousins qui peuvent nous donner quelque chose. Car si quelqu'un nous fait du mal, il n'y a pas de tribunal ni de loi pour nous faire justice, seulement la vengeance de nos proches. Souvent, à l'étranger, les gens ignorent qu'il en est ainsi, que c'est pour cette raison que nous faisons passer la famille avant tout le reste. Pas par paresse ni par amour de notre mère, mais seulement parce que le manque de structures officielles crée une organisation de sang. Tu peux éprouver un vif embarras face à ce contraste : pour nous, en Italie, la «famille» est sacrée, mais les autres, à l'étranger, voient en notre attachement à elle le risque de verser dans l'immoralité.

Le poids du chantage que la patrie et la famille faisaient peser sur les épaules de l'émigrant était si lourd qu'à son arrivée à Ellis Island, si les inspecteurs et les médecins lui disaient qu'il n'était pas «apte» à rester et qu'ils le renvoyaient sur le bateau pour l'Italie, sur la route du retour il préférait se jeter dans les eaux en haute mer. Il valait mieux sentir le crépitement de l'eau salée sur ses tempes que toucher à nouveau terre dans sa patrie et y trouver son lit occupé, sa chaise vendue, ses couverts mis en gage.

Non, il n'y avait pas de retour possible. Il n'y a jamais de retour possible pour ceux qui quittent leur patrie, aujourd'hui non plus. Tout ce qu'on retient d'eux après leur départ, c'est qu'ils ne consomment plus d'air ici, laissant leur part aux autres, et n'usent plus l'asphalte des routes.

Dans l'Antiquité, l'Afrique n'apparaissait pas encore sur les cartes comme l'immense triangle allongé que nous connaissons aujourd'hui. Son périmètre complet n'était alors pas connu. La côte méditerranéenne était bien détaillée, mais à la hauteur du Sahara tout s'effaçait, il ne restait qu'un non-continent.

Mettre quelqu'un dans un bateau ou un avion pour le rapatrier, c'est un peu comme faire mine d'ignorer que son pays n'apparaît plus pour lui sur la carte. Lorsqu'il est parti, il a effacé pour toujours la patrie sous ses pieds.

« Francesca, va chez eux, lui dit Giovanni. Ne les laisse pas seuls, ils ne savent pas se défendre, il n'y a même pas de prêtres qui parlent notre langue, là-bas. Il n'y a pas de catéchisme, ni paroisses ni confesseurs. Va chez eux, Francesca, suis cette hémorragie. Regarde ce journal, Francesca, il vient des États-Unis. Regarde ce dessin : comprends-tu l'ironie de la légende ? *Les chambres à coucher des Italiens*. Tu les vois, Francesca, ils sont dix dans une pièce… Par terre, à même le sol, avec une simple couverture sur le dos… Ce n'est pas une caricature, Francesca ! C'est vraiment comme ça qu'ils dorment. Un dessin humoristique n'est pas forcément une caricature, il ne déforme ou ne bouleverse pas nécessairement la réalité : parfois, Francesca, un dessin nous raconte la réalité telle qu'elle est, comme une photographie. Nous ne parlons de “dessin” ou de “caricature” que pour dire qu'il y a un contraste entre l'image et son commentaire.

« Et puis, bien sûr, il y a aussi des dessins répugnants. Regarde, Francesca, ce sont des hommes, mais sur ces dessins on dirait des orangs-outans avec une barbe ; ce sont des femmes, mais sur ces dessins on dirait des truies avec une jupe ; regarde, Francesca, ce sont des enfants, mais sur ces dessins ils ont une queue… On les dessine de cette manière seulement parce qu'ils sont italiens.

— Comment est-ce possible ? demande Francesca.

— Je ne sais pas, mais c'est ainsi.

— Beaucoup de gens lisent ce journal ?

— Tu sais, Francesca, un journal, ce n'est jamais seulement un nombre d'exemplaires vendus, ce sont aussi les mains entre lesquelles il est passé. Il est lu par le commerçant qui tape le prix à la caisse, par le premier et le dernier client d'un café, par les voyageurs dans le train, par les ouvriers de l'usine à l'heure de la pause ; il est même lu par le vent, qui le feuillette lorsqu'il est abandonné dans la rue. Même un livre n'est jamais seulement ceux qui le lisent ou l'achètent dans une librairie : c'est une idée, une synthèse, un écho, un commentaire, un sujet de conversation, une description, un espoir, une prescription, une consigne, le début d'une révolution, un changement… Voilà pourquoi j'ai peur de ces dessins, pas parce que beaucoup de gens achètent le journal, mais parce qu'une fois dessinées ces idées existent et ceux qui en rient aussi, ceux qui les transmettent tel un virus, et bientôt tout le monde se mettra pour de bon à voir ces enfants avec une queue, ces femmes comme des truies et ces hommes comme des orangs-outans…

— Mais pourquoi moi, Giovanni ?

— Pourquoi pas toi ?

— Qu'est-ce que je dois faire ?

— Tu te souviens de l'endroit où tu as fondé ton premier refuge ?

— Tu veux parler de Codogno ?

— Tu sais ce que ça veut dire, Codogno ? Ça veut dire "cognassier". C'est un arbre qui donne des coings. Ce sont des sortes de pommes, mais on ne peut pas les manger tout juste tombées de l'arbre, car elles sont dures et acides. Mais si on les épluche, si on met leur chair dans une casserole, qu'on ajoute beaucoup de sucre et qu'on les fait cuire, on obtient une gelée parmi les plus nourrissantes du monde. Avec un champ de cognassiers et un champ de canne à sucre, on peut nourrir un village entier. Va,

Francesca, mélange la chair de ta terre avec le sucre de la leur, et soigne la misère de notre peuple.

— Mais je ne saurais même pas par où commencer, Giovanni…

— Commence par la parole. Enseigne-leur à lire. En lisant, ils apprendront à se défendre, à répondre dans les salles des tribunaux, à négocier les prix, peut-être à exiger certains droits… Combats les ignominies qu'on trouve dans leurs journaux, car elles tuent nos émigrants plus que les balles, plus que les coups qu'ils reçoivent quand ils ne paient pas leur loyer à temps. Va, Francesca, raconte une autre vérité, dis aux Américains qui nous sommes, ne te lasse pas de le faire… Et ne t'inquiète pas, le reste viendra tout seul, Francesca, car la vérité et le bien coïncident toujours.

— Mais, Giovanni, même si je le faisais, je ne serais qu'une petite goutte dans cet immense océan…

— Francesca, une goutte est une goutte, mais si une goutte tombe sur la langue d'une personne assoiffée, elle sauve une vie. Et puis… l'océan n'est-il pas fait de milliards de gouttes ?»

Elle est maigre et menue, Francesca, elle a une maladie des poumons et, selon les médecins, il ne lui reste pas plus de deux ans à vivre. Mais finalement elle monte quand même sur ce bateau. Elle est fragile depuis sa naissance prématurée, à une époque où il n'y avait ni couveuse ni lait en poudre, où le taux de mortalité infantile était si élevé que chez elle, sur onze enfants, seuls quatre ont survécu.

Adulte, son poids n'atteint pas cinquante kilos et, en raison des efforts et des voyages qu'elle entreprend, sa santé est de plus en plus précaire. Mais partout où elle arrive, malgré cette fragilité, des écoles, des abris, des soupes populaires et des hôpitaux sont créés. Et, systématiquement, chaque fois qu'elle termine une mission, convaincue qu'il s'agit de la dernière – car elle n'a plus assez de forces pour en supporter une nouvelle –, Giovanni lui remet immanquablement sa croix dans la main. Cette fois, il la renvoie en Amérique.

Toujours elle.

Pourquoi ?

Parce qu'elle a un talent que les autres n'ont pas : elle sait décupler la charité. Elle n'accepte presque jamais d'argent, elle ne collecte pas de fonds, ne s'occupe pas des structures à construire. Elle convainc les bienfaiteurs, notamment les Italiens qui ont fait fortune en Amérique, de réinvestir leurs gains dans la chaux et les briques d'un hôpital, dans le bois et le verre d'une école, dans les lits et les poêles d'un orphelinat. Ils devront aller en personne négocier le prix avec les entreprises, ils devront faire dessiner le projet puis le superviser, de la pose de la première pierre à l'inauguration du bâtiment, puis ils devront s'occuper de l'entretien de leur création, sélectionner le personnel, apprendre par cœur les noms et prénoms de ceux qui y sont soignés, de ceux qui tombent malades, de ceux qui mangent, de ceux qui étudient.

Il ne suffit pas de faire un chèque. Pour Francesca, créer une école, c'est comme avoir un enfant : il ne suffit pas de le mettre au monde, il faut ensuite l'élever. C'est ce qu'elle exige et obtient de ses donateurs, qu'ils considèrent leurs créations comme des enfants. En plus du financement, ils doivent lui apporter leurs connaissances, leur capacité à faire fructifier l'argent, leur bon sens, leur expérience, leurs avocats et leurs comptables. Car créer n'est pas difficile : ce qui l'est, c'est de maintenir en vie ce qu'on a créé.

Cette façon d'organiser l'aide aux immigrants permet en outre à Francesca de tenir à distance un autre mal, le seul qu'elle ne supporte pas : la diffamation. Personne n'aura le droit de dire que les sœurs ont profité de ces fonds, personne n'aura le droit d'objecter qu'elles ont mal investi l'argent collecté ou, pire, qu'elles l'ont dilapidé. Francesca ne veut pas être obligée de montrer son billet de troisième classe à chaque traversée, puisque c'est toujours comme ça qu'elle voyage : en troisième classe.

Et un jour un événement change sa façon si personnelle et obstinée de faire la charité, sa façon de traiter les immigrants : Francesca se met à enquêter. Au printemps 1892, elle débarque à La Nouvelle-Orléans. Un an plus tôt, onze Italiens ont été lynchés dans la prison locale. La Nouvelle-Orléans est une ville fondée par les Français, à l'époque c'est la troisième ville des États-Unis et, après New York, le mirage le plus puissant pour les immigrants du monde entier.

Pourquoi une religieuse devrait-elle mener l'enquête ? Les mots de Giovanni résonnent dans sa tête : la vérité et le bien coïncident toujours. Or, à La Nouvelle-Orléans, la vérité a été enfouie, déformée, dissimulée, tel le cadavre d'une victime qui commencerait à se décomposer. La rumeur prétend qu'il s'est agi d'une féroce agression de la foule, consécutive au meurtre du chef de la police locale, David Hennessy, crime imputé aux Italiens.

Mais il y a quelque chose dans la logique de ce récit qui ne convainc pas. Francesca est dubitative. À La Nouvelle-Orléans, personne n'aime la police, et c'est toujours le besoin de vengeance, après les injustices contre les plus faibles, ceux qui n'ont ni armes ni témoins, ceux auxquels tout le monde peut s'identifier, qui soulève la foule. Qui venge la police ? La police elle-même, par esprit de corps, mais jamais la foule enragée. Et puis il y a une autre donnée à prendre en compte : Francesca ne croit pas à la culpabilité de la foule, car elle est enseignante et sait que « foule » n'est qu'un nom collectif, une formule abstraite dont on se sert pour désigner commodément un groupe de personnes qui, en réalité, demeurent des individus. Francesca veut découvrir qui a mis le feu aux poudres.

Elle séjournera dans le Little Italy local, que tout le monde à La Nouvelle-Orléans appelle Little Palermo, car les habitants y ont pour nom de famille Schirò, La Rocca, Vitale, Rappolo, Provenzano, Pecoraro, Sciacca, Di Maggio, Giuffré, Rosolino, Zito, Lomonaco, Monasterio, Polizzi, Abbagnato et Maselli : des noms palermitains. Ensemble, ils représentent 10 % de la population. En d'autres termes, à « Nuovaorleanza », sur cent hommes qui lèvent le menton chez le barbier, dix sont siciliens ; sur cent verres de whisky qui glissent sur le comptoir d'un saloon, dix sont destinés à des Siciliens ; sur cent chapeaux de paille vendus dans les boutiques du Vieux Carré – le quartier français, cœur battant de la ville –, dix vont couvrir la tête de Siciliens. Ici, on dit « Sicilien » pour désigner un Italien, tout comme beaucoup de gens en Italie disent aujourd'hui « Marocain » pour désigner un Maghrébin. Bien qu'en réalité, on ne les appelle que rarement Siciliens ou Italiens… On les appelle plutôt *dagos*, car à La Nouvelle-Orléans les Siciliens sont les « *as the day goes* ». Pourquoi « *as the day goes* » ? Parce qu'ils attendent dès l'aube dans les rues périphériques de la ville dans l'espoir que quelqu'un vienne les chercher. Un homme envoyé par l'un des propriétaires terriens dont le coton habille la moitié des Londoniens, fournit le trousseau de mariage de toutes les jeunes filles à marier de la Sicile à la Vénétie, satisfait les besoins en gaze stérile de tous les hôpitaux de Bavière et de Saxe, alimente les usines textiles de Gênes où on coud ces pantalons bleus que les Américains appellent *Gene's*, les pantalons « de Gênes ».

Les *dagos* sont ces hommes qui, parfois, connaissent une mauvaise journée car personne n'est venu les chercher, personne ne leur a versé de salaire. D'autres fois, au contraire, ils connaissent une bonne journée et gagnent à leur petite loterie quotidienne : une journée entière dans des plantations où, en été, à six heures du soir, le soleil brûle comme en plein midi et ne semble pas décidé à se coucher, tout comme il ne semble pas envisager, de nos jours, de le faire derrière ceux qui ramassent des tomates à Nardò, dans les Pouilles.

Disparais, soleil, laisse-toi engloutir, désintègre-toi, évapore-toi, tombe, voile-toi, couvre-toi, cache-toi. C'est ce que les « *as the day goes* » des plantations de Louisiane le supplient de faire, de cinq heures du matin à cinq heures du soir. Pourtant, il refuse obstinément de se coucher.

Les touristes et tous ceux qui mènent une vie libre aiment le soleil, mais pas ceux qui travaillent dans les champs : eux l'exècrent, ils le détestent. Toi aussi, tu aimes les journées ensoleillées, la chaleur et la lumière. Il semble impossible que quelqu'un puisse les détester. Mais quand il te brûle le dos, qu'il t'aveugle les yeux et te brise les doigts, alors tu te mets à le haïr toi aussi.

Madonna quant'è àutu stu suli!
Pi carità facìtilu cuddari!
Non lu faciti, no, pi lu patrùni,
ma pi sti puvereddi iurnatàri.

Dieu comme le soleil est haut !
Par pitié, fais qu'il soit moins chaud !
Pas pour les patrons, non,
mais pour ces journaliers, pauvres garçons.

Rien de ce que subissent les Italiens dans les plantations n'est nouveau pour Francesca. Chez elle, dans la vallée du Pô, les ouvriers agricoles doivent se battre avec une fibre non moins rebelle que le coton : le lin. Et, là-bas aussi, la journée de travail est rendue plus pénible encore par un soleil pesant, par les moustiques, l'humidité et le paludisme.

Les plus chanceux des «*as the day goes*» fuient les plantations comme on fuit un serpent. Ils préfèrent attendre des jours durant, allongés sur les quais du port, d'entendre le puissant soupir d'un paquebot. Alors ils se mettent au garde-à-vous et vont vider les entrailles de ces navires qui relient la Kalsa de Palerme au Vieux Carré de La Nouvelle-Orléans et transportent du marsala sicilien et du sucre de Louisiane, des citrons de Syracuse et du coton du Mississippi.

«*As the day goes*» : essaie de le répéter un peu plus vite que tu ne le fais à présent. Attention à l'intonation, il faut qu'elle soit américaine.

Tu entends ?

Dégoz.

Exact.

Qui s'écrit *dagos* en anglais.

Dagos était le nom qu'on donnait aux Italiens de La Nouvelle-Orléans, quel que soit le travail qu'ils faisaient, pas nécessairement occasionnel mais surtout mal payé, histoire de remuer le couteau dans la plaie, car aux États-Unis, dans l'imaginaire collectif, gagner peu est toujours une faute. Tu comprends pourquoi ce surnom était infamant ? Encore plus que ne l'aurait été une cruelle stigmatisation de l'apparence physique ou une manière horrible d'étiqueter le caractère ? S'ils gagnaient peu, c'était sans doute de leur faute, aux *dagos*, une faute qu'on faisait peser sur leurs épaules à chaque heure dans le bavardage incessant des rues.

« Que font les *dagos* ?
— Ils nourrissent leurs tiques !
— Ahahaha ! »

« Maman, maman, j'ai vu un *dagos* !
— Sois sage, sinon je laisse le *dagos* t'emmener. »

« Jack, c'est vrai que les *dagos* ont un bambou aussi gros que celui des *niggers* ?

— Non, les *dagos* ont un petit bambou. Mais il est comme celui des *niggers* : toujours affamé. Alors enferme bien ta femme à double-tour...

— Pourquoi les *dagos* ne l'ont pas aussi gros que les *niggers* ?

— Personne ne peut l'avoir aussi gros que les *niggers*. C'est grâce à leurs anciens propriétaires, qui étaient agriculteurs et savaient faire certaines choses.

— Quelles choses ?

— Améliorer la race.

— Quelle race ?

— Celles des esclaves.

— Comment ils l'amélioraient ?

— Ils faisaient s'accoupler à l'étable les esclaves femelles les plus grandes et les plus fortes avec les esclaves mâles les plus grands et les plus forts.

— Ceux qui ont le bambou le plus gros ?

— Oui, ceux qui ont un bambou de reproducteur.

— Et les *dagos*, ils les ont élevés comment ?

— Je ne sais pas. Les *dagos* ne sont pas nés ici, ils viennent de loin, pas comme les *niggers* qui sont ici depuis toujours. Mais une chose est sûre : les *dagos* doivent avoir un peu de sang *nigger* dans les veines, car seuls les *dagos* peuvent supporter un tel travail.

— Oui, c'est sûr, dans les plantations…

— Tu te rappelles que les autres n'ont pas résisté ? Qu'ils sont tombés comme des mouches ?

— Bien sûr que je me le rappelle, quand ils ont affranchi les *niggers*…

— Oui, après la guerre, quand les *niggers* sont partis. Tu te rappelles, hein, que les champs étaient en train de pourrir ?

— Oui, et il n'y avait personne pour les récoltes.

— Personne.

— Alors ils ont envoyé les Chinois, les Irlandais, les Allemands, les Français, les Créoles, les Cubains, mais rien à faire ! Foutues races bâtardes. Ils mouraient ou attrapaient la fièvre jaune et ne revenaient pas dans les champs de toute la saison…

— Comme les Indiens qui mouraient sous les coups de fouet. Plus on les fouettait et moins ils travaillaient, ils le faisaient exprès. Plus on les fouettait et plus ils mouraient !

— Mais pas les *dagos* ! Tu les frappes et ils survivent, on ne sait pas comment. Ça doit être un sale pays, celui d'où ils viennent… Ou bien c'est comme je te dis, ils ont du sang *nigger* dans les veines !

— Ouais, ils ont du sang *nigger* dans les veines, y a qu'à voir quand ils s'amusent !

— C'est vrai, et d'ailleurs ils s'amusent bien avec les *niggers* ! Tu les as vus, après la tombée de la nuit dans les champs ? Tu les as vus, le soir dans les rues ? Ils aiment les mêmes choses, danser n'importe comment, jouer une musique étrange, gesticuler quand ils parlent et toujours élever la voix…

— Au port, ils ont même créé un syndicat ensemble !

— Oui, ils ont fait alliance…

— Tu parles d'alliance ! Tu imagines ? Un *nigger* défendant un *dagos* et un *dagos* défendant un *nigger* ! »

La première chose que Francesca comprend, c'est que les *dagos* ont remplacé les *niggers* dans le travail des champs. Si on n'était pas né enchaîné, il fallait du cran pour rester douze heures d'affilée les pieds dans la terre, dans ces plantations qui devenaient sanguinolentes, et où l'on pouvait à peine respirer de l'aube au crépuscule.

Tel était le problème de La Nouvelle-Orléans : les patrons ne savaient pas comment garder les *dagos* qui travaillaient dans leurs plantations. Pendant trois cents ans, avec les *niggers*, ç'avait été facile, car on pouvait les enchaîner. Mais maintenant que l'esclavage était aboli et que beaucoup étaient partis, on ne pouvait pas faire la même chose avec les *dagos* qui, sur le papier au moins, étaient nés libres. En effet, dès qu'ils le pouvaient, ces derniers cherchaient une place dans le commerce et ne remettaient plus les pieds dans les champs qui bordaient la Great River Road. Et comme les *dagos* descendaient de populations très anciennes de marins et de marchands, grecs et phéniciens, ils arrivaient souvent à fabriquer un chariot puis, au bout de quelques années, à avoir une boutique où ils vendaient des fruits ; ou bien à acheter un bateau et à transporter ces fruits sur le fleuve, voire un paquebot pour traverser l'océan et acheminer des citrons de Sicile et des bananes du Honduras.

Tous les peuples sont capables de faire fortune dans l'import-export de fruits et légumes, mais dans les champs, seuls les *dagos* tenaient bon. On pouvait à la rigueur les autoriser à faire ce que font beaucoup d'immigrants : sucer le sang de leurs compatriotes, exploiter ceux qui arrivaient après eux. Car une fois certains qu'il n'y avait nul eldorado dans le Nouveau Monde, il ne leur restait que deux possibilités : bouffer ou se faire bouffer.

Mais s'il en était ainsi pour des milliers d'Italiens, quel intérêt à enquêter sur ce lynchage ? Qui se souciait du sort de onze malheureux sacrifiés dans le cadre d'une tragédie bien plus vaste ?

Francesca en est convaincue : ces faits se reproduiront. La façon dont le massacre a été raconté et continue de l'être ouvre la voie à une nouvelle éruption, à un nouveau lynchage, dans la même ville et contre la même communauté, celle qui dit *beccheraggia* pour *back garden*, qui dit *briccoliere* pour *bricklayer*, qui dit *carru* pour *car* et *truccu* pour *truck*.

Ces faits se reproduiront, elle en est sûre, car comme le dit Giovanni, le mensonge est toujours le début du mal. Ce qui s'est passé se reproduira, ils entreront dans la boutique d'un cordonnier, celui qui a entrepris de ressemeler les chaussures de ses compatriotes, et le mettront en prison sans l'ombre d'une preuve. De nouveau la police arrêtera arbitrairement un pauvre diable qui a réussi en Amérique, un type qui a eu la chance d'apprendre à jouer dans la fanfare de son village et qui a pu fuir les plantations, en faisant de la musique la nuit dans les clubs avec des « nègres ».

De nouveau ils hurleront « assassin » à un homme que ses compatriotes appellent *'u pazzu*, *'u fuddi*, *'u mattu*[1]. Même s'ils savent qu'il ne comprend pas leurs questions, ils l'interrogeront : « C'est toi qui as tué le chef de la police ? C'est toi qui as tué David Hennessy ? » Et il hochera la tête comme il le fait chaque fois qu'on s'adresse à lui, y compris quand on lui demande s'il est le shérif de la ville. Ils diront alors qu'il a avoué, comme ils l'ont fait de si nombreuses fois auparavant, et aucun procès ne sera nécessaire.

De nouveau ils emmèneront de force Toni *'a viddura*, qui a mis dix ans avant de pouvoir louer un local et abandonner sa charrette ; ils iront chez Mimmu *'u custureri*[2], qui taille rapidement un costume élégant pour le retour au pays, un homme qui ne ferait pas de mal à une mouche. Et de nouveau personne ne se présentera pour arrêter les Provenzano, qui ne vivent pas à Little Palermo mais dans une villa de la périphérie, un endroit qui pue l'argent sale et les affaires louches. Personne n'osera hurler aux Provenzano ce qu'on hurle aux autres *dagos* pour se moquer de leur langue infernale : « Uchilladacif ! », « Vous avez tué le chef ! »

Dans les journaux, Francesca en est tout aussi sûre, rien que des gros titres contre les onze pauvres types, félicitant les autorités d'avoir vaincu la mafia italienne à Little Palermo.

Enquêter n'est pas facile. Enquêter veut dire se faire claquer la porte au nez, recevoir des réponses qui sonnent comme des menaces. Mais le faire en terre hostile, à la fin du XIXe siècle, en

1. Ces trois termes signifient « le fou ».
2. Toni « le légume », Mimmu « le couturier ».

jupe et au nom de la mauvaise religion, qui plus est, il y a de quoi recevoir une balle dans le front en pleine rue.

Chaque fois que Francesca prononce ce nom, David Hennessy, elle a la sensation que cette balle lui pénètre dans le corps. Elle se voit tomber au sol, elle voit les visages à moitié flous de ses sœurs désespérées qui demandent pourquoi : pourquoi s'en prend-on à elles ? Pourquoi une mission aussi lourde ? Elle est certaine que c'est ce qui va se passer, elle le lit dans le regard de ceux qu'elle interroge, un regard qui signifie : qu'est-ce que tu cherches ? À quelle race appartiens-tu ? Quel uniforme portes-tu ? Qu'est-ce que tu veux prouver ? Va plutôt parler avec la vermine qui infeste nos villes... Va voir les Polonais, les Irlandais et tes chers compatriotes... Et si, à dix heures du soir, tu en vois un encore sobre, ça veut dire que tu as bu toi aussi !

Tout ce qu'on lui dit, tel un refrain qu'on ne se lasse pas de répéter, c'est qu'il s'agissait seulement d'une agression de la foule en colère. On se contente de lui montrer les coupures de presse, qui datent d'il y a un an, juste après le meurtre de David Hennessy, des articles qui donnent une même version des faits : une soudaine explosion de haine. Une vague de colère incontrôlée.

C'est une façon délicate – pour l'instant – de l'inviter à laisser tomber. Il est inutile d'enquêter, puisque tout a déjà été dit sur le lynchage : une communauté mal intégrée, voilà tout.

Sur ce point, Francesca est d'accord avec eux : la communauté italienne n'est pas bien intégrée. Comment pourrait-elle l'être ? On ne trouve pas d'Italiens qui parlent anglais à Little Palermo ! Essaie donc de vivre dans un pays qui ne te comprend pas. Marche donc, muet, dans ses rues ; gesticule pour communiquer quand tu entres dans un magasin, essaie d'expliquer que tu ne voulais pas voler le ballon que tu as trouvé dans un parc et pris pour ton fils ; regarde, ahuri, ton voisin qui te dit dans le bus : « Il fait chaud ! » ; prends une route au hasard, de toute manière tu ne sais pas lire les panneaux ! Sans les mots, même la plus sophistiquée de tes pensées semblera stupide à ton interlocuteur.

Aujourd'hui, ça ne peut plus arriver, car l'anglais international permet de communiquer avec tout le monde ou presque, dans le monde entier, mais imagine ce que ça devait être de se déplacer à l'époque.

Imagine ce que ça faisait d'être totalement analphabète, imagine pour de bon ce que ça peut signifier d'avancer dans la vie quand personne n'a placé les indications de base dans ta tête. C'est comme aller faire la guerre les yeux bandés : la première balle qui fend l'air est pour toi.

Voilà ce qui tourmente Francesca : le problème n'est pas d'acquérir le vocabulaire ou la grammaire de l'anglais, il est plus profond que ça, il s'agit d'assimiler le concept de structure, sans lequel on ne peut apprendre une langue.

Quel sens cela a-t-il de parler de «verbe» à quelqu'un qui ne sait pas ce qu'est un verbe, à qui on n'a jamais appris ce qu'est un verbe ? Avant de leur enseigner l'anglais, il fallait labourer le champ, bonifier l'espace où on allait semer. Il fallait commencer par les faire réfléchir à leur propre langue. Les *dagos* n'étaient pas «biologiquement inférieurs et moins intelligents», comme l'écrivaient les journaux américains, ils n'étaient pas incapables de sortir du périmètre de leur langue : le problème est qu'ils n'étaient pas allés à l'école dans leur propre pays non plus. Ce n'était pas manque d'intelligence si, en vingt ou trente ans, ils ne pouvaient apprendre que quelques mots et les répéter de façon déformée. Cette incapacité à apprendre la langue était présentée comme la preuve de leur infériorité manifeste, alors que c'était seulement le signe que personne ne leur avait mis les bons chiffres dans la tête, alors même que tout le monde continuait à leur parler uniquement en équations.

Et, dans tous les cas, peut-on s'attacher à une langue qui ne vous donne que des coups de pied ? Peut-on embrasser des signes qui ne laissent que des brûlures sur la peau ?

Le fait que les *dagos* n'aient pas pu apprendre la langue ne prouvait pas qu'ils étaient stupides, mais au contraire qu'ils étaient intelligents, qu'ils avaient compris qu'ils devaient se méfier d'un code ne leur offrant que de la haine.

Ils sont faciles, les mots qui nous caressent et nous donnent du courage. Mais les autres restent pour nous imprononçables.

Francesca comprend qu'elle doit cesser d'enquêter et faire à La Nouvelle-Orléans ce qu'elle a fait dans la vallée du Pô, c'est-à-dire ouvrir des écoles. Mais avant de se mettre à chercher des donateurs, elle veut laver et coiffer tous les enfants de Little Palermo, car on retient les mots de ceux qui nous aiment et prennent soin de nous, mais on refuse ceux des personnes qui nous méprisent et nous humilient. C'est la règle que Francesca impose à Little Palermo : avant chaque leçon, les bonnes sœurs doivent coiffer leurs élèves, elles doivent les caresser avec une brosse.

Il n'est guère facile de créer une école dans un quartier qui a poussé comme un champignon, sans hôpitaux, sans routes, sans commerces ni tout-à-l'égout. Un quartier qui n'en est pas vraiment un : plutôt un chantier à l'abandon, où chacun trouve un coin où se poser la nuit. Pourtant, elle n'a pas le choix, c'est ce quartier-là qu'il faut réveiller, car les *dagos* continueront à faire la queue pour y habiter, afin de rester ensemble. C'est une autre des raisons pour lesquelles on disait qu'ils étaient stupides : leur obstination à vivre à dix ou quinze dans un même logement, au même endroit, où on les trouvait facilement quand on voulait les lyncher. Ailleurs ils auraient eu plus de place, ailleurs ils auraient pu éviter de concentrer leurs maux, alors que tous ensemble, insistait-on, ils étaient encore plus laids, plus poilus, plus petits, plus rudes et plus sales.

Parfois, ils avaient même leur vieille mère avec eux : elle cuisinait pour tous, portait des vêtements en lambeaux et des pantoufles trouées, mais pour rien au monde elle n'aurait vendu les boucles en or qu'elle avait aux oreilles. Cela aussi ne montrait-il pas qu'ils étaient vraiment stupides ? N'aurait-il pas été préférable de vendre ces boucles d'oreilles ? Ça arrive : souvent, les gens qui ont fait des études se mettent à tenir des raisonnements basiques que même les *dagos* les moins malins ne tiendraient pas… Renoncer à ces boucles d'oreilles aurait signifié perdre la seule chose de valeur dans ce nœud de rides et de chiffons, la seule chose qui l'empêchait de se dire que ce corps était dispensable, tel un vulgaire déchet. Les boucles d'oreilles en or lui rappelaient que quelqu'un – un oncle, un grand-père, une mère, un mari – avait misé sur elle. Peut-être pour sa confirmation, peut-être pour un anniversaire ou un mariage, mais il y avait bien eu quelque chose de notable dans sa vie.

C'est vrai : de loin on pouvait croire qu'une fois séparés ils vivraient mieux. Séparés, ils pueraient moins, ils seraient moins laids, moins bizarres, moins tordus, moins misérables, moins désespérés… Car, réunis, ils étaient trop visibles, ils se transmettaient des maladies, des mœurs et des ambitions vulgaires, dans un misérable engrenage du pire qui creusait de plus en plus l'écart entre le reste de la ville et eux.

Il y a tout de même une chose que les concitoyens des *dagos* ne comprennent pas, une chose très claire pour Francesca, qui voyage souvent avec eux dans la cale des navires : ils vivent ensemble pour capitaliser les connaissances, les maigres connaissances qu'ils parviennent à acquérir, mais qui peuvent leur sauver la vie. Trouver un lit où dormir, chercher du travail, savoir à quels contremaîtres on peut faire confiance, quoi répondre à la police si elle vous arrête, comment obtenir un visa, à qui s'adresser en cas de maladie, que dire dans les lettres à la famille. Il faut toujours transmettre son savoir, car cela aide l'autre à parcourir moins de route et à éviter les pièges : les boulots qu'on ne vous paiera jamais ; les contremaîtres qui vous laisseront toujours en plan, à trente kilomètres de chez vous… les policiers qu'il vaut mieux éviter, car ils vous casseront les dents quoi qu'il arrive.

Dans ce « ghetto » qui, de l'extérieur, n'est que ruines et désespoir, dès le premier soir tu reçois une formation complète.

C'est pourquoi, même si tout le monde lui dit qu'il vaudrait mieux construire des routes et des égouts, Francesca décide de commencer par une école. Car, lorsque l'argent vient à manquer, on n'entretient pas les routes, on ne les répare plus. Mais si on forme des esprits, ils répareront toutes les routes nécessaires.

À Little Palermo, quand les gens commencent à comprendre que c'est ce que les sœurs veulent, construire des écoles sans rien leur demander en retour, sans prêcher ni espérer des conversions, ils se mettent à collaborer, ils les aident à trouver les réponses qu'elles sont venues chercher en remontant le Mississippi.

Ils invitent Francesca et les autres sœurs à se renseigner sur le chef de la police qui a été assassiné à La Nouvelle-Orléans dans la nuit du 15 octobre 1890.

Francesca sait qu'il s'appelait David Hennessy, qu'il était d'origine irlandaise et qu'il avait trente-trois ans quand il est mort. Elle sait aussi qu'il avait débuté comme simple *detective* et que, jeune policier, il avait reçu une médaille pour avoir traîné devant un juge un parrain de la criminalité organisée italienne. Elle sait enfin que sur le port il avait le pouvoir d'accorder ou non des passeports aux cargaisons et des visas d'entrée aux immigrants.

Mais cela ne suffit pas, répondent les Italiens de Little Palermo. Il faut creuser plus en profondeur.

En fouillant dans la direction qu'on lui a suggérée, Francesca constate que Hennessy n'était pas le héros que les journaux ont décrit. Par exemple, il a regardé sans réagir son cousin assassiner un homme au cours d'une dispute. Et, après coup, il a témoigné en sa faveur, affirmant qu'il avait bien appuyé sur la détente, mais que c'était de la légitime défense. Il se trouve que la victime était le principal rival de Hennessy pour le poste de chef de la police.

Francesca sent qu'elle doit aller plus loin. À Little Palermo, on l'encourage à chercher parmi les amis de Hennessy, ceux qu'il retrouvait dans les saloons de la ville. Des hommes avec lesquels on le voyait, la nuit, sur les quais du port, échanger des armes et des faveurs.

Francesca découvre que les Italiens de Little Palermo ont dit vrai : en public, la mafia sicilienne apparaissait comme l'ennemie de Hennessy, mais en privé c'était elle qui le nourrissait.

Hennessy était proche des Provenzano qui, dans leur villa, ont une chapelle avec la statue de sainte Rosalie portant une couronne de roses, comme celle qu'on peut voir à Corleone, sculptée sur la façade de l'église.

Les Provenzano ont fait venir la statue d'Italie et, durant la traversée, Rosalie a été la seule passagère de troisième classe à ne pas monter sur le pont pour acheter de l'eau et de la nourriture.

Depuis qu'elle est chez les Provenzano à La Nouvelle-Orléans, on la célèbre chaque été, et les Siciliens affluent pour rendre hommage aussi bien à la sainte qu'aux parrains qui l'ont accueillie.

À Little Palermo, on jure que David Hennessy assistait parfois à ces fêtes. Et que, sans son aide, les Provenzano n'auraient pas pu faire entrer dans le port les immenses quantités de marchandises qui, chaque année, leur parvenaient d'Amérique du Sud et d'Europe : bananes, cacao et café d'Amérique centrale; agrumes, amandes et soufre de Sicile, où ils envoyaient du sucre et du coton. Le tout en garantissant aux acheteurs et aux fournisseurs des délais de livraison rapides et aucune formalité, nul tampon, visa ou laissez-passer : seulement la parole donnée, la confiance, l'honneur et la loyauté.

Ces garanties avaient un coût, des sommes que Hennessy empochait sans broncher, en plus d'un droit d'accès gratuit et illimité à tous les bordels de la ville. Et quand ses hommes, payés par l'argent des contribuables, n'arrivaient pas à faire tout le sale boulot nécessaire pour protéger les intérêts des Provenzano, des tueurs payés par la puissante famille sicilienne s'en chargeaient.

Mais si les Provenzano et Hennessy étaient amis, pourquoi le maire a-t-il déclaré le contraire, prétendant qu'ils étaient ennemis et que le policier avait été abattu par des immigrants siciliens?

On conseille à Francesca de se rendre sur le port pour poser ces questions, car les mauvaises odeurs qui empestent la ville viennent toujours des docks.

Francesca se met à chercher parmi les hommes qui, allongés sur le quai, attendent l'apparition d'un bateau : que s'est-il passé ici il y a seulement un an et demi?

Personne ne s'en souvient. Ils répondent tous qu'ils ne travaillaient pas là à l'époque. Mais tandis que Francesca s'en va, elle entend dans son dos une voix lancer en guise d'intimidation : « Une bonne sœur doit rester à l'église et prier! »

Un seul homme – un seul suffit – la rejoint et lui suggère de se renseigner sur le fils de Charles Matranga.

Le jeune Matranga est le dauphin du clan qui partage le business du port avec les Provenzano, découvre Francesca au bout de quelques jours. Même si, de l'avis général, cette cohabitation ne satisfait personne.

Francesca obtient l'adresse de Matranga et s'y rend sans prévenir. Elle n'a pas peur d'entrer dans la maison d'un parrain, pas plus qu'elle n'avait peur de descendre dans les caves de Brooklyn où la police n'avait pas mis les pieds depuis des années.

Une domestique qui ne parle qu'italien lui ouvre la porte. Elle la fait attendre dans un hall très lumineux, où sont accrochés une marine italienne et un portrait au fusain de sainte Rosalie.

Le jeune Matranga est à l'étage et, quand il descend, il ne se montre ni contrarié ni étonné de la rencontrer ; il savait que tôt ou tard « la bonne sœur des immigrants » viendrait à lui. Il marche lentement, à petits pas et en s'aidant d'une béquille, car il lui manque une jambe.

Francesca lui demande comment c'est arrivé et le garçon répond que les Provenzano la lui ont prise. C'est bien dommage, car c'était le seul jeune Sicilien dont tout le monde à La Nouvelle-Orléans aimait la peau olivâtre et les sourcils épais. Contrairement à ce qu'ont écrit les journaux locaux, ce n'était pas un accident, lui explique-t-il : les Provenzano lui ont tiré dessus en plein jour à titre d'avertissement pour toute sa famille, leur signifiant qu'ils devaient abandonner le port. Et, ce jour-là, après la fusillade, Hennessy – à qui on avait dit de ne pas s'approcher du port – est arrivé juste à temps pour rapporter ce qu'il n'avait pas vu mais qu'il tenait à répéter devant un tribunal : les Provenzano avaient ouvert le feu contre Matranga en état de légitime défense. Encore la légitime défense ! Depuis sa naissance, c'est tout ce que Hennessy savait dire !

Le reste relève du faits divers, il n'est pas nécessaire de le lui raconter, Francesca peut le lire dans les journaux : « Nouvelle-Orléans, 15 octobre 1890, 22 h 30. Le chef de la police locale, David Hennessy, quitte le Dominic Virget's pour rentrer chez lui. Quelques rues plus loin, il prend congé de son ami Bill O'Connor, lui aussi policier en uniforme, et est atteint sur le pas de sa porte par une rafale de coups de feu tirés dans son dos. »

À Little Palermo, on lui dit qu'à son arrivée à l'hôpital

Hennessy ne semblait pas en danger de mort, car aucun organe vital n'avait été touché. Pendant la nuit, quand la nouvelle s'est répandue dans la ville, un cortège de collègues s'est formé devant l'hôpital. Le policier a demandé à sa mère, venue à son chevet, de mettre de l'ordre dans ses affaires, mais il a aussi trouvé le moyen de plaisanter. À plusieurs journalistes qui insistaient pour savoir ce qui s'était passé, il a répondu qu'il n'était pas en mesure de donner des détails, mais il a répété plusieurs fois une chose qui lui tenait à cœur :

«Ils ont tiré sur moi, mais je me suis défendu !

«Ils ont tiré sur moi, mais j'ai répondu !

«Ils ont tiré sur moi, mais je ne suis pas foutu !»

Car dans l'esprit d'un policier, la pire des hontes consiste à mourir comme un idiot, faible, naïf et impréparé. Quiconque meurt comme un mouton ne peut pas être un vrai policier.

Pour ceux qui vivent en symbiose avec une arme, le premier commandement devrait être de ne jamais s'en servir. La première chose à vérifier quand quelqu'un veut entrer dans les forces de l'ordre est qu'il ait un profond dégoût des armes à feu. Comprendre si le déclic d'un fusil l'excite ou l'écœure, puis ne recruter que celui à qui ce son donne la nausée. Un policier, un carabinier, un douanier, un militaire ne respecte son serment que s'il tire le moins possible. C'est en fonction de cela qu'on devrait distribuer les médailles et les promotions : des arrestations auxquelles on n'a pas procédé, des coups de feu qu'on n'a pas tirés, de la matraque qu'on n'a pas utilisée, en évaluant comment on a procédé pour empêcher le crime, dissuader le tir ou laisser de côté la matraque. Pourtant, on est promu si on fait le contraire, car on vous inculque lentement mais sûrement l'idée que celui qui tire le premier est le plus fort, toujours à la hauteur dans une situation où l'honneur personnel est en jeu, comme dans le cas de Hennessy :

«Ils ont tiré sur moi, mais je me suis défendu !

«Ils ont tiré sur moi, mais j'ai répondu !

«Ils ont tiré sur moi, mais je ne suis pas foutu !»

Aux États-Unis, le vieux Far West empoisonne tout : aujourd'hui comme hier, il est dans l'imaginaire de la police américaine, qui n'est un organe de l'État que pour la forme. En réalité, lorsqu'un policier et un civil se font face, dans leur esprit ils ne sont que deux hommes armés qui se défient. Des cow-boys qui ne sont soumis à aucune loi sinon celle du plus rapide à ouvrir le feu. C'est presque par hasard que, à un moment donné, aux États-Unis, on a décidé que la violence privée devait devenir une question publique. Dès le départ, on a compris que ça ne fonctionnerait pas. Puisqu'ils avaient désormais interdiction de se faire justice eux-mêmes, les cow-boys ont rejoint la police en masse pour continuer à faire ce qu'ils avaient toujours fait. Et ceux qui aspiraient à un idéal de justice d'État furent les premiers à être attaqués. Voilà qui était Hennessy : un canardeur intrépide dont le seul souci était de laver son honneur.

Mais, tandis qu'il s'efforçait de mourir comme un dur, comme quelqu'un qui avait répondu aux coups de feu et atteint ses ennemis, on tentait dans l'ombre de faire de lui une victime à venger. Ainsi, lorsque vers dix heures du matin, malgré les prévisions optimistes des médecins, David Hennessy a rendu son dernier souffle, celui qui était dans l'ombre est entré en scène. Son ami Bill O'Connor, l'homme qui l'avait accompagné presque jusque devant chez lui le soir de l'embuscade, avant de le laisser pour mort. Bill O'Connor a déclaré aux journalistes qu'il avait eu une révélation durant la nuit :

« Hennessy a été tué par les *dagos* !

— Comment le sais-tu ? lui ont-ils demandé.

— Ce sont ses derniers mots. On était à l'hôpital peu avant l'aube, enfin seuls lui et moi, les yeux dans les yeux, l'un prêt à recevoir les consignes de l'autre : “Qui a fait ça, David ? – Les *dagos*, Bill !” »

« *Dagos*, jure O'Connor aux journalistes. C'est le dernier mot qu'il a prononcé, dans un dernier cri. »

Des *dagos*, bien sûr, pense Francesca. Mais quels *dagos* ? Les Matranga, ennemis de ses amis, ou ses amis eux-mêmes, les Provenzano, qui avaient peut-être voulu punir Hennessy pour quelque licence non délivrée ou une possible infidélité ? Qu'avaient donc à voir dans cette affaire les deux cent cinquante

Siciliens interpellés à Little Palermo, dont cinquante furent mis en détention ? Si on voulait frapper un grand coup contre la mafia sicilienne, la punir, la bloquer, la chasser du port, les noms de Matranga et de Provenzano étaient plus que suffisants. Pourquoi impliquer ces innocents, certains encore mineurs, arrêtés sous les prétextes les plus absurdes et ignorant manifestement de quoi on les accusait ?

Des mois plus tard, dix-neuf d'entre eux ont été envoyés devant un tribunal qui devait se prononcer sur leur culpabilité. En les voyant de près, ainsi alignés, le jury a eu la conviction que tous les *dagos* n'étaient pas identiques, contrairement à ce qu'on prétendait. Allez comprendre pourquoi, ont pensé les jurés, de loin ils semblent avoir tous le même visage, peut-être parce qu'on n'arrive pas à saisir leurs gestes ni leurs mots, qui dessinent des géographies particulières sur leurs visages. Et ce n'était pas vrai non plus qu'ils étaient tous petits, malodorants et violents. Ils avaient bien quelque chose de plus sanguin que les WASP, les vrais Blancs, mais peut-être cela avait-il à voir avec ce qui sépare la vie des privilégiés de celle des exploités.

Tu dois te dire que c'est en ça que consiste la *white fragility*, la fragilité des Blancs : la certitude que la dure vie d'exploités rend plus fort. Peu importe la couleur de la peau, si on parle de *white fragility* ce n'est qu'une contingence historique, car ça aurait pu être une fragilité verte, rouge, noire ou bleue. Il s'agit de la vulnérabilité ressentie par ceux qui ont vécu protégés par leurs privilèges, le sentiment d'être plus fragiles que ceux qui ont eu à franchir des obstacles insurmontables. Le manque d'écoles, d'hôpitaux et de loisirs endurcit les corps et les change en acier. Au contraire, garder les meilleures places, les meilleures maisons, les meilleures terres, s'asseoir derrière des bureaux confortables, prendre le chemin le plus court pour se rendre au travail, sous-traiter les tâches ménagères à des domestiques rend plus fragile. Le jury a estimé qu'on ne pouvait néanmoins pas envier les *dagos* sous prétexte qu'ils étaient défavorisés et leur en vouloir. Il n'y avait aucune preuve contre eux. L'accusation ne cessait de se draper dans des affirmations qu'elle ne pouvait pas étayer. Il n'y avait pas de témoins et personne n'avait jamais cru que David Hennessy était un saint.

Le verdict était clair : innocents.

C'est ce qu'avait décidé, à la surprise générale, un jury composé de Blancs privilégiés : ces *dagos* étaient innocents.

Toute la communauté italienne a célébré ce triomphe en défilant dans les rues de la ville. Mais le maire et l'ensemble des forces de police locales sont sortis de la salle du tribunal comme d'un ring de boxe après un K.-O. Les jurés n'avaient pas cru les paroles d'un policier, ou plutôt de deux, bien que seul Bill O'Connor ait entendu celles de David Hennessy !

L'acquittement des *dagos* était « la preuve que la ville savait, qu'elle se méfiait des institutions locales ! » ont expliqué les gens de Little Palermo à Francesca.

Jugés responsables de cet affront, les *dagos* n'ont pas été libérés sur-le-champ, car on a eu recours à des artifices de procédure pour les laisser dans leurs cellules : « Encore vingt-quatre heures », leur a-t-on dit. Puis, au lieu de cela, est parue cette proclamation dans le journal !

« Quelle proclamation ? » demande Francesca.

Celle qui invitait les citadins à se rebeller contre l'acquittement prononcé à tort par le tribunal. Celle qui leur donnait rendez-vous sur la place publique afin d'inverser le verdict !

Plusieurs hommes politiques, des propriétaires fonciers, de nombreux industriels et le bras droit du maire ont répondu à cet appel insolite. Et alors qu'ils étaient encore en train de dénoncer à la tribune l'acquittement scandaleux des *dagos*, une centaine de justiciers à cheval, armés de fusils Winchester à répétition, étaient apparus sur la place, venus d'on ne sait où.

Ceux qui avaient répondu à l'appel ne voulaient pas seulement dire : « Présent ! », ils voulaient surtout agir. Quand le déluge de slogans et d'insultes a pris fin, la foule s'est massée en rangs serrés derrière les hommes en armes comme pour de sinistres funérailles, marchant en direction de la prison où les *dagos* étaient toujours enfermés.

Afin de décharger le shérif de toute responsabilité, on lui avait conseillé de ne pas se trouver sur les lieux, de façon à lui éviter d'être contraint d'intervenir lorsque, une fois les portes enfoncées, les victimes seraient traînées à l'extérieur. Ils ont pendu un homme à chaque lampadaire, puis le cortège s'est dirigé vers Little Palermo, où ils ont mis le feu aux magasins et aux maisons des Italiens. Personne n'a été autorisé à décrocher les corps des lampadaires pendant plusieurs jours.

Voilà ce qui s'est passé. Nulle éruption soudaine d'une foule incontrôlable, a écrit Francesca à Giovanni. Le racisme n'était pas le fait de la majorité, mais d'une minorité qui l'a exploité, comme on exploite les peurs d'un enfant ou qu'on stimule les angoisses les plus noires tapies au fond de chacun.

Mais quelle foule ? Quelle place ? Quel peuple ? Le maire et les policiers corrompus avaient voulu donner une leçon aux juges et à la justice. Ils avaient voulu dire aux *dagos* qu'ils n'avaient aucune possibilité de rédemption à La Nouvelle-Orléans et que, s'ils voulaient rester, ils devaient garder la tête basse, sans droits, sans velléité d'ouvrir un commerce ou de se lancer dans l'import-export. Pour eux, il ne devait y avoir que le travail dans les plantations. Les meilleurs emplois, dans les affaires, les bureaux et les institutions, étaient l'apanage des Blancs qui, hier comme aujourd'hui, savent très bien qu'en déposant les armes ils n'auront plus aucune chance de conserver ces mêmes emplois sur la base du mérite et du respect de la légalité.

C'est ce que Francesca a écrit à Giovanni. Et elle a ajouté que le vrai scandale n'était pas ce que disait la presse américaine, simple caisse de résonance du racisme WASP, mais le fait que la presse italienne se contentait de le répéter. Non seulement elle ne démentait pas, mais elle parlait avec violence de ses compatriotes. De peur d'être confondue avec les criminels, elle ne défendait pas les innocents, elle jetait au contraire de l'huile sur le feu, abandonnant et diffamant ceux de son sang. Combien d'interviews et d'articles d'universitaires publiés par la presse italienne après chaque lynchage ! Le racisme le plus dangereux, celui qu'on essayait de faire passer pour scientifiquement fondé, celui de la «race» méditerranéenne naturellement stupide et brutale, était propagé par les Italiens eux-mêmes. Combien d'universitaires, non contents d'être applaudis chez eux, étaient partis chercher des applaudissements à l'étranger en parlant des émigrés comme des populations les moins avancées du pays!

La découverte en Allemagne des restes de l'homme de Neandertal était encore récente, tu dois donc imaginer que l'idée de deux types d'hommes, les plus intelligents d'un côté et les plus stupides de l'autre, habitait les pires cauchemars de l'espèce humaine. Les Sapiens et les Néandertaliens avaient vécu ensemble en Europe jusqu'à ce que – loi de la nature! – le plus intelligent prenne la nourriture et l'eau du plus stupide, le condamnant à l'extinction. Les *dagos* faisaient honte à leurs compatriotes restés au pays : c'étaient des descendants de Neandertal! Le front bas qu'arboraient beaucoup d'entre eux en était la preuve. Les sourcils épais et arqués le montraient. La forme de leur crâne, plus aplati et allongé, le confirmait.

La forme de leur crâne, justement, trahissait des criminels-nés, car on naît criminel, affirmaient ces scientifiques. Giovanni et Francesca, eux, disaient exactement le contraire, à savoir qu'on devient criminel quand on grandit sur ces terres maudites où il n'y a pas d'écoles, d'hôpitaux, de cantines, de bénévoles, d'associations d'aide aux migrants, d'églises ouvertes, de centres de loisirs, de bibliothèques, de travailleurs sociaux, de psychologues, de médecins, d'enseignants, de théâtres, d'artistes, de poètes, de sportifs, de terrains de football, de cinémas, de patinoires, de musiciens, chaque fois qu'il n'y a personne pour te brosser les cheveux, te mettre au lit, ou que la personne présente se contente de te dire que tout ira bien, sans faire en sorte que tout aille effectivement bien. On devient criminel là où la liberté, la justice et le droit font défaut, c'est-à-dire là où il est impossible de se construire et de se racheter, où on peut seulement se venger et essayer d'arracher ce qui nous a été refusé.

Francesca a écrit à Giovanni que le racisme ne devait pas être combattu par le bas, car il ne naissait pas d'en bas, comme l'avait montré le verdict de ce jury composé d'honnêtes gens à La

Nouvelle-Orléans : il venait d'en haut, de ceux qui dirigeaient les institutions et qui, trop souvent, à leur place privilégiée, attisaient les préjugés, semaient les peurs et encourageaient les phobies, pour ensuite les répandre à dessein et par intérêt au sein de la population.

CRIE-LE : LES MENSONGES TUENT !

SAIS-TU QUE NIER DES DROITS AUX AUTRES REVIENT À T'EN PRIVER TOI AUSSI ?

27

CONTRADE

> L'attachement à la *contrada* n'a rien à voir avec les idées, le parti politique ou les intérêts. Il dépend exclusivement du lieu de naissance, de l'atavisme, de tout ce qui est prénatal en somme ; il n'est pas pensée mais passion contractée en venant au monde.
>
> GUIDO PIOVENE[1]

Le Palio[2] de Sienne, c'est l'Italie.

Sais-tu qui est l'ennemi, au Palio ? La *contrada* voisine.

Et sais-tu qui sont les amis ? Les *contrade* lointaines.

À présent, peux-tu me dire quel est le but, au Palio ? Gagner ? Eh bien, tu n'y connais vraiment rien.

Le but, c'est de voir tomber les *contrade* ennemies, pas de gagner la course.

Si une *contrada* amie gagne, très bien. Si tu perds et qu'une *contrada* ennemie perd aussi, c'est bien, c'est mieux. Si tu perds

1. *Voyage en Italie*, chapitre « Sienne », traduction de Claude Poncet, Flammarion, 1958.

2. Le Palio est une course de chevaux qui se déroule sur la Piazza del Campo, en plein centre de Sienne, et dans laquelle chacune des *contrade* (les quartiers de la ville) a son représentant, monté à cru par un cavalier du quartier. Il a lieu le 2 juillet et le 16 août, chaque année, depuis le XVIe siècle.

pour faire tomber une *contrada* ennemie, eh bien, tu n'as pas perdu.

Le premier objectif du Palio est toujours de ne pas laisser ses ennemis gagner.

C'est cet état d'esprit qui fait que les Italiens se sentent toujours seuls à l'étranger : applaudir un Allemand, un Hollandais, un Anglais, soit; mais un autre Italien, jamais!

L'Italie est un pays de *contrade*, et on dit parfois que l'extraordinaire course à la beauté qui caractérise l'Italie est le produit de la haine des uns pour les autres. Dans chaque village, dans chaque ville, le campanile et la place ont été construits sans schéma rationnel, seulement dans le but – irrationnel – de gagner, de battre les autres, de vaincre et de se distinguer de la ville voisine, du village voisin, de la *contrada* voisine. Résultat : un feu d'artifice de beauté!

Si nous avions été unis, il n'y aurait eu qu'une seule magnifique place. Si nous avions été unis, il n'y aurait eu qu'un seul magnifique clocher. Or, regarde-nous, regarde cette étendue infinie de places et de clochers magnifiques. Si nous avions été unis, il y aurait eu moins d'efforts fournis pour plus d'efficacité. Mais non, nous avons choisi de produire plus d'efforts, plus de douleur et de conflits.

Au fond, dans l'esprit d'un Italien, il y a toujours cette idée : l'important est de battre un compatriote, l'important est que ça ne se passe pas bien pour un compatriote.

Pourquoi?

Parce que la colère, le ressentiment et la frustration de l'Italien sont si vastes, sa méfiance, sa résignation et son sentiment d'impuissance si grands, qu'il a besoin de savoir qu'en Italie nous sommes tous dans le même bateau. Parce qu'en Italie, la victoire est si rare, si difficile, si inaccessible que, lorsqu'elle arrive, on la voit comme un destin trop exclusif et individuel pour qu'on accepte de la partager.

Tout Italien grandit avec la certitude que son pays ne croit pas en lui, ne mise pas sur lui et ne l'encourage même pas. Quand il s'en va, qu'il émigre, même si le pain qu'il mange est étranger, si l’air qu’il respire et le sol qu’il foule sont étrangers, l’Italie persiste à ne pas le soutenir.

Tu l’as vu avec l’histoire des *dagos* : ils avaient accepté de quitter leur village et leur famille pour devenir des monnaies d’échange entre le gouvernement italien et des gouvernements étrangers. Pourtant, les scientifiques italiens suivaient leurs traces jusque sur leurs terres d’exil, afin d’expliquer au monde qu’ils valaient moins que rien !

L’Italien est résigné. Il est tellement sûr de ne pas gagner qu’il ne considère pas la victoire comme un rêve ou un objectif. Et, dans un pays où on t’explique dès la naissance que tu ne vas pas y arriver, tu ne peux qu’espérer la défaite des autres. Mieux : tu espères que ceux qui t’entourent subiront le même sort que toi. Ce n’est qu’ainsi que ton échec sera gommé, car ce ne sera plus « ton » échec personnel, ça deviendra un échec collectif. Et en apparence – car c’est seulement une apparence – cela semblera plus facile à supporter.

En revanche, si un Italien gagne, tu ne peux pas te consoler en te disant que tu n’es pas responsable de ta défaite. Pourtant c’est la vérité : tu n’es pas responsable ! Ce pays rend la vie de ses citoyens si difficile qu’il les expose à toutes sortes de fléaux, d’une fiscalité insoutenable à une bureaucratie punitive qui, à elles deux, conspirent à faire trébucher quiconque agit : travailleurs indépendants, jeunes entrepreneurs, créateurs d’entreprise, coopératives, start-up, associations. En Italie, ces structures ont toutes la tête dans le guidon. Elles naissent en bonne santé, puis le pays les pille ou les contamine de ses maux.

La rage des Italiens est si grande, si noire, si atavique que leur seule issue est de devenir comme les supporters du Palio, qui ne cherchent pas à gagner, seulement à empêcher la *contrada* voisine d’y parvenir, celle des frères, cousins, neveux, nièces, oncles, amis et autres connaissances.

Comment le sais-je ? J’ai grandi dans une région où le pire des dynamiques italiennes arrive avec vingt à trente ans d’avance sur le reste du pays. Un jour, à Caserte, où je vivais encore à ton âge, est arrivé un important groupe d’artistes qui étaient persécutés par les régimes communistes et que le pape avait aidés à quitter l'Europe de l'Est. En signe de gratitude envers la ville qui les avait accueillis, ces artistes ont fabriqué de magnifiques jeux en bois pour les enfants sur l'une des places les plus populaires de Caserte : un merveilleux coq, un drôle de petit avion, une libellule aux formes sinueuses, tous remarquablement sculptés dans le bois. Les enfants grimpaient et se balançaient, ils s'en approchaient et les touchaient, ils se tenaient devant eux et attendaient que leurs parents les prennent en photo. À l'époque, il n'y avait ni smartphones ni selfies, les photos étaient rares, car les développer coûtait cher. Alors on en prenait peu, seulement lorsqu'on tombait sur une chose extraordinairement belle et inhabituelle. En l'occurrence, c'était le cas.

Une nuit, moins de dix jours après l'apparition des jeux, des gens sont descendus dans la rue avec des haches et de l'essence, puis ils ont tout détruit et brûlé.

Pourquoi ?

Parce que ces jeux appartenaient à tout le monde et, en Italie, ce qui appartient à tout le monde n'est pas à moi ! Et si cette belle balançoire n'est pas à moi, je ne veux pas que quelqu'un d'autre y monte, qu'elle aille donc se faire foutre !

Si elle peut m'appartenir, je la défendrai. Je la rapporterai chez moi, je la mettrai dans mon jardin et je ne laisserai personne y toucher. Mais si tu dois en profiter toi aussi, alors je la brûlerai.

C'est une mentalité répandue dans le sud du pays. Une mentalité qui, malheureusement, se répand désormais dans le Nord, où la haine s'est enracinée au point d'anéantir les bonnes manières, là où régnaient encore la loi et le sens civique.

Aujourd'hui, il n'y a plus aucune différence entre le Nord et le Sud, car il n'a guère été difficile de convaincre les gens que n'importe qui pouvait tout leur prendre et que moins on partage ses droits, plus on en garde pour soi.

Je vais te donner un exemple. Tu as déjà entendu parler du droit du sol ? Quel préjudice subirais-tu si tes camarades de classe nés de parents étrangers recevaient la nationalité italienne dès la naissance ? Aucun. Pourtant, du nord au sud, on dresse des barricades afin que ce droit minimal ne leur soit pas accordé, qu'il faille attendre l'âge de dix-huit ans pour l'obtenir et qu'en le formalisant un fonctionnaire prononce ces mots : « Bienvenue parmi nous ! » Vraiment ? « Bienvenue parmi nous... » ? Peux-tu imaginer l'humiliation que ressent quelqu'un à qui on souhaite la bienvenue alors qu'il est né en Italie ? Qu'il y a toujours vécu ? Qu'il parle uniquement italien depuis la naissance et n'a fréquenté que des écoles italiennes ? Quelqu'un qui a toujours été italien ?

C'est ainsi que ça se passe, je te l'ai dit : l'Italien sait qu'il ne vaut rien, il sait que personne ne croit en lui, que l'État n'investira pas sur lui, et il ne souhaite donc qu'une chose, que tout le monde soit estropié, malade, désespéré, car lorsqu'on vit en enfer, on désire la damnation pour tout le monde.

Mais c'est le pays entier qui est damné, crois-moi : un pays d'où les gens émigrent depuis cent cinquante ans sans interruption. Les émigrants étaient damnés à l'époque des *dagos*, à qui on disait que seuls les plus stupides partaient ; et tout aussi damnés sont ceux qui émigrent aujourd'hui, à qui on répète qu'ils sont paresseux, fainéants, qu'ils refusent de faire des sacrifices et sont pourris-gâtés, de véritables Peter Pan !

Ceux qui partent ont toujours tort, ne l'oublie pas.

L'Italien qui reste au pays a tort, mais celui qui part bien davantage. Et l'émigration italienne revient déjà sous sa forme la plus sinistre.

En effet, il y a quelques années encore, c'étaient les « cerveaux » qui fuyaient, les gens qui allaient à l'université, qui cherchaient un travail qualifié et voulaient gagner plus d'argent. Mais, à présent, on recommence à émigrer pour trouver les travaux les plus humbles et les plus difficiles. Comment ça, te demandes-tu, n'y a-t-il pas d'emplois humbles et difficiles en Italie ? Bien sûr que si, mais souvent ils ne sont pas déclarés, on n'a ni contrat ni protection sociale. On émigre donc à la recherche d'un travail pénible mais qui donne une protection. Pénible mais sûr, à l'abri des caprices d'un employeur à qui on est utile aujourd'hui mais à qui on ne le sera plus demain. Penses-y quand on te dit que les immigrés qui arrivent en Italie prennent le travail des Italiens. Les immigrés ne prennent pas le travail des Italiens : ils sont contraints d'accepter des emplois au noir et des conditions que les Italiens refusent. On avait l'habitude de dire : les immigrés font des travaux que les Italiens ne veulent plus faire, mais on devrait ajouter : dans des conditions que les Italiens ne veulent plus accepter. Sais-tu ce qu'on te répondra ? Que c'est toujours la faute des immigrés... Qu'en acceptant de travailler sans contrat et pour trois euros l'heure, ils encouragent le dumping social. Quand tu entends ces propos, crie qu'on n'a pas le droit de transformer la victime en bourreau, que le coupable n'est jamais celui qui est exploité mais toujours celui qui exploite. Que si on ne change pas les lois, la chaîne qui relie le maître à l'esclave ne sera jamais brisée.

Eh bien, la main-d'œuvre recommence à émigrer d'Italie, et la nouveauté c'est qu'aujourd'hui, contrairement à ce qui se passait autrefois, ce sont les enfants qui partent les premiers parce qu'ils ne trouvent pas de travail. Puis ils font venir leurs parents, qui ont perdu leur emploi entre-temps.

Moins ton pays est démocratique, moins il mise sur toi. Moins ton pays croit en ton émancipation, plus tu seras désespéré et contraint de partir. Et tu seras désespéré de le faire même si tu appartiens à la « bonne » émigration.

Moi aussi, je suis un émigré, je ne vais donc pas tenter de te dissuader. Mais je veux que tu gardes ceci à l'esprit : partir ne résout rien non plus.

En émigrant à Londres, Berlin ou New York, tu obtiendras de droit ce qu'en Italie tu ne peux avoir qu'à titre de faveur ou de privilège. Car, en Italie, même le plus humble des emplois, le plus difficile et le moins bien payé, s'obtient dans tous les cas grâce à un intermédiaire et après une négociation. À l'étranger aussi il pourra t'arriver d'être sous-employé ou sous-payé, ça t'arrivera sans doute, mais la différence est qu'en Allemagne ou en France, si on t'exploite, ce sera parce que tu auras réussi à te faire exploiter. En Italie, même pour être exploité il faut avoir bénéficié d'un coup de main ou d'une faveur.

Crois-moi : si tu ne résous pas la situation en Italie, une fois parti tu ne pourras plus t'en libérer.

Un signe permet de mesurer le profond malaise de l'émigrant italien à l'étranger : la langue.

Les émigrants italiens partis pour l'Australie, le Canada et les États-Unis n'ont pas transmis leur langue à leurs descendants. Pourquoi ?

Parce qu'ils ne voulaient pas que leurs petits-enfants apprennent la langue du pays qui les avait chassés à coups de pied, la langue d'un pays corrompu, dont tout le monde évoquait les magnifiques golfes, le ciel splendide et les bons dîners, mais qui était en réalité un lieu féroce, dont ceux qui émigraient voulaient à tout prix tenir leurs enfants éloignés. Un pays où personne ne veut que ses enfants ou ses petits-enfants reviennent. S'ils y reviennent, ce doit être pour des vacances, pour aller sur la tombe de parents au cimetière ou pour assister à un mariage, avant de repartir le plus vite possible.

Pourquoi Andrew Cuomo ne sait-il pas parler italien ?

Pourquoi James Gandolfini ne savait-il pas parler italien ?

Pourquoi Madonna ne connaît-elle pas un mot d'italien ?

Pourquoi Lady Gaga ne connaît-elle pas plus de quatre mots d'italien ?

Pourquoi Dean Martin ne comprenait-il pas l'italien ? Pourquoi Rocky Graziano, Robert De Niro, Al Pacino, Francis Ford Coppola, Martin Scorsese ne parlent-ils pas italien ?

C'est très simple. Parce que leurs parents ne voulaient pas qu'ils l'apprennent. Ils voulaient que les boulettes de viande, les chansons, la pizza et San Gennaro soient italiens, mais pas la loi, pas l'organisation, pas les institutions, pas les élections, pas leur vie… Ils ne voulaient pas que leur sang retourne dans ce pays qu'ils avaient eu tant de mal à fuir.

Sans doute émigreras-tu toi aussi. Ce n'est qu'une question de choix : si tu es du Sud, tu émigreras dans le Nord ou tu partiras à l'étranger ; si tu es du Nord, tu iras forcément à l'étranger, en Corée du Sud ou en Albanie – où sont partis des milliers d'Italiens –, au Canada, en France, au Portugal, tu peux aller n'importe où.

Peut-être que cela te semble impensable aujourd'hui, comme ça l'était pour moi à ton âge. Je voulais grandir et vivre dans le Sud, je m'identifiais complètement à l'écorce méridionale, je me sentais protégé par cette écorce. Et pourtant…

Si tu veux tenter ta chance ailleurs, tu partiras. Mais rappelle-toi qu'il n'y a pas de honte à vouloir rester. On dit que notre émigration a changé, qu'aujourd'hui ne partent que les talents, les cerveaux, les jeunes de la génération Erasmus, ceux qui ont fait des études, qui savent se débrouiller à l'étranger et n'ont plus besoin de s'enfermer dans un Little Italy, dans un ghetto rempli de gens frustes, car ils savent se mélanger aux autres, ils savent comment louer un appartement confortable en centre-ville et se faire des amis venus du monde entier. Mais c'est faux. Ceux qui partent aujourd'hui connaissent souvent la même humiliation et le même découragement, précisément parce qu'ils parlent plusieurs langues et ont presque toujours un master en poche. Ne crois pas les gens qui te disent que c'est normal et que, quand on est jeune, on a envie de vivre une expérience à l'étranger. Les Allemands, les Espagnols, les Français vivent une expérience à l'étranger. Puis, à l'issue de cette expérience, ils rentrent généralement au pays.

Pourquoi ne rentrons-nous pas, nous ? Parce qu'en Italie il n'y a aucune perspective de travail à laquelle retourner. Il vaut donc mieux rester à l'étranger et mettre à profit ses années d'université, de master, de doctorat. Et puis, chaque fois qu'on met les pieds hors d'Italie, on s'habitue à vivre dans un pays où les choses fonctionnent, un pays sans corruption ni népotisme. Après ça, il est bien difficile d'y rentrer. Mais quand tu feras remarquer que, vue de l'étranger, l'anomalie italienne semble encore plus indigeste, on te répondra que tu n'aimes pas ton pays, que tu le critiques, que tu ne fais rien pour le libérer des « préjugés » que les étrangers ont encore à son sujet.

Sais-tu ce qu'est le Commonwealth ? C'est une communauté qui repose sur l'Histoire et non sur la géographie. L'histoire de la couronne britannique hors de ses frontières, l'histoire de son colonialisme, de son impérialisme, de son expansion politique et commerciale. Eh bien, j'ai toujours pensé que nous étions une sorte de Commonwealth qui ne serait pas fait de canons et de prisons, de mines et de domination, mais une immense communauté, peut-être la plus grande et la plus digne du monde : la communauté des émigrants ! Dans ce domaine, seuls les Chinois nous devancent. Pour cent Italiens qui vivent en Italie, neuf sont installés à l'étranger. Aujourd'hui, près de 5,5 millions d'Italiens vivent hors de nos frontières : 850 000 en Argentine, 750 000 en Allemagne, plus de 600 000 en Suisse, plus de 400 000 au Brésil et en France, plus de 300 000 en Angleterre et près de 300 000 aux États-Unis. Mais ce qui m'impressionne le plus, c'est que les descendants de nos émigrants sous toutes les latitudes représentent un chiffre total qu'on estime entre 60 et 80 millions.

Cela signifie que si ceux qui sont partis aux XIXe et XXe siècles étaient restés, nous aurions aujourd'hui dépassé la population de l'Allemagne et de la France réunies : nous serions aujourd'hui entre 120 et 140 millions, c'est la quantité de sang italien qui circule dans le monde. Et tu sais ce qui est scandaleux ? Ce qui est paradoxal ? Les descendants des émigrés sont plus nombreux que les Italiens restés au pays ; la communauté italienne dispersée dans le monde est plus importante que celle qui se réveille chaque jour à l'intérieur de ses frontières nationales. Et nous ne sommes pas encore capables de comprendre cette blessure ; nous ne sommes pas encore capables de réunir cette diaspora ; nous ne sommes pas encore capables de cesser les grands discours sur la patrie, le *bel paese*, la meilleure nourriture, les femmes et les hommes les plus sensuels, alors que nous devrions dès le premier jour d'école, dès la première leçon de géographie, dire la vérité : l'Italie est formée par les Alpes, l'Apennin et l'émigration. Depuis des siècles, l'Italie est structurellement un pays d'émigration.

Alors, à toi de jouer. Si on te demande d'associer trois mots à l'Italie, ne dis pas :

mode
gastronomie
football

Dis :

mode
football
émigration

Ou bien :

pizza
mafia
émigration

Ou encore :

art
beauté
émigration

Décline ces trois mots comme tu veux, mais veille à ce que le terme « émigration » en fasse toujours partie, car l'Italien qui émigre est un symbole de notre pays au même titre que Ferrari, le parmesan, le chianti et San Gennaro.

Chaque manuel d'Histoire devrait comporter un chapitre sur l'émigration italienne. Il faudrait décréter que, sans lui, ces manuels ne peuvent pas être commercialisés, car ils sont aussi inutiles qu'un vélo sans roues ou qu'un lave-linge sans essorage. Tout homme politique qui ne s'engage pas dans ce domaine, qui ne réfléchit pas à ces questions, qui ne cherche pas des solutions à ce fléau doit être considéré comme aveugle ou fou.

Quelle est cette malédiction ?

D'où vient-elle ?

Comment la combat-on ?

Et qu'est-ce que cela signifie quand on te dit : fais l'éloge de ta région, raconte la beauté de ta ville, apprends à voir la grandeur de ton pays ?

Mais quelle beauté peut bien avoir un pays qui, depuis un siècle et demi, fournit des cuisiniers, des serveurs, des barmen et des plongeurs aux restaurants de la moitié du monde ?

Est-ce le cas en Allemagne ?

Est-ce le cas en France ?

Est-ce le cas en Angleterre ?

Non, ce n'est le cas dans aucun autre pays européen.

Aucun autre pays européen ne souffre d'une telle maladie. Nous ne sommes pas un pays développé, nous ne sommes pas un pays démocratique, nous sommes un pays frère de la Turquie, de l'Inde, du Bangladesh, du Sri Lanka et de l'Albanie. Nous appartenons à cette vaste espèce humaine qui ne sait pas attendre le temps des réformes ni concrétiser les rêves de révolution : la nourriture, c'est aujourd'hui ; la dignité aujourd'hui ; le salaire aujourd'hui ; les retraites aujourd'hui ; les frais de scolarité aujourd'hui. Et donc, on émigre. Ne crois pas ceux qui parlent de pays riche, évolué, développé : ce serait une erreur. Il l'est, mais seulement dans certaines régions, et il l'a été pendant quelques années, mais ne l'est déjà plus.

Ce pays n'a pas la capacité d'affronter ses problèmes. Or, essayer de changer un pays sans en cerner les difficultés les plus insurmontables est comme entrer sur un terrain de football sans avoir le moindre schéma de jeu ou construire une maison sans avoir consulté un architecte ou un géomètre. Une ville peut se développer sans plan d'occupation des sols, mais on ne pourra pas l'empêcher d'être chaotique. Si on ne part pas d'un plan, d'un projet, d'une idée, on n'a aucun moyen de résoudre les problèmes, et on se contentera – une fois de plus – de célébrer comme toujours le plus beau pays, les personnes les plus créatives, la musique la plus originale. C'est une ritournelle à laquelle personne ne croit et, dans la routine du quotidien, ce n'est qu'un bruit de fond inutile. Quand ce sera ton tour de partir, ce bruit de fond se changera en boucan au volume sonore insupportable.

Toi qui fais tes valises, qui achètes un billet d'avion et qui songes que tu préférerais rester, entendre parler de la beauté de l'Italie ne peut que te faire hurler.

Alors crie que ce n'est pas un privilège de partir ! Crie qu'en Italie, pour être autonome, il faut émigrer, hier comme aujourd'hui ! Crie que tu ne peux pas louer un appartement et avoir un contrat de bail en règle ! Crie que tu ne peux pas obtenir un permis de construire dans des délais raisonnables ! Crie que pour créer une start-up en Italie il faut soixante-dix certifications différentes, alors qu'à l'étranger on peut le faire en vingt-quatre heures et que, les premières années, on ne paie pas d'impôts ! Crie que c'est le seul moyen de faire décoller les projets dans tous les secteurs : graphisme, cinéma, bande dessinée, mode, musique, restauration, culture, sport et environnement !

En Italie, tout est beau. Mais ensuite, quand il faut avoir une vision des choses, qu'il faut disposer d'un projet politique et investir dans le changement, on se rend compte qu'on ne peut pas faire un seul pas. C'est un beau pays, mais dès qu'on va à l'étranger on découvre ce qu'y disent de nous les entrepreneurs et les investisseurs. Ils disent qu'ici, en Italie, ils sont obligés de louer des logements et des entrepôts sans contrat, qu'ils ne peuvent pas obtenir de permis en règle s'ils ne huilent pas les « bons » rouages, qu'ils doivent attendre un temps infini pour obtenir un simple certificat ; ils disent que nous trichons sans cesse en matière de marchés publics, ils ne croient pas que nous gagnons les concours publics honnêtement, ils soulignent qu'en Italie rien n'est droit et que tout est usage.

Mais personne en Italie ne veut y réfléchir, on préfère se dire que l'Europe jalouse ce pays si beau et créatif, si ordonné et respectueux des lois. Un pays merveilleux où, pourtant, l'hémorragie de ceux qui partent ne s'arrête pas.

Je comprends que tu veuilles t'arracher à ces sables mouvants. Je comprends que tu veuilles fuir. Mais ce que je veux te dire c'est que, dans tous les cas, aucun eldorado ne t'attend ailleurs. Alors demande-toi si c'est bien ce que tu veux, car ceux qui émigrent portent toujours une marque, tel un défaut de fabrication : au premier incident, elle te sera reprochée.

C'est de cela que parle l'histoire que je vais te raconter.

CRIE-LE, SI TU NE SAUVES PAS LA FORÊT EN FLAMMES, L'INCENDIE TE RATTRAPERA N'IMPORTE OÙ.

Gloria Trevisan

28

GLORIA

> Si vous pensez que le monde se partage entre Italiens et étrangers, sachez que, dans cette vision des choses, je n'appartiens à aucun camp, et que j'exige au contraire de pouvoir le partager entre déshérités et opprimés d'un côté, privilégiés et oppresseurs de l'autre : les premiers sont mon camp et les autres mes étrangers.
>
> DON LORENZO MILANI[1]

2500 livres sterling. Tu sais combien ça fait ? Un peu moins de 3000 euros. Si une famille mettait de côté 3000 euros en une année, avec cet argent elle ne pourrait même pas acheter une voiture d'occasion.

Pour une entreprise, 3000 euros économisés pèsent encore moins lourd : elle pourrait tout au plus organiser un pot pour ses employés ou offrir des vacances à la famille du patron, mais elle devrait dans ce cas faire passer cette dépense pour un voyage d'affaires et la comptabiliser dans les charges de l'exercice. Pour une entreprise, 3000 euros représentent une somme des plus modestes.

1. *L'obéissance n'est plus une vertu*, traduction de Jean-François Hautin, Éditions Le Champ du possible, 1974.

Depuis le 14 juin 2017, 3 000 euros est un chiffre que je n'arrive plus à prononcer. Ce jour-là, je l'ai effacé de mes calculs. Car c'est pour une économie de 3 000 euros que deux jeunes Italiens qui avaient émigré à Londres sont morts. Je veux que tu connaisses leur histoire. Pour te la raconter, j'ai dû imaginer ici et là ce que les articles de journaux, le procès en cours, les déclarations des parents et les photos ne permettaient pas de reconstituer avec certitude.

Je suis obsédé par cette histoire. Il y en a beaucoup de semblables, mais elle figure parmi celles qui, au fond de moi, crient plus fort que les autres, je ne saurais pas t'expliquer pourquoi.

J'ai retiré du projet de ce livre puis rajouté ce chapitre des dizaines de fois, car je savais qu'en l'écrivant je devrais affronter l'indicible : ce que représente, pour ses parents, la mort d'un enfant. J'ai retiré et rajouté ce chapitre des dizaines de fois, car je savais que pour les parents, les amis et les proches de Gloria et Marco, chaque mot écrit à leur sujet ne ferait que rouvrir la blessure.

Si tu lis maintenant cette histoire, sache que c'est un coup de chance, car je l'ai réintégrée au livre à la dernière seconde, juste avant qu'il parte à l'impression, et uniquement parce que j'ai senti que le devoir de leur rendre hommage comptait plus que le risque de blesser ou d'avoir imaginé des détails ne correspondant pas à la réalité. J'ai senti l'urgence de crier contre ceux qui insinuent que Gloria et Marco sont en partie « responsables » de leur mort. Alors qu'il est tout à fait clair que des fautes ont été commises, oui, mais par d'autres.

Quand une mère est enceinte, elle éprouve une joie voilée, une demi-joie, car elle a la sensation que son ventre est en cristal et qu'un rien pourrait le briser. Elle craint de ne pas manger correctement, ce qui serait mauvais pour le bébé ; elle craint d'être trop tendue, de sorte que le bien-être du bébé pourrait en pâtir ; elle craint en permanence que quelque chose se passe mal durant l'accouchement et craint que le fait même d'avoir peur puisse aussi être néfaste.

J'imagine que telle était plus ou moins la teneur des pensées et des craintes d'Emanuela Disarò au cours des neuf mois qui ont précédé le 2 décembre 1991, le jour où elle a donné naissance à Gloria, sa fille.

Emanuela et son mari, Loris Trevisan, ont immédiatement compris que les peurs de ces neuf mois avaient été inutiles, car Gloria était une petite fille en parfaite santé, aussi jolie qu'éveillée, et je suis sûr que ses parents ont dû se rendre compte qu'ils étaient particulièrement chanceux.

Dès son plus jeune âge, Gloria aime dessiner. Elle aime les formes géométriques qu'on peut tracer avec une équerre et une règle, les images de trains, de ponts et de maisons, mais elle aime aussi les portraits à main levée, les visages des personnes qui lui sont proches, son cousin, son frère, ses amis.

Gloria est une enfant sereine, qui grandit entourée d'amies fidèles et possède un véritable don pour les études.

Il arrive souvent qu'en grandissant les enfants perdent un peu de leur beauté. Mais ce n'est pas le cas de Gloria, qui continue à poser sur le monde un regard plein de confiance.

J'ai toujours voulu savoir pourquoi tant de jeunes gens étaient diplômés en architecture dans la région de Padoue et Venise. Ce qu'on m'a répondu, c'est que le diplôme d'architecte est encore très convoité à peu près partout en Italie ; et même si le marché de plus en plus restreint offre moins d'opportunités de travail, naître en Italie donne une empreinte particulière : celle qui vient de l'indéniable beauté de son patrimoine.

Mais je suis convaincu que ce n'est pas seulement le pays, la ville ou le village où on est né qui donnent cet élan. Peut-être que dans le cas de Gloria les vieux campaniles qui se dressent sur la vallée du Pô, créant un jeu de lignes verticales et horizontales, ont bien eu une influence, mais je suis sûr qu'il y avait aussi quelque chose de plus personnel, l'envie de créer de la beauté pour les autres, de donner un ordre à l'espace, car produire de l'harmonie autour des gens contribue déjà à résoudre leurs problèmes. L'espace est comme un champ qu'on ensemence : plus on le structure, plus on le rend beau et fonctionnel, et plus la graine donnera de fruits.

Notre environnement nous adopte, nous sèvre, nous nourrit

et nous détermine. C'est ce que Gloria voulait : concevoir des espaces harmonieux dans lesquels les gens pourraient satisfaire leur aspiration à la beauté.

La photo prise durant sa soutenance de thèse montre une jeune fille heureuse, car elle vient de réaliser son rêve, d'autant plus beau qu'il n'est pas que le sien mais aussi celui de ses parents, qu'on la voit embrasser. La fête est encore plus belle lorsqu'elle entraîne tout le monde.

Telle est l'Italie. Un pays qui repose sur la famille. Une étendue sans fin de familles s'efforçant de donner une structure à un pays qui n'en a pas. De familles qui prennent le plus grand soin de leurs enfants, qui les élèvent avec amour, en veillant à leur donner de l'eau et du soleil : juste ce qu'il faut, ni trop ni trop peu. La famille italienne est anxieuse par définition et donc toujours inquiète pour ses enfants. Elle sait qu'elle doit les protéger à chaque étape de leur parcours, et sait que si elle ne le fait pas, personne ne le fera. Ainsi, dès leur naissance, il faut protéger ses enfants contre la douleur, l'injustice, l'oppression, le chômage et l'impossibilité de nourrir certaines aspirations.

Dans un pays sans espoir, la famille n'envisage pas le futur de ses enfants avec confiance. En Italie, les parents savent qu'ils devront toujours les aider, car si le soutien de la famille vient à manquer, on ne peut pas compter sur l'État pour s'y substituer.

En Italie, un enfant est destiné à dépendre de sa famille presque toute sa vie. D'ailleurs, la véritable distinction sociale n'est plus entre les riches et les pauvres, mais entre ceux qui sont aidés par leur famille et ceux qui ne le sont pas. En Italie, il n'existe pas de prêts étudiants comme c'est le cas en Europe du Nord.

En Italie, on n'a pas un enfant à charge seulement pendant son enfance, son adolescence et ses études, non : on doit l'aider toute sa vie. Avec ses économies, avec ses contacts, avec une hypothèque sur son logement, en gardant ses petits-enfants jusqu'à ce qu'une place en crèche se libère enfin.

En Italie, si on n'apporte pas son soutien à ses enfants, on sait d'emblée qu'ils chuteront, car au-delà de la famille, il n'y a que le désert.

Loris et Emanuela ont certes fait de leur mieux, comme la plupart des familles italiennes, pour protéger leur fille de la douleur, mais le jour de sa remise de diplôme cette protection tous azimuts ne suffit plus. Car, en Italie, il n'y a pas de travail. Il n'y a pas de travail même pour Gloria, une jeune femme talentueuse qui parle anglais, maîtrise l'univers numérique et vient d'obtenir son diplôme avec mention. Il n'y a pas de travail pour elle ni pour son petit ami, Marco, lui aussi élevé dans l'amour tenace d'une famille italienne qui l'a accompagné jusqu'à l'obtention de son diplôme.

Gloria et Marco se sont rencontrés à l'université.

Quand Gloria a commencé à parler de lui à sa famille, son frère et sa mère ont dû estimer qu'elle exagérait. Lorsqu'une personne est amoureuse, on a toujours tendance à croire que c'est l'amour qui la pousse à l'hyperbole. Mais quand ils ont rencontré Marco, ils ont bien dû changer d'avis, a raconté la mère de Gloria dans une interview : il n'y avait aucune exagération dans les paroles de Gloria, seulement un regard réfléchi. Marco était exactement le genre d'arbre dont les feuilles pleines de chlorophylle sont capables d'effectuer la photosynthèse dans n'importe quelle lumière.

Pour les parents de Marco et ceux de Gloria, il n'a pas dû être facile de donner naissance à des enfants en Italie. Sans doute ont-ils souvent pensé à ce jour, celui de la remise des diplômes, où ils allaient devoir se résigner à l'idée de les voir partir.

Ce jour est donc arrivé. Gloria et Marco ont certainement réfléchi au fait que, en restant en Italie, ils pouvaient dans le meilleur des cas aspirer à un emploi précaire, peut-être dans un call-center, puis finir par décrocher un emploi stable dix ans après l'obtention de leur diplôme, mais pas forcément dans leur domaine de compétence. À ce moment-là, Gloria aurait plus de trente-cinq ans et, avec l'argent qu'elle aurait mis de côté et un peu d'aide de sa famille, elle pourrait emprunter, acheter un logement et avoir un enfant avec Marco.

Mais Gloria n'a pas l'intention de «vivoter», de passer d'un emploi précaire à un autre, aidée par ses parents, et d'attendre dix longues années avant de construire sa vie avec Marco. Comme beaucoup de ses amis diplômés, elle préfère quitter l'Italie.

Gloria veut pouvoir, si nécessaire, subvenir aux besoins de sa propre famille, elle veut mettre à profit ses qualités humaines et professionnelles dans un pays étranger, certaine que, où qu'elle aille, celui-ci sera moins avare que le sien.

Le pays où Gloria a grandi est un endroit étrange où, en gros, on croise l'État dans deux types de circonstances : lorsqu'on tombe malade et lorsqu'on va à l'école. Après tant d'années de mauvaise gestion, l'Italie a réussi à sauvegarder, en partie au moins, deux choses : l'école et le système de santé publique. Malgré cela l'Italie, qui a consacré des ressources afin que Gloria soit en bonne santé le jour de sa remise de diplôme, n'a pas l'intention de miser sur elle, maintenant qu'elle l'a obtenu, son diplôme, et qu'elle est en parfaite santé.

Le paradoxe, c'est que l'éducation de Gloria a coûté à l'État italien environ 150 000 euros de l'école maternelle au master – une estimation approximative. Cela signifie que l'État italien a investi cette somme dans la construction d'une autoroute qu'il ne prendra jamais.

Les autres pays sont très heureux de récolter les fruits que d'autres ont semés, en embauchant du personnel hautement qualifié dont la formation ne leur a pas coûté un euro.

Quand la candidature de Gloria arrive sur le bureau du cabinet d'architectes Peregrine Bryant à Londres, celui ou celle qui examine ses dessins doit comprendre qu'ils sont l'œuvre d'une personne bien formée et la contacte aussitôt pour lui proposer un entretien d'embauche.

Après l'entretien, dans le cabinet situé en plein quartier de Fulham, les responsables sont d'autant plus désireux de l'engager qu'elle est non seulement compétente, mais aussi humble et dynamique, des qualités précieuses qu'on développe souvent lorsqu'on grandit dans un pays offrant peu d'opportunités.

Sans doute Gloria annonce-t-elle alors à ses parents ce qu'ils pressentaient : on lui propose un emploi à l'étranger et elle compte l'accepter, car elle n'a pas fait des études pour ranger son diplôme au fond d'un tiroir.

Sa mère doit avoir la sensation de remonter le temps, jusqu'aux mois qui ont précédé l'accouchement, ces mois de joie voilée d'inquiétude. Mais comme toutes les mères, raconte-t-elle, elle ne partage pas ses angoisses avec sa fille : elle l'embrasse et lui donne sa bénédiction.

Les parents de Marco ne peuvent qu'en faire autant, car lui aussi a trouvé du travail à Londres, un emploi qu'en Italie dix années passées à grimper les échelons et à poursuivre ses recherches n'auraient pas suffi à lui faire décrocher.

Le fait que Gloria et Marco partent ensemble à l'étranger rassure leurs familles, car là-bas les premiers temps seront difficiles et, à deux, ils s'en sortiront mieux.

À Londres, Gloria et Marco louent un appartement au vingt-troisième étage de la Grenfell Tower, à North Kensington.

La tour est située dans un beau quartier central, elle compte vingt-quatre étages et vient d'être recouverte de panneaux extérieurs en aluminium, ce qui lui donne l'aspect rutilant des gratte-ciel new-yorkais.

Il s'est agi d'un gros travail de rénovation, qui a coûté 10 millions de livres sterling, faisant augmenter la valeur du bâtiment et donc le loyer des appartements. L'intérieur des unités d'habitation a également été modernisé et agrémenté d'un mobilier fonctionnel. Le couple est convaincu de bien dépenser ces 1 000 livres sterling chaque mois, car le spectacle auquel ils assistent chaque jour, de leur appartement, dans toutes les nuances de lumière et à plus de deux cents pieds de hauteur, justifie une telle somme.

Dès leur arrivée, Gloria prend une photo du skyline de la ville et la publie sur sa page Facebook. « Magnifique », « Tu as réussi », « Quelle belle ville ! » commentent ses amis.

Cela ne fait que quelques mois qu'ils sont arrivés à Londres et déjà Gloria a conçu son premier projet pour Peregrine Bryant, tandis que Marco a su se faire apprécier par son anglais clair et ses manières réservées.

Ce soir de la fin du printemps, le 13 juin 2017, j'imagine Gloria rentrant avec des sushis qu'elle vient peut-être d'acheter dans le quartier voisin de Notting Hill. Peut-être Marco a-t-il acheté des fleurs, car ceux qui s'aiment célèbrent souvent leurs retrouvailles de cette manière à la fin de la journée.

Après le dîner, peut-être regardent-ils ensemble leur série Netflix préférée, comme beaucoup de gens. Puis, juste après minuit, Gloria doit se démaquiller devant le miroir de la salle de bains, tandis que Marco se remet à sa table de travail pour terminer un projet.

Avant d'éteindre la lumière, je suis sûr que Gloria jette un dernier regard émerveillé à la grande baie vitrée du salon, qui donne sur le ciel nocturne de Londres, car cette vue qu'elle a immédiatement voulu partager avec ses amies a le pouvoir de lui rappeler pourquoi elle est là, à plusieurs centaines de kilomètres d'elles, de sa famille et de ses habitudes ; le pouvoir de la rendre fière, une récompense après toutes ces années d'études ; le pouvoir de lui donner le courage d'affronter la vie dans ce nouveau pays, si loin de tout ce qui, dans son esprit, est sa maison.

Peut-être vient-elle de s'allonger et de fermer les yeux lorsqu'elle doit aussitôt les rouvrir, car on sonne à la porte. Perplexe, elle se lève : depuis qu'ils vivent à Londres, personne n'a sonné à cette heure de la nuit, personne n'a même sonné dans la journée sans être attendu, car ils ne sont pas là depuis longtemps. Peut-être Marco lui dit-il de se rendormir, ajoutant qu'il va voir qui a sonné, mais Gloria le suit et, quand il ouvre la porte, elle reste postée derrière lui. Ce sont leurs voisins. Ils leur expliquent qu'il y a un incendie au quatrième étage et qu'ils ne savent pas quoi faire.

Marco appelle les pompiers pour leur rapporter ce que les voisins viennent de lui signaler et leur demande s'ils ont envoyé une unité. On lui répond que des hommes sont déjà sur place et on l'invite à garder son calme. Une fois qu'il a raccroché, Marco tente de regarder au quatrième étage mais ne voit rien. Il rassure ses voisins : les pompiers sont déjà en train d'éteindre le feu. Il y a eu un court-circuit au quatrième étage, un réfrigérateur, puis des flammes le long des murs extérieurs de l'appartement.

Les voisins s'excusent de les avoir dérangés et s'en vont. Gloria se recouche et Marco se remet à dessiner.

Vingt minutes plus tard, les voisins sonnent de nouveau : ils affirment que les flammes sont maintenant visibles à cette hauteur et que le feu ne semble absolument pas éteint. Gloria regarde par la fenêtre et, sans répondre aux voisins, prend le téléphone pour appeler sa mère.

« Maman, il y a un incendie au quatrième étage depuis plus d'une demi-heure…

— Prenez chacun une serviette de bain mouillée, passez-la autour de votre tête et descendez par l'escalier, maintenant ! » recommande Emanuela.

Réalisant alors que leurs voisins sont toujours là, Gloria répète la suggestion de sa mère, les serviettes mouillées autour de la tête, puis passe le téléphone à Marco, car Emanuela veut lui parler : elle aussi est inquiète, les paroles de Gloria ne lui permettent pas de mesurer l'ampleur du danger.

Marco la rassure : il va rappeler les pompiers et la tiendra au courant. Le jeune homme annonce aux pompiers qu'ils sont prêts à descendre en compagnie des voisins, une serviette mouillée autour de la tête pour éviter que les flammes ne s'en prennent à leurs cheveux, puis, une fois en bas, ils éteindront le feu sur leurs vêtements, en s'aidant mutuellement avec une couverture.

Les pompiers lui déconseillent de le faire : il vaut mieux ne pas bouger, s'enfermer dans l'appartement et attendre. Ils lui disent qu'on ne peut pas prendre la cage d'escalier envahie par les flammes, c'est trop dangereux, et de toute façon il n'y a pas lieu de s'alarmer : la situation est sous contrôle, ils viendront bientôt les secourir.

Quand Gloria aperçoit les flammes derrière les fenêtres de son appartement, elle appelle sa mère une dernière fois : « Il n'y a plus aucun espoir, maman. Je suis dans le salon et je vois des flammes partout, on attend juste que… Je n'arrive pas à croire que ça puisse finir comme ça, maman. Je ne peux pas y croire. … Je suis désolée pour papa et toi… Maintenant je veux rester avec Marco… Le moment est venu de nous dire au revoir. Merci pour tout ce que vous avez fait… Soyez forts ! »

Deux ans avant la nuit où Gloria appelle sa mère et lui dit adieu, les entreprises chargées des travaux ont présenté à la Kensington and Chelsea Tenant Management Organisation (KCTMO) et au Royal Borough of Kensington and Chelsea (RBKC) – les sociétés qui géraient l'ensemble du bâtiment à l'époque et avaient pour tâche de superviser sa rénovation – deux devis pour le revêtement extérieur de la tour : le moins élevé permettrait d'économiser environ 300 000 livres sterling, car les panneaux étaient de qualité inférieure, ils n'étaient pas ignifugés. En réalité, l'économie était encore plus importante, mais les entreprises ont, semble-t-il, soumis de faux devis pour augmenter leur bénéfice.

Au moment de signer le bon de commande pour ces panneaux, les dirigeants de KCTMO et les responsables de la RBKC ont accepté le devis le moins cher, qui permettrait d'économiser 2 500 livres sterling par appartement. Un peu moins de 3 000 euros.

L'enquête et le procès contre les sociétés chargées des travaux, KCTMO et RBKC, sont toujours en cours.

Récemment, le ministre britannique des Relations avec le Parlement, Jacob Rees-Mogg, a prétendu que Gloria et Marco auraient dû ignorer les instructions des pompiers cette nuit-là, car ils auraient pu se sauver en sortant immédiatement du bâtiment, et le père de Marco a déclaré avoir eu la sensation physique de voir son fils mourir une nouvelle fois.

Il a répondu que cette affirmation insultait la mémoire des deux jeunes gens, laissant entendre qu'ils étaient morts par manque d'intelligence ou de bon sens. Car, comme soixante-dix autres locataires, ils ont été tués par la façon de plus en plus avide et irresponsable de faire des affaires, mais aussi par l'incapacité des services d'urgence à intervenir rapidement.

Il est vrai qu'on ne part plus avec une valise en carton, qu'on a souvent un diplôme universitaire et qu'on parle la langue du pays où on va s'installer. Mais comme au temps des *dagos*, chaque fois que les choses vont mal, l'émigrant continue à être jugé stupide, car on craint son intelligence, en réalité, une intelligence qui génère de la concurrence. Quand on est étranger et qu'on immigre dans un nouveau pays, il ne faut surtout pas déranger, même quand il s'agit seulement de ne pas mourir.

CRIE-LE, QU'ON NE PEUT PAS DANSER
SUR UN CHAMP DE MINES,
QU'ON NE PEUT PAS BOIRE DU THÉ
DANS LA LAVE D'UN VOLCAN,
QU'ON NE PREND PAS LE SOLEIL
SUR UNE ÎLE EN PLASTIQUE.

CERTAINES INJUSTICES RÉSONNENT PLUS FORT QUE D’AUTRES

Marco Gottardi

RESPIRATION

TOI AUSSI, TU ES HORRIFIÉ DE DEVOIR CHOISIR ENTRE LE MAL ET «UN MOINDRE MAL»?

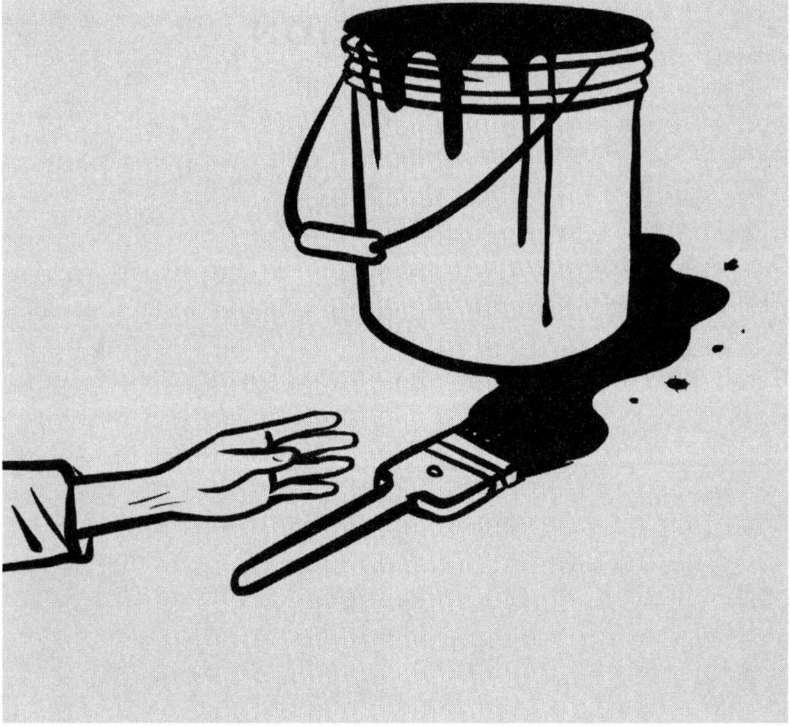

29
LE TAGUEUR

Je crie donc je suis.

REINALDO ARENAS[1]

C'est arrivé en Syrie : la population a exigé des réformes, le libre accès à l'information, la libération des prisonniers politiques et la fin des violences exercées par les forces de l'ordre, déclenchant une véritable vendetta de l'État contre son propre peuple, en majorité sunnite et tenu à l'écart par la minorité au pouvoir.

Oui, tu verras la même chose se produire ailleurs dans le monde : non seulement des minorités victimes de discrimination et persécutées par la majorité, mais aussi des majorités persécutées et tenues à l'écart par une minorité. Après tout, une minorité cesse d'en être une lorsqu'elle devient un clan, qu'elle emploie tous les moyens à sa disposition pour soumettre la majorité de la population et la priver de droits. C'est ce que Bachar el-Assad a fait : il a bâti la toute-puissance de son clan. L'administration, la bureaucratie, les armes, les responsables politiques, les responsables militaires, l'information : il a fait en sorte que tout soit sous le contrôle exclusif de son clan. Dans la Syrie d'Assad et, avant lui, dans celle de son père, quiconque prétend gouverner, être au cœur de l'appareil d'État, doit posséder un certificat d'authenticité,

1. *Necesitad de libertad*, Cosmos, 1986.

proclamer au grand jour qu'il a la bonne marque de fabrique, une marque qui est toujours la même : être alaouite. Assad a ainsi la garantie que toutes les pièces de la machine obéissent à ses ordres et que les milices sont rangées à ses côtés, liées par un pacte qui vaut plus qu'un salaire, un contrat de travail ou la loi elle-même : un pacte ethnique, un pacte de fraternité qui obéit au code non écrit de la chair et du sang.

Depuis toujours, ce pacte de sang est si effrayant que, pour briser la peur, la population civile, consciente d'en être exclue, de ne pas avoir sa place dans cet unique corps, a d'abord dû la reconnaître. «Nous n'avons pas peur!» ont-ils crié à Assad. Ce «nous n'avons pas peur!» signifie : nous avons peur, mais nous ne nous laisserons pas arrêter par notre peur. Cette fois, nous lui tournerons le dos, et aucune atrocité, si exemplaire soit-elle, ne parviendra à nous arrêter, à faire de nous des statues de pierre incapables d'avancer d'un millimètre. «Nous n'avons pas peur!» signifie : «Arrête-toi, tyran!», car même les six mille croix de Crassus, alignées le long de la voie Appienne sous le regard de tous, en guise d'avertissement aux rebelles de Rome, ne pourront pas mettre fin à notre révolte.

Cette histoire, j'ai voulu la faire commencer comme un conte de fées. Parce qu'il y est question d'enfants, justement. Mais toi qui n'en es plus un, lis-la comme un hommage à tous ces enfants à qui la férocité d'Assad n'a laissé aucune chance ces dernières années. Je sais que tu vas te demander pourquoi, parmi les multiples formes de répression utilisées par Assad en Syrie, j'ai choisi de te parler de ce seul épisode. J'aurais pu te parler des bombes à fragmentation, des bombes au phosphore, des Scud lancés contre la population civile. J'aurais pu te parler de la violence dans les prisons, des viols et des tortures sans fin. J'aurais pu te parler de la propagande d'Assad, qui accuse les dissidents de haute trahison ou évoque une conspiration organisée par des puissances étrangères comme prétexte pour entraver la liberté de la presse, la liberté d'association, le libre accès aux médias et la connexion de la Syrie au reste du monde arabe ainsi qu'au monde extérieur, des libertés que la population réclame depuis longtemps. J'aurais pu te parler des nombreux journalistes qu'Assad garde en prison parce qu'ils ont rendu compte de ses crimes dans les journaux et sur les réseaux sociaux, ou parce qu'ils ont photographié ses crimes. Quand je regarde ces photos, en particulier celles qu'une personne anonyme – surnommée « César » – a transmises à Human Rights Watch, j'éprouve un intolérable sentiment de malaise, une horreur qui monte de mon estomac jusqu'à ma tête et s'y transforme en hurlement. Le même sentiment que j'éprouverais en entrant dans une maison et en voyant un homme manifestement bouleversé, un couteau de cuisine à la main, le verre de ses lunettes éclaboussé de sang, les mains et la chemise tachées de rouge, et qu'en regardant au sol je comprendrais que les corps fraîchement massacrés sont ceux de ses enfants, de sa femme, de son chien.

Mais je voulais te raconter une seule histoire, celle d'Alàa.

C'est un après-midi de fin d'hiver à Deraa, une ville du sud-ouest de la Syrie proche des frontières avec la Jordanie, le Liban et Israël, battue par un vent qui n'est jamais léger et toujours empli de sable.

Le nom Deraa signifie « forteresse » en arabe, et autrefois Deraa en était une, d'où les militaires surveillaient la frontière, attendant que l'agresseur apparaisse aux portes du désert.

Tu as remarqué ? Nous dressons des murs seulement pour nous protéger des attaques extérieures, alors que la menace vient plus souvent de l'intérieur, comme une maladie inscrite depuis toujours dans notre chair.

En 2011 à Deraa, l'ennemi est venu de l'intérieur.

Tu sais, il n'y a rien de pire que de vivre en enfer alors que le paradis est à tout juste quelques kilomètres. Tu as l'impression de pouvoir le toucher, et ainsi il ne cesse de t'appeler, de te tourmenter en rêve, telles les sirènes de la dernière ville d'Espagne, Tarifa, qui se servent d'un mirage aussi fort que séduisant pour attirer les migrants massés à Tanger, au Maroc.

Il y a moins de dix kilomètres entre Deraa et la frontière jordanienne. Mais, de ce côté-ci, les cris de protestation se payent cher, par la torture et la mort, alors que de l'autre ils obtiennent des concessions et des réformes.

La Jordanie n'est pas l'eldorado. Pourtant, vue de Deraa, c'est un paradis : là-bas, le souverain veut apparaître comme un père pour ses enfants, tandis qu'ici il cherche à revêtir l'uniforme du père-patron, le genre de père qui retire chaque soir son ceinturon et bat ses enfants jusqu'au sang.

Abdallah II, roi de Jordanie, et Bachar el-Assad, président de la Syrie, sont tous deux nés dans les années 1960. Entre eux, il n'y a que trois ans d'écart : nul fossé générationnel pour expliquer leurs incontestables différences.

Ils ont pris la tête de leurs pays respectifs à un an d'intervalle, en 1999 et 2000. Dans les faits, ce sont deux monarques, même si l'un d'eux, Bachar, préfère se faire appeler président.

Ils ont tous les deux fait des études à l'étranger et passé de nombreuses années au Royaume-Uni. Tous deux ont une culture quasi occidentale. Et tu sais comment fonctionne le monde occidental, n'est-ce pas ? Il t'hypnotise : *Les Simpson*, *Star Trek*, le rock, la pop, le punk, les punchlines, les strings, les piercings, les écharpes en shahtoosh, les tatouages, les selfies, le mojito, le spritz, les trend topics, la pizza, le shit, le skate, le street art... Si tu t'injectes rien qu'une seule de ces choses dans les veines, alors l'idée d'une société austère et ordonnée, de type militaire, devient indigeste. Ce n'est donc pas un hasard si tous deux considèrent le fondamentalisme religieux comme un écran de fumée. Car le premier, le roi de Jordanie, est le fils d'un mariage peu orthodoxe et même controversé – sa mère était anglaise, une Occidentale qui ne s'est jamais convertie à l'Islam –, et le second, le président syrien, appartient à un courant religieux, les Alaouites, minoritaire dans son pays, comme je l'ai dit précédemment.

Afin d'empêcher les fondamentalistes islamistes de porter atteinte à la laïcité de l'État, le premier accepte les réformes. Craignant que quelqu'un ne le fasse tomber de son cheval, le second écrase tout ce qui s'agite à la surface. Ainsi, en Syrie, la parole des laïcs progressistes, assoiffés de liberté et de démocratie, est envoyée en prison avec celle des fondamentalistes qui, eux, sont obsédés par la tradition et la pureté des mœurs.

À Deraa, la population est sunnite, le courant majoritaire qui s'oppose à Assad. Située au sud de Damas, la ville est battue par le vent avant que celui-ci n'atteigne la capitale.

C'est ce qui la rend vulnérable et suspecte. Ou du moins Assad est-il prêt à jurer que, si la tempête arrive, elle viendra de cette ville frontalière.

En 2011, par un après-midi d'hiver méditerranéen qui sent déjà le printemps, un groupe d'adolescents s'arrête pour gribouiller sur les murs extérieurs du bâtiment à la sortie de l'école.

Tu le sais et les gens de ton âge le savent partout dans le monde : tout mouvement de protestation commence par un slogan sur un mur. L'acte de rébellion le plus immédiat d'un adolescent est d'écrire « À bas l'école » sur le mur de sa classe. C'est également de cette manière que la rébellion des enfants syriens naît : avec un « à bas » sur le mur. « À bas la dictature. » C'est ce que font à la même période leurs homologues égyptiens et tunisiens. Ils crient que le monde arabe est en révolte, qu'il se soulève tout le long de la côte méditerranéenne pour réclamer des droits, pour avoir son printemps. Pas le changement de saison, mais le printemps de l'Histoire, celui de la liberté et de la démocratie.

Keith Haring disait qu'il vaut mieux tracer les mots de protestation au spray rouge sur les murs, car « le rouge est une des couleurs les plus fortes. Comme le sang, il attire l'œil immédiatement ! »

En sortant de l'école, les enfants de Deraa inventent leur propre slogan peint en rouge, différent de celui des jeunes Nord-Africains qui se sont révoltés avant eux. À Deraa, leur « à bas » devient : « À bas Assad. »

La nouvelle qu'à Deraa un tag dissident a été tracé sur le mur extérieur d'une école et sèche tranquillement au soleil arrive rapidement jusqu'à Damas. La réaction ne se fait pas attendre : on envoie les *moukhabarat*, la police secrète, pour débusquer les tagueurs.

Police secrète : ça sonne comme un oxymoron, tu ne trouves pas ? Penses-y : « police » a la même racine que *polis*, « ville » en grec ancien, c'est-à-dire le lieu où les citoyens choisissent de vivre, car c'est ensemble et seulement ensemble qu'on peut organiser la vie des hommes. Mais si tu ajoutes l'adjectif « secrète » au nom « police », tu sens immédiatement l'instrument de la violence d'État, tu sens la suspension de la loi, tu sens le contraire de la *polis*.

La population de Deraa apprend que des hommes arrivent de Damas pour traquer les enfants. À Damas, on a mobilisé des véhicules blindés et des chars pour venir les chercher. À Damas, on a déjà donné l'ordre aux forces de sécurité locales de percer des trous dans les réservoirs d'eau, de bloquer Internet et de réquisitionner les générateurs électriques jusqu'à ce que les enfants se livrent.

Ces derniers creusent donc un trou, se glissent dedans et y restent cachés toute une nuit pour que les hommes d'Assad ne les trouvent pas. Mais ces hommes ont des chiens dressés à reconnaître l'haleine des dissidents et frappent les gens pour obtenir des informations : « Où sont-ils ? Où les avez-vous vus pour la dernière fois ? »

Finalement, ils repèrent le trou où les adolescents sont cachés. Ils les en sortent et les ramènent jusqu'à l'école dont ils ont « sali » les murs.

Ils les font mettre en rang dans le gymnase : l'un d'eux est un garçon rondouillard au regard d'ange ; un autre est très mince, les os saillants ; un autre a une expression rusée ; un autre encore est timide et a le visage défiguré par l'acné ; un autre enfin tremble et se retient de faire pipi, sûr qu'avec la peur il va craquer. L'un d'eux est courageux, il défie du regard les policiers et se fait remarquer avec insistance : s'il faut torturer quelqu'un, qu'ils s'en prennent à lui.

Au bout de la rangée, à moitié caché entre les jambes des plus grands – qui font tout pour le protéger – se trouve un garçon de six ans. Il a les yeux dans le vide et ne comprend pas pourquoi il est à l'école un après-midi, alors qu'il n'y a pas l'ombre d'un enseignant.

Il ne sait pas encore écrire. Le jour du graffiti, il accompagnait simplement son grand frère. Alàa – c'est son nom – ne devrait pas être là, car il n'a pas écrit, seulement dessiné, mettant un peu de peinture rouge à l'intérieur des lettres que son frère avait tracées.

D'ailleurs, « dictature » et « démocratie » sont des mots trop abstraits pour entrer dans la tête d'un enfant si jeune, n'importe qui pourrait le comprendre.

Quand les soldats le voient, ils se mettent à lui sourire avec intérêt. Son frère aîné comprend aussitôt et leur dit de ne pas le toucher, car il est innocent et ne sait pas encore écrire. Mais ils lui répondent que ça n'a pas d'importance qu'il sache écrire ou non, car de toute façon, lorsqu'il saura le faire, sortiront certainement de mauvais mots. Ceux qu'il aura appris de son chien de père, un traître, les mauvaises plantes donnant de mauvais fruits. Et quand ils en auront fini avec ses camarades et lui, ils iront chercher sa mère et planteront dans son ventre la bonne graine, celle qui donnera naissance au bon enfant, capable de penser et d'écrire les bons mots. En réalité, ils n'iront pas la chercher, c'est elle qui viendra pleurer chez eux en demandant des nouvelles de son pauvre enfant « torturé par la méchante police d'Assad », et ils pourront alors s'occuper d'elle. Leurs mères viendront toutes demander des nouvelles d'eux, et avec chacune d'elles – qu'ils n'aient aucun doute là-dessus – ils feront ce qu'ils ont à faire. Et si leurs pères se présentent, ils leur ordonneront d'envoyer leur femme au poste de police, car ils ne donneront des nouvelles de leurs enfants qu'aux mères, seulement à elles.

Heureusement, Alàa ne saisit pas tout ce que laissent entendre ces paroles et, tandis qu'on lui attache les poignets, il ne pleure même pas, étourdi qu'il est par les règles de ce nouveau jeu qu'il ne comprend pas. Mais lorsqu'on le soulève soudain de terre, la secousse le fait hurler de douleur. Pour le faire taire, on lui flanque un coup de bâton en plein visage. Le sang jaillit d'un œil, mais Alàa ne cesse de crier, il ne cesse d'appeler sa mère pour qu'elle vienne le chercher immédiatement et qu'elle le ramène à la maison, car il ne veut pas rester là plus longtemps.

Mais sa mère ne l'entend pas. Elle le cherche depuis des heures, mais elle ne l'entend pas.

À un moment donné, Alàa se résigne : sa mère ne viendra pas le chercher, elle ne le ramènera pas à la maison. Personne ne le sauvera. Il abandonne donc le jeu. Il ne veut plus participer. Mais les policiers, eux, lui administrent une série de décharges électriques afin qu'il reprenne conscience. Des décharges trop faibles pour l'achever mais assez fortes pour le ranimer. La torture ne fonctionne que si la victime participe – tu le sais, n'est-ce pas ? –, si elle joue le jeu corps et âme. La torture prend du temps, mais elle est plus instructive que la mort, car elle montre qu'une dictature ne donne jamais la mort gratuitement : dans une dictature, la mort se mérite.

Le régime d'Assad ne donne la mort à Alàa qu'après trois jours de jeu. Ne te demande pas comment on peut torturer un enfant qui a tout juste six ans. Ne te demande pas pourquoi ils choisissent précisément le plus petit. Ils le font pour montrer qu'ils ne reculent devant rien.

L'histoire que je t'ai racontée s'inspire de celles d'Alàa, de Hamza Ali al-Khatib et de nombreux autres enfants syriens dont les témoignages ont été portés à notre attention par les volontaires de Save the Children et de Human Rights Watch. Les histoires des enfants de Deraa nous parviennent rarement, mais quand c'est le cas, prends-les, essaie de comprendre d'où elles viennent et crie-les.

CRIE-LE, QUAND ON BÂILLONNE LES ENFANTS.

George Floyd

30

AIR

> Si la Chine valorisait la liberté d'expression,
> il n'y aurait pas de crise du coronavirus.
>
> VERNA YU[1]

Le cri du nouveau-né, tout juste sorti du liquide amniotique et qui sent l'air pénétrer pour la première fois dans ses poumons, est le même que celui émanant d'un corps qui n'a plus assez d'air pour respirer avant que la vie ne le quitte.

Le premier signale à la mère, mieux que ne le feraient des mots, que l'accouchement est terminé et que la vie de l'enfant a commencé.

Le second est une ultime invocation, juste avant la mort. On peut lire dans les récits de guerre que les soldats expirent en criant : « Maman ! »

Les soldats de la Première Guerre mondiale qui subirent les effets de l'ypérite, le gaz moutarde, furent si effrayés qu'ils passèrent le reste de leur existence à essayer de l'oublier. Ceux qui

1. Cité dans la tribune de Slavoj Žižek parue le 14 février 2020 sur le site du *Nouvel Observateur* : https://www.nouvelobs.com/idees/20200214.OBS24860/nous-sommes-tous-sur-le-meme-bateau-et-son-nom-est-diamond-princess-par-slavoj-zizek.html

survécurent ne voulaient plus avoir ni ail ni moutarde chez eux, car leur odeur leur rappelait le poison qu'ils avaient respiré au front.

L'Allemagne d'Hitler inventa de nouveaux gaz, les agents innervants, qui contrairement au gaz moutarde n'ont ni odeur, ni couleur, ni goût. Ces gaz pénètrent en vous sans que vous vous en rendiez compte et, en quelques secondes, ils dévorent toute votre réserve d'air, vous laissant à peine le temps de crier.

L'Allemagne nazie en produisit des centaines de litres, car Hitler était obsédé par le gaz, auquel il avait survécu.

Contrairement à Goebbels qui, comme tu le sais, n'avait pas combattu durant la Première Guerre mondiale, Hitler avait connu l'expérience du front et tenait à porter sur son visage, tel un tatouage, les traces des attaques au gaz qu'il avait subies. Oui, cette petite moustache que plus personne ne veut avoir pour ne pas être associé aux atrocités du nazisme, cette moustache « en brosse » dont Chaplin se moquait en incarnant Charlot et qui te paraît aujourd'hui ridicule avait pourtant un sens précis. Au fond, si on se laisse pousser la moustache pour des raisons esthétiques, pourquoi la tailler de cette façon ? Pourquoi pas la longue moustache prussienne, la moustache de morse à la Bismarck ou la moustache impériale des kaisers ? Ou la moustache latine, l'épaisse moustache à la Zapata, voire la barbe touffue à la Garibaldi ?

Non, la moustache d'Hitler n'avait rien à voir avec tout cela, pas plus qu'avec le bouc, dont on disait autrefois qu'il était « la gloire du menton ». Ce n'était pas une moustache destinée à embellir le clair-obscur du visage ou une façon de mettre en valeur ses traits. Pour Hitler, cette moustache ne signifiait qu'une chose : « J'ai affronté les gaz et j'ai survécu ! » Pour lui, cette moustache était un message codé destiné à tous ceux qui avaient connu les horreurs du gaz, qui avaient été terrifiés et avaient dû se couper la moustache pour qu'elle tienne sous le masque.

Il l'avait coupée de cette façon quand il avait été mobilisé. Jusqu'alors, il l'avait portée longue et recourbée aux extrémités, en guidon de bicyclette, selon la coutume de l'époque, puis il avait dû la discipliner, la réduire à cette ombre étroite, ouverte sur la blessure de sa bouche, car une trop longue moustache se serait glissée entre les joues et le joint du masque à gaz, qui n'aurait pu adhérer parfaitement au visage.

Les attaques au gaz sont intolérables, au point qu'en 1925 à Genève, puis en 1993 à Paris, le monde a décidé qu'on pouvait tuer à coup de bombes, éventrer à la dynamite, mutiler à la mitraillette, mais pas employer le gaz. Personne n'a le droit de te priver d'air, d'aspirer celui qui remplit tes poumons à travers la trachée, tandis que tout ton corps se met à en chercher : les pores de ta peau en cherchent, tes yeux en cherchent, ton nez en cherche, ta bouche en cherche, tes mains en cherchent, ton foie en cherche. Oui, le protocole de Genève et la convention de Paris ont affirmé que cela ne devait plus jamais arriver. Pourtant ça s'est encore produit, les gaz ont de nouveau été utilisés. Mussolini s'en est servi en Libye et en Éthiopie, Saddam Hussein les a employés contre les Kurdes à Halabja en 1988, Assad les a utilisés dans la Ghouta en 2013 et 2018.

Pendant la Première Guerre mondiale, si tu sentais une odeur d'ail ou de moutarde, cela signifiait que tu étais à plusieurs kilomètres de la ville la plus proche. Faire face à une attaque au gaz était une affaire de soldats. Dans les tranchées, dès que l'air devenait irrespirable, on enfilait le masque qui faisait partie du paquetage et, aussi mécaniquement qu'on resserrait la lanière du casque lorsqu'il pleuvait des grenades du ciel, on se mettait à respirer à travers sa membrane.

En revanche, dans la Ghouta, un territoire à l'est de Damas où vivaient deux millions de personnes, le gouvernement syrien a utilisé le gaz contre des civils qui n'avaient pas de masque – comme tu peux l'imaginer, car je t'ai déjà parlé d'Assad et de ses méthodes. Peu importait qu'il s'agisse de femmes enceintes et de jeunes enfants. D'abord, on les a effrayés avec des grenades et des bombes, puis, lorsqu'ils se sont enfermés dans le sous-sol des bâtiments, le gaz a dévoré tout l'air.

Les survivants, ceux qui ont pu continuer à respirer, à une certaine distance du poison envoyé par Assad, ont imprimé la scène sur leurs rétines, enregistrant autant de détails que possible, pour pouvoir ensuite tout raconter aux médecins locaux et aux volontaires de Human Rights Watch : il était hors de question pour eux que quelqu'un nie qu'ils avaient survécu au gaz, ils ne l'accepteraient pas. Les missiles qu'ils avaient vu tomber ne contenaient pas de dynamite, mais des gaz toxiques, et leurs corps contaminés en étaient la preuve.

Chaque fois qu'ils avaient noté qu'après l'impact aucun mur ne s'effondrait, qu'aucun bâtiment ne s'écroulait, qu'il ne pleuvait pas de gravats, qu'aucun incendie ne se déclarait, ils avaient constaté que les gens mouraient quand même autour d'eux, saisis dans leur dernier geste comme un arrêt sur image : certains essayant de s'échapper, d'autres criant, d'autres encore tentant de protéger un enfant avec leur corps.

Ceux qui se trouvaient le plus loin de l'explosion réussissaient à monter l'escalier et à sortir dans la rue avant de s'effondrer presque aussitôt sur le trottoir. Les corps dont la force n'avait pas permis de rejoindre le trottoir d'en face continuaient à se débattre pendant quelques secondes, agités par des spasmes involontaires. Ils cessaient de vivre, même si, de loin, on aurait pu croire le contraire, car ils continuaient à libérer divers fluides : écume par la bouche, mucus par le nez, selles et urine par le bas-ventre.

Les chiens bondissaient et traversaient la route à toute vitesse, mais ils n'arrivaient presque jamais de l'autre côté, s'effondrant au milieu de la rue avant que le pare-chocs d'une voiture ait pu les effleurer. Quand des femmes traversaient, elles laissaient parfois échapper le petit paquet qu'elles serraient dans leurs bras avant de s'écrouler. Les personnes âgées tombaient à la renverse, comme si elles avaient trébuché et avaient été projetées en arrière.

Si on avait la chance de ne respirer ces fumées qu'à distance, on mettait tout en œuvre pour s'en éloigner un peu plus. En voiture, à pied, dans le camion d'une connaissance, on cherchait de l'air. On poussait avec toute la force de ses muscles, craignant d'y passer à son tour, craignant que tout s'arrête. Alentour, beaucoup avaient essayé, mais leurs jambes n'avaient pas résisté.

Tous, les vivants et les morts, avaient été exposés aux fumées de gaz innervants, et tous – ceux qui étaient tombés instantanément comme ceux qui avaient réussi à s'échapper – présentaient des symptômes de suffocation : certains montraient des signes de paralysie respiratoire, certains étaient pris de convulsions, certains avaient des vertiges, certains vomissaient, d'autres perdaient conscience, d'autres encore avaient la diarrhée, urinaient involontairement ou commençaient à bleuir autour des yeux et de la bouche.

Assad a nié toute utilisation de gaz innervants et, quand les photos, les films, les interviews et les témoignages recueillis par Human Rights Watch, Médecins sans frontières et les commissaires de l'ONU ont été rendus publics, il a déclaré que les missiles provenaient des quartiers rebelles, c'est-à-dire des Syriens qui, après le printemps arabe de 2011, manifestaient pour exiger la démocratie, des réformes et son départ. Parmi eux se trouvaient les parents d'Alàa et de ses amis, les enfants torturés et assassinés dont je t'ai parlé.

En 2018, avant que les gaz ne tombent une nouvelle fois du ciel, dans une cave de la Ghouta un homme a filmé le cri de sa fille avec son téléphone portable, puis il l'a mis en ligne, dans l'espoir que quelqu'un l'entende hors de Syrie.

Le cri de cette enfant me hante. J'ai regardé cette vidéo d'innombrables fois et je voulais que ma colère ne finisse jamais. Je ne voulais pas être triste, je voulais déborder de rage à la pensée de ces enfants qu'Assad ne laissait pas respirer. Le visage de cette petite fille, si pâle, comme couvert d'un voile gris, et sa voix douce brisée par les larmes, qui demandait de la nourriture et des couvertures, qui demandait à sortir, à rentrer à la maison, à ce qu'on fasse cesser cette pluie de bombes, ont pénétré en moi et n'en sont plus jamais sortis.

Avons-nous crié face à cela ? Non, nous avons gardé le silence, nous sommes restés muets. Nous avons permis que le gaz soit utilisé une nouvelle fois, discutant seulement pour savoir si c'était du sarin ou du chlore… Et pendant que nous nous interrogions – chlore ou sarin ? –, seule cette petite fille a crié.

Chez cette enfant, il y a tout le courage que j'ai essayé de raconter dans ces pages. Cette petite fille n'est ni avec les rebelles ni avec Assad : elle crie, c'est tout. Elle a peur, elle est terrorisée, mais elle crie. Elle ne choisit pas, car elle n'a pas le choix, elle ne peut être ni avec ceux qui ont lancé le gaz ni avec les islamistes de Daech qui combattent Assad. Sa douleur est le véritable programme de la libération nationale.

Ne crois pas que tu sois fort quand tu décides de ne pas suivre le chemin de la douleur. Ne te laisse pas charmer par ceux qui prétendent que les cloches de la douleur sonnent toujours le tocsin. Ni par ceux qui utilisent le voile gris de cette petite fille comme alibi pour ne pas écouter les cloches.

On se souviendra d'Assad comme d'un des grands bouchers de l'Histoire, à l'image d'Hitler ou de Staline. Pourtant, il y aura – il y a déjà – beaucoup de gens prêts à le défendre. Des gens qui sont même prêts à nier la réalité, à dire qu'il n'y a pas de preuves, que les vidéos ne sont pas des vidéos, que les voix ne sont pas des voix, que les témoignages ne sont pas des témoignages, que les corps ne sont pas des corps. Pourquoi font-ils cela ?

Assad les a-t-il payés ?

Assad leur a-t-il accordé des faveurs ?

Assad les a-t-il invités à dîner ?

Assad les a-t-il déjà rencontrés ?

Assad leur a-t-il rendu un quelconque hommage ?

Ont-ils des intérêts communs, peut-être cachés ?

Non, rien de tout ça. Les dictateurs ont toujours cette grande chance : ils ont des amis partout sans avoir à les mériter, contrairement aux gens ordinaires. Assad a des amis qui sont prêts à se battre comme des lions pour défendre ses actions et à jurer qu'il n'a jamais utilisé de gaz, qu'il n'a jamais torturé d'enfants, qu'il n'a jamais essayé d'écraser son peuple.

Pourquoi ? Pourquoi font-ils cela ?

Parce qu'ils croient opter pour le moindre mal. Ils sont sûrs de ne pouvoir choisir que parmi les cartes qui sont sur la table et, ce faisant, ils tombent dans le piège des dictateurs. Vois-tu, même quand tu l'ignores, tout dictateur s'assure que tu trouves les cartes déjà prêtes et, si tu t'arrêtes un instant pour réfléchir, il t'oblige à penser qu'il n'y a que deux voies, deux possibilités. Le fait est que toutes deux sont son œuvre : le seul recours possible à son régime, c'est lui-même qui l'a créé, de sorte que tu n'aies pas le choix.

J'ai vu ce phénomène se produire des dizaines de fois dans mon pays. Quand un parrain veut s'emparer des terres d'un paysan, il ne vient pas lui faire directement une proposition. D'abord il brûle ses récoltes, puis il vole ses outils, il tue son bétail, et ce n'est qu'alors, quand le paysan est au sol, à genoux, qu'il lui fait une offre.

Assad a fait la même chose. À peine le printemps arabe commencé, il a donné l'ordre de libérer des prisons syriennes les islamistes les plus violents, ceux qui avaient commis les pires crimes. Puis, pendant quelque temps, il leur a permis de se déplacer sans être dérangés, de s'organiser, de recruter des gens et même de s'armer. C'est seulement quand ils se sont rangés sous le drapeau noir de Daech qu'il a dit à tout le monde : choisissez, soit moi, soit l'enfer. Un enfer qu'il avait créé de toutes pièces.

Staline avait fait la même chose à Katyń. Oui, il a employé la même stratégie : il a massacré des milliers d'officiers polonais, puis il a accusé les nazis, se présentant ainsi comme le seul rempart contre Hitler.

Vois-tu, aujourd'hui il est évident pour toi qu'on ne peut pas choisir entre Staline et Hitler, tout comme demain il sera évident qu'on ne pouvait pas choisir entre Assad et Daech. Et pourtant beaucoup sont prêts à jurer qu'Assad est un moindre mal.

Ne tombe pas dans le piège de cette fausse alternative. Assad a provoqué tellement de «Katyń», tellement d'attaques qu'il a fait passer pour l'œuvre de Daech... Je te le répète, c'est une stratégie vieille comme le monde, qui consiste à semer la terreur, à libérer la bête féroce, puis, quand ses crocs sont sur le point de s'enfoncer dans ta chair tendre, à dire : «Choisis : elle ou moi.»

Demande-toi toujours si c'est possible.

Lis, réfléchis, examine.

Comment faire pour savoir, te demandes-tu? Un missile est un missile : on ne peut pas demander à un missile qui sont ses grands-parents maternels ni comprendre à son accent dans quel quartier de Damas il a grandi ! Les missiles s'abattent au sol et, après ça, allez savoir de qui ils sont les enfants… C'est ce que tu es en train de me dire ?

Mais ce n'est pas vrai. Les explosifs, les rampes de lancement, les mitrailleuses, les pistolets, les fusils à pompe, toutes les armes racontent une histoire, comme les personnes. Chaque calibre, chaque portée, chaque détonateur correspond à une année de production, une usine, un gouvernement, une transaction entre deux pays. Il arrive donc qu'après une attaque mise sur le compte des rebelles on puisse par exemple trouver les restes d'un missile de 140 mm, une arme qui peut contenir une grande quantité d'explosifs, qui est impossible à télécommander et qui peut être lancée d'une distance maximale de dix kilomètres.

Qu'est-ce que cela peut faire ? me diras-tu. Ce qui m'intéresse, c'est de savoir qui, pas comment.

Mais, tu vois, avant de te demander *qui*, tu dois commencer par comprendre *comment*. Ce type de missiles, remplis de gaz innervants, les rebelles n'en avaient pas. Un missile de 140 mm appartient au passé, on ne peut pas s'en procurer si facilement et on ne trouve pas sa rampe de lancement sur Internet. Pour lancer un missile de 140 mm, il faut une rampe montée sur un camion lourd du type BM-14, qui n'est plus fabriqué. Mais, à la fin des années 1960, plusieurs centaines de ces camions ont été vendus par les marchands d'armes russes au gouvernement syrien.

Remplir un missile d'explosifs est une opération relativement simple, qu'un civil entraîné peut accomplir, en revanche y placer un agent chimique est une autre histoire. C'est une opération très difficile, pour laquelle il faut des spécialistes, munis de combinaisons et de masques à gaz pour se protéger des fumées, car la fuite d'une infime quantité de gaz suffirait à les priver instantanément d'air.

Utiliser du gaz est interdit mais, si tu le fais, personne ne te punira. Assad l'a fait et personne ne l'a sanctionné pour ça. N'oublie pas, toutefois : ceux qui emploient des armes chimiques ne peuvent pas brouiller les pistes, car toute attaque au gaz porte une signature. Si on mène une enquête approfondie, tôt ou tard on comprend qui en est l'auteur, car on sait déchiffrer cette signature.

Ne te sens pas meilleur parce que tu penses avoir su choisir entre A et B. Demande-toi plutôt si, par hasard, A et B ne coïncident pas. Sens-toi fort seulement si tu arrives à démasquer la tromperie représentée par ce choix qui n'en est pas un. Se sentir meilleur sans avoir réfléchi, c'est comme croire qu'on peut gagner un match de boxe en n'allant au gymnase qu'une fois par mois. Les muscles, le jeu de jambes, le crochet du droit, tout exige un entraînement régulier, du temps et des efforts. Il en va de même pour la recherche de la vérité.

C'est la même chose avec les migrants en Méditerranée : on te demande de choisir entre A et B.

« Que veux-tu faire ? te demande-t-on. Les sauver ou les empêcher de partir ? Car plus on en sauve, plus il y en a qui partent ! »

Mais le choix n'est pas entre ces deux options, ceux qui le présentent ainsi jouent le même jeu que Staline à Katyń ou qu'Assad dans la Ghouta : ils se dédoublent et te disent ensuite que c'est à toi de choisir. Celui qui te dit ça n'essaie pas de résoudre quoi que ce soit, il te demande simplement comment tu préfères que ces gens meurent : « Dans les prisons libyennes ou dans les eaux de la Méditerranée ? » Et plus tu persistes à dire que *tu ne veux pas* qu'ils meurent, plus on persévère à te demander *comment tu veux* qu'ils meurent.

Ce court-circuit de la communication est possible parce que tu veux trouver une solution, toi, alors que ceux qui t'obligent à choisir – ceux qui proposent « A ou A » – ne veulent ni gérer ni résoudre le problème, ils veulent juste le laisser dériver. Mais ils prétendent le faire avec ta bénédiction, ton absolution, ton consentement, voire ta participation.

Ne choisis jamais entre A et A. Quand on voudra t'imposer une formule du type « A=A », crie-le ! Renverse la table, quand tu t'aperçois que les cartes qui y sont posées sont toutes identiques. Ne choisis jamais entre ceux qui ont volé plus et ceux qui ont volé moins, entre ceux qui ont tué plus et ceux qui ont tué moins, soustrais-toi toujours à cette tromperie, car il n'y a pas d'option possible si ta solution ne figure pas parmi celles qu'on te propose. Si c'est une fausse alternative, cela signifie que tu dois en trouver une vraie, que tu dois choisir le rôle que tu veux jouer : et si ton rôle n'apparaît pas, prends les devants, invente-le. J'ai délibérément choisi de te parler à travers un livre, et je vais maintenant te dire pourquoi.

Tu as remarqué ? Quand nous aimons beaucoup un livre et que nous voyons ensuite le film ou la série qui en découle, nous ne sommes jamais satisfaits. La transposition de ce que nous avons lu ne correspond jamais à l'univers que le livre a fait naître en nous, à ce que nous avons imaginé, aux processus mentaux qu'il a déclenchés, aux réflexions auxquelles il nous a conduits, aux mécanismes qu'il a débloqués. On accuse généralement le réalisateur ou le scénariste, on le considère comme un traître : « Il n'a pas été fidèle au texte ! » Mais peut-être qu'il a parlé avec l'auteur, qu'il lui a demandé des conseils et posé des questions, justement dans le but de lui être fidèle.

Le fait est que ce qui manque à un film, ce qu'on n'y trouve pas, le réalisateur n'a pas pu le mettre car ce n'était pas dans le livre. C'est en nous, nous l'avons construit en faisant correspondre une brique à chaque mot. Le réalisateur n'a pas la possibilité de s'appuyer sur cette autre moitié du livre, celle qui est construite par le lecteur.

Car le livre n'est pas un produit fini, un circuit fermé, un lot où tout est compris. Ce n'est pas un film, précisément, ce n'est pas une série Netflix dans laquelle tu trouves tout ce dont tu as besoin : le son et l'image, la pensée et l'action, la cause et l'effet.

Tu ne peux pas rester passif en lisant, tu ne peux pas profiter du spectacle allongé sur un canapé. Si face au livre tu n'agis pas, si tu ne lui donnes pas des images, des corps, des timbres de voix, rien ne bouge. Si tu ne choisis pas où aller à chaque carrefour, les mots du livre restent immobiles. C'est pourquoi j'ai choisi le livre et aucune autre forme pour te parler. Pour rompre le pain. Cinquante-cinquante : cinquante pour toi, cinquante pour moi.

Chaque nuit où un bateau chavire, les enfants qui tombent à l'eau crient : «Maman!» Dans le noir, ils crient : «Maman!» Quand la mer est glacée et le ciel sombre, même les adultes crient : «Maman!» Et ils crient cela même quand il fait jour, qu'ils sont naufragés depuis des heures et que les secours n'arrivent pas, même quand ils peuvent apercevoir la terre au loin, mais qu'à chaque coup de reins un paquet de mer leur frappe le visage, que le sel entre dans leurs narines et chasse tout l'air de leurs poumons. Lorsqu'ils n'en peuvent plus, ils crient : «Maman, je n'en peux plus!», «Maman, j'abandonne!», «Maman... C'est fini!» Ils s'adressent à cette mère qui a payé pour qu'ils restent en vie quand ils étaient prisonniers dans un camp libyen, cette mère qui a fait le tour des parents et amis pour réunir la somme réclamée par les geôliers.

Aucune famille africaine ne compte moins de cent personnes, car la famille africaine doit se substituer aux structures qui n'existent pas en Afrique. Si tu veux rapidement te faire une idée de combien de structures, combien d'institutions, combien de droits manquent à un pays, essaie chaque fois de mesurer la taille des familles dans ce pays. Regarde si elles s'organisent autour des parents et des enfants, avec à la limite des liens forts avec les grands-parents, ou si elles forment une cohésion avec les cousins, les oncles, les nièces et les neveux, par le sang ou par alliance, jusqu'au troisième ou quatrième degré.

Dans les pays où c'est l'armée et à peu près personne d'autre qui assure le maintien de l'ordre, on ne peut que se raccrocher à la famille. Nous en avons déjà parlé, n'est-ce pas? Quand les infrastructures manquent, que l'État est lointain et qu'il n'y a rien autour de toi, c'est un cousin qui t'aidera à trouver du travail, un oncle qui te sortira de prison et, même si tu te maries, il vaut mieux que tu restes dans le périmètre du clan, pour ne pas courir de risque et être sûr que ceux qui te rejoindront seront du même côté que toi.

Plus il y a de droits, plus il y a de travail, plus il y a de légalité dans un pays, et plus tu peux te détacher de ta famille pour suivre tes rêves. Plus tout cela fait défaut et plus tu dois accepter de faire partie du rêve de ta famille. Et, en l'acceptant, tu dois te soumettre au chantage d'un rêve qui, bien que ce ne soit pas le tien, exige chaque jour des sacrifices de ta part.

Ainsi, en Afrique, quand on tombe, qu'on se retrouve seul et qu'on est condamné, la famille intervient.

Dès l'aube, la mère entreprend de faire le tour des parents, ceux qui vivent loin et ceux qui vivent à proximité. Elle leur demande de l'aide pour son fils qui est en difficulté, son fils qui meurt en Libye, son fils qu'elle voudrait ramener à la maison. Avec l'argent de toute la famille, elle paie les geôliers afin qu'ils le gardent en vie, qu'ils lui donnent à manger, qu'ils le fassent sortir de cet enfer et le renvoient chez lui. Mais les geôliers n'acceptent jamais de le renvoyer, car il ne vaudrait alors plus rien, tandis qu'en poursuivant sa route il vaudra encore le prix de sa rançon, un prix qu'il paiera dès qu'il arrivera dans le pays où il va travailler. Rien n'est gratuit dans un pays sans droits, même être torturé dans une prison face à la Méditerranée, même une place sur un canot pneumatique précaire où le gazole et le sel vous brûlent les jambes, même un lit dans un bâtiment abandonné d'une ville européenne ont un coût très élevé, qui sera réglé au bout d'un ou deux ans de travail là où le naufragé arrivera, s'il y arrive. Ensuite, seulement après avoir payé sa dette, ce naufragé commencera à envoyer un peu d'argent chez lui.

Penses-y toujours : ceux qui survivent aux camps libyens sont ceux qui, chez eux, ont une mère prête à payer pour qu'ils restent en vie, cette même mère qui, en les mettant au monde, les a condamnés à un destin atroce. Pourtant, c'est cette mère qu'ils invoquent une dernière fois quand tout est fini car, si atroce soit leur destin, le dernier cri est le même que le premier.

« Maman… C'est fini ! » : tel fut également le dernier cri de George Floyd. Tu connais sans doute son histoire, et tu sais donc que l'air qu'il avait dans le corps lui a été pris à cause d'une somme ridicule, seulement vingt dollars, la valeur du faux billet de banque avec lequel il avait acheté un paquet de cigarettes. Un billet dont George Floyd ignorait presque certainement qu'il était faux : dans le cas contraire, quel sens cela aurait-il eu de fumer une cigarette devant le bureau de tabac où il l'avait utilisé ?

Et, dans tous les cas, vingt dollars ne peuvent pas être le prix d'une vie.

Ce jour-là, le 25 mai 2020, à Minneapolis, c'est exactement ce qui s'est passé. Alors qu'il était en train de fumer dans sa voiture, devant le bureau de tabac, deux agents ont frappé à sa vitre et ordonné à George de sortir. Il a ouvert la portière, il est sorti et s'est laissé menotter. Les policiers l'ont poussé jusqu'au mur de la boutique, il s'est écroulé au sol et a attendu. Il a attendu que les agents parlent entre eux, il a attendu que les agents appellent leurs collègues au téléphone, il a attendu que les agents exécutent la procédure.

Puis, quand les renforts sont arrivés, George Floyd s'est laissé conduire jusqu'à la voiture de police, sans résistance, sans protestation, sans invectives. Mais, en entrant dans le véhicule, quelque chose l'a arrêté ; il a dû estimer la quantité d'air que pouvait contenir l'habitacle, séparé de la cabine du conducteur, et en a conclu qu'elle était insuffisante. « Officier, je suis claustrophobe. Croyez-moi, je ne pourrai pas respirer », a-t-il expliqué à l'agent. Ou bien il a dû penser que les quatre-vingt-dix centimètres qui vont de sa tête à son bassin, les cent autres qui vont de son bassin à ses pieds et les soixante-cinq au moins qui vont d'une épaule à l'autre formaient une carrure trop importante pour entrer dans l'habitacle ou, du moins, qu'ils y seraient à l'étroit. « Je ne pourrai pas respirer », a-t-il répété à l'agent. Peut-être que dans un autre type de véhicule, tel qu'une fourgonnette, ce sentiment de claustrophobie aurait disparu, car on y monte et on en descend par des marches, comme un escalier d'habitation.

Arrivé sur les lieux, l'agent Derek Chauvin a pris le commandement et n'a pas voulu se perdre dans ce genre de considérations, préférant punir George Floyd pour son refus pacifique. Il ne s'est même pas demandé s'il n'était pas excessif de menotter un homme soupçonné d'avoir utilisé un faux billet de vingt dollars, pas plus qu'il n'a pensé que mobiliser quatre agents, dont lui-même, était peut-être disproportionné pour interpeller un homme non armé, qui n'avait ni tué, ni blessé, ni menacé le commerçant. Il ne s'est pas demandé si, face à ce qui était à l'évidence une crise de panique, il ne devait pas se montrer moins hostile, moins autoritaire et moins cruel. Car, pour lui, George Floyd n'était pas un citoyen qui avait pu commettre une erreur, mais un adversaire à vaincre au bras de fer. Pour l'emporter, Derek Chauvin a demandé à ses collègues de plaquer George au sol, de le traîner sur le côté de la voiture, puis il l'a lui-même immobilisé, un genou contre son cou, de sorte que le visage de George a été écrasé contre la roue et l'asphalte.

Vois-tu, ce qui est incroyable dans cette histoire, ce qui la rend exceptionnelle et différente de toutes les autres, c'est que Derek Chauvin savait une chose que d'autres agents comme lui – des agents de police pris en flagrant délit d'abus de pouvoir – ne savaient pas : Derek Chauvin avait conscience d'être filmé. Tandis qu'il continuait d'écraser avec son genou le cou de George Floyd contre l'asphalte, une caméra l'enregistrait. Il savait donc aussi que la façon dont il procédait à l'arrestation serait vue partout dans le monde. Elle serait vue par ses proches aux informations télévisées, par un enseignant à Oslo, par un étudiant à Dakar, par un commissaire des Nations unies à New York et par un ouvrier à Hong Kong. Derek Chauvin savait qu'on se souviendrait à jamais de lui dans cette position : les mains dans les poches, sans vergogne et sans effort, plaquant George Floyd au sol. Il savait aussi qu'il n'y aurait bientôt plus d'air dans les poumons de George Floyd, car celui-ci le lui avait dit, il lui avait demandé de lever un peu son genou pour lui permettre de respirer.

Mais Derek n'a pas levé le genou. Il lui a conseillé de se taire pour consommer moins d'air.

Il a fallu huit minutes et quarante-six secondes à Derek Chauvin pour vider tout l'air des poumons de George Floyd. Huit minutes et quarante-six secondes pendant lesquelles son esprit est resté calme, son regard fixé sur la caméra.

À la fin, quand les poumons de Floyd ont manqué d'air, tout son corps s'est mis à en chercher, les pores de sa peau, ses yeux, son nez, sa bouche, ses mains et son foie. Puis George Floyd s'est écrié : « Je ne peux plus respirer… Maman, c'est fini ! »

Dès que les yeux du monde voient cette vidéo, les Afro-Américains s'identifient à George Floyd.

Et les Blancs ? Non, les Blancs ne s'identifient pas à Derek Chauvin. L'humanité fait bloc : il n'y a pas de Noirs et de Blancs, pas de femmes et d'hommes, d'adultes et d'enfants, de musulmans et de juifs, il n'y a que la justice et l'injustice, c'est le seul match devant lequel on a le droit d'applaudir.

J'ai posé la question à un infirmier, un homme qui, durant les mois les plus sombres de la pandémie, a travaillé en première ligne dans la plaine du Pô. Je lui ai demandé de me donner une idée de ce qu'on ressentait quand on était atteint de la Covid-19. Il m'a expliqué que c'était comme si quelqu'un vous privait soudain d'air, comme si vous étiez obligé de respirer sous un jet d'eau très puissant, comme si un piston entrait dans votre bouche et aspirait l'air par votre trachée, de sorte que tout votre corps commençait à en chercher : les pores de votre peau en cherchent, vos yeux en cherchent, votre nez en cherche, votre bouche en cherche, vos mains en cherchent, votre foie en cherche, comme le fait le bébé à sa naissance, quand il sort du liquide amniotique et que, pour la première fois, l'air entre d'un coup dans ses poumons, une sensation très douloureuse.

Ce même infirmier m'a parlé du hurlement incessant des sirènes, de l'augmentation vertigineuse des appels téléphoniques, des centaines de personnes qui vous ouvraient la porte le matin pour que vous veniez chercher un malade, et qui, l'après-midi, se faisaient emmener à l'hôpital à leur tour.

« Nous ne sommes pas en guerre ! m'avait dit cet infirmier. La métaphore de la guerre n'est pas la bonne ! Nous ne sommes pas en guerre, nous devons au contraire rester unis. Lorsqu'il y a une urgence, nous devons prendre soin les uns des autres. Lorsqu'il y a une urgence, nous avons besoin de compréhension, de dialogue et d'une direction commune. Car nous ne devons pas gagner, nous devons guérir. Peu importe comment nous appellerons ce virus dans cent ans. Peu importe que nous lui donnions une nationalité, que nous nous en souvenions comme du virus chinois, du virus italien ou du virus américain. Peu importe qui trouvera le vaccin le premier. Nous ne sommes pas dans des camps opposés, il n'y a pas de généraux qui se font face, nous n'avons pas à bombarder des cibles militaires ni à faire sauter des voies ferrées ou des aéroports. Soit nous guérissons ensemble, soit personne ne sera sauvé… »

Oui, c'est vrai, il a raison : nous n'étions pas en guerre. En guerre, on apprend à se méfier de tous, à considérer le salut individuel comme l'horizon primordial, à considérer sa propre cave comme le refuge le plus sûr, à dresser des murs protégés par des barbelés. La métaphore de la guerre est utile pour envisager la lutte contre le virus sous l'angle politique, mais la gestion de l'urgence n'est pas une question politique, pas plus qu'il ne s'agit de se ranger du côté des « catastrophistes » ou des « négationnistes ».

La seule différence est entre l'union et la désunion : « union » signifie qu'on est avec les plus faibles et « désunion » qu'on est contre eux. La gestion de la pandémie n'est pas une question politique, c'est une affaire de droits et de démocratie. Plus les droits et la démocratie font défaut, plus le virus progresse, avec ses dégâts en cascade, l'un dans l'autre comme des poupées russes.

« Nous ne sommes pas en guerre ! » : cet infirmier a raison. Le vaccin n'est ni de droite ni de gauche lui non plus, car les réponses de la science ne sont jamais de droite ou de gauche. Et quand la science est utilisée à des fins de propagande, cela donne des scientifiques féroces, comme Lyssenko, dont j'ai évoqué plus haut les aberrations pseudo-scientifiques. Ne tombe pas dans ce piège. Reste lucide, ne regarde jamais la science à travers les œillères de tes opinions politiques ou de ta foi religieuse. Pour accroître les opportunités et les droits, la science doit être libre, elle doit pouvoir s'exprimer uniquement lorsqu'elle dispose de résultats, qu'elle a conduit des études suffisantes et que le débat porte sur des études de valeur égale et de même sérieux. Pas question de comparer une étude à une opinion, de confondre expérimentation et invocation optimiste, de laisser le hasard prendre le pas sur une procédure longuement mûrie.

La politique a obligé les scientifiques à se prononcer sur la Covid-19 à la même vitesse que le Web et aussi fréquemment qu'une agence de presse publie des dépêches. Les politiciens ont présenté les hypothèses avancées peu à peu par la science comme s'il s'agissait chaque fois de réponses émises par des oracles, les privant ainsi de toute autorité. La science est une méthode qui nécessite des preuves, elle ne se base pas sur l'espoir d'avoir tiré le billet gagnant. Les scientifiques ont besoin de longues périodes d'observation, d'un filtrage systématique des données. Une théorie scientifique ne peut pas être élaborée par un blogueur, par un influenceur ou même un chroniqueur avisé sur la base de sentiments. Les réponses rapides ne relèvent pas de la science. La science a besoin de croiser les données, celles recueillies sur le terrain par les médecins urgentistes et celles obtenues par les chercheurs en laboratoire. Pour la science, une hypothèse n'est qu'un programme de travail, un chemin d'investigation, une route à arpenter, pas une réponse. Pourtant, chaque fois qu'un scientifique, un médecin, un virologue suggère une piste de recherche, le Web la répercute comme s'il s'agissait d'une vérité établie.

Nous avons demandé à des virologues, à des médecins et à des chercheurs de nous dire minute par minute ce qu'ils voyaient dans leur microscope, oubliant qu'une simple image ne suffisait pas. Le court-circuit de ta machine à laver pendant un orage ne relève pas de la science. La science, c'est quand toutes les machines à laver du monde ont un court-circuit.

« Nous ne sommes pas en guerre ! » Dire le contraire est dangereux car, lorsqu'on est en guerre, le reste passe au second plan, même le temps de la science, la déontologie et la méthode.

« Nous ne sommes pas en guerre ! » doit aussi être répété parce, que quand on part en guerre, on baisse la garde et on éteint les projecteurs là où ils devraient toujours être allumés. Et la criminalité organisée profite de ce silence, de ces projecteurs uniquement braqués sur la maladie.

Il faut se le représenter : chaque jour de pandémie a créé des hémorragies que les organisations criminelles se sont empressées de colmater, immédiatement et voracement.

Représente-toi un quartier de Matamoros, une ville du Mexique à la frontière des États-Unis, tandis que la fièvre commence à monter, que les gens ne savent plus quoi penser, qu'ils voient les personnes âgées mourir et ne comprennent pas ce qui se passe. Elles sont trop nombreuses, bien plus qu'habituellement, et elles ont toutes les mêmes symptômes : elles ont l'impression d'étouffer, n'arrivent plus à donner assez d'oxygène à leurs poumons, et la nuit on les trouve immobiles, la bouche grande ouverte, cherchant de l'air.

« Que se passe-t-il ? » demandent les gens. L'État, lui, ne répond pas vraiment, il reste évasif, ne sait pas et ne comprend pas lui non plus. « Débrouillez-vous seuls », semble-t-il dire à ses citoyens. Mais le fait est qu'ils ne peuvent pas se débrouiller seuls, ils continuent à tomber malades et, lorsqu'on annonce les premières restrictions, l'argent commence à manquer, chaque semaine les courses sont plus maigres, jusqu'à ce qu'ils n'aient plus le nécessaire pour arriver à la fin du mois. C'est alors que des 4×4, des dizaines de 4×4, arrivent dans les rues fermées de Matamoros. L'un derrière l'autre, telle la noire procession d'un enterrement.

Les femmes se dépêchent de faire rentrer les enfants qui jouent sur les balcons, elles ferment les volets, tandis que les hommes baissent le rideau métallique des commerces. Tout le monde s'attend à une fusillade, à un règlement de comptes, à un affrontement entre cartels, car c'est ce qui se passe quotidiennement à Matamoros, où la pandémie n'a pas mis fin aux meurtres. Au Mexique, depuis le début de la crise sanitaire, on compte quatre-vingt-dix-neuf morts par jour, soit un de plus que les mois précédents.

Dans les rues de Matamoros, seules les armes et la drogue circulent habituellement en 4×4, rien d'autre. Ainsi, dès que cette menaçante colonne de véhicules s'arrête, personne ne sort ; derrière les volets, les regards sont anxieux, on s'interroge sur la raison de cette visite. Quand le premier coffre s'ouvre en tête du cortège, les pupilles se dilatent dans leur cachette, comme si c'était le début de la fusillade. Une à une, les portes automatiques s'ouvrent grandes et des bras se mettent à décharger patiemment. Ils déchargent… des sacs, des milliers de sacs de supermarché. Il y a de l'huile, du lait, du pain, du miel, des pâtes, des haricots, du riz, de la sauce tomate et du sucre. Derrière les rideaux, tout le monde pousse un soupir de soulagement.

Puis, à la vue du premier courageux qui s'approche et à qui on remet un sac plein en cadeau, tous se précipitent dans la rue. Ceux qui ont ouvert les coffres se mettent à crier : « *Te traeré la comida, abuela... Quédate en casa, no bajes, quédate en casa... ¡No bajes, abuela!*[1] » Mais les familles viennent, les enfants viennent, les personnes âgées viennent. Un des hommes retourne au 4×4, il fouille dans le coffre, en sort une chasuble, l'enfile et, ainsi vêtu, au premier plan, se fait prendre en photo avec les enfants, les mères et les personnes âgées venus recevoir les courses miraculeuses de Matamoros. Sur la chasuble on peut lire : « Cartel del Golfo », et ceux qui viennent de récupérer ces sacs de commissions savent ce que cela signifie. Ils le savent parce qu'ils ont souvent conditionné pour le compte de ce cartel des lots de marijuana, d'héroïne locale et de cocaïne colombienne, qui devaient franchir la frontière et parvenir au cœur des États-Unis.

Non, ils ne se demandent pas pourquoi le Cartel du Golfe s'est mis à distribuer de la nourriture. La nourriture, c'est de la nourriture : quand on a faim, on tend la main et on prend, peu importe de qui elle vient.

Les hommes du cartel veulent protéger leur peuple, ils veulent aider leurs quartiers et leur main-d'œuvre, car ils savent que sans eux ils n'iront nulle part. Ils organisent donc deux fois par semaine des distributions assurées par des convois de 4×4, un système plus rapide et plus efficace que celui de leur voisin nord-américain, qui laisse ses citoyens se débrouiller pendant des semaines, sans argent et sans protection : ambulanciers, brancardiers, chauffeurs et aides à domicile qui doivent s'arranger seuls. Ceux qui le peuvent s'enferment chez eux et restent à l'abri, tandis que ceux qui n'ont rien continuent à travailler ou en profitent même pour travailler deux fois plus, convaincus par leur président que seuls les faibles attraperont le virus. Pourtant, ils commencent à tomber

1. « Je t'apporterai à manger, grand-mère... Reste à la maison, ne descends pas, reste à la maison... Ne descends pas, grand-mère ! »

malades à un rythme exponentiel, se transmettant rapidement le virus les uns aux autres, jusqu'à ce qu'ils commencent à mourir.

La société nord-américaine finit alors par comprendre que les personnes sur lesquelles repose son efficacité sont aussi celles qu'elle a le plus ignorées, le plus maltraitées, celles à qui elle a accordé le moins de droits, aucun avantage, aucune protection. Et ces droits bafoués, ces droits limités affectent aussi les privilégiés, car leurs cuisiniers, leurs chauffeurs, leurs baby-sitters, leurs dog-sitters tombent malades, les laissant seuls : à pied, avec des vêtements froissés, des valises à défaire, la maison à nettoyer, le déjeuner à organiser, les enfants à garder et les courses à faire. Tous ceux – directeurs de banque, politiciens, consultants, actionnaires, investisseurs – qui croyaient diriger le monde, un monde qui fonctionnait grâce à eux, se rendent à présent compte que sans les autres ils sont paralysés, incapables de faire un pas. Ils ont vécu pendant des années sur le dos d'une classe sociale oubliée, ignorée et mal payée. Une classe fondamentale qui leur présente aujourd'hui, malgré elle, la facture de sa marginalisation.

Bon, me diras-tu, pour une fois les choses se sont mieux passées en Italie. Non, les choses ne s'y sont pas mieux passées. En Italie, la pandémie a aggravé une crise dont le corps du pays porte les germes depuis longtemps. L'économie la plus riche d'Italie – celle du Nord, qui s'est longtemps crue immunisée contre la criminalité organisée, qui pensait que la camorra et la 'ndrangheta étaient des phénomènes du Sud, lui reprochant son manque de moralité, de volonté de travailler et de capacité à produire – a enfin ouvert les yeux, voyant la réalité telle qu'elle est. Dans le Sud, la mafia fait feu et recrute de la main-d'œuvre, mais c'est dans le Nord qu'elle engraisse. Dans le Sud, la mafia travaille sans interface, sans cacher son nom et en parlant sa propre langue; dans le Nord, elle envoie des courtiers, des avocats, des comptables et des investisseurs, car le système mafieux est avant tout camouflé : il prend la couleur du corps auquel il adhère. Dans le Sud, la mafia, c'est le folklore, les processions, le saint patron à qui on fait appel en dernier recours; dans le Nord, ce sont les liquidités, l'investissement, le chiffre d'affaires et l'entreprise. Ainsi, en période de pandémie, alors même que la région brûlait, le Nord a été balayé par ce mécanisme qui avait détruit le Sud. De ce point de vue, le Sud est plus fort, car il est habitué à vivre à genoux, alors que le Nord a l'illusion d'être protégé contre la criminalité organisée. Et donc, quand les entrepreneurs de Lombardie ont commencé à tomber, le choc a été d'autant plus dur qu'il était inattendu.

Ce n'est pas une question anthropologique. Ce n'est pas que le foie, l'estomac et le pancréas d'un entrepreneur de Caserte ne sentent pas les coups. C'est simplement qu'il y est habitué. Quand la violence et l'impunité l'attendent sur le pas de sa porte, il n'est pas surpris ; au contraire, il fait comme Don Puglisi devant ses assassins. Il se tourne et dit : « Je m'y attendais. » L'homme d'affaires lombard, lui, ne s'y attendait pas, car il était convaincu que l'État n'avait déserté que le Sud, que c'était seulement dans le Sud qu'on laissait les organisations criminelles agir sans les inquiéter.

Des hommes comme Gelindo Riva, comme Lorenzo Rigamonti, comme Loris Bonacina… Ce sont des patronymes inventés, mais je les cite afin que tu puisses mieux visualiser – imagine un timbre de voix, une carrure mince, ou peut-être pas, un teint mat, des mains épaisses, comme les gens qui ont toujours travaillé dur, à qui on n'a jamais fait aucun cadeau, qui n'ont jamais reçu d'aide et n'en ont pas demandé. Imagine quelqu'un qui, en Lombardie, a construit un hôtel à partir de rien et l'a géré en grande partie en famille, s'en occupant jour et nuit comme on le fait avec un enfant. Il se réveille à l'aube, passe ses nuits à faire les comptes, ne prend jamais de vacances, a toujours les yeux sur le budget qui doit être équilibré, surveille de près les versements aux fournisseurs, qui doivent toujours se faire à temps. Peu d'employés, une nourriture de qualité, des géraniums bien entretenus sur les balcons, des draps repassés qui sentent bon le propre. Jamais de facture en retard, d'impôts ou de taxes impayés, jamais de délai dans le paiement des salaires.

Puis la Covid-19 s'abat. Les affaires s'arrêtent et tout le monde se retrouve au chômage. Mais les aides de l'État tardent à arriver, Gelindo Riva a compensé en payant les salaires de sa poche, jusqu'à ce qu'il n'en puisse plus, car l'activité ne redémarre pas, tandis que les factures s'accumulent.

Il fait le tour des banques de la région, ne reçoit pas l'aide promise par le gouvernement, et son inquiétude se change en prostration. C'est alors qu'un homme affable vient lui rendre visite, un homme aux mains soignées et au col de chemise bien amidonné, qui souhaite investir dans le secteur touristique italien pour le compte d'une société installée au Luxembourg. Le visiteur inattendu lui montre l'argent, il lui présente un projet de relance, puis se propose de rejoindre la société comme partenaire minoritaire : 30 %. Gelindo Riva accepte, car de cette façon il peut rester à la tête de son entreprise et obtient les liquidités dont il a désespérément besoin pour redémarrer.

Le soir dans son lit, il pense à cette rencontre et y voit une bénédiction. Désormais, il ne devra plus baisser les yeux devant ses salariés et pourra de nouveau se présenter au guichet de sa banque, non pas pour mendier, comme il l'a fait ces derniers mois dans une ultime tentative de sauver son entreprise, mais pour déposer de l'argent. Le temps passe, le secteur du tourisme ne montre aucun signe de redémarrage et la date-limite pour payer les impôts approche. Gelindo Riva téléphone donc à l'homme aux mains soignées qui représente une société d'investissement luxembourgeoise. Ce dernier lui propose de prendre une part majoritaire dans son entreprise, en échange de liquidités supplémentaires. Et c'est ainsi, sans tirer un seul coup de feu ni menacer qui que ce soit, sans enfreindre ni lois ni tabous, que la 'ndrangheta s'empare de l'entreprise de Gelindo Riva, sûre de grignoter peu à peu le reste de la Lombardie.

Tu sais, la Covid-19 n'est pas la peste. Car la vraie peste est économique et sociale, c'est celle que propage le capitalisme malsain. En attendant que les institutions fournissent des garanties aux banques, que les politiciens se mettent d'accord sur l'attribution des subventions et que les citoyens reçoivent du soutien, partout où l'État n'a pas agi – pour cause de difficultés objectives ou d'incompétence –, quelqu'un s'est substitué à lui.

Représente-toi cette autre scène : imagine un restaurant romain qui s'appelle Da Rosa, ou peut-être Da Mario, Da Ciccio, Da Romolo, ou encore Il Colosseo, L'Obelisco, Il Santo – bref, un restaurant, et même plusieurs, dont les employés travaillent au noir. Danilo en fait partie. Il a quarante ans, un diplôme de technicien expert, deux enfants, un logement qu'il loue à Parco Leonardo. Le confinement prive Danilo de son emploi et, comme sur le papier il n'existe pas, il n'a pas droit au chômage, il ne peut prétendre à la moindre allocation, contrairement aux salariés de Gelindo Riva.

Danilo a entendu ses collègues dire qu'à Rome les taux de l'usure ont baissé, afin d'attirer ceux qui ne peuvent plus attendre l'aide promise par le gouvernement.

« Qui sait si elles arriveront, ces aides, songe Danilo. Il y a longtemps que je ne crois plus aux promesses. »

De son côté, l'Europe du Nord refuse d'aider l'Italie, jugeant que si on donne de l'argent aux Italiens on sait d'avance où il finira : dans les poches de la criminalité organisée.

« Quelle idée à la con ! » pense Danilo. Comme si les mafias avaient besoin de l'argent de l'Europe. Comme si elles n'avaient pas déjà les poches pleines. Comme s'il ne s'agissait pas simplement de s'en prendre aux pauvres types tels que lui, à qui l'Europe refuse maintenant toute aide et qui seront donc obligés d'en demander ailleurs. Comme si l'argent des mafias ne parlait pas l'anglais d'Oxford et n'obstruait pas l'embouchure de l'Hudson. Comme si la contamination du capital mondialisé par le virus des mafias n'était pas une évolution d'ores et déjà inscrite dans son histoire. Comme si la mafia n'était pas une maladie qui infecte l'économie et la finance, et que les pays se sont transmis comme ils se sont transmis la Covid-19 pendant des mois sans le savoir. C'est exactement le contraire, pense Danilo. Il ne faut pas laisser les corps sans rien, car il est faux de croire qu'en tuant les corps on tue les parasites. Ça ne fonctionne pas comme ça avec les mafias, les criminels conservent les corps qu'ils parasitent et, quand ceux-ci sont sur le point de s'effondrer, qu'on pense qu'il n'y a plus rien à prendre, ils les redressent et les nourrissent pour continuer à les dévorer. Ce n'est pas en affaiblissant les corps qu'on chasse ce genre de parasite : en faisant cela, on les abandonne simplement, tous, même ceux qui avaient juré qu'ils n'auraient jamais rien à voir avec la mafia !

Mais quand sa famille n'a plus assez d'argent pour faire les courses, Danilo cesse de craindre l'usure, car il est pire pour lui d'affronter le regard déçu de ceux qui l'aiment que le regard sévère de ceux qui le menacent. D'ailleurs, songe-t-il, s'en remettre aux usuriers n'est pas la même chose que s'en remettre à la mafia, à la 'ndrangheta ou à la camorra. Les bandes de quartier ont toujours voulu marquer leurs distances avec l'usure, car les usuriers sont impopulaires, or la criminalité organisée veut être perçue comme une aide d'urgence, une sécurité sociale privée, par les communautés dans lesquelles elle s'implante. Alors bien sûr, c'est vrai, les usuriers emploient les mêmes personnes que les mafias pour procéder au recouvrement des dettes, et les usuriers ne bougent pas le petit doigt sans leur accord. Mais Danilo veut croire que ce n'est pas un pacte à vie qu'on passe avec les usuriers et qu'une fois sa dette soldée on est libre de passer à autre chose.

Dès que l'économie repartira, pense Danilo, il travaillera tous les dimanches, en plus des samedis qu'il faisait déjà et, petit à petit, il remboursera cette dette qu'il semble maintenant décidé à contracter.

Danilo n'a pas grandi dans la rue, mais il y a traîné. Il est donc curieux qu'il ne se rappelle pas qu'à Rome les usuriers sont appelés *cravattari*… On les appelle ainsi parce que, si tu ne rembourses pas ce que tu dois, ils te passent une cravate autour du cou et serrent jusqu'à ce que ton visage devienne bleu, jusqu'à ce que tout ton corps commence à chercher de l'air, jusqu'à ce que les pores de ta peau, tes yeux, ton nez, ta bouche en cherchent, jusqu'à ce que tes mains en cherchent, jusqu'à ce que ton foie en cherche.

Sinon, pourquoi les usuriers te prêteraient-ils en vingt-quatre heures ce que les banques ne te prêtent pas en vingt-quatre mois ? Et pourquoi sans garantie ? Et même quand la seule garantie que tu es en mesure de donner est que tu ne pourras jamais rembourser une telle somme ?

Mais il est faux de dire que les usuriers n'exigent pas de garantie. Ta vie est une garantie, ta jambe cassée est une garantie, la brûlure sur ton corps est une garantie, le viol de ta fille est une garantie, l'incendie de ta maison est une garantie. Par conséquent, afin que rien de tout cela n'arrive, tu seras prêt à tout : solliciter tes proches, vendre ta voiture, vendre ton logement, tu vendras tout et tu arnaqueras, tu voleras, tu tueras s'il le faut. Mais tu seras peut-être l'heureux élu à qui on proposera de rembourser sa dette en servant d'homme de paille : on mettra des immeubles et des sociétés à ton nom, ou bien tu favoriseras la campagne électorale de quelqu'un en promettant d'apporter de nombreuses voix.

Oui, mais si tu n'es pas l'heureux élu ? Si quelque chose se passe mal ?

Le fait est que tu ne peux pas te poser trop de questions quand tu es écrasé de dettes comme l'est Danilo. Si tu perds ton emploi, tu sais que ça finira mal et, dès lors, plus rien ne te fait peur, pas même l'usure.

Et donc, après une nuit sans sommeil, Danilo demande un prêt aux *cravattari*.

Puis, à la fin du confinement, il retourne au restaurant Da Rosa, dans l'espoir de travailler davantage et de pouvoir ainsi rembourser sa dette. Les gens ont recommencé à sortir et à remplir les restaurants, mais à présent la fille de Rosa, qui étudiait à Londres, subvenant à ses besoins grâce à un emploi précaire mais bien rémunéré, a pris la place de Danilo. À cause de la pandémie, la fille de Rosa a perdu son emploi et est rentrée à Rome pour travailler dans le restaurant de sa mère. Danilo l'accepte, car il aurait fait la même chose, lui aussi aurait pris sa fille au travail, mais de retour chez lui il ne peut pas l'expliquer à ses enfants, trop jeunes pour comprendre ce qui est arrivé à la fille de Rosa.

L'angoisse est devenue sa compagne de tous les jours : elle l'attend le soir quand il rentre chez lui, après qu'il a parcouru la ville de long en large à la recherche d'un emploi ; elle lace ses chaussures le matin, tandis qu'il pense au moment où, dans la première volée de marches, il croisera son propriétaire qui vient sonner pour réclamer le loyer ; l'angoisse l'attend quand il rentre pour dîner, elle l'aide à porter les sacs de provisions qui deviennent de plus en plus légers. Tous les jours, Danilo quitte la maison et fait semblant d'aller travailler, mais au lieu de cela il consulte les petites annonces, interroge ses connaissances, appelle ses amis, va de temps en temps au café et au restaurant en bas de chez lui voir s'ils ont quelque chose à lui proposer. Personne ne veut de lui, personne ne l'appelle. C'est toujours la même chanson : les bars et les restaurants sont en crise, beaucoup ont déjà fermé et ceux qui ne ferment pas ont du mal à garder leurs employés. À la radio, aux informations, on dit qu'on manque de main-d'œuvre, et ça le met encore plus en colère, car il ne voit pas ces emplois, lui, peut-être qu'ils sont ailleurs, et dans tous les cas personne ne fait rien pour l'aider à les trouver. Les jours passent et toujours rien, le téléphone est muet. Danilo la sent déjà, la cravate qui se serrera autour de son cou, même s'il n'en porte jamais il sent l'air qui n'arrive pas à passer, son souffle de plus en plus court au fil des heures. C'est ce que veulent les *cravattari* : qu'il sente leur souffle sur son cou.

Et en effet les voilà : à la fin du mois, ils sont devant chez lui. Ils lui flanquent quelques coups de pied et lui accordent sept jours d'oxygène supplémentaires. Mais à la fin de la semaine ils reviennent et, faute de remboursement, ils le traînent dans une ruelle où ils le passent à tabac.

Danilo se relève, il chasse la poussière de ses vêtements et titube jusque devant chez lui. Mais il ne s'arrête pas devant le portail. Il continue jusqu'à un bâtiment en construction, à quelques rues du sien. Il grimpe au deuxième étage, accroche la corde qu'il vient d'acheter à un câble qui dépasse d'un pilier en béton, la serre autour de son cou et saute dans le vide.

Alors qu'il se balance, toujours conscient, les pores de sa peau commencent à chercher de l'air. Ses yeux en cherchent, son nez en cherche, sa bouche en cherche, ses mains en cherchent, son foie en cherche. Puis il pousse son dernier cri.

CRIE-LE, QUAND TU SENS QU'ON T'EMPÊCHE DE RESPIRER.

RECOMMANDATION

Cher Roberto, élève au lycée Diaz, toi qui franchis la grille à la fin des cours, avec tes longs cheveux cuivrés – mais où diable sont passés ces cheveux ? –, ta démarche nerveuse et ta vie d'anarchiste, tu ne veux vraiment pas te retourner ? Tu ne veux pas t'arrêter ? Tu ne veux pas entendre ce que j'ai à te dire ?

Non, tu ne veux pas. Si tu te retournais, peut-être que tu ne me reconnaîtrais même pas sous les traits de l'homme qui est devant toi aujourd'hui. Ou plutôt derrière. Surtout, tu ne pourrais pas croire ce que j'ai à te dire.

La douleur est indicible, tous les survivants le savent. Mais la plus grande peur est de ne pas être cru. Car, avec le temps, on expulse la douleur de sa chair, alors que ne pas être cru est une peine qu'on ne finit jamais de purger.

Alors vas-y, si c'est ce que tu veux. Ce n'est pas moi qui t'arrêterai. Suis ton rêve jusqu'au bout. Va donc à Naples, puisque c'est ce dont tu rêves, n'est-ce pas ? Loue une chambre d'étudiant dans les Quartieri spagnoli, puis apportes-y un matelas, même défoncé, poses-y beaucoup de couvertures en laine afin de ne pas trop dépenser en chauffage, car l'électricité coûte cher.

Accroche un poster de ton cher Maïakovski, colle l'affiche du *Maître de la Camorra* de sorte que tout le monde puisse la voir. Je ne peux pas t'en empêcher. Car tu veux vraiment écrire ce satané livre, tu veux vraiment dire ces choses, tu penses vraiment pouvoir changer la réalité. « La puissance révolutionnaire de l'écriture ! »,

« Le pouvoir des mots ! » : combien de fois t'ai-je entendu répéter ces formules, bon sang ?

Alors vas-y, récupère un bureau à la déchetterie, installes-y un ordinateur, place-le sous le rebord de la fenêtre et écris en prise directe – n'est-ce pas ce que tu voulais ? –, plongé dans la réalité que tu décris…

Va, je ne peux rien faire de plus pour toi. Que puis-je te dire ? À tes yeux, même l'horrible armoire qui se trouve dans cette pièce meublée sera belle, même ses murs défraîchis et le plâtre écaillé auront un sens. Alors vas-y, je ne t'en empêcherai pas. Achète-toi une Vespa noire, roule comme un fou d'un côté à l'autre de la ville et n'oublie pas la maxime que tu as choisie comme programme de travail, celle dans laquelle tu t'es réfugié : « Tu ne dois pas aller aux choses, les choses doivent venir à toi. » Oui, tu veux vraiment aller là où les choses se passent, tu veux sentir la poussée d'adrénaline, car « si les choses viennent à toi, elles te transforment ». À l'inverse, si c'est toi qui vas à elles, c'est toi qui les transformes. Va, mon gars, va.

Mais fais attention, car ta certitude de changer cette terre et ses contradictions risque de s'effondrer ! Tu n'imagines pas que ce sera facile, n'est-ce pas ? Ah, bien sûr, je m'en souviens, tu répétais aussi des choses comme : « La force, c'est d'y être né, sur cette terre qu'on veut changer ! » et : « J'ai cet avantage… »

Quel avantage ? Bien sûr que je me le rappelle, mais je veux te l'entendre dire, pour voir si tu y crois encore : « L'avantage, c'est de savoir que nous sommes considérés parmi les derniers et d'avoir pourtant la certitude d'être parmi les premiers, ceux qui ont la plus grande capacité de survie et d'adaptation. »

Alors vas-y, qui te retient ? Suis ton obsession, vas-y et crie-le, crie qu'il est indispensable de survivre à la camorra, crie que ce système gouverne tout, qu'il a le bras long, prêt à tout balayer.

Va, mais n'oublie pas, les phénomènes que tu dénonceras sont d'une telle ampleur que beaucoup de gens ne te croiront pas. Face à l'abîme, la réponse est toujours la même : « Ce n'est pas vrai. »

Et les autres ? Ceux qui vivent au milieu de tout ça ? Ceux qui savent que c'est vrai ? Auront-ils eux aussi le culot de dire que ce n'est pas vrai ? Non, ils te diront qu'on savait déjà tout ça, que tu n'as rien découvert. Et ils diront aussi : « Pourquoi diable as-tu fait ça ? Tu pouvais t'occuper de tes affaires et avoir une vie tranquille. »

Mais toi, élève du lycée Diaz, ne les écoute pas quand ils te diront : « De toute façon, rien ne change jamais », « Pour qui tu te prends ? » ou « Tu ferais mieux de rester à ta place. » Et ne te laisse pas décourager par ceux qui nieront, car oui, c'est ainsi, ils nieront. On a torturé des femmes et des enfants dans les camps libyens : « C'est faux. » Partout la mafia corrompt l'économie légale : « C'est faux. » La planète meurt : « C'est faux. » Face à un tel entêtement, combien de fois repenseras-tu à cette phrase de Leopardi : « Ce sont toujours les meilleurs et les plus nobles qui sont le plus détestés, car ils sont sincères et appellent les choses par leur nom. C'est là une faute impardonnable pour le genre humain qui ne hait jamais tant celui qui fait le mal, ni le mal lui-même, que celui qui lui donne son vrai nom. » Et toi ?

Que feras-tu face à ça ?

Hein ? Tu resteras neutre, dis-tu.

La neutralité n'existe pas, car être neutre signifie être complice !

Tu as entendu parler, n'est-ce pas, du médecin qui a identifié le coronavirus à Wuhan ? De ceux qui ont tiré la sonnette d'alarme à Naples et à Milan au XVIIe siècle quand la peste est apparue ? Et de ceux qui ont mis en garde contre le choléra au XIXe siècle ? Ils ont tous subi le même sort : isolés et punis.

Car c'est ce qu'on pense toujours : « Une fois éliminés, la maladie le sera aussi. » Quand on se débarrasse de ceux qui crient « Au feu ! », on a éteint le feu.

C'est ainsi, nous avons tous le même réflexe, le nier serait malhonnête : quand le réveil sonne avec insistance, je lance quelque chose sur lui et, si je n'ai rien à portée de la main, je le flanque par terre. Comme ça, il cessera de hurler et je pourrai me rendormir.

« Ce n'est pas la faute du messager », dit-on parfois. J'ai eu un doute et je suis allé chercher l'origine de cette expression. J'ai découvert que c'est exactement ce qui se passait dans le monde antique : quand un messager apportait de mauvaises nouvelles, on le tuait. En 491 avant J.-C., c'est arrivé aux ambassadeurs perses de Darius en mission à Sparte et à Athènes. En 438 avant J.-C., aux ambassadeurs romains envoyés à Fidènes. La liste est longue. Ce que je veux dire, c'est que si, en fin de compte, on a dû créer un sauf-conduit pour protéger la vie des messagers, c'est parce que le simple écho des mauvaises nouvelles déclenchait un besoin de tuer chez celui qui les recevait. C'est arrivé à cette époque et ça arrive aujourd'hui. Même besoin, même réaction.

Le geste de contrariété et de rejet qui naît spontanément face à ce qui nous blesse, nous alarme, nous met en crise, est une pulsion humaine, celle que déplore Leopardi : identifier la mauvaise nouvelle à celui qui l'annonce.

N'y cède pas. Résiste au besoin d'écraser ou de chasser ceux qui nomment le mal. Accueille ce mal et analyse-le pour trouver des solutions. Et ne tombe pas dans le piège de croire que le monde n'est rien d'autre que ça. C'est vrai, je ne vois pas beaucoup d'espoir. C'est peut-être toi, le dernier espoir, toi qui es maintenant assis à ma place au lycée Diaz, toi qui dois encore choisir tout ou presque, toi qui dois décider en quel côté du monde croire, toi qui dois décider dans quelle mesure rester dans l'ombre et dans quelle autre chercher la lumière. Toi qui dois avant tout choisir ce qu'il faut laisser dans l'ombre et ce qu'il faut mettre en lumière. Quel que soit ton choix, l'essentiel est justement que tu choisisses, que tu choisisses toujours. Que tu décides de quel côté tu es : prendre parti ne signifie pas être partial, au contraire, c'est s'inscrire dans une vision du monde. Aujourd'hui, en politique, on n'enseigne plus à prendre parti, comme c'était le cas lorsque j'étais lycéen. Aujourd'hui, l'objectif en politique n'est plus de « faire voter les gens de ton camp », de les convaincre de voter pour toi, mais d'empêcher les autres de voter pour tes adversaires, d'empêcher ceux qui ne sont pas de ton côté d'aller voter. Aujourd'hui, les *spin doctors* les plus performants, les consultants politiques et les experts en communication n'essaient pas un seul instant de convaincre les gens d'aller voter. Ils savent que l'abstentionnisme est leur plus sûr allié.

Ils n'investissent même pas dans la propagande, comme l'a fait Goebbels au XXe siècle. Aujourd'hui, la politique ne cherche souvent même plus d'arguments. Pour une raison simple : on ne peut essayer de convaincre les autres que quand on a des idées, qu'on croit en quelque chose. Si on ne croit vraiment en rien, on ne peut qu'attiser la haine afin de favoriser ses propres intérêts. En fait, c'est exactement de cela qu'ils veulent te convaincre, tu dois penser que l'intérêt est la dernière vérité qui subsiste. Et si quelqu'un prétend que ce n'est pas vrai, que l'intérêt n'est pas l'unique moteur du monde, alors il te trompe, suggèrent-ils. Celui qui dit vouloir se battre pour les droits de tous, y compris ceux de ses ennemis, est sûrement un petit malin qui a quelque chose à y gagner. Seule une personne qui admet agir dans son seul intérêt, en vue d'un quelconque gain, est perçue comme authentique, méritant donc d'être élue.

Si quelqu'un te dit que son but est de t'entuber, alors tu peux lui faire confiance, car ce n'est peut-être pas vrai, mais tu ne peux pas t'attendre à pire de sa part. Et s'il t'entube vraiment, tu auras eu la preuve de sa sincérité : après tout il ne t'a pas menti, il te l'a annoncé. Comme des vœux de mariage inversés : « Je promets d'être toujours infidèle, dans les bons moments et plus encore dans les mauvais. » Un compagnon si sincère ne mérite-t-il pas d'être épousé ? À quoi bon suivre ceux qui se sacrifient pour des droits qu'on n'obtiendra jamais ? Ceux qui voudraient t'enrôler dans des causes éternellement perdues ? Non, le politicien que tu dois préférer est celui qui joue cartes sur table, qui dit d'emblée qu'il ne fera rien pour tes droits ni ceux des personnes encore plus mal loties que toi. Celui qui se contente de distribuer des billets de loterie : quelqu'un va gagner, tous les autres resteront à la traîne, et peut-être mourront-ils – tant pis ! La vie est un jeu, quelqu'un perd toujours à la fin, et si ce n'est pas toi, tant mieux. Si tu n'es pas celui que le destin convoque et fait payer pour tout le monde, tu peux espérer avoir le billet gagnant dans la poche et toucher le gros lot. Et que les autres aillent se faire foutre.

Il n'y a pas de mérite, pas de contenu, il n'y a rien à l'intérieur, c'est juste une boîte vide. Et la même machine à salir fonctionne aujourd'hui à l'envers : ils te calomnient non pas pour prouver, comme avant, qu'eux sont « honnêtes », « compétents » et « capables ». L'objectif n'est plus de dire : « Nous agissons bien » et « Vous agissez mal ». L'objectif est de dire que nous sommes tous pourris, tous malhonnêtes. Oui, c'est la dernière vérité qui reste : nous sommes tous pareils, nous sommes tous des arnaqueurs ou des arnaqueurs en puissance.

Cher étudiant du lycée Diaz, je n'ai pas trouvé le sens de toute chose.

Comme la vie, la mort est stupide. Fortuite. Nous sommes nés parce que deux personnes nous ont conçus par un après-midi de farniente. Nous mourons parce qu'un virus nous a soudainement contaminés. Cela suffirait pour dire qu'au fond ils ont raison.

Beaucoup enseignent la méchanceté comme moyen de se montrer supérieur, de montrer qu'on a tout compris, car lorsqu'on dit que nous sommes tous pourris et que nous courons tous vers l'abîme, on ne se trompe jamais.

Mais le pessimisme, qui est toujours une tentation pour moi aussi, est d'abord un vice : ne commets pas l'erreur de le prendre pour une vertu. Et si je te dis cela, ce n'est pas parce que j'ai de l'espoir. L'espoir de ce Roberto-là – l'élève du lycée Diaz – s'est désormais envolé pour toujours : pourtant, en cours de route, c'est seulement dans la lutte que je me suis senti homme, seulement dans la lutte que j'ai éprouvé un fort sentiment d'appartenance à l'espèce humaine.

Écoute-moi : le vide que tu sens en toi, remplis-le de savoir. Car le savoir fournit toujours un chemin préférable à celui que la colère creuse dans ton ventre : un gouffre qui, tôt ou tard, t'avale, après t'avoir mastiqué.

« À beaucoup de savoir, beaucoup de douleur », affirme l'Ecclésiaste. Moi, je te dis ceci : plus on a de connaissances, plus on a d'outils pour comprendre la douleur. C'est à cela que servent les histoires que je t'ai racontées : à augmenter tes dioptries afin que tu comprennes mieux la douleur et que tu ne restes pas immobile. Je sais que l'effet immédiat d'une telle lecture est difficile. On se pose des questions. Quel intérêt y a-t-il à se battre dans un monde aussi tordu ?

Mais, tu vois, savoir d'où vient l'injustice nous aide à comprendre. Et la compréhension augmente la résistance de nos boucliers, elle augmente notre masse musculaire, elle nous donne une autre trempe, ajoute du mortier dans les failles de notre mur protecteur ; elle nous indique la direction, nous rend plus rusés, nous fait deviner le danger, le piège : voir l'injustice stimule notre capacité de survie.

Mais tu viens de t'arrêter, tu te retournes. Tu m'as enfin entendu !

Maintenant c'est moi qui ne veux plus que tu me rencontres et qui te tourne le dos, c'est moi qui pars.

Ce que je pouvais te donner est ici, dans ce livre, dans ces mots. Dans mes mots.

Les mots de quelqu'un qui a compris que le bonheur est collectif ou n'est pas, que le bien-être est collectif ou n'est pas, que la liberté appartient à tout le monde ou à personne.

CRIE-LE, QUE ÇA NE VAUT PAS LA PEINE
DE VIVRE DANS CES CONDITIONS,
CRIE QUE TOUT DOIT CHANGER !

CRIE-LE !

Crie-le, quand on te force
à la banalité de la simplification.
Crie que tu apprends de ceux qui savent
ce que tu ne sais pas encore.
Crie-le !
Crie-le : dénoncer, ce n'est pas dénigrer son pays !
Crie-le, quand la certitude que rien ne changera
– même en toi –
est sur le point de gagner.
Crie-le : chacun a le droit
d'avoir son angle mort !
Crie-le : tu ne veux pas être transformé
en simple soldat dans quelque guerre que ce soit.
Crie que les mots ne sont jamais seulement des mots.
Crie-le : la parole résiste aux flammes.
Crie-le, quand on se sert d'astuces sophistiquées
pour éteindre la lumière de la vérité.
Crie-le quand on couvre de boue
les hommes de bonne volonté
et qu'on se moque des héros.
Crie-le, quand on assassine les poètes.
Crie-le : tu chercheras la source
de chaque information.
Crie-le : tu n'épouseras pas une idée injuste
simplement parce qu'elle te rassure.
Crie-le : on doit juger ce que tu fais et non ce que tu es.

Crie-le : tu défendras toujours ce que tu es.
Crie-le haut et fort : ton pays n'est pas à vendre.
Crie-le : la politique ne doit pas flatter.
Elle ne doit pas dire : tu as raison et les autres ont tort.
Crie-le : aucun geste ne doit arrêter le mouvement.
Crie-le, lorsqu'on prétend défier un dragon
alors que ce n'est qu'un lézard.
Crie-le : si tu veux te battre,
tu n'as pas à devenir un ascète.
Crie-le que tu ne peux pas dormir
si les autres ne dorment pas,
que tu ne peux pas manger
si les autres ne mangent pas,
que tu ne peux pas guérir
si les autres ne guérissent pas,
que tu ne peux pas aimer
si les autres n'en ont pas le droit.
Crie-le !
Crie-le : tu ne diras jamais
« il l'a bien mérité ».
Crie-le quand on t'enferme
dans des catégories,
quand on veut te réduire
à un numéro,
à une croyance,
à un corps,
à une couleur.
Crie-le !
Crie-le, quand ils essaient de nous dresser
les uns contre les autres.
Crie que les listes sont des stigmates
et que tu ne veux stigmatiser personne.
Crie que c'est faux : le mal n'est pas toujours authentique,
tandis que le bien ne le serait jamais.
Crie qu'il existe un bien libre et désintéressé
et que tu es prêt à payer n'importe quel prix pour le défendre.
Crie-le !
Crie-le, quand une vie tombe à terre
dans le silence général.

Crie-le : les mensonges tuent !
Crie-le, si tu ne sauves pas la forêt en flammes,
l'incendie te rattrapera n'importe où.
Crie-le !
Crie-le qu'on ne peut pas danser
sur un champ de mines,
qu'on ne peut pas boire du thé
dans la lave d'un volcan,
qu'on ne prend pas le soleil
sur une île en plastique.
Crie-le !
Crie-le, quand on bâillonne les enfants.
Crie-le, quand tu sens qu'on t'empêche de respirer.
Crie-le, que ça ne vaut pas la peine de vivre
dans ces conditions,
crie que tout doit changer !

Références et sources

CARTE

La citation de Primo Levi est extraite de *Si c'est un homme*, Éditions Robert Laffont, 1988.

L'estimation du nombre de battements cardiaques dans une vie est due à Sandeep Jauhar, dans *Heart: A History*, Oneworld Publications, 2019.

L'image du Christ à table avec les publicains est tirée de Matthieu, 9, 9-13.

La citation d'Alexandre Soljenitsyne est tirée du discours de Stockholm dans *Les droits de l'écrivain*, Éditions du Seuil, 1972.

1. HYPATIE ET LES TALIBANS

À propos d'Hypatie, voir Silvia Ronchey, *Hypatia: The True Story*, De Gruyter, 2021 et Maria Moneti Codignola, *Ipazia muore*, Baldini & Castoldi, 2013.

2. AMI-ENNEMI

De même que la citation en exergue, l'extrait qui figure dans ce chapitre est issu de Carl Schmitt, *La notion de politique : Théorie du partisan*, Calmann-Lévy, 1972.

Sur le couple « ami-ennemi » comme catégorie fondamentale du danger, voir Schmitt, *La notion de politique : Théorie du partisan*, *op. cit.*

Sur les idées de Carl Schmitt sur le politique, voir aussi *La dictature*, Éditions du Seuil, 2000.

Sur le filtrage utilisé par les plateformes, voir Eli Pariser, *The Filter Bubble: What the Internet is Hiding from You*, Penguin, 2012.

Sur la rencontre entre Jorge Luis Borges et Raffaella Carrà, voir Michele Serra, « L'amaca », dans *La Repubblica*, 28 avril 2004.

3. LES APPARENCES SONT TROMPEUSES

L'épisode des trois adolescentes tchétchènes et de la pancarte est tiré de : Anna Politkovskaïa, *Tchétchénie, le déshonneur russe*, traduit par Galia Ackerman, Buchet Chastel, 2003.

La reconstitution du procès du colonel Iouri Boudanov est tirée de : Anna Politkovskaïa, *La Russie selon Poutine*, traduit par Valérie Dariot, Buchet Chastel, 2005.

Un témoignage courageux sur les horreurs de la guerre en Tchétchénie figure dans « Torture e detenzioni illegali in Cecenia. Interview de Zareta Khamzatkhanova », recueilli par Matteo Ermacora, dans *DEP : Rivista telematica di studi sulla memoria femminile*, n° 9, 2008, https://www.unive.it/pag/fileadmin/user_upload/departments/DSLCC/documenti/DEP/neri/n9/16_Dep009Ermacora-int.pdf.

Sur la guerre en Tchétchénie, voir également Norman M. Naimark, *Fires of Hatred: Ethnic Cleansing in Twentieth-Century Europe*, Harvard University Press, 2002.

4. LE TRAÎTRE

Hatice Cengiz évoque son dernier jour avec Jamal dans l'article « My Fiancé Jamal Khashoggi Was a Lonely Patriot », paru dans *The New York Times* le 13 octobre 2018, https://www.nytimes.com/2018/10/13/opinion/jamal-khashoggi-saudi-arabia-fianceembs-murder.html.

Sur la censure imposée aux journalistes « critiques » de Mohammed ben Salmane, voir – entre autres – l'article de Khashoggi lui-même : « Saudi Arabia's Crown Prince Is Acting Like Putin », publié le 6 novembre 2017, dans *The Washington Post* et disponible ici : https://www.washingtonpost.com/news/global-opinions/wp/2017/11/05/saudi-arabias-crown-prince-is-acting-like-putin.

Les phrases échangées par Jamal avec ses bourreaux et rapportées ici ont bel et bien été prononcées peu avant le meurtre, enregistrées par un mouchard dissimulé au consulat saoudien d'Istanbul. Leur publication a été autorisée en septembre 2019 et elles ont paru dans le quotidien turc *Daily Sabah.* La traduction italienne de cette conversation est reprise par Marco Ansaldo, «Khashoggi, gli ultimi minuti», dans *La Repubblica,* 11 septembre 2019, https://ricerca.repubblica.it/repubblica/archivio/repubblica/2019/09/11/khashoggi-gli-ultimi-minuti-dobbiamo-riportarla-a-riad-no-e-non-figlio15.html.

Sur le régime saoudien et les taupes des réseaux sociaux, voir Anna Lombardi, «Talpe saudite dentro Twitter. Così il regime spiava i dissidenti», dans *La Repubblica,* 7 novembre 2019, voir https://rep.repubblica.it/pwa/generale/2019/11/07/news/arabia_saudita_twitter_talpe_spie_stati_uniti-240535253/, et l'intervention du journaliste David Ignatius dans *The Washington Post,* le 7 décembre 2018, «How a Chilling Saudi Cyberwar Ensnared Jamal Khashoggi», https://www.washingtonpost.com/opinions/global-opinions/how-a-chilling-saudi-cyberwar-ensnared-jamal-khashoggi/2018/12/07/f5f048fe-f975-11e8-8c9a-860ce2a8148f_story.html.

Le post de Jeff Bezos dans lequel il rend publiques les menaces d'AMI «No Thank You, Mr. Pecker», a été publié par *Medium* le 7 février 2019, https://medium.com/@jeffreypbezos/no-thank-you-mr-pecker-146e3922310f.

Le montant des achats saoudiens d'armes américaines est cité par Maria Grazia Rutigliano, «USA-Arabia Saudita: i rapporti più che cordiali e gli accordi informali», dans *Sicurezza internazionale,* 10 décembre 2018, https://sicurezzainternazionale.luiss.it/2018/12/10/usa-arabia-saudita-rapporti-piu-cordiali-gli-accordi-informali/.

Le discours au Parlement du 3 janvier 1925, sept mois après le meurtre de Giacomo Matteotti, par lequel Mussolini assume la responsabilité des crimes fascistes, marque incontestablement le début du régime mussolinien, car il y revendique en substance le caractère licite de l'élimination des opposants.

5. TROIS CENT MILLE *UN*LIKES

Sur la «première loi de la technologie» de Melvin Kranzberg, voir «Technology and History: "Kranzberg's Laws"», dans *Technology and Culture,* 27, 3, 1986.

Sur l'analyse par Edward Snowden de la politique des plateformes Internet et les phrases citées dans ce chapitre, je renvoie à son livre *Mémoires vives*, Éditions du Seuil, 2019.

Voir également Franco « Bifo » Berardi, *Futurability*, Nero, 2018, et Roger McNamee, *Zucked: Waking Up to the Facebook Catastrophe*, HarperCollins, 2020.

7. SABOT

Sur l'affaire Milan Kundera, voir notamment Fernando De Valenzuela, « La mia verità su Milan Kundera », dans *La Repubblica*, 29 novembre 2008, https://ricerca.repubblica.it/repubblica/archivio/repubblica/2008/11/29/lamia-verita-su-kundera.html.

À ce sujet, il convient également de lire les vers de Fernando Arrabal – traduits par Francesco Forlani – en défense de Kundera : « Combien de temps la calomnie restera-t-elle indélébile ? Combien de temps encore la charogne souillera-t-elle les solitaires de ses ignominies ?

« Combien de temps encore la frontière entre vie privée et vie publique sera-t-elle passée au napalm ? Combien de temps les violeurs de l'indispensable secret de nos vies vont-ils se nourrir dans les latrines de l'histoire ?

« Combien de temps encore les exterminateurs de la nuance entre l'œuvre et son auteur vont-ils continuer à sévir ? Combien de temps la victime sera-t-elle couverte de crachats et clouée au pilori ? »

Le texte original du poème est disponible dans *Fernando Arrabal, Defensa: Kundera/Arrabal*, Libros del Innombrable, 2008.

Il existe de nombreuses façons de faire taire les dissidents. Voir les chiffres du ministère italien de la Justice – « Une armée de personnes "intimidées" par le risque du procès en diffamation. [...] 6 000 procédures pénales, dont 90 % n'aboutissent à rien : 70 % sont déjà en phase d'enquête préliminaire, 20 % en phase de procès », https://odg.roma.it/ossigeno-3122-journalists-intimidated-by-2011/ – et le dossier sur le SLAPP (la poursuite stratégique contre la mobilisation publique) disponible sur : https://www.balcanicaucaso.org/ECPMF/ECPMF-news/Dossier-SLAPP-laquerela-che-minaccia-la-liberta-despressione-198695.

8. LE PLAGIAIRE

Au sujet des accusations de plagiat portées contre Giordano Bruno, voir Germano Maifreda, *Io dirò la verità. Il processo a Giordano Bruno*, Laterza, 2018 : « L'auteur était sur le point de quitter l'Angleterre, déçu à bien des égards par cette expérience. Il estimait que sa pensée avait reçu un accueil décevant outre-Manche ; il s'était heurté à des collègues de l'université d'Oxford, qui l'accusaient d'avoir plagié le *De vita* de Marsile Ficin dans l'un de ses cours. »

À propos du procès de Giordano Bruno, voir également Duilio Ricci, *Bruno e Galileo: Il silenzio del pensiero*, Atheneum, Florence, 2013 : « La fonction du procès est de réaffirmer, pour la sauvegarde de l'Autorité, la seule vérité admissible, et cela n'est possible qu'en réduisant au silence la pensée non conforme. »

Sur les années d'exil de Bruno, voir Michele Ciliberto, *Giordano Bruno*, Laterza, 2005.

Le passage de George Orwell cité dans le texte est tiré de *1984*, deuxième partie, chapitre IX, traduit par Josée Kamoun, Éditions Gallimard, 2018.

9. FAIRE LE POINT

Concernant les photos de Robert Capa et son journal de guerre, voir Robert Capa, *Slightly out of Focus*, Modern Library, 1999.

Sur le site invisiblechildren.com, il est encore possible de voir le documentaire de Jason Russell, *Kony 2012*.

Sur les conflits et les violations des droits de l'homme en Ouganda, voir Adam Branch, *Displacing Human Rights: War and Intervention in Northern Uganda,* Oxford University Press, 2011.

Yvan Sagnet a fondé une association internationale de lutte contre le *caporalato*, NoCap, il a écrit deux livres et a été fait chevalier dans l'Ordre du mérite de la République italienne par le président de la République Sergio Mattarella.

10. MI-NONNE MI-PUTAIN

Dans *Personal Impressions*, Princeton University Press, 2001, Isaiah Berlin écrit : « Toute sa vie fut un réquisitoire ininterrompu contre la réalité russe. »

À propos du silence qu'Akhmatova a gardé pendant de nombreuses années, elle a écrit elle-même : « On a battu à mort ma Muse. » Voir Anna Akhmatova, « Tessons », dans *L'églantier fleurit*, traduction de Marion Graf et José-Flore Tappy, Éditions La Dogana, 2010.

La formule « tribunaux de la conscience » est due à Adriano Prosperi, *Tribunali della coscienza. Inquisitori, confessori, missionari*, Einaudi, 1996.

Le passage qui commence par « J'entendis une voix qui m'appelait » est extrait du recueil *Plantain*, dans l'anthologie *Requiem. Poème sans héros et autres poèmes*, traduction de Jean-Louis Backès, *Poésie*/Gallimard, Éditions Gallimard, 2007.

Anna Akhmatova répondit à ces femmes qui lui demandaient de raconter leur douleur dans la file d'attente de la prison par *Requiem*, un recueil de poèmes écrits entre 1935 et 1961, jamais publié en URSS, mais bien connu à l'étranger.

Le passage qui commence par « Et si, je ne sais quand, dans ce pays... » est extrait de « Requiem », dans l'anthologie *Requiem. Poème sans héros et autres poèmes, op. cit.*

Pour la dédicace en exergue de *L'archipel du Goulag*, voir 1re et 2e partie, traduites par Jacqueline Lafond, José Johannet, René Marichal, Serge Oswald et Nikita Struve, Éditions du Seuil, 1974-1976.

« Le malheur veut être dit » est une référence délibérée à « Il calabrese "vuole essere parlato" » de Corrado Alvaro (voir *Un treno nel Sud*, Rubbettino, Soveria Mannelli, 2016). Alvaro raconte qu'un réalisateur romain tournait en voiture dans l'une des zones les plus pauvres de Calabre. Un groupe de femmes pieds nus, avec de lourds paniers sur la tête, s'est approché de lui. Le réalisateur a pris son portefeuille : « Non, dit l'une des femmes, nous ne voulons pas d'argent. Vous êtes de Rome. Dites à Rome ce que vous avez vu chez nous. »

11. JE VOUS VOIS

D'Émile Zola, on ne peut pas ne pas lire *J'accuse... !*, le manifeste de tous ceux qui prennent position. Voir l'édition Folio Collège, Éditions Gallimard, 2017.

Sur le traitement réservé à Dreyfus, les pages les plus significatives sont les siennes : Alfred Dreyfus, *Cahiers de l'île du Diable*, Éditions Artulis Pierrette Turlais, 2009.

Sur les doutes entourant la mort de Zola, voir Frédéric Lewino et Gwendoline Dos Santos, « 29 septembre 1902. Le jour où Émile Zola est assassiné par un fumiste », dans *Le Point*, 29 septembre 2012, https://www.lepoint.fr/c-estarrive-aujourd-hui/29-septembre1902-zola-son-epouse-et-les-chienssont-retrouves-asphyxies-accident-oumeurtre-29-09-2012-1511506_494.php.

Et, également sur ce thème, voir le texte de Jean-Paul Delfino, *Assassins ! Les derniers jours de Zola*, Éditions Héloïse d'Ormesson, 2019.

12. LES MOTS DU PEUPLE

Voir Jacob et Wilhelm Grimm, *Les Contes, Kinder- und Hausmärchen*, Éditions Flammarion, collection L'Âge d'or, 1967. Version intégrale des *Contes populaires allemands des frères Grimm*, traduite et présentée par Armel Guerne ; réédition aux Éditions du Seuil, 2003.

Voir Joseph Bédier, *Les légendes épiques : Recherches sur la formation des chansons de geste*, 4 volumes, Champion, 1908-1913, contre l'hypothèse d'une origine orale de la poésie épique.

Sur l'expérience tentée dans les Balkans par Italo Siciliano, le professeur de l'université de Venise cité dans le chapitre, voir *Le origini delle canzoni di gesta. Teorie e discussioni*, CEDAM, 1940.

Voir aussi Italo Calvino, *Sulla fiaba*, Einaudi, 1988.

13. LE COMPLOT

Le dialogue que tu viens de lire est une invention, mais il s'inspire d'une histoire vraie. Voir l'article de Hannes Grassegger, « Die Finkelstein Formel », publié en Suisse dans *Das Magazin* en janvier 2019, puis dans *Internazionale*, n° 1298, sous le titre « Come si crea un nemico », https://www.internazionale.it/notizie/hannes-grassegger/2020/02/14/ennemi-soros. Le dégoût et les doutes attribués au personnage de George sont ceux de l'auteur de ces lignes.

Concernant les accords entre le grand mufti et Hitler, voir Wolfgang G. Schwanitz, « Il Gran Mufti e Hitler (e Netanyahu) », dans *Limes*, n° 10, 2015.

Concernant Michele Greco, voir : Alfonso Madeo, «Michele Greco. L'autoritratto di un "Papa"», dans *L'Ora*, 12 juin 1986; Attilio Bolzoni, «La verità del capomafia», dans *La Repubblica*, 23 février 1986; les entretiens avec Michele Greco durant le maxi-procès qui débuta en 1986, qu'on peut trouver dans les archives de la RAI; Francesco Viviano, *Michele Greco. Il memoriale*, Aliberti, 2008. Le sens du témoignage de Michele Greco lors du procès est résumé par cette déclaration : «J'ai beaucoup lu, Monsieur le Président, surtout la Bible. Et je ne connais que ceux qui se repentent devant Dieu. Les autres, ceux dont se sert la justice, sont des criminels ratés qui n'hésitent pas à raconter des mensonges pour s'en sortir.» Voir Attilio Bolzoni, *Parole d'onore*, BUR, 2008, et Pietro Calderoni, Gaetano Savatteri, *Voci del verbo mafiare. Aforismi di Cosa Nostra*, Tullio Pironti, 1993.

La théorie conspirationniste du remplacement de la population européenne par des populations d'origine africaine et asiatique est soutenue par l'écrivain français Renaud Camus dans son ouvrage *Le Grand Remplacement*, David Reinharc, 2012.

Concernant les Lebensborn, voir entre autres Lidia Beccaria Rolfi et Bruno Maida, *Il futuro spezzato: i nazisti contro i bambini*, Giuntina, 1997.

Concernant de prétendus rites juifs liés à Pâques, voir les déclarations faites sous la torture par les Juifs de Trente dans *Processi contro gli ebrei di Trento* (1475-1478), dirigé par Anna Esposito et Diego Quaglioni, CEDAM, 2008.

Voir aussi Wolfgang Benz, *I Protocolli dei Savi di Sion. La leggenda del complotto ebraico*, dirigé par Andrea Gilardoni et Valentina Pisanty, Mimesis, Milan, 2009.

La méthode des leaders populistes consistant à «infantiliser» le discours politique est expliquée de manière très convaincante par Ece Temelkuran dans *Comment conduire un pays à sa perte : Du populisme à la dictature*, traduit par Christel Gaillard-Paris, Éditions Stock, 2019.

14. MOTEL

Pendant ses premières années de mariage, Martin Luther King vit à Montgomery, en Alabama. Plus tard, la famille King s'installe à Atlanta, en Géorgie, sa ville natale et le siège de l'église baptiste d'Ébénézer, dont son père est le pasteur. La rencontre avec sa maîtresse dans cette ville est imaginaire, car l'enregistrement qui en aurait été fait est seulement mentionné dans les dossiers du FBI. Voir David J. Garrow, *The FBI and Martin Luther King, Jr.* Norton & Co., 1981.

Au sujet des maîtresses de King, réelles ou imaginaires, voir l'interview du 29 octobre 1989 de son ami, le militant Ralph Abernathy : http://www.booknotes.org/Watch/9718-1/Rev-Ralph-David-Abernathy. Concernant le dossier du FBI contre King, voir également Curt Gentry, *J. Edgar Hoover: The Man and the Secrets*, W.W. Norton, 1991.

L'angoisse dans laquelle l'épouse de King a vécu pendant des années en attendant le coup de téléphone qui lui annoncerait la mort de son mari a été décrite par Coretta elle-même dans le livre autobiographique *Ma vie avec Martin Luther King*, Éditions Stock, 1970. Les procès et les périodes de détention les plus douloureuses de Martin Luther King ne sont pas ceux liés à des sit-in de protestation ou à des marches non autorisées, ce sont ceux qui résultent de plaintes spécieuses dont le seul but était de l'intimider : accusations de fausses déclarations d'impôts, de conduite sans permis, de concurrence déloyale dans le service de transport public. Des poursuites qui ont détourné l'énergie et l'argent de la cause antiségrégationniste et qui, de fait, avaient été intentées dans ce but. Concernant l'accusation de déclarations fiscales mensongères, King expliqua : « Vous savez tous très bien que je n'ai pas assez d'argent pour me battre contre une telle accusation devant un tribunal. » Sa femme fit valoir que ce procès, plus que tout autre, avait jeté son mari dans un état de prostration, la frugalité et l'honnêteté en matière d'argent étant son obsession.

S'agissant de la « lettre du suicide », voir : « La lettera con cui il FBI invitò Martin Luther King a suicidarsi », https://www.ilpost.it/2014/11/13/letterasuicidio-fbi-hoover-martin-lutherking/.

Sur George Wallace, l'ouvrage de référence est celui de Stephan Lesher, *George Wallace: American Populist*, Addison-Wesley, 1993. En tant que journaliste, Lesher avait suivi les meetings de Wallace dès le début de sa carrière politique et le boycott des transports à Montgomery. Avant d'écrire cette biographie bien des années plus tard, Lesher obtint également seize heures d'entretiens exclusifs avec Wallace. Il qualifia Wallace de « père de la rhétorique populiste ».

Le livre de James Baldwin que j'aimerais que tu lises est *Si Beale Street pouvait parler*, traduit par Magali Berger, Éditions Stock, 1974. Les vers que tu trouves à la fin de ce récit sont inspirés par l'œuvre de Baldwin.

15. LES TESSONS

Le premier recueil des textes de Daphne Caruana Galizia, *Di' la verità anche se la tua voce trema*, a paru aux Éditions Bompiani en 2019. Le livre auquel Daphne travaillait jusqu'à sa mort a été achevé par ses fils Andrew, Matthew et Paul. Depuis, ils œuvrent sans relâche afin d'obtenir justice pour elle et ses enquêtes. Quelques semaines après la publication, un revirement soudain a conduit à l'arrestation de Yorgen Fenech, le commanditaire présumé du meurtre de Daphne, puis à la démission de Konrad Mizzi, Keith Schembri et Joseph Muscat (qui n'a quitté le pouvoir qu'en janvier 2020), ainsi qu'à une nouvelle série d'arrestations, dont celle de Schembri lui-même pour blanchiment d'argent.

Voir également Roberto Saviano, *Criminali ovunque io guardi – Daphne Caruana Galizia*, dans *Le mani sul mondo*, disponible sur Audible, 2020.

17. FICHUE BEAUTÉ

À propos du mythe de Diane et d'Actéon, voir Giordano Bruno, « Des fureurs héroïques », dans *Œuvres complètes*, tome VII, traduction de Paul-Henri Michel revue par Yves Hersant, Les Belles Lettres, 2008.

18. HULK QUI N'EST PAS HULK

L'affaire « Hogan vs. Gawker » est reconstituée en détail dans le livre *Post-Journalism: Il caso Hulk Hogan/Peter Thiel vs. Gawker*, sous la direction de Mario Mancini, goWare, 2017.

Les phrases citées dans le texte sont extraites de Jeffrey Toobin, « Il duello Hogan-Gawker: Privacy vs. Diritti di cronaca », dans *Post-Journalism*, *op. cit.*

La formule « bulle du premier amendement » d'Amy Gajda est tirée de *The First Amendment Bubble: How Privacy and Paparazzi Threaten a Free Press*, Harvard University Press, 2015.

19. HÔTEL

La vidéo privée de Karina Bolaños peut être visionnée ici : https://www.youtube.com/watch?v=Zyl-O6jil9E ; pour le reportage du magazine espagnol *Interviú*, voir https://www.youtube.com/watch?v=xEMN hcmZfNodel (*Interviú*, juillet 2012).

Cinq articles qui dénoncent la main du gouvernement derrière l'« affaire Bolaños » ont été écrits par Dan Stevens dans le *Costarican Times* :

— « Karina Bolaños Says Laura Chinchilla Only Protects the Corrupt », 11 septembre 2012, https://www.costaricantimes.com/karina-bolanos-says-laura-chinchilla-only-protects-the-corrupt/5129 ;

— « Karina Bolaños Has a Week to Prove Her Accusations of Corruption on the Border Trail », 13 septembre 2012, https://www.costaricantimes.com/karina-bolanos-has-a-week-to-prove-her-accusations-of-corruption-on-the-border-trail/5219 ;

— « Karina Bolaños to Tell the Truth on the Border Trail Corruption, Calls cR Government Bluff », 15 septembre 2012, https://www.costaricantimes.com/karina-bolanos-to-tell-the-truth-on-the-border-trail-corruption-calls-cr-government-bluff/5306 ;

— « Lawyers Interviewing Karina Bolaños on Her Border Trail Comments », 30 octobre 2012, https://www.costaricantimes.com/lawyers-interviewing-karina-bolanos-on-her-border-trail-comments/7050 ;

— « Karina Bolaños Back in Politics », 16 janvier 2013, https://www.costaricantimes.com/karina-Bolanos-back-in-politics/10495.

20. NINA

Julian Huxley, *Soviet Genetics and World Science: Lysenko and the Meaning of Heredity*, Chatto & Windus, 1949.

Joyce Haber, « Miss A Rates as Expectant Mother », *Los Angeles Times*, 19 mai 1970.

« Max Lowenthal, Lawyer, Dies. Book on FBI Stirred a Storm », *The New York Times*, 19 mai 1971.

Wendell Rawls Jr, « FBI Admits Planting a Rumor to Discredit Jean Seberg in 1970 », *The New York Times*, 15 septembre 1979.

M. Wesley Swearingen, *FBI Secrets: An Agent's Exposé*, South End Press, 1995.

Duncan Campbell, « How the FBI Used the Gossip Columnist to Smear a Movie Star », *The Guardian*, 22 avril 2002, https://www.theguardian.com/media/2002/apr/22/mondaymediasection.filmnews.

Simon Sebag Montefiore, *Staline : La cour du tsar rouge*, traduit de l'anglais par Florence La Bruyère et Antonina Roubichou-Stretz, Éditions Perrin, 2010.

Francesco Cassata, *Le due scienze: il caso Lysenko in Italia*, Bollati Boringhieri, 2008.

Curt Gentry, *J. Edgar Hoover: The Man and the Secrets* (d'où sont tirées les deux citations : «ses hommes apprirent à trouver toutes les preuves dont ils avaient besoin afin que Hoover puisse fabriquer le monde auquel il croyait» et «Mais son livre était lourd, plus lourd qu'un dossier au tribunal»), *op. cit.*

Anthony Summers, *J. E. Hoover Confidential*, traduit de l'anglais par Roland Vallier, La Manufacture de Livres, 2020.

Ariane Chemin, *Mariage en douce : Gary et Seberg*, Éditions des Équateurs, 2016.

Romain Gary, *La vie devant soi*, Éditions Gallimard, Folio, 1982.

Dale M. Brumfield, «Cheapened and Neutralized: Why the FBI Destroyed Actress Jean Seberg's Life», *Medium*, 21 février 2019, https://medium.com/lessons-from-history/cheapened-and-neutralized-why-the-fbi-destroyed-actress-jean-sebergs-life-4097d87e8195.

Debora Attanasio, «Il mistero di Jean Seberg, condannata dall'FBI per amore dell'uomo sbagliato», *Marie-Claire*, 29 juillet 2019, https://www.marieclaire.com/fr/actuel/gossip/a28539660/jean-seberg-black-panther/.

21. LA STATION-SERVICE

Dans l'épisode «La ricotta» du film *Rogopag* (1963), Pasolini fait dire à Orson Welles que «l'homme moyen», le bon père de famille, est «un dangereux délinquant, conformiste, colonialiste, raciste, esclavagiste, indifférent».

On trouvera l'histoire des procès contre Pasolini dans *Pasolini : Chronique judiciaire, persécution, exécution* de Laura Betti, Éditions Seghers, 1979.

Un livre sur Pasolini – d'après moi – est à apprendre par cœur et ne traite pas de ses écrits : Umberto Apice, *Processo a Pasolini: La rapina del Circeo*, Palomar, 2007. Apice rapporte, entre autres, la phrase prononcée au tribunal par l'avocat de Pasolini, Francesco Carnelutti, qui résume le climat créé autour de lui : «Vous voulez le bouffer, Pasolini.» Apice a également été le premier à comprendre ce que le procès voulait démontrer, au-delà des murs de la salle d'audience : «Le message à faire passer était le suivant : l'exemple de Pasolini ne devait pas être imité, car le pouvoir a des anticorps capables de réagir et d'anéantir ceux qui entravent, même par leurs mots, la libre gestion des affaires publiques. Tel est le double objectif poursuivi : a) rassurer la sous-culture et la petite bourgeoisie : le subversif, le différent, le "pédé" s'est tué de ses propres mains ; b) menacer les neutres : quiconque ose s'opposer à la logique générale du progrès et du néo-capitalisme, quiconque prétend que l'économie doit avant tout respecter les règles du droit, quiconque accuse le système qui gouverne l'Italie, doit s'attendre à finir comme Pasolini. Bref, il faut comprendre ou sentir que le système est fort : "Personne ne peut se permettre de réclamer le procès de ceux qui gouvernent l'Italie." Et, une fois encore, c'est comme si cet avertissement disait : "Tu es un écrivain, un réalisateur, un intellectuel, mais ta parole, ton message ne valent rien. Nous pouvons t'accuser des choses les plus absurdes : le monde nous croira." C'est la logique des meurtres de type mafieux. L'instigateur doit être connu, mais pas ligoté à sa responsabilité : ainsi, les autres retiendront la leçon. L'ennemi doit être détruit et son exemple doit disparaître avec lui : il ne doit rester personne pour l'imiter. »

22. TUTORIEL

Les informations sur la vie de Goebbels sont tirées de la biographie de l'historien allemand Peter Longerich, *Goebbels*, traduction de Raymond Clarinard, Éditions Héloïse d'Ormesson, 2013.

La conquista di Berlino (*La prise de Berlin*) est un texte fondamental pour comprendre la construction de la propagande nazie, car Goebbels y analyse la phase initiale de la conquête du peuple par le parti national-socialiste. Les citations sont extraites de Joseph Goebbels, *La conquista di Berlino*, traduit par Marco Tarchi, Edizioni di Ar, 2005.

Les principes fondateurs de la propagande de Goebbels, dont on a ici un résumé, sont tirés de Leonard W. Doob, « Goebbels' Principles of Propaganda », dans *The Public Opinion Quarterly*, n° 14, 3, 1950.

La phrase « Jésus n'a jamais fourni aucune preuve, il s'est contenté d'affirmations » figure dans un article de Goebbels datant du 15 mars 1927 et paru dans le périodique *Nationalsozialistische Briefe*. Voir Longerich, *Goebbels*, *op. cit.*

L'anomalie biométrique des membres de Goebbels est signalée dans le rapport établi par les Soviétiques après la découverte de son corps, le 9 mai 1945, dans le bunker berlinois où Goebbels s'est suicidé un jour après Hitler, le 1er mai 1945.

Pour comprendre les dynamiques du Groupe de Visegrád – formé par la Pologne, la République tchèque, la Slovaquie et la Hongrie (cette dernière ayant une population majoritairement magyare, donc non slave) –, voir Fabio Parola, « Il Gruppo di Visegrád, tra boom economico e scontro con l'UE », Istituto per gli studi di politica internazionale, 2019, https://www.ispionline.it/it/pubblicazione/il-gruppo-di-visegrad-tra-boomeconomico-e-scontro-con-lue-22479.

Les journaux de Goebbels forment un corpus de trente-deux volumes, publié depuis 1993 par l'historienne allemande Elke Frölich. L'ensemble, intitulé *Die Tagebücher von Joseph Goebbels*, a été achevé en 2008 avec la parution du dernier volume. Voir *Journal intime de Joseph Goebbels, 1933-1939*, pp. 592, 606-613, 634-646 et *1939-1942*, pp. 47-51, Éditions Taillandier, 2007 et 2009.

Les passages du texte faisant référence à 1938 et 1939 sont tirés de *Journal intime de Joseph Goebbels, 1933-1939, op. cit.*

La relation entre Goebbels et Lída Baarová a été reconstituée sur la base de notes autobiographiques – parfois explicites, parfois déguisées – figurant dans le journal de 1938, que Goebbels définit comme la période la plus difficile de sa vie. Le nom de Baarová y résonne souvent, caché derrière celui de sa femme, comme par exemple le 16 juin : « Magda passe prendre un café, nous nous parlons du fond du cœur. »

Sur les stratégies de manipulation du langage, voir Victor Klemperer, *LTI. La langue du IIIe Reich,* Éditions Pocket, 1999.

L'expression « fabrique d'adhésion » est tirée du livre de Noam Chomsky et Edward S. Herman, *Fabriquer un consentement : La gestion politique des médias de masse*, traduction de Dominique Arias, Investig'Action, 2019.

Au sujet du courriel envoyé aux fournisseurs par l'entreprise de la région de Brescia, voir Stefano Galeotti, « "Chiediamo tassativamente che non si usino più trasportatori di colore o simili." La mail razzista di un'azienda di Brescia », dans *Il Fatto Quotidiano*, 4 juillet 2019, https://www.ilfattoquotidiano.it/2019/07/04/chiediamo-tassativamente-che-non-siusino-piu-trasportatori-di-colore-o-simili-la-mail-razzista-di-unazienda-dibrescia/5301941/.

Il existe de nombreux passages dans lesquels Hitler parle des Slaves comme d'un « peuple inférieur » ; je n'en citerai qu'un, à titre d'exemple, le premier de *Mein Kampf* : « La famille de l'archiduc devenait de plus en plus bohémienne, et c'est peut-être la main de la déesse de toute justice et de toute vengeance solennelle qui a permis que l'ennemi le plus mortel de la germanité autrichienne, l'archiduc François-Ferdinand, fût tué par une balle qu'il avait lui-même contribué à tirer. N'était-il pas le haut protecteur de tous ceux qui se préparaient à asservir l'Autriche?» Voir *Historiciser le mal : Traduction, annotation critique et analyse de* Mein Kampf *d'Adolf Hitler*, dirigé par Florent Brayard et Andreas Wirsching, Éditions Fayard, 2021.

23. LE PRÉSENTATEUR RADIO

À propos de la culture du cannabis introduite par l'ancien président rwandais Juvénal Habyarimana, voir Jean Baptiste Kayigamba, «Rwanda-Development: Streets Paved with Drugs», http://www.ipsnews.net/1997/06/rwanda-development-streets-paved-with-drugs/.

Le directeur du magazine *Kanguka*, Vincent Rwabukwisi, qui fut longtemps détenu et finalement tué, s'est exprimé sur le site du Commitee to Protect Journalists : https://cpj.org/data/people/vincent-rwabukwisi/. Et, sur cette page, on peut télécharger un rapport d'Amnesty International concernant d'autres journalistes «dissidents» de la même publication qui furent arrêtés et torturés au cours de ces années : https://www.amnesty.org/download/ Documents/200000/afr470161991fr. pdf.

La caricature raciste intitulée «La force du sexe et les paras belges» figure dans *Rwanda : Les médias du génocide*, sous la direction de Jean-Pierre Chrétien, avec Reporters sans frontières, Karthala, 1995. En annexe, on peut lire le discours du 26 mai de Kantano Habimana sur Radio Télévision Libre des Mille Collines.

Sur les sérieux doutes quant à une origine différente des groupes ethniques Tutsi et Hutu, voir Jean-Pierre Chrétien, *Le défi de l'ethnisme : Rwanda et Burundi*, Karthala, 1997.

Sur l'implication des médias dans le génocide rwandais, voir Darryl Li, «Echoes of Violence: Considerations on Radio and Genocide in Rwanda», dans *Journal of Genocide Research*, n° 6, 1, mars 2004 ; *The Media and the Rwanda Genocide*, dirigé par Allan Thompson, Pluto Press, 2007 ; Fonju Ndemesah Fausta, *La radio e il machete. Il ruolo dei media nel genocidio in Rwanda*, Infinito, 2009 ; James T. McCoy, *Mbwirabumva* («I Speak to Those Who Understand»): *Three Songs by Simon Bikindi and the War and Genocide in Rwanda*, Electronic Theses, Florida State University Libraries, 2013; William J. Bernstein, *Masters of the Word: How Media Shaped History*, Grove Press, 2013 ; James P. Farwell, *Persuasion and Power: The Art of Strategic Communication*, Georgetown University Press, 2012.

Sur la quantité d'armes importées au Rwanda entre janvier 1993 et mars 1994, voir Renato Cecchetti, *Rwanda: Dalle origini agli effetti di un genocidio*, thèse en sciences politiques et relations internationales, Université La Sapienza, 2011.

L'histoire du Tutsi arrêté au checkpoint et obligé de choisir entre ses enfants est inspirée du témoignage d'un survivant, voir Giancarlo Somoncelli, « Il genocidio raccontato da un sopravvvissuto », Radioforum, Radio3, 3 juin 1998, http://www.rai.it/dl/portaleRadio/media/ContentItem-c851116a-a794-4200af32-abce2293448b.html.

Des témoignages semblables ont été recueillis par le journaliste d'investigation Nacho Carretero, « Rwanda, los cien días de la barbarie », dans *Jot Down*, 26 mars 2014, https://www.jotdown.es/2014/03/ruanda-los-cien-dias-de-la-barbarie/. Carretero rapporte le témoignage de deux patients ayant survécu au génocide, confié par leur psychiatre, le Dr Bizoza Rutakayile : « J'ai deux cas extrêmes. L'un concerne un garçon qui a été forcé de boire le sang de sa mère et de manger ses organes sexuels avant de la tuer. L'autre, une femme – qui se trouve aujourd'hui dans un état de dépression irréversible –, a été contrainte de manger l'un de ses enfants en échange de la vie des autres. »

Pour l'histoire de Lucie, voir « Il sogno di Beatrice », podcast Equals, écrit et interprété par Roberto Saviano, en collaboration avec Action Aid et Spotify : https://www.actionaid.it/ informed/news/equals.

Sur la question de la marginalisation des victimes de viols ethniques, voir Linda Caglioni, « Guardateci, siamo i figli degli stupri etnici. E non vogliamo più nasconderci », dans *L'Espresso*, 13 mars 2019, https://espresso.repubblica.it/plus/articles/2019/03/13/news/figli-stupri-etnici-bosnia-1.332399.

Voir également Silvana Arbia, longtemps procureure puis chef des poursuites au Tribunal pénal international pour le Rwanda : *Mentre il mondo stava a guardare*, Mondadori, 2011.

24. TAM-TAM

Les souvenirs de Settimia Spizzichino sont rassemblés dans un livre écrit avec Isa di Nepi Olper, *Gli anni rubati: Le memorie di Settimia Spizzichino, veteran dai Lager di Auschwitz e Bergen-Belsen*, Comune di Cava de' Tirreni, 1996.

À propos des événements qui m'ont conduit dans cette salle de tribunal le 28 mai 2018, je renvoie au procès-verbal et au jugement rendu par la Cour pénale de Rome le 10 février 2020 et à l'article de Simone Somekh, «Roberto Saviano, Author of "Gomorrah", Takes On Internet Nazis», dans *Tablet Magazine*, 8 mai 2018, https://www.tabletmag.com/sections/ arts-letters/articles/roberto-saviano-nazis.

À propos des attaques contre Carla Di Veroli, voir l'article de Federica Angeli et Gabriele Isman dans les pages romaines de *La Repubblica*, «Attacchi antisemiti sul web per la Di Veroli: 'Contro via Almirante, ha zia olomiracolata'», 22 octobre 2012, https://roma.repubblica.it/chronicle/2012/10/22/news/attacchi_antisemiti_sul_web_per_la_di_veroli_si_opposta_a_viale_almirante_aveva_una_zia_olomiracolata-45030076/

Pour les paroles de Cicéron, voir son oraison *Pro Quinctio*, 15.

Sur les raisons pour lesquelles nous croyons à l'authenticité du mal et à l'inauthenticité du bien, je renvoie à ma conversation avec Don Davide Banzato dans l'émission *Che tempo che fa*, sur Rai 3, le 11 octobre 2020.

Enfin, j'ai préféré mentionner les gens de Stormfront par des surnoms et des initiales. Je ne serai pas celui qui dressera des listes, je me moque que vous associiez leurs paroles à des noms ; il suffit de dire que ce que j'ai raconté s'est produit et que la teneur des messages sur la plateforme Stormfront était bien plus violente qu'on ne peut l'imaginer. On m'a souvent dit : «N'en parle pas», «Si tu en parles, tu ne fais que leur donner de l'importance», «Si tu en parles, ils existent.» Je ne suis pas d'accord : il faut en parler et il faut les dénoncer.

25. UNE VIS TOMBE PAR TERRE

Les poèmes de Xu Lizhi sont extraits du recueil *Mangime per le macchine: Poesie*, traduit par l'Institut Onorato Damen à partir de la sélection de textes publiés en ligne sur le blog libcom, sous le titre «The Poetry and Brief Life of a Foxconn Worker : Xu Lizhi (1990-2014)». Les deux recueils peuvent être consultés sur ces pages Web : http://www.istitutoonoratodamen.it/joomla34/images/stories/book%20poems%20feed%20for%20the%20machines.pdf et https://libcom.org/blog/xulizhifoxconn-suicide-poetry.

Sont cités : «Une sorte de prophétie», 18 juin 2013 ; «J'ai avalé une lune de fer» ; «Le dernier cimetière», 21 décembre 2011 ; «Une vis tombe par terre», 9 janvier 2014.

Pour se faire une idée générale des conditions de travail auxquelles sont soumis les travailleurs de Foxconn, voir Brian Merchant, « Life and Death in Apple's Forbidden City », *The Guardian*, 18 juin 2017, https://www.theguardian.com/technology/2017/jun/18/foxconnlife-death-forbidden-city-longhua-suicide-apple-iphone-brian-merchant-one-device-extract ; et Pun Ngai, Jenny Chan et Mark Selden, *Dying for an iPhone: Apple, Foxconn and the Lives of China's Workers*, Haymarket Books, 2020.

Le suicide de Xu Lizhi, les milliers de migrants chinois des campagnes vers les villes et l'aliénation de tous les ouvriers du monde sont évoqués dans le court-métrage d'Andrea et Marco Nasuto, *Il cielo: Così lontano, così vicino*, 16 octobre 2019, https://www.facebook.com/kosmonautsmovie/videos/2541115299316323/.

À propos du champignon parasite qui transforme les fourmis en zombies, voir Ian Sample, « Zombie Ants' Controlled by Parasitic Fungus for 48M Years », *The Guardian*, 18 août 2010, https://www.theguardian.com/science/2010/aug/18/zombie-carpenter-ant-fungus. Le jeu vidéo auquel Bananaboss joue est *The Last of Us*, pour PlayStation.

26. *Dagos*

La chanson napolitaine citée dans le texte est *Lacreme napulitane* (1925), de Libero Bovio.

L'histoire du lynchage des Italiens à La Nouvelle-Orléans en 1891 est reconstituée dans le livre d'Enrico Deaglio, *Storia vera e terribile tra Sicilia e America*, Sellerio, 2015. On trouve également dans le texte de Deaglio l'extrait de la chanson sicilienne *Madonna quant'è àutu stu suli!*

27. *Contrade*

Pour trouver une introduction et un regard d'ensemble sur le phénomène de l'émigration italienne, voir Giancarlo Perego, « Il Rapporto Migrantes Italiani nel Mondo 2011 », http://banchedati.chiesacattolica.en/cci_new_v3/allegati/21532/introduzione.pdf.

Pour trouver des données et des statistiques sur les citoyens italiens vivant à l'étranger, voir : « Rapporto italiani nel mondo 2019. Sintesi », publié par la Fondazione Migrantes, https://www.migrantes.

it/wp-content/uploads/sites/50/2019/10/Sintesi_RIM2019.pdf; Davide Mancino, « Gli italiani all'estero: quanti sono, dove sono andati e quando sono partiti », dans *Il Sole 24 Ore*, 15 novembre 2019, https://www. infodata. ilsole24ore.com/2019/11/15/gliitaliani-allestero/.

28. GLORIA

Paul Bracchi, « Profits of Misery: How People "Who Fitted Out Grenfell Tower on the Cheap" Are Mired in Claims of Tax Avoidance, Shoddy Work and Shameful Management Despite Six-Figure Salaries, £2m Homes and Even a Gong », dans le *Daily Mail*, 16 juin 2017, https:// www.dailymail.co.uk/news/article-4612322/ People-fitted-out-Grenfell-Tower-mired-accusations.html.

« "Mamma, sto per andare in cielo". Le ultime parole di Gloria e Marco », dans L'*Eco di Bergamo*, 17 juin 2017, https://www.ecodibergamo. it/stories/Cronaca/mamma-sto-per-andare-in-cielo-le-ultime-parole-di-gloria-e-marco_1240221_11/.

Enrico Ferro, « I visi di Gloria e Marco nel cuore degli inglesi », dans *Il Mattino di Padova*, 18 juin 2017, https://mattinopadova. gelocal.it/padova/chronicle/2017/06/18/news/i-visi-di-gloria-e-marco-nel-core-degli-inglesi-1.15504500.

Alessandro Allocca, « "Il dolore non passerà mai, ma vogliamo la verità": Emanuela Trevisan a Londra per ricordare Gloria », dans *Londra Italia*, 13 juin 2018, http://www.londraitalia.com/chronicle/ pain-truth-emanuela-mamma-trevisan-gloria-grenfell-tower-20180530/.

« Gloria, l'ultima chiamata dalla Grenfell Tower. La madre: "Mise giù per non farci sentire che stava morendo" », dans *Il Messaggero*, 5 décembre 2018, https://www.ilmessaggero.it/italia_gloria_trevisan_ grenfell_tower_marco_gottardi_ultima_telefonata_ mamma-4153035. html.

Annalisa Grandi, « "Ha messo giù perché non voleva la sentissi morire." L'ultima telefonata di Gloria, morta nella Grenfell Tower », dans *Corriere della Sera*, 5 décembre 2018, https://www. corriere.it/ esteri/18_dicembre_05/ha-messo-giu-perche-non-voleva-sentissi-morire-l-ultima-telefonata-gloria-morta-grenfell-tower-7762b71c-f86a-11e8-95fd-6a8b22868d97.shtml.

Antonello Guerrera, « "Chiudo perché non voglio che tu senta le urla" : l'ultima telefonata di Gloria Trevisan alla mamma », dans *La Repubblica*,

5 décembre 2018, https://www.repubblica.it/esteri/2018/12/05/news/_non_puo_finire_cosi_l_ultima_telefonata_di_gloria_trevisan_alla_mamma-213472600/.

Susanna Picone, « Torre Grenfell, per ministro "vittime senza buon senso". Il papà di Marco : "Parole odiose" », sur Fanpage.it, 6 novembre 2019, https://www.fanpage.it/attualita/grenfell-tower-per-ministro-vittime-senza-buon-senso-il-papa-di-marco-parole-odiose/.

Rowena Mason et Libby Brooks, « Shifty Shades of May: Boris Johnson Dodges Voters in Week of Election Pain », dans *The Guardian*, 8 novembre 2019, https://www.theguardian.com/politics/2019/nov/08/shifty-shades-of-may-boris-johnson-dodges-voters-in-week-of-election-hell.

Interview des parents de Marco et Gloria par Tiziana Panella, dans l'émission Tagadà, 22 novembre 2019, https://www.la7.it/tagada/video/il-ricordo-di-marco-e-gloria-morti-nell-incendio-della-grenfell-tower-a-londra-22-11-2019-294811.

Robert Booth, « Green Lights to Shine for Grenfell Victims on Anniversary of Disaster », dans *The Guardian*, 12 juin 2020, https://www.theguardian.com/uk-news/2020/jun/12/green-lights-to-shine-for-grenfell-victims-on-anniversary-of-disaster.

Id., « Grenfell Firm Took Some of Cladding Savings for Itself, Inquiry Told », dans *The Guardian*, 20 juillet 2020, https://www.theguardian.com/uk-news/2020/jul/20/grenfell-firm-rydon-promised-five-times-to-appoint-fire-safety-advisers-inquiry-told.

Id., « Grenfell Refurbishment Firm Called Residents Who Complained 'Rebels' », dans *The Guardian*, 22 juillet 2020, https://www.theguardian.com/uk-news/2020/jul/22/grenfell-refurbishment-firm-called-residents-who-complained-rebels.

Mark Townsend, « Grenfell Families Want Inquiry to Look at Role of "Race and Class" in Tragedy », dans *The Guardian*, 26 juillet 2020, https://www.theguardian.com/uk-news/2020/jul/26/grenfell-families-want-inquiry-to-look-at-role-of-race-and-class-in-tragedy.

29. LE TAGUEUR

Ce chapitre s'inspire des trop nombreuses histoires d'enfants syriens qu'on a torturés, dont on a menacé de violer la mère et de tuer le père. Pour beaucoup d'entre eux, ces menaces sont devenues réalité.

L'histoire d'Alàa, six ans, a été racontée par un adolescent syrien – Wael, seize ans – aux volontaires de Save the Children dans un camp de réfugiés en Jordanie. Voir Monica Ricci Sargentini, « Torture e massacri, i bambini siriani raccontano l'orrore », dans *Corriere della Sera*, 26 septembre 2012, http://lepersoneeladignita.corriere.it/2012/09/26/i-children-torture-in-syria/.

À propos de l'histoire de Hamza Alì al-Khatib, voir l'article de Hugh Macleot et Annasofie Flamand, « Tortured and Killed: Hamza al-Khateeb, Age 13 », *Al Jazeera*, 31 mai 2011, https://www.aljazeera.com/features/2011/05/31/tortured-and-killed-hamza-al-khateeb-age-13/.

L'ONU a recueilli 256 témoignages à propos d'enfants torturés en Syrie entre mars et novembre 2011 par le régime d'Assad. L'histoire du groupe de garçons et de leur graffiti sur le mur de l'école, qui a d'abord provoqué les représailles des forces de sécurité, puis les célèbres manifestations populaires, est racontée, entre autres, dans un court documentaire de 2017 *The Boy Who Started the Syrian War*, https://www.aljazeera.com/programmes/specialseries/2017/02/boy-startedsyrian-war-170208093451538.html.

À propos des réponses données aux parents qui se sont adressés aux autorités pour avoir des nouvelles de leurs enfants torturés et souvent tués, voir Alia Malek, *The Home That Was Our Country: A Memoir of Syria*, Bold Type Books, 2017 : « Des parents terrorisés se sont tournés vers les autorités, demandant des nouvelles de leurs enfants. – Oubliez vos enfants, leur a-t-on répondu. Si vous voulez des enfants, faites-en d'autres. Et si vous ne savez pas comment on fait, amenez-nous vos femmes et nous leur montrerons. »

À propos de la répression par Assad des discours dissidents, voir Abdullah Alhallak, *Un vulcano chiamato Siria: Testi e testimonianze*, traduction de Giacomo Longhi, Jouvence, 2018 ; Carla Del Ponte, *Gli impuniti: I crimini in Siria e la mia lotta per la verità*, traduction d'Anna Maria Foli, Sperling & Kupfer, 2018 ; Lorenzo Trombetta, « Sangue e misteri sulla via di Damasco », dans *Limes*, n° 3, 2011, https://www.limesonline.com/paper/ blood-and-mysteries-on-the-road-to-syria.

30. AIR

La citation en épigraphe est tirée de l'article de Verna Yu, « If China Valued Free Speech, There Would Be No Coronavirus Crisis », publié dans

The Guardian, 8 février 2020, https://www.theguardian.com/world/2020/feb/08/if-china-valued-free-speech-therewould-be-no-coronavirus-crisis.

De Verna Yu, voir également «Fates of Coronavirus, Sars Doctors Shift Focus to China Rights», sur Voice of America, 12 février 2020, https://www.voanews.com/science-health/ coronavirus-outbreak/fates-coronavirus-sars-doctors-shift-focus-china-rights.

Sur la moustache d'Hitler, voir Rich Cohen, «Becoming Adolf», dans *Vanity Fair*, 9 octobre 2007, https://www.vanityfair.com/news/2007/11/cohen200711.

Sur la question syrienne et Assad, voir Carla Del Ponte, *Gli impuniti: I crimini in Siria e la mia lotta per la verità*, traduit par Anna Maria Foli, Sperling & Kupfer, 2018, et Sam Dagher, *Assad or We Burn The Country: How One Family's Lust for Power Destroyed Syria*, Little, Brown and Company, 2019.

Sur les attaques au gaz dans la Ghouta, voir le rapport de Human Rights Watch, *Attacks on Ghuta*: *Analysis of Alleged Use of Chemical Weapons in Syria*, 2013, https://www.hrw.org/sites/ default/files/reports/syria_cw0913_web_1.pdf.

Le cri de la petite fille filmée par son père dans une cave de la Ghouta peut être écouté ici : https://www.youtube.com/watch?v=rHHgEDOxtYk.

Sur le meurtre de George Floyd, voir https://www.bbc.com/news/world-uscanada-52861726, https://www.repubblica.it/foreign/2020/07/09/news/death_george_floyd_new_details-261402807/, et https://www.youtube.com/watch?v=VhwxGzYU2ts&bpctr=1601506807.

Sur la métaphore de la guerre en période de pandémie, voir Daniele Cassandro, *Siamo davvero in guerra? Metafore e parole del nuovo Coronavirus*, Nuovadimensione, 2020.

RECOMMANDATION

Sur le négationnisme et l'éloignement en période d'épidémie, voir avant tout le chapitre XXXI des *Fiancés* d'Alessandro Manzoni, mais aussi :

Salvatore De Renzi, *Osservazioni sulla topografia medica del Regno di Napoli*, 1829-1830 et *Storia della medicina italiana*, 1845-1848 (volume V).

Idamaria Fusco, *Peste, demografia e fiscalità nel Regno di Napoli del XVII secolo*, FrancoAngeli, 2007.

Frank M. Snowden, *Naples in the Time of Cholera*, 1884-1911, Cambridge University Press, 1965.

Id., *Epidemics and Society: From the Black Death to the Present*, Yale University Press, 2020.

Paolo Mieli, « Febbre "spagnola", milioni di morti. L'influenza che venne censurata », dans *Corriere della Sera*, 29 janvier 2018, https://www.corriere.it/cultura/18_january_29/fever-spagnola-saggio-influenza-marsilio-laura-spinney-c86748be-0511-11e8-89137ceabd19f7b3.shtml.

Guido Santevecchi, « Coronavirus, morto il medico Li Wenliang: diede l'allarme ma non fu creduto », dans *Corriere della Sera*, 6 février 2020, https://www.corriere.it/esteri/20_febbraio_06/coronavirusha-ucciso-li-wenliang-doctor-who-first-had-the-alarm-and-was-censored-fed0fee6-48f2-11ea-91e8775b36e4cb6.shtml.

Gianfrancesco Turano, « Il colera di Napoli al tempo dei Borboni », dans *L'Espresso*, 6 avril 2020, https://espresso.repubblica.it/actuality/2020/04/06/news/il-colera-dinapoli-al-tempo-dei-borboni-1.346685.

Composition : Soft Office
Achevé d'imprimer sur Timson
par Normandie Roto Impression s.a.s,
61250 Lonrai, en décembre 2022.
Dépôt légal : janvier 2023.
Numéro d'impression : 2205950

ISBN 978-2-07-295166-4 / Imprimé en France.

397358